图书在版编目（CIP）数据

北京市房地产年鉴. 2016/北京市住房和城乡建设委员会编.
北京：中国发展出版社，2016. 11
ISBN 978-7-5177-0601-4

Ⅰ. ①北…　Ⅱ. ①北…　Ⅲ. ①房地产业—北京—2016—年鉴
Ⅳ. ①F299. 271-54

中国版本图书馆 CIP 数据核字（2016）第 247488 号

书　　名：北京市房地产年鉴. 2016
主　　编：北京市住房和城乡建设委员会
出版发行：中国发展出版社
（北京市西城区百万庄大街 16 号 8 层　100037）
标准书号：ISBN 978-7-5177-0601-4
经 销 者：各地新华书店
印 刷 者：北京华睿林彩色印刷有限公司
开　　本：880×1230mm　1/16
印　　张：22
字　　数：269 千字
版　　次：2016 年 11 月第 1 版
印　　次：2016 年 11 月第 1 次印刷
定　　价：298. 00 元

联系电话：（010）68990642　68990692
购书热线：（010）68990682　68990686
网络订购：http：//zgfzcbs. tmall. com//
网购电话：（010）68990639　88333349
本社网址：http：//www. develpress. com. cn
电子邮件：fazhanreader@163. com

《北京市房地产年鉴 2016》编委会

主编单位： 北京市住房和城乡建设委员会

参编单位： 北京市规划和国土资源管理委员会

北京市统计局

中国人民银行营业管理部

北京住房公积金管理中心

北京市城建研究中心（北京市房地产市场管理事务中心）

主　　任： 陈　刚

副 主 任： 张　维　徐贱云　魏成林

严宝玉　程建华　李荣庆

李　盟

《北京市房地产年鉴2016》编辑部

主　　　编： 李荣庆

常务副主编： 李　盟

副　主　编：（按姓氏笔画排列）

丁　晓　王　争　张亚芹　杜瑞中　郑　新
蒋　然　魏海滨

编 撰 人 员：（按姓氏笔画排列）

丁卓茹　于丽君　于佩平　王玉明　王玉洁
王　恺　王　颖　王耀才　王　鑫　石春兰
田卫华　田相伟　巩振华　吕潇潇　朱　永
仲长远　任全璐　任　玮　刘光祖　刘　宇
刘忠昌　刘俊兰　刘　竟　刘　锋　许姝明
孙荣华　苏　伟　苏　虹　杜　敬　杨　威
李贝贝　李　伟　李自强　李　亮　李洪林
李晓文　李雪雁　李　梁　李婷婷　吴　岩
吴　雪　宋　杰　张丽娜　张国伟　张虹波
张桂云　张　琳　陈立民　陈建军　陈晓峰
范亚超　林少华　林　斌　岳为众　金耀东
周丹丹　周　坤　周　岩　周征锋　周涛磊
周　蓉　庞　茜　庞瑞敌　郑元军　郑　伟
孟湘晖　赵守胜　秦　剑　倪　娜　高安富
郭彦利　郭培宜　崔　霞　韩晓华　童怡华
靳扣娟　管世军　燕　彦

目　　录

第一章
特　稿

北京市房地产年鉴 2016

2015年工作总结与2016年工作思路

——徐贱云主任在2016年系统工作会上的讲话

同志们：

今天召开市住房城乡建设系统工作会，贯彻落实《中共中央国务院关于进一步加强城市规划建设管理工作的若干意见》以及市委十一届八次全会、市“两会”和全国住房城乡建设工作会议精神，总结2015年工作，部署2016年工作。

下面，我先回顾一下2015年的住房城乡建设工作。

2015年，住房城乡建设系统认真学习贯彻习近平总书记系列重要讲话精神，深入开展“三严三实”专题教育，全面落实市委市政府重大决策部署，扎实做好稳增长、促改革、调结构、惠民生各项工作，在推动京津冀协同发展、全面深化改革、建设法治政府、做好重大活动服务保障等方面取得新进展。全市房屋累计施工面积连续第四年超过两亿平方米，继续保持较大规模；建筑业完成总产值8437亿元，同比增长2.8%。新建商品房销售1555万平方米，同比增长6.6%；房地产开发投资4226亿元，同比增长8.1%。与有关部门和各区政府通力合作，扎实推进住房保障、棚户区改造、老旧小区综合整治、农宅改造等工作，全面完成2015年和“十二五”各项目标任务。

（一）不断完善政策体系，深入推进住房保障工作

全力以赴完成保障性住房建设筹集任务。各区政府及住房城乡建设部门一直将保障房建设筹集作为重点工作，有关部门强化工作统筹和全方位、分层次协调，科学制订实施年度建设计划，不断优化保障房项目手续审批联席机制，促开工、促建设。全年建设筹集保障房10.8万套，竣工8.2万套，圆满完成年度任务；“十二五”期间共计建设筹集保障房100.9万套，实现100万套的目标。在城市发展新区加大“全市统筹保障房”建设力度，东、西城两区房源缺口全部纳入统筹计划。着力构建以租为主的供应体系，加大公租房建设力度，不断完善公租房政策体系。狠抓建设品质管理和配套设施建设，实行设计方案专家审查制度，保障房、自住房全面推行全装修成品交房，新建保障房实现“实施绿色建筑行动和产业化建设”100%覆盖。

严格分配与管理，维护公平正义。结合实际完善创新各项政策措施，2015年会同相关部门先后印发了10余份指导文件，继续推进住房保障立法；“十二五”期间共出台150多个与住房保障相关的政策文件，构建了较为完备的住房保障政策体系。加大全市统筹力度，在昌平、房山、顺义、大兴、通州、门头沟和朝阳等区大力支持下，加快推进保障房配租配售，2015年年

底已基本解决备案家庭住房困难问题，兑现了对人民群众的承诺。进一步简化公开摇号剩余房源分配程序，通过“先到先得”和“集体租赁”提高公租房配置效率。加强自住房合同专家审查，制订自住房合同范本，切实保护购房家庭合法权益。结合“十二五”保障房建设提速、大量交用的工作实际，近年我们着力健全保障房后期管理体制机制，监督管理、物业服务、社区服务管理“三位一体”的后期管理服务模式初步形成。

真正把2015年作为我市棚改关键之年来抓。各区政府特别是城六区，会同有关部门、有关单位全力以赴，进一步解放思想、创新政策，将城市危房改造和城中村改造纳入棚改工作；建立统贷统还的融资模式，授信规模达千亿元；优化集体土地棚改项目审批流程，实施国有土地一次性招标制度，动员中央单位积极参与，棚改工作全面取得进展。加快定向安置房建设，超额完成住建部下达的4.3万套目标任务。137个棚户区改造项目签订改造协议、搬迁腾退或修缮加固，共惠及6.1万户，超额完成全市5.7万户的年度计划；2013年以来共计完成8.4万户，实现三年累计完成棚改8万户的总体目标。

（二）落实政策，因势利导，促进房地产市场平稳运行

认真落实宏观调控政策。面对经济形势复杂、市场不确定因素较多的局面，认真落实中央和本市房地产信贷税收政策，鼓励支持自住和改善性住房需求，抑制投机投资性需求，稳增长、保民生，确保房地产市场平稳健康运行。我市在全国率先实施商品住房限购政策后，“十二五”期间不断完善工作机制和信息系统，运用技术手段扎实做好购房资格审核工作。面对市场形势变化，着眼于首都功能定位和人口调控大局，坚持限购不动摇，使住房限购成为落实市场调控的重要抓手。努力满足群众需求，促进经济增长，2015年房地产开发投资4226亿元，占全社会固定资产总投资的52.9%；二季度以后住房市场表现活跃、销售回升，全年商品房销售面积同比增长6.6%，超出5%的全年计划，新建商品住房和二手住房共成交28.2万套，同比增加64.8%。

大力维护存量房市场秩序。“十二五”期间稳步推进房地产市场监管科学化、信息化、精细化，从新房到存量房，从买卖到租赁，从市场主体、交易行为、资金流转到政务数据，着力强化全覆盖、无死角的房地产市场监管体系建设。近年着重加强二手住房、房屋租赁市场监管服务，推进房屋租赁条例调研起草工作，加大房地产经纪机构违法行为查处力度和群租房治理力度，在我委官网设立“曝光台”，定期公布违规中介名单和投诉举报排名。

提高基础工作水平。调整优化预售资金的支取，“放管结合”加强预售资金的监管。构建“首都房地产数据”综合发布模块，建立覆盖100万余条数据的住房使用和需求情况电子数据库，初步建成覆盖全市、动态更新的房屋基础数据库。梳理交易登记业务流程，实现登记业务分离后两项业务有效衔接。发挥舆论引导作用，通过微博、行业协会定期公布市场交易信息，解读市场形势和政策导向，稳定市场预期，服务社会公众。

（三）完善房屋管理政策，提高行业管理水平

积极开展老旧房屋改造和房屋安全管理工作。市委市政府为完善城市功能、改善民生，下

决心在“十二五”期间集中开展全市老旧小区综合整治。经过全市上下的艰苦努力，“十二五”期间共完成6562万平方米，超额完成5850万平方米的整治任务，其中2015年完成1963万平方米，超额71%。2015年，按照住房城乡建设部要求，积极开展老楼危楼排查工作，各区对1.8万栋、108万套老楼危楼进行了安全排查。继续加强汛前城镇房屋安全检查，及时发现和解除房屋安全隐患，去年共检查房屋5.3亿平方米，占应查房屋的90%，汛期做好巡查、抢险，实现全市城镇房屋安全度汛。着手对全市已超过50年的公共建筑进行逐一排查，由产权人根据鉴定结果采取加固、维修等措施后，重新界定使用期，保障房屋安全。同时，结合重要活动等时点，继续狠抓普通地下室安全使用管理。

继续做好物业管理、住房改革、落实私房政策、房屋登记等工作。配合完成《北京市物业管理条例》预案调研工作，形成课题报告及条例草案初稿。全面开展物业服务补贴改革，推进售后公房物业管理的社会化、市场化、专业化。认真落实全市无房及未达标职工住房补贴发放工作，“十二五”期间，全市（含企业）累计为129万余人发放住房补贴365亿元。围绕重点案件，实施专人负责调查的责任制，做好落实私房政策工作。切实做好不动产登记整合过渡期的相关工作，保证不动产登记职责整合工作顺利实施。

稳步推进房屋征收拆迁工作。完善征收拆迁政策体系，重点围绕棚户区改造、市行政副中心建设、世界园艺博览会建设等重点项目，加强拆迁政策指导与协调。2015年全市共启动征收拆迁项目48个，征收拆迁住宅户数8280户，同比项目数、住宅户数、住宅建筑面积和总建筑面积均大幅上升。

（四）不断完善监管机制，工程质量安全总体形势平稳

“十二五”期间，建筑业管理面临的形势十分复杂，质量安全监管任务异常艰巨。建设规模空前，2012－2015年连续四年全市房屋累计施工面积超过2亿平方米；重大活动多、重点任务多，安全生产、大气治理等工作要求高、标准严。2015年，全市监督在施单体工程最高达26647项，同比增长12%，其中轨道交通线路9条138公里。为此，全市工程质量安全监督队伍顾全大局，团结一心，紧紧抓住质量安全这条主线，努力实现资质资格管理向信用管理的转变，推进创新改革、行业立法、“两场联动”，工程质量安全管理成效显著，建筑市场环境逐步好转。

《北京市建设工程质量条例》正式颁布实施。在全系统的共同努力下，《北京市建设工程质量条例》作为我市第一部建设工程质量管理的地方性法规正式出台。《条例》着力构建适应首都当前和未来发展的工程质量公共治理机制，重点强化落实建设单位工程质量主体责任，加强施工质量过程控制，严格关键环节质量验收，注重个人质量责任追究，充分发挥市场内部制约作用，推行工程质量保险制度，加大对违法行为的处罚力度。《条例》的出台填补了我市工程质量管理地方性法规的空白，对加强建设工程质量管理具有重要意义，标志着相关工作进入法制新阶段。

全面推进工程质量治理两年行动。严格落实工程质量终身责任承诺制，实施“5＋3”质量终身责任制度，“两书一牌”制度百分百落实。狠抓预拌混凝土质量提升，发布保障房工程预拌混凝土承包商名录，对保障房工程预拌混凝土生产质量实施驻厂监理，充分发挥监理对施工质

量全过程的管控作用。不断健全工程质量检测监管平台的自动预警功能，增加7天混凝土见证检测项目，做到更早发现问题并得到及时处理。进一步加大对违法违规行为的查处力度，采取一系列行之有效措施，稳步提升预拌混凝土质量，确保工程结构质量安全可靠。开展住宅工程质量常见问题专项治理活动，人民群众对住宅工程质量的满意度明显提高。2015年，在住建部组织的全国工程质量安全大检查中，我市名列前茅。

全力保障建设工程安全生产。深刻汲取"12.29"重大生产安全责任事故教训，严肃查处每起生产安全事故的责任企业和责任人员，启动安全生产标准化考评工作，规范房屋建筑和市政基础设施工程施工安全监督工作，建立建筑起重机械租赁企业信用评价制度，强化建设工程施工现场节假日施工安全监督管理，大力推广体验式安全培训，在全系统开展安全生产大检查，全面排查施工现场安全事故隐患。2015年，全市住建系统共计发生房屋市政生产安全事故9起、死亡10人，事故起数和死亡人数与2014年同比分别下降52.6%和69.7%，未发生较大和重大事故，安全事故起数和死亡人数实现"双下降"。其中，顺义区、大兴区、平谷区、密云区、延庆区、经济技术开发区连续2年未发生事故，东城区、石景山区、怀柔区事故死亡人数同比下降，安全生产形势明显好转。市安委会授予我委"安全生产先进单位"、"安全生产工作突出成绩奖"、"安全生产工作管理创新奖"。

努力营造良好市场环境。"十二五"期间，不断完善市、区联动的市场执法体系，加强网格执法，加强建筑市场综合执法。建筑市场诚信体系建设取得突破性进展，基本形成涵盖建筑市场各方主体信用数据的管理系统，并与招投标工作相结合，实质性推进了"两场联动"。在安全质量状态评估工作中，创新性推行社会购买服务，开创轨道交通工程政府监管新模式，得到市领导和住建部高度评价并在全国推广。加强重点工程监督执法，保障中国尊、中国国学中心、长安街西延工程、通州核心区市政配套工程等大批重点工程的顺利建设。全面启动建筑工人职业培训工作，建设执业人员注册监管系统。起草完成《北京市建设工程造价管理办法》，研究促进造价工作改革创新。

（五）加大协调服务力度，推动工程项目建设投资

2015年，固定资产投资形势严峻，重大项目开工建设面临着宏观经济下行压力较大、企业投融资困难等问题。我们会同有关部门，强化工程建设项目的协调和服务，主动协调解决项目建设存在的问题，全力推动工程开工落地，保障项目进度并形成投资。

通过协调房地产企业联席会、协会等，推动房地产企业开工建设投资，同时依托房地产项目监管平台，实施重点项目协调。转变重点工程计划协调推进思路，主动靠前服务，加强实地调研和现场协调，提高解决问题的针对性。同时，积极配合市国土局、重大办等部门，加强土地购置价款、棚户区改造、老旧小区综合整治等投资促进工作。

2015年，全市房地产开发投资高出全社会固定资产投资增速2.4个百分点。"十二五"期间，房地产开发投资规模逐年稳步增长，相对2010年的年复合增速为8.9%；占固定资产比重平均为50.9%。2015年重点工程五大类共200项，完成投资2155亿元；"十二五"期间重点工程投资共完成9490亿元，有力推动了首都社会经济发展。

（六）转变建筑业发展方式，提高产业发展质量和效益

建筑科技研发推广工作进一步加快。“十二五”期间，承担了国家和市级技术研发课题100余项，组织科技成果鉴定项目177项，其中81项达到国际领先或国际先进水平。授权国家发明专利、实用新型专利、软件著作、国家级工法、北京市工法等自主知识产权1000余项。荣获国家科学技术奖10项，其中技术发明一等奖1项、科技进步一等奖1项、技术发明二等奖及科技进步二等奖8项。稳步推进智慧城市试点工作，推荐通州新城补报国家智慧城市试点。科技成果彰显了北京科技创新中心作用，引领了城乡建设科技快速发展。

住宅产业化建设稳步推进。“十二五”期间纳入实施住宅产业化计划的项目265个，累计规模超过1800万平方米，超额完成1500万平方米的计划目标，实现了新建保障房实施产业化建设全覆盖。积极推进内装工业化装配式装修，“全装配式”住宅实施规模146万平方米，居全国首位。

绿色建筑管理逐步加强。开发并启用本市绿色建筑评价标识申报系统、绿色建筑奖励资金申报系统，实现标识项目评审和奖励资金申请网络申报、在线评审和项目系统化管理。截至2015年年底，全市共有164个项目通过绿色建筑评价标识认证（设计标识146项，运行标识18项），累计共有1956个项目、9250万平方米的新建项目通过绿色建筑施工图审查达到一星级标准。11个项目获得2015年度国家绿色建筑创新奖，获奖数居全国首位。

建筑节能工作全面推进。“十二五”期间，建筑节能工作成效显著，全面完成了建筑领域节能减排规划目标。严格执行新建建筑节能标准，开工建设节能75%居住建筑面积3565万平方米，新建成节能公共建筑7437万平方米，节能建筑占比提高到74.0%。公共建筑电耗限额管理处于全国领先水平，建立了反映本市公建逐月电耗特征的大数据平台，将13237栋3000平方米以上的公共建筑纳入电耗限额管理，管理覆盖面达到了全市公共建筑总面积的70%以上。“十二五”期间，完成农宅新建翻建、综合改造和节能改造共计47.3万户。

施工扬尘治理取得成效。2015年，组织完成33家不符合要求的混凝土搅拌站停止生产（其中有7家站点已经拆除）。加强对施工现场扬尘治理执法检查，全市在监工地2712个，达标率96.7%。符合条件的全市建设工程施工现场，均安装了远程视频监控系统，1216个工地、3500余个摄像头联通效果良好。全面实行绿色施工管理模式，严格施工扬尘管理。

（七）加强统筹协调和政策创新，全力服务京津冀协同发展

2015年，《京津冀协同发展规划纲要》发布实施，我们认真组织学习贯彻落实，着力抓好有关各项工作。会同有关部门和区政府，合理安排京津冀协同发展重点工程计划，推动市行政副中心、北京新机场、交通一体化工程等重大项目启动建设，按时完成市行政副中心和新机场建设有关棚改、拆迁任务，组建了市行政副中心工程建设管理机构，派员进驻北京新机场建设总指挥部与相关单位进行对接，做好工程招标、安全质量监管、绿色施工等保障工作。

会同有关部门，研究完善施工许可审批、招投标等前期工作，实行工程施工登记制度，进一步优化工作程序。在建筑市场、建材市场等方面加快京津冀区域合作步伐，严格执行《北京

市新增产业的禁止和限制目录》，推进京津冀建筑行业共同提质增效和转型升级。

面对通州房价快速上涨局面，及时果断升级通州区商品住房限购措施，区域市场短期波动后迅速恢复平稳。

（八）改进工作作风，提高行政效能和服务水平

扎实开展“群众路线教育实践活动”、“三严三实”专题教育，做到精心组织、周密部署，教育活动成效显著。继续打造“三进两促”活动党建品牌，2015 年共实施 46 项活动项目。

深化机构改革和审批改革，编制全委权力责任清单，积极稳妥地推进事业单位分类改革，不断提高行政管理效能和依法行政水平。改革全市固定资产投资程序，创新性地提出了施工登记制度，大大简化了施工前的审批要件，将多项前置条件进行并联，社会反响良好。升级了施工许可办公系统，初步实现了网上申报和网上审查，提高了审批效率。

稳步推进工程全生命周期、房屋全生命周期、企业资质和人员资格全生命周期服务主线建设，提高行业管理水平。深化政务内网门户和政务外网门户建设，推动我委政府信息公开工作。

继续加大信息公开力度，开通了政府信息公开网页申请，进一步拓展申请渠道，月度主动公开信息数量进入全市委办局前五名，全年受理到期的政府信息公开申请件全部按期答复。

积极推进立法、执法监督、行政复议和诉讼、法制宣传、多元调解等各方面工作，法制工作取得突破。围绕查处违法建设、环境整治、大气污染防治、房屋安全等市政府重点任务，严肃查处各类违法违规行为。2015 年，市区两级共检查房地产销售现场 1081 项（次）、经纪机构 7435 家（次）。“十二五”期间，市区两级执法部门累计实施房管和建设工程类行政处理处罚 8000 余起。

完善应急工作联动机制，构建大应急的管理模式，提高应急管理工作效能，5 年来圆满完成数十次重大活动的应急保障任务。结合近年来信访工作特点和实际情况，对群众来信来访进行了梳理、分类办理，破解难题、化解积案，信访维稳形势总体保持平稳可控。2015 年共接待群众来访 5847 批次 15213 人次，其中有效访 1186 批次 2865 人次。群众来信、来访和复查复核、网上互动平台均呈下降趋势，同比分别下降 21.8%、13.4% 和 44.4%、39.1%，市民来电咨询呈现上升趋势，同比增加 27.9%，接听电话量连续三年大幅上升。

积极围绕行业发展、市场监管和行政服务工作开展调查研究。2015 年，我委被评为“调查研究工作先进单位”。按照全市统一部署，认真总结“十二五”工作经验，开展“十三五”专项规划课题研究与规划编制工作。援藏、援疆、援青各项工作进展顺利。

同志们，过去一年，全系统认真落实市委市政府决策部署，敢于担当，无私奉献，为全市经济社会发展作出了重要贡献。我谨代表市住建委领导班子，对全系统干部职工的辛勤付出表示崇高的敬意，对各区、各部门和各单位的大力支持表示衷心的感谢！

同志们，2015 年是“十二五”规划的收官之年，全系统为建设国际一流的和谐宜居之都付出了艰辛努力，全面深化改革、建设法治政府和行业发展、市场监管各项工作取得了新的进展。但同时也要看到，全面实施京津冀协同发展任重道远，经济下行压力持续，建筑市场、房地产市场中存在的深层次矛盾尚未有效解决，住房城乡建设行业发展水平、监管服务水准，与首都城市战略定位和发展目标，与主动适应经济发展新常态要求，与京津冀协同发展高标准，还存

在明显的差距。

从统计数据和工作实际看，尽管住房城乡建设领域主要经济指标总体符合预期，但有升有降、参差不齐。2015 年建筑业生产总值、全社会固定资产投资、商品房销售面积、房地产开发新开工面积等同比有所增长，而全市房屋累计施工面积、房地产开发施工面积特别是保障房施工面积出现下降，建安投资、房企购地面积降幅明显，工程建设项目前期手续办理慢以及拆迁难、融资难等问题仍然存在，房地产市场不确定性大，如何实现经济增长、结构调整、民生保障等工作的“多赢”还需要深入研究。

2016 年是“十三五”规划开局之年，是推进结构性改革攻坚之年，也是全面落实中央城市工作会议精神，推进京津冀协同发展和稳增长、促改革、调结构、惠民生、防风险的重要一年。中共中央、国务院日前印发了《关于进一步加强城市规划建设管理工作的若干意见》，明确了城市规划建设管理工作的指导思想、总体目标和基本原则，其中第四部分专门提出“提升城市建筑水平”，要求落实工程质量责任、加强建筑安全监管、发展新型建造方式，并专题论及推广建筑节能技术、大力推进棚改安居、建设地下综合管廊、健全公共服务设施、推进城市智慧管理等建设管理工作。《意见》给我们今后工作提出了新的目标和要求。机遇与挑战并存，我们将紧紧围绕市委市政府确定的重大工作任务，坚持创新、协调、绿色、开放、共享五大发展理念，主动适应经济发展新常态，发挥市场配置资源的决定性作用和更好发挥政府作用，结合行业特点促进住房和城乡建设工作水平的提高，加强政策研究和市场监测，进一步夯实基础、破解难题，以更高的标准、更大的力度推进各项工作。

2016 年，全系统要重点抓好以下六个方面的工作：

一是健全工程建设管理体制机制，服务京津冀协同发展。把京津冀协同发展作为全系统工作的头等大事抓紧抓好，全面启动市行政副中心建设和新机场建设专项指挥部的工作，全力开展各项统筹协调和服务保障工作。结合京津冀协同发展主要任务，围绕市行政副中心、新机场、冬奥会、保障房、国铁与轨道交通项目、世界园艺博览会、环球影城等关键区域和重大工程，加快形成高效工作机制，落实工程计划，推动非首都功能疏解。要以推动重点工作、加快项目落地为目标，深化行政审批制度改革，加强事中事后监管，完善统筹协调机制，促进项目建设投资，保证工程质量安全，建设智慧城市，实现绿色发展。

二是全面贯彻实施《北京市建设工程质量条例》，狠抓建设工程质量安全工作。鉴于 2016 年市行政副中心、新机场等重点工程全面开工建设，轨道交通工程将进入施工高峰期，全市建设工程安全质量监管压力很大。为此，必须进一步加大《条例》宣贯力度，加快推进《条例》相关配套管理规定的制定工作，严格依据《条例》加大对违法违规行为的查处力度，确保《条例》各项规定全面贯彻实施。2016 年是两年行动深入推进的关键之年，全面做好工程质量治理两年行动收官工作，继续围绕确保结构工程质量这个核心，持续开展预拌混凝土质量和住宅工程质量常见问题专项治理，强化保障房全装修交房工程质量监管和竣工验收，压减质量投诉，提高用户满意度。启动建筑起重机械租赁企业信用评价工作，全面推进安全生产标准化考评工作，建立安全事故隐患排查治理制度，大力推广体验式安全培训教育，继续开展安全生产专项治理和隐患排查治理活动，加大对安全生产事故的查处力度，督促施工现场提升安全生产和施工现场管理水平，全力压减安全生产事故，确保全市房屋建筑与市政基础设施工程安全生产形势持续稳定好转。加强建筑市场监管力度，建立更严格的市场清出标准。继续推进诚信体系建设，全面推进专业承包企业市场行为信用评价工作，探索建立跨部门信息共享机制。

三是建设筹集与后期管理并重，全面推进住房保障工作。继续加大政策和机制创新力度，破解棚户区改造项目推进难题，确保高标准完成 3.5 万户棚户区改造工作目标，组织好定向安置房建设工作，完成住建部下达的 4.4 万套建设任务。统筹实物保障和货币补贴，完成 5 万套（含棚改安置房）保障房建设筹集任务。实物与货币补贴并举，多方式解决群众住房困难。在保障房中大力推进产业化和标准化，全面开展全装修成品交房，加大设计方案审查的力度，推动保障房建设向高品质、精细化转变。重点做好保障房的后期管理，坚持规范化、专业化、信息化发展方向，解决群众的后顾之忧，建设和谐宜居社区。

四是市场调控与行业管理并重，促进房地产市场健康发展。首先要继续做好房地产市场调控工作，加强房价、土地、供应结构等市场因素监测分析，加强政策研究和政策储备，根据住宅和非住宅市场不同情况，采取区别化调控措施，促进市场平衡发展；着眼于首都功能定位、市行政副中心建设、京津冀协同发展大局，加强通州及周边区域市场研究，确保区域市场平稳。其次围绕租赁立法工作，完善租赁市场管理体系，推动租赁条例进入立法审议环节，调研互联网房屋租赁和规模化房屋租赁经营模式，盘活闲置房源，促进新业态发展。重视夯实基础工作，加强房地产中介行业监管，积极推动房地产经纪地方规章立法进程，推进房地产中介信用体系建设，完善从业人员基本信息库，继续联合有关部门开展综合执法。

五是不断加大改革创新力度，推动房屋管理水平上新台阶。落实市政府关于推动老城功能重组、增强新城承接能力、推进美丽乡村建设等工作要求，在旧城修缮改造、职住均衡、农宅改造等方面取得新进展。会同有关部门和区政府，大力整治地下空间和群租房。持续推进物业服务改革，启动《北京市物业管理条例》起草工作，落实《关于北京市机关事业单位物业服务改革有关问题的通知》要求。建立物业行业负面清单，促进企业优胜劣汰。加强直管公房管理，探索直管公房管理改革，逐步完善符合我市实际的相关政策。落实新建小区和老旧小区配建养老服务设施政策。认真组织房屋安全检查工作，积极做好危险房屋解危，进一步做好各项准备，确保房屋安全度汛。加大征收拆迁服务力度，推动重点工程、民生工程早日落地。研究完善房产测绘管理政策措施和技术标准，与不动产登记工作做好衔接。

六是抓好建筑领域节能减排工作，促进城市和行业科学发展。继续推进公建能耗限额管理工作。支持超低能耗建筑发展。启动绿色建材评价标识管理工作，编制绿色建材产品目录。开展国家智慧城市管理服务，按照各个试点单位任务书要求，统筹做好智慧城市试点的组织协调、过程管理、检查监督以及服务工作。推动发展装配式建筑，完善工程结构技术体系、全装修交房、一体化模式招标发包等政策，积极培育集设计、生产、施工、安装于一体的大型全产业链企业集团。创新体制机制，规范绿色建筑管理工作。继续做好无资质搅拌站的治理工作。

同志们，2016 年形势复杂，任务艰巨，全系统干部职工要统一思想，不折不扣地落实市委市政府决策部署，全面推进依法行政，着力提高行政效能，坚持不懈改进作风，为京津冀协同发展和首都经济社会发展作出新的贡献。

第二章
社会经济发展概况

北京市房地产年鉴 2016

2015年（以下“年末”、“全年”均指2015年），全市人民在党中央、国务院和市委、市政府的坚强领导下，正确把握新时期首都城市战略定位，积极推进京津冀协同发展，有序疏解非首都功能，加快培育“高精尖”经济结构，大力统筹稳增长、促改革、调结构、惠民生、防风险等各项工作，经济社会保持了平稳健康发展，“十二五”规划顺利完成。

一、人口

年末全市常住人口2170.5万人，比上年末增加18.9万人。其中，常住外来人口822.6万人，占常住人口的比重为37.9%。常住人口中，城镇人口1877.7万人，占常住人口的比重为86.5%。常住人口出生率7.96‰，死亡率4.95‰，自然增长率3.01‰。常住人口密度为每平方公里1323人，比上年末增加12人。年末全市户籍人口1345.2万人，比上年末增加11.8万人。

表2－1　2015年末北京市常住人口及构成

指　标	人数（万人）	比重（%）
常住人口	2170.5	100.0
按城乡分：城镇	1877.7	86.5
乡村	292.8	13.5
按性别分：男性	1113.4	51.3
女性	1057.1	48.7
按年龄组分：0－14岁	219.1	10.1
15－59岁	1610.9	74.2
60岁及以上	340.5	15.7
其中：65岁及以上	222.8	10.3
按功能区分：首都功能核心区	220.3	10.1
城市功能拓展区	1062.5	49.0
城市发展新区	696.9	32.1
生态涵养发展区	190.8	8.8

“十二五”时期，全市人口增速、增量“双下降”，常住人口年均增长2.0%，比“十一五”时期低3个百分点；累计增加208.6万人，增量比“十一五”时期减少215.3万人。常住人口增速呈放缓态势，常住人口增量逐年减少。

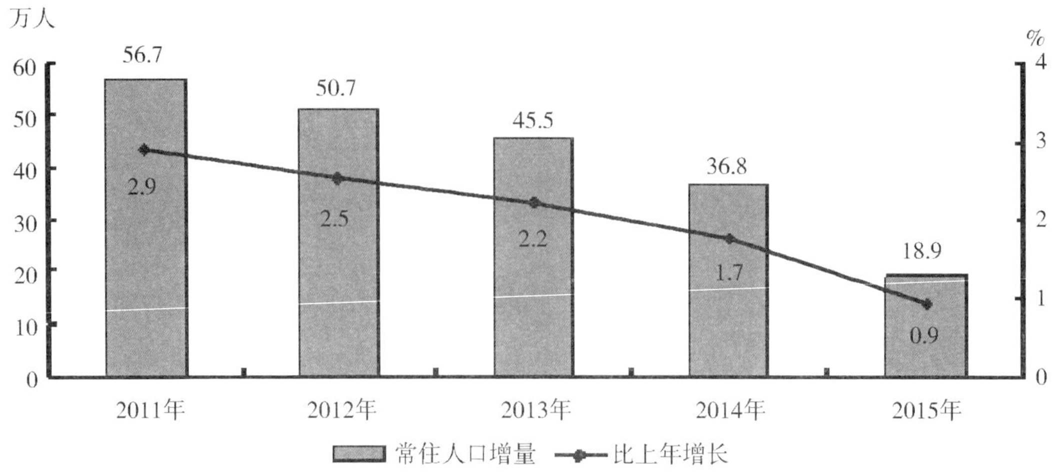

图 2－1 2011—2015 年北京市常住人口增量及增长速度

二、综合

经济增长：初步核算，全年实现地区生产总值22968.6亿元，比上年增长6.9%。其中，第一产业增加值140.2亿元，下降9.6%；第二产业增加值4526.4亿元，增长3.3%；第三产业增加值18302亿元，增长8.1%。

按常住人口计算，全市人均地区生产总值达到106284元（按年平均汇率折合17064美元）。

表 2－2 2015 年北京地区生产总值指标

指 标	绝对数（亿元）	比上年增长（%）	比重（%）
地区生产总值	22968.6	6.9	100.0
按产业分：			
第一产业	140.2	-9.6	0.6
第二产业	4526.4	3.3	19.6
第三产业	18302.0	8.1	79.8
按行业分：			
农、林、牧、渔业	142.6	-9.5	0.6
工业	3662.9	0.9	15.9
建筑业	965.9	13.3	4.2
批发和零售业	2400.3	-1.2	10.5
交通运输、仓储和邮政业	957.9	4.0	4.2
住宿和餐饮业	412.6	0.3	1.8
信息传输、软件和信息技术服务业	2372.7	12.0	10.3
金融业	3926.3	18.1	17.1
房地产业	1438.4	4.2	6.3
租赁和商务服务业	1766.8	-1.7	7.7

续表 2-2

指　标	绝对数（亿元）	比上年增长（%）	比重（%）
科学研究和技术服务业	1820.6	14.1	7.9
水利、环境和公共设施管理业	180.5	13.3	0.8
居民服务、修理和其他服务业	115.0	2.0	0.5
教育	965.5	11.8	4.2
卫生和社会工作	577.6	13.7	2.5
文化、体育和娱乐业	527.8	3.5	2.3
公共管理、社会保障和社会组织	735.2	8.6	3.2

“十二五”时期，全市地区生产总值年均增长7.5%，低于“十一五”时期平均增速3.9个百分点，其中第一产业年均下降0.6%，第二产业和第三产业年均分别增长6.5%和8.0%。三次产业结构由2010年的0.9:23.6:75.5，调整为2015年的0.6:19.6:79.8。

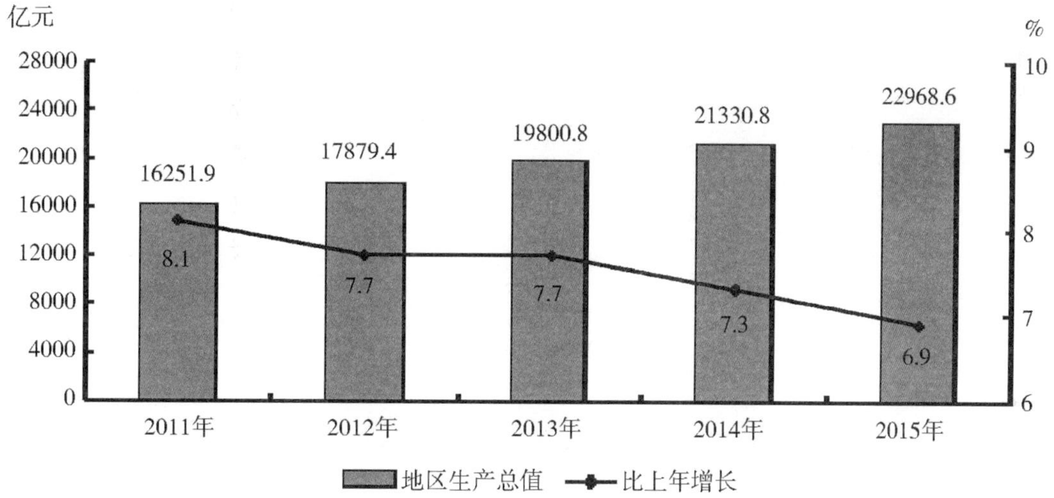

图2-2　2011—2015年北京地区生产总值及增长速度

全年文化创意产业实现增加值3072.3亿元，比上年增长8.7%；占地区生产总值的比重为13.4%，比上年提高0.2个百分点。高技术产业实现增加值5180.8亿元，增长9.3%；占地区生产总值的比重为22.6%，比上年提高0.4个百分点。信息产业实现增加值3508亿元，增长10.6%；占地区生产总值的比重为15.3%，比上年提高0.4个百分点。生产性服务业实现增加值12160.3亿元，增长8.6%；占地区生产总值的比重为52.9%，比上年提高0.4个百分点。

财政：全市完成一般公共预算收入4723.9亿元，比上年同口径增长12.3%。其中，增值税716.1亿元，增长10.7%；营业税1186.1亿元，增长11.0%；企业所得税和个人所得税分别为1024.7亿元和478.1亿元，分别增长11.9%和24.7%。一般公共预算支出5751.4亿元，增长27.1%。其中，用于城乡社区、节能环保、交通运输、社会保障和就业的支出分别增长77.9%、42.1%、37.8%和37.6%。

“十二五”时期，一般公共预算收入和一

般公共预算支出累计分别达到18733.4亿元和21380.3亿元，分别是“十一五”时期的2.1倍和2.2倍。

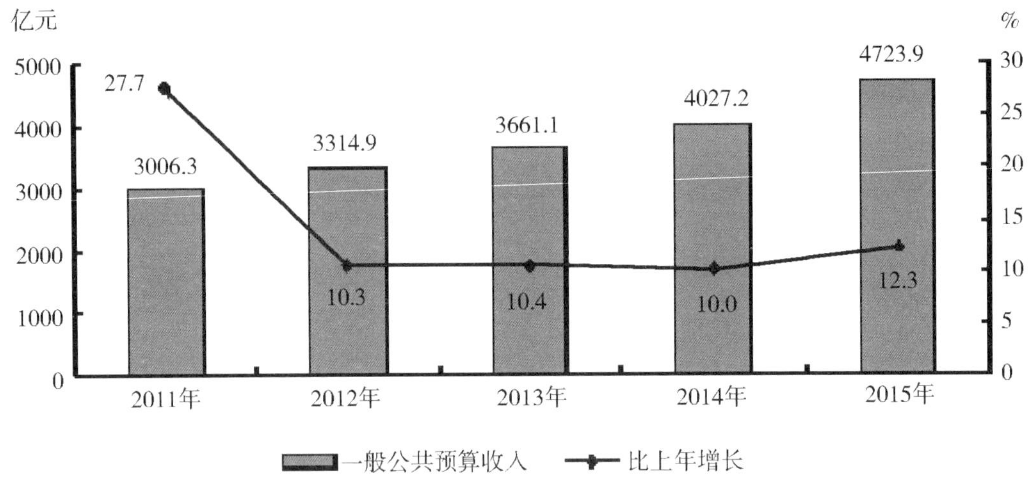

图2-3　2011—2015年北京市一般公共预算收入及增长速度

价格：全年居民消费价格总水平比上年上涨1.8%，涨幅比上年提高0.2百分点。其中，食品价格上涨1.6%，非食品价格上涨1.9%；消费品价格上涨0.3%，服务项目价格上涨4.2%。

表2-3　2014—2015年北京市居民消费价格涨跌幅度

单位：%

指　标	2015年	2014年
居民消费价格	1.8	1.6
食品	1.6	3.2
其中：肉禽及其制品	2.7	-0.1
蛋	-6.4	9.5
水产品	1.9	6.1
菜	7.9	-3.7
干鲜瓜果	-7.9	11.7
液体乳及乳制品	-1.2	8.8
烟酒及用品	2.0	-0.3
衣着	3.6	0.4
家庭设备用品及维修服务	-0.1	0.3
医疗保健和个人用品	0.2	-0.1
交通和通信	2.8	-0.8
娱乐教育文化用品及服务	0.8	3.2
居住	2.6	1.4

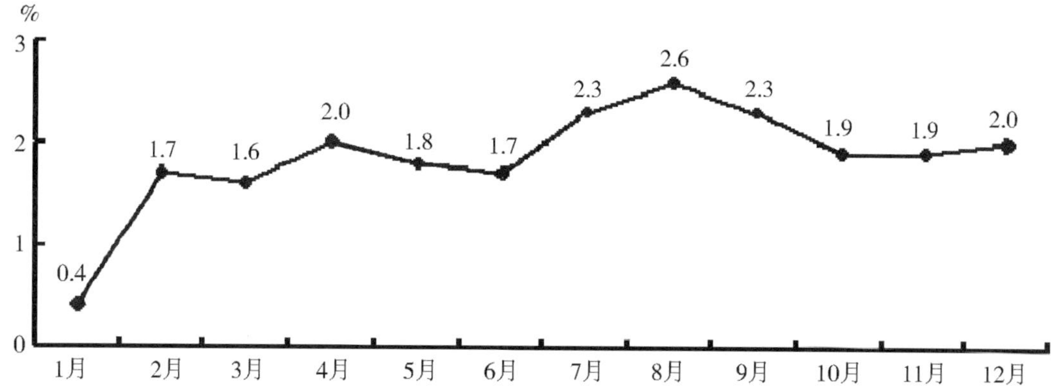

图2－4　2015年北京市居民消费价格月度同比涨跌幅度

全年农产品生产价格比上年下降0.2%。工业生产者出厂价格下降3.1%，工业生产者购进价格下降6.3%。固定资产投资价格下降2.4%。

三、农业

全年实现农林牧渔业总产值368.2亿元，比上年下降12.3%，扣除价格因素实际下降10.6%。粮食播种面积10.4万公顷，比上年减少1.6万公顷。粮食产量62.6万吨，下降2.0%；粮食亩产399.8公斤，增长12.7%。

表2－4　2015年北京市主要农产品产量

产品名称	单位	产量	比上年增长（%）
粮食	万吨	62.6	－2.0
蔬菜及食用菌	万吨	205.1	－13.1
干鲜果品	万吨	71.4	－4.2
肉类	万吨	36.4	－7.4
出栏生猪	万头	284.4	－7.0
出栏家禽	万只	6688.4	－11.4
禽蛋	万吨	19.6	－0.3
牛奶	万吨	57.2	－3.8
水产品	万吨	6.6	－3.5

全市农业观光园1328个，比上年增加27个；观光园总收入26.3亿元，增长5.6%。设施农业实现收入55.5亿元，增长8.2%。民俗旅游实际经营户8941户，比上年增加78户；民俗旅游总收入12.9亿元，增长14.2%。种业收入12.7亿元，下降9.7%。

“十二五”时期，在平原地区百万亩造林工程的带动下，林业实现产值年均增长27.8%，在农林牧渔业总产值中占比由2010年的5.1%提高到2015年的15.6%。

四、工业和建筑业

工业：全年实现工业增加值3662.9亿元，比上年增长0.9%。其中，规模以上工业增加值增长1.0%。在规模以上工业中，国有控股企业增加值增长2.4%；高技术制造业、现代制造业、战略性新兴产业增加值分别增长6.7%、6.3%和1.1%。规模以上工业实现销售产值17408.2亿元，下降3.0%。其中，内销产值16335亿元，下降1.2%；出口交货值1073.3亿元，下降23.9%。

表2－5　2015年北京市规模以上工业重点监测行业增加值增长速度

指　标	比上年增长（%）	比重
规模以上工业增加值	1.0	100.0
其中：石油加工、炼焦和核燃料加工业	-16.8	1.8
化学原料和化学制品制造业	-8.1	1.8
医药制造业	7.2	8.6
非金属矿物制品业	-14.3	1.9
通用设备制造业	-11.3	3.8
专用设备制造业	-4.7	4.0
汽车制造业	8.3	20.2
铁路、船舶、航空航天和其他运输设备制造业	-6.8	1.7
电气机械和器材制造业	1.8	4.3
计算机、通信和其他电子设备制造业	7.3	9.2
仪器仪表制造业	2.9	2.2
电力、热力生产和供应业	-0.7	18.2

表2－6　2015年北京市规模以上工业企业主要产品产量

产品名称	单位	产量	比上年增长（%）
发电量	亿千瓦时	417.4	13.7
原油加工量	万吨	1000.1	-4.8
乙烯	万吨	78.6	1.3
金属切削机床	台	13920	-17.0
其中：数控金属切削机床	台	12471	-10.2
汽车	万辆	221.9	2.4
其中：基本型乘用车（轿车）	万辆	118.9	0.3
运动型多用途乘用车（SUV）	万辆	42.1	26.1
新能源汽车	辆	23847	235.7
移动通信手持机（手机）	万台	9540.8	-47.2
微型计算机设备	万台	885.6	-12.8
智能电视	万台	185.9	85.4

续表 2－6

产品名称	单位	产量	比上年增长（%）
显示器	万台	519.0	－5.7
集成电路	亿块	62.7	14.9
饮料酒	万千升	167.1	－10.8
其中：啤酒	万千升	138.2	－11.7
乳制品	万吨	62.1	2.5

全年规模以上工业企业经济效益综合指数为303.3，比上年提高2.8个点。规模以上工业企业实现利润1580.3亿元，比上年增长6.0%。重点行业中，电力、热力生产和供应业实现利润559亿元，增长23.4%；汽车制造业实现利润346.9亿元，增长7.1%；医药制造业实现利润129亿元，增长16.2%；通用设备制造业实现利润55.4亿元，下降0.1%；计算机、通信和其他电子设备制造业实现利润84.2亿元，下降22.0%。

“十二五”时期，全市工业增加值年均增长5.8%，低于“十一五”时期平均增速3.4个百分点。

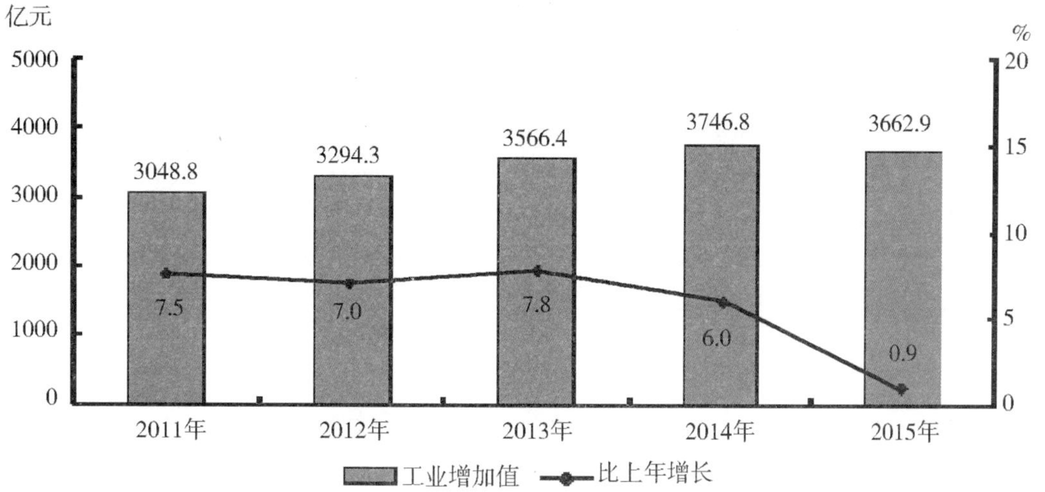

图 2－5　2011—2015 年北京市工业增加值及增长速度

建筑业： 全市具有资质等级的总承包和专业承包建筑业企业完成建筑业总产值8436.7亿元，比上年增长2.8%。其中，在本市完成2699.1亿元，下降6.8%；在外埠完成5737.6亿元，增长8.0%。本年新签合同额10790.5亿元，增长3.3%。

“十二五”时期，全市建筑业增加值年均增长7.9%，低于“十一五”时期平均增速3.5个百分点。

五、交通运输和邮电

交通运输： 全年货运量28765.2万吨，比上年下降2.5%；客运量69923.1万人，下降2.5%。

表2-7　2015年北京市各种运输方式完成货运量

指　标	单　位	绝对数	比上年增长（%）
货运量	万吨	28765.2	-2.5
铁路	万吨	1003.7	-11.3
公路	万吨	24573.0	-3.3
民航	万吨	158.2	6.2
管道	万吨	3030.4	7.4
货物周转量	亿吨公里	629.5	-6.4
铁路	亿吨公里	224.8	-21.0
公路	亿吨公里	162.2	-1.8
民航	亿吨公里	63.7	15.0
管道	亿吨公里	178.9	6.5

表2-8　2015年北京市各种运输方式完成客运量

指　标	单　位	绝对数	比上年增长（%）
客运量	万人	69923.1	-2.5
铁路	万人	12820.5	1.7
公路	万人	49931.2	-4.6
民航	万人	7171.4	6.2
旅客周转量	亿人公里	1747.5	9.0
铁路	亿人公里	149.3	10.1
公路	亿人公里	130.1	-5.9
民航	亿人公里	1468.1	10.5

年末全市机动车保有量561.9万辆，比上年末增加2.8万辆，比2010年末增加81万辆。民用汽车535万辆，分别比上年末和2010年末增加2.6万辆和82.1万辆。其中，私人汽车440.3万辆，分别比上年末和2010年末增加3.1万辆和65.9万辆；私人汽车中轿车316.5万辆，与上年末持平，比2010年末增加40.6万辆。

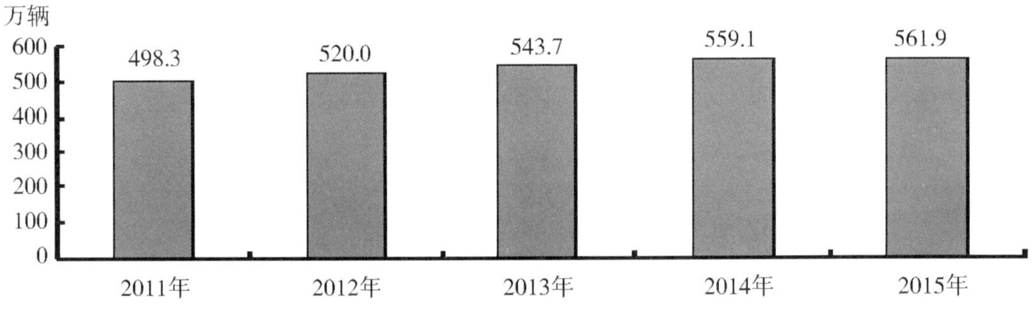

图2-6　2011—2015年末北京市机动车保有量

邮电：全年实现邮电业务总量990.9亿元，比上年增长31.9%。其中，邮政业务总量67.8亿元，增长6.4%；电信业务总量923亿元，增长34.3%。全年发送邮政函件6.1亿件，下降7.5%；特快专递14.1亿件，增长27.4%。年末固定电话用户达到784.6万户，固定电话主线普及率达到36.1线/百人。年末移动电话用户达到4051.9万户，移动电话普及率达到186.7户/百人。年末固定互联网宽带接入用户数达到469.1万户。

六、金融

存贷款：年末全市金融机构（含外资）本外币存款余额128573亿元，比年初增加15248.7亿元，增加额比上年少246.6亿元。年末全市金融机构（含外资）本外币贷款余额58559.4亿元，比年初增加4822.1亿元，增加额比上年多929.8亿元。

表2－9　2015年末北京市金融机构（含外资）本外币存贷款余额

单位：亿元

指　标	年末数	比年初增加额	增加额比上年增减
各项存款余额	128573.0	15248.7	-246.6
其中：人民币	123767.4	15328.3	552.5
其中：住户存款	26740.6	1434.5	96.9
非金融企业存款	43861.7	5472.9	4257.3
各项贷款余额	58559.4	4822.1	929.8
其中：人民币	50559.5	5021.2	1938.1
其中：短期贷款	16392.0	1301.2	-18.7
中长期贷款	30946.7	2630.9	-23.0
票据融资	2379.0	5246.0	-230.0
其中：住户消费贷款	8915.9	1714.9	692.3

证券：全年证券市场各类证券成交额597169.7亿元，比上年增长1.6倍。其中，股票成交额305252.9亿元，增长2.6倍；债券成交额182495亿元，增长64.9%。年末证券市场累计开户数758.8万户，比上年末增加171.3万户。

保险：全年实现原保险保费收入1403.9亿元，比上年增长16.3%。其中，财产险保费收入344.7亿元，人身险保费收入1059.2亿元。全年各类保险赔付支出506.6亿元。其中，财产险赔付206.6亿元，人身险赔付300亿元。

七、固定资产投资和房地产开发

固定资产投资：全年完成全社会固定资产投资7990.9亿元，比上年增长5.7%。其中，国有控股单位完成投资4238.5亿元，比上年下降4.9%；民间投资完成3296.2亿元，增长25.8%。

分城乡看，城镇投资7267亿元，增长4.9%；农村投资723.9亿元，增长13.9%。

分产业看，第一产业投资111亿元，下降32.2%；第二产业投资677.1亿元，下降5.5%；第三产业投资7202.8亿元，增长7.8%。

表2－10 2015年北京市分行业固定资产投资

行业名称	投资额（亿元）	比上年增长（%）
总　　计	7990.9	5.7
农、林、牧、渔业	111.0	－32.2
采矿业	2.6	－68.4
制造业	368.5	5.1
电力、热力、燃气及水生产和供应业	300.4	－14.9
建筑业	5.7	16.8
批发和零售业	60.8	79.3
交通运输、仓储和邮政业	849.8	9.5
住宿和餐饮业	40.9	－37.1
信息传输、软件和信息技术服务业	242.7	32.3
金融业	73.3	34.4
房地产业	4757.7	8.1
租赁和商务服务业	64.7	36.0
科学研究和技术服务业	98.9	－30.6
水利、环境和公共设施管理业	586.3	－2.9
居民服务、修理和其他服务业	21.7	88.0
教育	142.2	－8.8
卫生和社会工作	66.3	－1.1
文化、体育和娱乐业	138.2	50.2
公共管理、社会保障和社会组织	59.3	23.7

全年完成基础设施投资2174.5亿元，增长7.7%。从投向上看，交通运输投资827亿元，所占比重为38.0%；公共服务业投资494.4亿元，所占比重为22.7%。

房地产开发：全年完成房地产开发投资4226.3亿元，比上年增长8.1%。其中，住宅投资1962.7亿元，与上年持平；写字楼投资906.6亿元，增长20.8%；商业、非公益用房及其他投资1357亿元，增长13.2%。

表2－11 2015年北京市房地产开发和销售主要指标

指　　标	单位	绝对数	比上年增长（%）
房地产开发投资	亿元	4226.3	8.1
其中：住宅	亿元	1962.7	持平
本年实际到位资金	亿元	7282.1	8.2
其中：国内贷款	亿元	1971.0	－9.7
自筹资金	亿元	2277.2	20.0

续表 2-11

指　　标	单位	绝对数	比上年增长（%）
定金及预收款	亿元	1764.9	0.8
商品房施工面积	万平方米	13095.0	-4.0
其中：住宅	万平方米	6314.6	-9.8
其中：本年新开工面积	万平方米	2790.2	11.5
其中：住宅	万平方米	1199.2	-8.0
商品房竣工面积	万平方米	2631.5	-13.8
其中：住宅	万平方米	1378.2	-23.6
商品房销售面积	万平方米	1554.7	6.6
其中：住宅	万平方米	1127.3	-1.2
商品房待售面积	万平方米	2168.1	5.0
其中：住宅	万平方米	867.7	0.3

保障性住房建设：全年新开工、筹集各类保障性住房 10.8 万套，竣工 8.2 万套，公开配租配售 7.8 万户。

"十二五"时期，全市累计完成全社会固定资产投资 34958.8 亿元，是"十一五"时期的 1.6 倍，年均增长 9.9%，低于"十一五"时期年均增速 4.5 个百分点。其中，累计完成基础设施投资 9167.8 亿元，是"十一五"时期的 1.5 倍，年均增长 9.0%，低于"十一五"时期年均增速 15.2 个百分点；累计完成房地产开发投资 17810.8 亿元，是"十一五"时期的 1.6 倍，年均增长 8.7%，低于"十一五"时期年均增速 3.3 个百分点。"十二五"时期，保障房累计开工 100.9 万套。

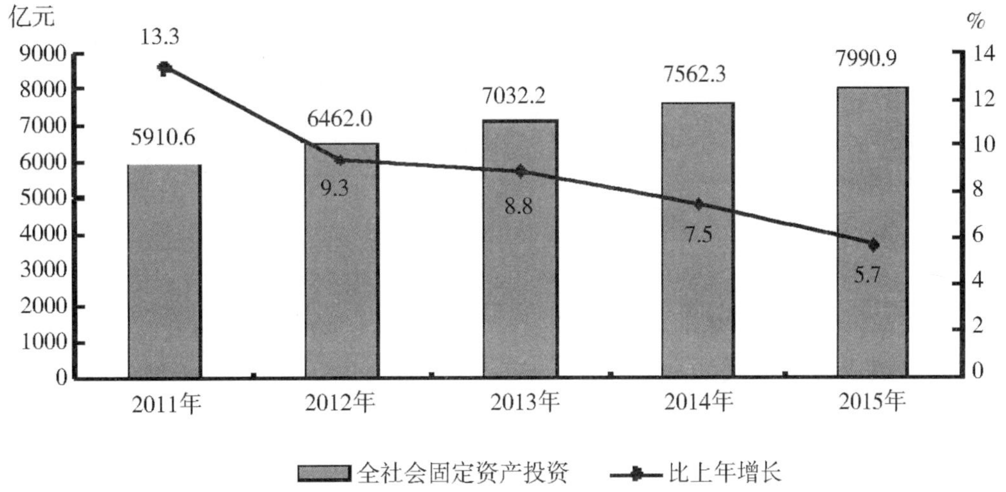

图 2-7　2011—2015 年北京市全社会固定资产投资及增长速度

八、市场消费、批发和零售

全年实现市场消费总额 18646 亿元，比上年增长 8.7%。其中，实现服务性消费额 8308 亿元，增长 10.5%；实现社会消费品零售总额 10338 亿元，增长 7.3%。限额以上批发和零售企业中，汽车类实现零售额1751亿元，下降4.7%；通讯器材类实现零售额1217.4亿元，增长31.1%；中西药品类实现零售额843.8亿元，增长5.6%；文化办公用品类实现零售额582.8亿元，增长10.4%；家用电器和音像器材类实现零售额432.9亿元，增长15.6%。限额以上批发和零售企业实现网上零售额2016.9亿元，增长40.2%。

表2-12　2015年北京市社会消费品零售总额

指　　标	零售额（亿元）	比上年增长（%）
社会消费品零售总额	10338.0	7.3
按商品用途分		
吃类商品	1967.3	9.2
穿类商品	742.8	0.9
用类商品	7156.3	9.4
烧类商品	471.6	-15.7
按消费形态分		
餐饮收入	846.8	3.3
商品零售	9491.2	7.6

“十二五”时期，全市累计实现社会消费品零售总额44193.8亿元，是“十一五”时期的1.9倍；年均增长10.3%，低于“十一五”时期平均增速6.5个百分点。

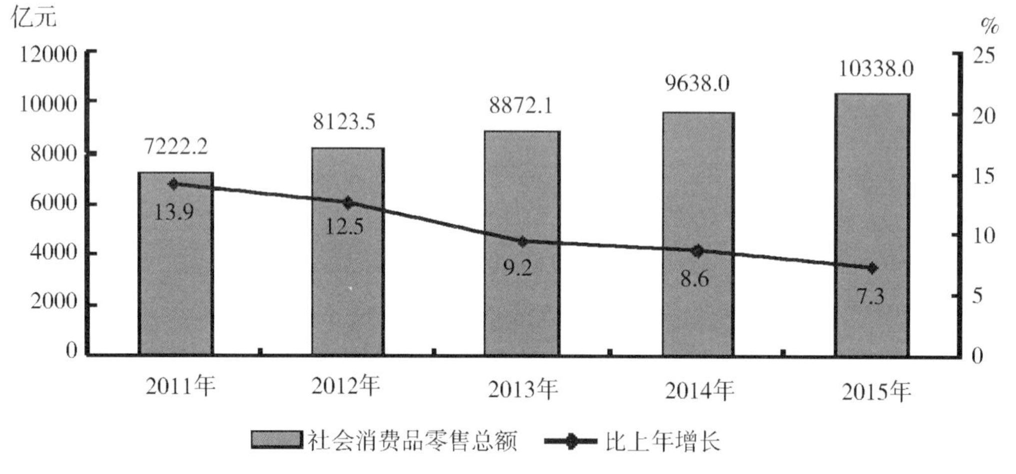

图2-8　2011—2015年北京市社会消费品零售总额及增长速度

全年批发和零售业实现商品购销额116709.6亿元，比上年下降9.3%。其中，实现购进额55984.5亿元，下降9.9%；销售额60725.1亿元，下降8.7%。

九、对外经济和旅游

对外经济：全年北京地区进出口总值3195.9亿美元，比上年下降23.1%。其中，出口546.7亿美元，下降12.3%；进口2649.2亿美元，下降25.0%。

表 2-13　2015 年北京地区进出口总值

指　　标	总值（亿美元）	比上年增长（%）
进出口总值	3195.9	-23.1
出口	546.7	-12.3
其中：一般贸易	299.5	5.6
来料加工装配贸易	59.8	-17.2
进料加工贸易	93.1	-38.4
其中：机电产品	314.4	-17.0
其中：高新技术产品	140.4	-25.1
进口	2649.2	-25.0

“十二五”时期，北京地区进出口总值累计达到 19627.6 亿美元，是“十一五”时期的 1.7 倍。其中，出口 2987.4 亿美元，进口 16640.3 亿美元，分别是“十一五”时期的 1.2 倍和 1.9 倍。

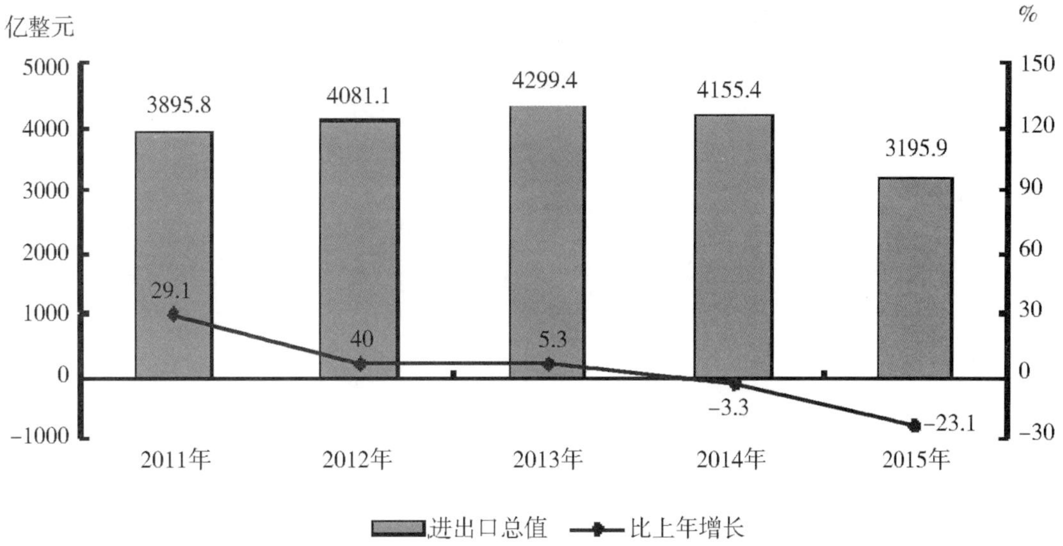

图 2-9　2011—2015 年北京市进出口总值及增长速度

全年合同外资 323.8 亿美元，比上年下降 9.3%。实际利用外资 130 亿美元，增长 43.8%。其中，金融业占 56.4%，批发和零售业占 18.6%，科学研究、技术服务和地质勘查业占 7.6%，租赁和商务服务业占 5.5%，制造业占 4.6%，信息传输、计算机服务和软件业占 3.7%。

表2－14　2015年北京市分行业实际利用外商投资情况

行业名称	实际利用外资（万美元）	比上年增长（%）
总　　计	1299635	43.8
农、林、牧、渔业	7620	－45.4
制造业	59397	－29.5
建筑业	131	－81.4
交通运输、仓储和邮政业	2287	－65.8
信息传输、计算机服务和软件业	48611	－57.8
批发和零售业	242167	342.0
住宿和餐饮业	549	－73.2
金融业	733303	1567.0
房地产业	27541	－79.9
租赁和商务服务业	71199	－79.0
科学研究、技术服务和地质勘查业	98895	14.0
水利、环境和公共设施管理业	4720	79.1
居民服务和其他服务业	83	－74.9
教育	15	—
文化、体育和娱乐业	3117	42.0

"十二五"时期，全市累计实际利用外资456.6亿美元，是"十一五"时期的1.6倍。

全年境外投资中方实际投资额95.55亿美元，比上年增长75.0%。对外承包工程完成营业额35.5亿美元，下降0.7%。对外劳务合作人员实际收入16012万美元，增长1倍。

旅游：全年接待入境旅游者420万人次，比上年下降1.8%。其中，外国人357.6万人次，下降2.2%；港、澳、台同胞62.4万人次，增长0.7%。旅游外汇收入46亿美元，下降0.1%。全年接待国内旅游者2.7亿人次，增长4.4%。国内旅游收入4320.3亿元，增长8.1%。国内外旅游总收入为4607.1亿元，增长7.6%。全年经旅行社组织的出境游人数533.1万人次，增长30.0%。

"十二五"时期，全市共接待入境旅游者2318.8万人次，国内旅游者12.1亿人次，分别是"十一五"时期的1.1倍和1.6倍；累计实现国内外旅游收入19693.2亿元，是"十一五"时期的1.7倍；其中，旅游外汇收入245.7亿美元，国内旅游收入18149.1亿元，分别是"十一五"时期的1.1倍和1.9倍。

十、城市建设和安全生产

道路建设：年末全市公路里程21876公里，比上年末增加27.2公里，比2010年末增加762公里。其中，高速公路里程982公里，与上年末持平，比2010年末增加79公里。年末城市道路里程6435公里，比上年末增加9公里，比2010年末增加80公里。

公共交通：年末公共电汽车运营线路876条，比上年末减少1条，比2010年末增加163条；运营线路长度20315公里，比上年末增加66公里，比2010年末增加1572公里；运营车辆24347辆，比上年末增加680辆，比2010年末增加2799辆；全年客运总量39.8亿人次，比上年下降16.6%，比2010年下降21.2%。

年末轨道交通运营线路18条，与上年末持平，比2010年末增加4条；运营线路长度554公里，比上年末增加27公里，比2010年末增加218公里；运营车辆4946辆，比上年末增加282辆，比2010年末增加2483辆；全年客运总量32.5亿人次，比上年下降3.9%，比2010年增长76.2%。

公用事业：全年自来水销售量10.79亿立方米，比上年增长4.38%。其中，生产运营用水1.31亿立方米，增长3.37%；公共服务用水3.86亿立方米，增长1.97%；居民家庭用水5.54亿立方米，增长7.17%。

全年北京地区用电量达到952.7亿千瓦时，比上年增长1.7%。其中，生产用电778亿千瓦时，增长1.3%；城乡居民生活用电174.8亿千瓦时，增长3.2%。

全年液化石油气供应总量51.5万吨，比上年减少5.7%；天然气供应总量140亿立方米，比上年增长27.6%。年末共有居民燃气用户882万户，比上年末增长4.3%，其中天然气家庭用户586万户，增长3.2%。燃气管线长度达到21430公里，比上年末增长2.1%。

全市10万平方米以上的集中供热面积5.8亿平方米，比上年增长3.0%。

安全生产：全年共发生道路交通、生产安全、火灾、铁路交通、农业机械安全事故963起，死亡1031人。与上年相比，事故减少40起，死亡人数减少65人，分别下降4.0%和5.9%。亿元地区生产总值安全生产事故死亡人数为0.045人；道路交通每万车死亡人数为1.64人；工矿商贸企业从业人员每10万人生产安全事故死亡人数为0.43人；煤矿每百万吨死亡人数为0.22人。

十一、人民生活、就业和社会保障

人民生活：全年全市居民人均可支配收入达到48458元，比上年增长8.9%；扣除价格因素后，实际增长7.0%。其中，城镇居民人均可支配收入52859元，比上年增长8.9%；农村居民人均可支配收入20569元，比上年增长9.0%。扣除价格因素后，城乡居民收入实际增速分别为7.0%和7.1%。

全年全市居民人均消费支出达到33803元，比上年增长8.7%；恩格尔系数为22.4%，比上年下降1.6个百分点。城镇居民人均消费支出达到36642元，比上年增长8.7%；恩格尔系数为22.1%，比上年下降1.7个百分点。农村居民人均消费支出达到15811元，比上年增长8.8%；恩格尔系数为27.7%，比上年下降0.2个百分点。

城镇居民人均住房建筑面积31.69平方米，农村居民人均住房面积43.03平方米。

“十二五”时期，城镇居民人均可支配收入年均实际增长7.2%，农村居民人均可支配收入年均实际增长7.8%。

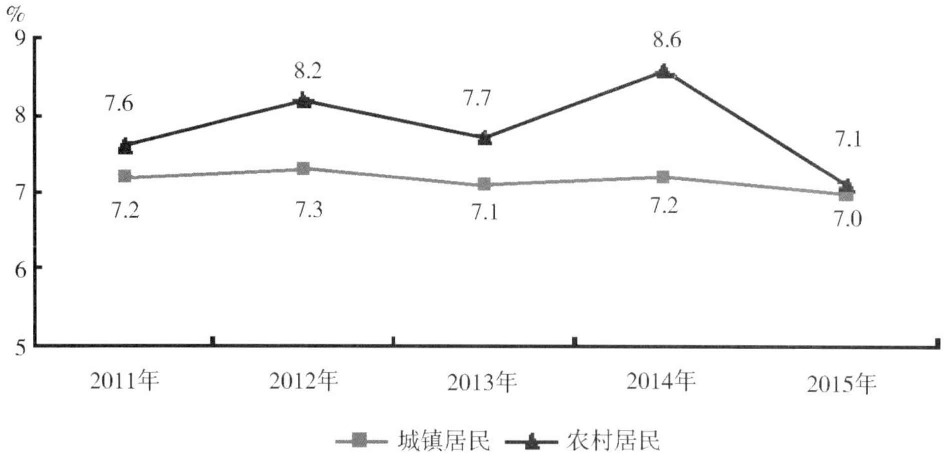

图2－10　2011—2015年北京市城乡居民人均可支配收入实际增速

就业：全年城镇新增就业42.63万人，比上年减少0.02万人。年末城镇登记失业率为1.39%，比上年末提高0.08个百分点。

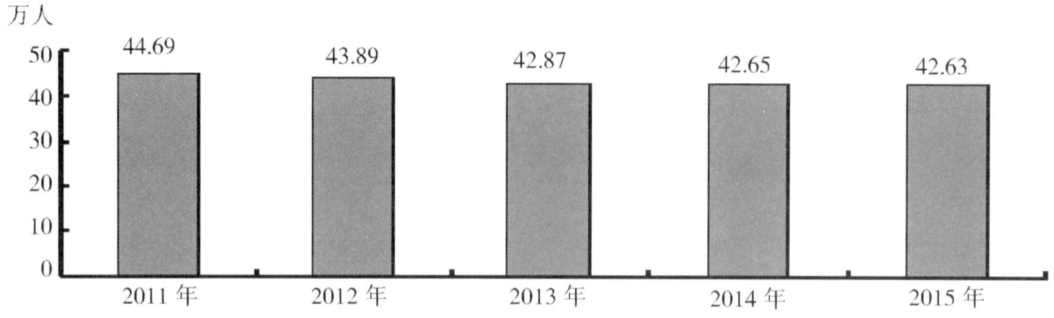

图2－11　2011—2015年北京市城镇新增就业人数

社会保障：年末参加城镇职工基本养老、基本医疗、失业、工伤和生育保险人数分别为1424.3万人、1475.7万人、1082.3万人、1020.1万人和941.7万人，分别比上年末增加31.7万人、44.4万人、25.2万人、59.1万人和26.1万人；分别比2010年增加441.8万人、412万人、308.1万人、196.3万人和569.5万人。年末参加城乡居民养老保险人数187.6万人，其中农村居民参保人数174万人，参加城乡居民养老保险人数比上年末增加1.4万人。

年末参加新型农村合作医疗的人数达到223.9万人，参合率为99.3%。

全市享受城市居民最低生活保障的人数为8.5万人，享受农村居民最低生活保障的人数为4.9万人。

表 2－15　2014—2015 年北京市社会保障相关待遇标准

单位：元/月

指　标	2015 年	2014 年
失业保险金最低标准	1122	1012
城市居民最低生活保障标准	710	650
职工最低工资标准	1720	1560

年末各类收养性单位 625 家，床位 13.7 万张，收养各类人员 7.7 万人。建立各种社区服务机构 11581 个，其中社区服务中心 199 个。

十二、教育、科技、文化、卫生、体育

教育：全市共有 58 所普通高校和 80 个科研机构培养研究生，全年研究生教育招生 9.5 万人，在学研究生 28.4 万人，毕业生 8 万人。全市 90 所普通高等学校全年招收本专科学生 15.8 万人，在校生 59.3 万人，毕业生 15.2 万人。全市成人本专科招生 7.5 万人，在校生 20.4 万人，毕业生 9.5 万人。

全市普通高中招生 5.7 万人，在校生 16.9 万人，毕业生 5.8 万人；普通初中招生 8.9 万人，在校生 28.3 万人，毕业生 9.3 万人；普通小学招生 14.6 万人，在校生 85 万人，毕业生 10.4 万人；幼儿园入园幼儿 14.9 万人，在园幼儿 39.4 万人。各类中等职业教育（含技工学校）招生 4.1 万人，在校生 13.4 万人，毕业生 5.5 万人；特殊教育招生 930 人，在校生 7136 人，毕业生 1786 人。

全市共有民办高校 15 所，在校学生 6.7 万人；民办普通中学 93 所，在校学生 3.7 万人；民办小学 60 所，在校学生 6.7 万人；民办幼儿园 574 所，在园幼儿 14 万人。

科技：全年研究与试验发展（R&D）经费支出 1367.5 亿元，比上年增长 7.8%，相当于地区生产总值的比例由 2010 年的 5.82% 提高到 2015 年的 5.95%。全市研究与试验发展（R&D）活动人员 35.5 万人，比上年增长 3.4%。专利申请量与授权量分别为 156312 件和 94031 件，分别比上年增长 13.2% 和 25.9%，其中发明专利申请量与授权量分别为 88930 件和 35308 件，分别增长 13.8% 和 51.9%。全年共签订各类技术合同 72272 项，增长 7.4%；技术合同成交总额 3452.6 亿元，增长 10.1%。

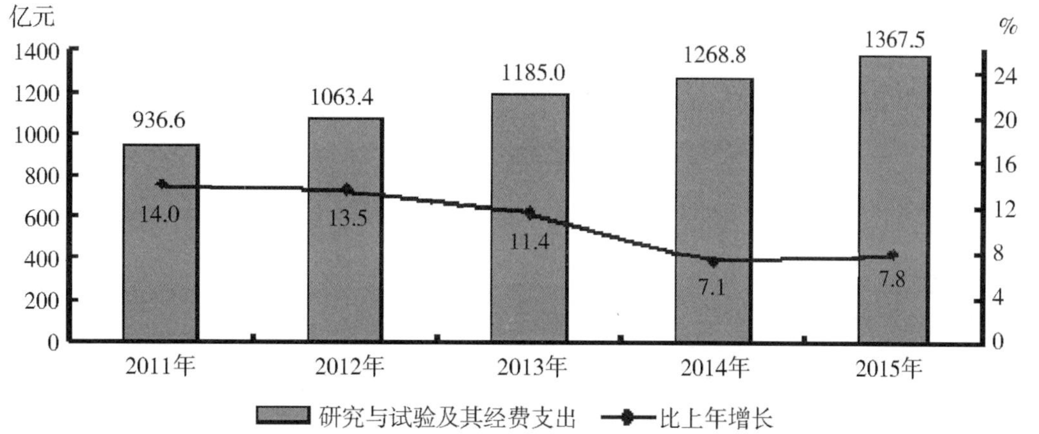

图 2－12　2011—2015 年北京市研究与试验发展经费支出及增长速度

“十二五”时期，专利申请量与授权量累计分别达到58.8万件和32.3万件，分别比“十一五”时期增长1.8倍和2.2倍。累计签订技术合同315814项，实现技术合同成交额13788.6亿元，分别比“十一五”时期增长23.3%和1.5倍。

年末中关村国家自主创新示范区投产开业企业17965家，比上年末增加2319家。全年实现总收入40667.5亿元，比上年增长12.8%。其中，实现技术收入5478.6亿元，增长13.2%；实现新产品销售收入4293.9亿元，下降7.0%。全年出口总额295亿美元，下降12.5%。实现利润总额3476.7亿元，增长14.7%。

文化：年末共有公共图书馆25个，图书总藏量5896.2万册；档案馆18个，馆藏案卷733万卷件；博物馆173个，其中免费开放80个；群众艺术馆、文化馆20个。年末有线电视注册用户达到569.1万户，其中高清交互数字电视用户460万户。北京地区23条院线182家影院，银幕1050块，座位数17.3万个，共放映电影198万场，观众7164.2万人次，票房收入31.5亿元。全年制作电视剧64部2451集，电视动画片9部4060分钟，电影291部。

卫生：年末共有卫生机构10423个，比上年末增加158个，比2010年末增加3884个；其中医院共有698个。医疗机构共有床位11.2万张，比上年末增加0.2万张，比2010年末增加1.9万张；其中医院10.4万张。卫生技术人员达到25.5万人，比上年末增加1.3万人，比2010年末增加8.4万人；其中执业（助理）医师9.4万人，注册护士11.2万人。医疗机构总诊疗23071.6万人次。全年报告甲乙类传染病发病率161.61/10万，死亡率0.82/10万。婴儿死亡率2.42‰，孕产妇死亡率8.69/10万。

体育：年末共有体育场馆20075个。全市共有优秀体育运动员1074人。获得国际性比赛奖牌38枚，其中金牌18枚，银牌12枚。获得全国性比赛奖牌132枚，其中金牌45枚，银牌48枚。

十三、资源和环境

土地供应：全年全市国有建设用地供应总量2300公顷。其中，住宅用地877公顷（其中保障性安居工程用地495公顷），工矿仓储用地122公顷，商服用地202公顷，基础设施等其他用地1099公顷。

水资源：全年水资源总量29.29亿立方米，比上年增加44.64%。年末大中型水库蓄水总量16.16亿立方米，比上年末少蓄水2.23亿立方米。全市平原地区年末地下水平均埋深由上年末的25.66米降为25.76米。全年总用水量38.2亿立方米，比上年增加1.89%。其中，生活用水17.47亿立方米，增长2.90%；生态环境补水10.43亿立方米，增长43.86%；工业用水3.85亿立方米，下降24.37%；农业用水6.45亿立方米，下降21.08%。全市单位地区生产总值水耗为16.63立方米/万元，比上年下降4.67%。“十二五”时期，单位地区生产总值水耗累计下降24.54%。

能源：“十二五”前四年，全市单位地区生产总值能耗累计下降20.15%，提前1年达到《北京市国民经济和社会发展第十二个五年规划纲要》中单位地区生产总值能耗比“十一五”期末下降17%的目标。

环境：全市城镇污水处理率为87.0%，其中城六区污水处理率达到97.5%，分别比上年提高0.9个和0.5个百分点，分别比2010年提高6.0个和2.5个百分点。全市生活垃圾无害化处理率（根据垃圾清运量计算）为99.8%，比上年提高0.2个百分点，比2010年提高2.9个百分点。全市细颗粒物（PM2.5）和可吸入颗粒物（PM10）年均浓度值分别为80.6微克/立方米和101.5微克/立方米，分别比上年下降6.2%和12.3%。二氧化氮和二氧化硫年均浓度值分别为50微克/立方米和13.5微克/立方米，分别比上年下降11.8%和38.1%。

全年完成人工造林面积8252公顷，比上年减少64.0%。全市林木绿化率达到59.0%，比上年提高0.6个百分点，比2010年提高6个百分点。森林覆盖率达到41.6%，比上年提高0.6个百分点，比2010年提高4.6个百分点。城市绿化覆盖率达到48.0%，比上年提高0.6个百分点，比2010年提高3个百分点。

公报注释：

1. 本公报中2015年数据均为初步统计数。与上年相比的增速为2015年初步统计数与2014年最终核实数比较的结果。

2. 本公报中地区生产总值、规模以上工业增加值、全社会固定资产投资行业划分标准依照《国民经济行业分类》(GB/T4754－2011)，三次产业划分标准根据《三次产业划分规定》(国统字［2012］108号)；外商直接投资行业划分标准仍沿用《国民经济行业分类》(GB/T4754－2002)。

3. 地区生产总值及其中各行业增加值绝对数按现价计算，增长速度按2010年不变价计算。

4. 文化创意产业、高技术产业、信息产业、生产性服务业增加值绝对数和增长速度均按现价计算。

5. 规模以上工业企业是指年主营业务收入2000万元及以上的全部法人工业企业；限额以上批发零售企业是指年主营业务收入2000万元及以上的批发企业和年主营业务收入500万元及以上的零售企业。

6. 邮电业务总量按2010年不变价计算。

7. 天然气供应总量不包含对燕山石化的供应量。

8. 恩格尔系数是指居民食品支出占消费支出总额的比重。

9. 医疗机构和卫生技术人员等相关数据均含部队医院数据，床位不含。

10. 体育场馆数为第六次全国体育场地普查数据（时点为2013年12月31日），包括标准和非标准的所有体育场地。优秀体育运动员人数是指在优秀运动队试训、在训和处于职业转换期并享受运动员津贴的运动员。

11. 平原地区地下水埋深是指平原地区地下水水面至地面的距离。

12. 单位地区生产总值水耗按现价计算，下降率按2010年不变价计算。若按2010年不变价计算，2015年单位地区生产总值水耗为18.81立方米/万元。

13. 高技术制造业是指国民经济行业中R&D投入强度（即R&D经费支出占主营业务收入的比重）相对较高的制造业行业，执行《高技术产业（制造业）分类（2013）》(国统字〔2013〕55号）标准。

14. 2015年开始，财政部门对财政收支统计口径进行了调整，原指标“地方公共财政预算收入”和“地方公共财政预算支出”变更为“一般公共预算收入”和“一般公共预算支出”。

15. 自2015年1季度起，按照国家统计局统一要求，北京市按照城乡一体化住户调查改革后的新口径发布全市和分城乡的居民收支数据。反映收入、消费水平的主要指标统一使用“人均可支配收入”和“人均消费支出”，不再对外发布“农村居民人均纯收入”数据。

16. 公报中部分数据合计数或相对数由于计量单位取舍不同而产生的计算误差，均未作机械调整。

资料来源：

本公报中户籍人口数据来自北京市公安局；财政数据来自北京市财政局；机动车数据来自北京市公安局公共交通管理局；存贷款数据来自中国人民银行营业管理部；保险数据来自中国保险监督管理委员会北京监管局；保障性住房数据来自北京市住房和城乡建设委员会；进出口数据来自北京海关；批准合同外资、实际利用外资、境外投资、对外承包工程、对外劳务合作数据来自北京市商务委员会；旅游外汇收入、国内旅游数据来自北京市旅游发展委员会；道路建设、公共交通数据来自北京市交通委员会；自来水销售、水资源、城市污水处理数据来自北京市水务局；用电量数据来自北京市电力公司；液化石油气及天然气供应量、燃气家庭用户、燃气管线、集中供热面积、垃圾处理数据来自北京市市政市容管理委员会；安全生产数据来自北京市安全生产监督管理局；就业、社会保障数据来自北京市人力资源和社会保障局；新农合、卫生数据来自北京市卫生和计划生育委员会；低保、收养性单位、社区服务机构数据来自北京市民政局；教育数据来自北京市教育委员会；专利数据来自北京市知识产权局；技术市场数据来自北京市技术市场管理办公室；公共图书馆、文化馆数据来自北京市文化局；档案馆数据来自北京市档案局；博物馆数据来自北京市文物局；电影、电视数据来自北京市新闻出版广电局；体育数据来自北京市体育局；国有建设用地供应数据来自北京市国土资源局；空气质量数据来自北京市环保局；造林、绿化数据来自北京市园林绿化局；其他数据来自北京市统计局、国家统计局北京调查总队。

第三章
城市规划与建设

北京市房地产年鉴 2016

第一节 2015年北京市城市规划综述

2015年，首都规划工作以习近平总书记视察北京工作时的讲话为标志，重新定位城市规划工作的目标、标准，集中力量开展城市总体规划编制工作，以治理“大城市病”为突破口，推动谋划新的城市成长坐标，着力引导首都城市平稳健康发展。

一、落实城市战略定位，继续开展北京总体规划的编制工作

一是提高对北京作为世界新格局中的大国首都职能的认识，以服务国家战略要求为重，落实“四个中心”的核心职能。提出实现人口资源环境、城市空间布局、服务保障能力与首都战略定位相适应的要求；初步划定生态红线和城市增长边界；实践和研究“多规合一”的基础工作、目标、工作方法和政策机制。二是把北京放在京津冀区域协同发展的大格局下，深化世界级城市群的空间布局。形成生产空间集约高效、生活空间宜居适度、生态空间山清水秀的用地结构。明确了压缩生产空间规模，提高产业用地效益，适度提高居住用地及其配套用地比重，改善人居环境；大幅度扩大绿色生态空间，提高环境承载能力。三是坚持“开门编规划”。各委办局和各区共同研究，专家、市民广泛参与。市人大、市政协多次调研，提出了10个方面90条意见建议。

二、着力推动全市规划建设领域改革创新

一是针对加大老城空间重组力度，彰显历史文化名城“金名片”，提出强化两轴，突出首都核心职能保障，塑造水系与公共空间，加大环境与民生改善的老城修补的总体策略和重点工作。二是引导中心城形成功能与产业、规模与布局、居住与就业“三匹配”的格局。三是以创新示范为引领，编制北京城市副中心规划，创新规划理念，提出规划建设管理的目标和改革、示范要求；四是深入开展城乡建设用地减量规划，启动划定规划实施单元工作；提出“先供先摊”的土储成本核算方式，积极开展试点，迈出了城乡建设用地由增量发展向“减量提质”转型的关键一步。五是针对治理“大城市病”，以交通规划为先导带动区域协同，构建以高铁、城际、区域快线和地铁“四网融合”的公共交通主干系统；编制实施轨道交通二期建设规划；梳理建立全市未按规划实施的次支路项目库，引导建设计划，推动各区破解建设次支路、微循环的难题；完成各类停车设施规划；积极推进煤改气、煤改电、新能源汽车等专项工作；完善城市防洪减灾体系规划，开展海绵城市规划设计；组织编制综合管廊布局规划，提高地下管线建设水平。六是在完成棚改和保障房建设工作的同时，注重“补短板、平职住、提品质”。确保“十二五”时期新增各类保障性住房100万套，并严把设计关，提高住宅设计质量。七是发挥查违治违统筹作用。继续抓好基础建设。升级治理违法建设信息平台，实现从单一化管理向全过程多角度管理的跨越。八是加强城

市设计，强调城市风貌特征和公共空间。

三、改革行政审批制度，提升服务效能

一是深化审批制度改革。依法依规梳理权力清单，将行政审批事项由41项优化压缩为33项；会同十多个部门建立了“土地公开交易项目规划工作协调会”工作机制，提高了项目决策效率；会同相关部门共同研究“先照后证”审批改革程序，顺利推进21项试点工程，大幅缩短开工周期。二是加强重点项目和关键工程规划服务保障。积极配合相关部门完善新机场总体规划，完成了航站楼设计方案审查，深入研究新机场轨道交通和高速公路共走廊方案，积极开展新机场临空经济区起步区规划编制。配合世园局完成《2019年北京世界园艺博览会行动纲要》编制工作，配合相关部门完成了冬奥会场馆布局规划。三是强化过程执法。加强建设项目事前、事中监管，严格行业市场准入。把城乡规划设计行业和规划审批项目的违法现象一直控制在较低水平，避免了大量社会公共资源的不必要损失。四是完善法规和标准体系。组织起草地下空间、旧城平房区规划管理办法等法规。研究制定了住宅设计规范、村庄规划编制技术指南等15项技术标准和图集，其中发布新标准7项，城乡规划标准化工作全国领先。五是全面加强基础工作。加快推进地理国情普查、地下管网普查、地名普查等三大重点工作。着力做好信息公开、公示、信访和规划宣传等工作；举办保障房规划设计方案展、优秀建筑方案展、地铁设计方案展；进一步加强地名管理；积极发挥城建档案“存凭、留史、资政、育人”功能；加强城乡规划设计业务基础建设与学术交流，不断提升规划设计水平。

第二节　北京市规划研究和规划编制

一、城市总体规划实施政策机制研究

年内（以下如无特殊情况，年内均指2015年内），市规划委会同市委、市政府研究室等部门完成《北京城市总体规划实施政策机制研究》。该课题通过分析总体规划适应性、实施过程、相关关键政策、体制机制，建立影响总体规划实施效果的政策机制框架，提出对策和建议。

二、物流专项规划

年内，市规划委编制完成《北京市物流专项规划》。该规划更多从货品分类、物流业态类型和组织模式入手，将城市物流细分为消费领域服务型物流、生产及建筑领域服务型物流、维持城市运行的保障型物流和特殊类品物流四大类，探讨了快递物流、城市配送物流、冷链物流和专业服务类物流四大主要物流业态的空间节点层级，分析它们与城市物流节点网络之间的关系，将物流的运营组织模式纳入空间体系统筹考虑，进行了两规合一的有益尝试。它是首次在北京市域层面对物流业态类型的精准把握和物流空间组织模式的总结性探索，有效填补了全市物流

设施规划方面的空白。

三、首都产业空间调整策略研究

年内，市规划委编制完成《新形势下首都产业空间调整策略研究——产业用地现状、规划利用情况调查及调整策略》。该课题是《北京城市总体规划修改》的支撑专题之一，通过调查和梳理汇总全市产业用地现状、规划利用情况，分析了现状和规划产业用地的规模、效益、布局特点。按照产业发展需求和空间布局规律，对规划未使用产业用地和产业功能区提出了减量方案、对现状工业用地的更新改造提出了减量方案、对创新产业用地提出了优化布局方案。

四、京沈高铁（顺义段）沿线城乡用地调整规划研究

年内，市规划委编制完成《京沈高铁（顺义段）沿线城乡用地调整规划研究》。该课题在系统梳理京沈高铁（顺义段）沿线地区城乡建设现状、相关规划要求及环境影响情况的基础上，结合对沿线新城、城镇、村庄地区的产业、人口的综合分析研究，采用情景分析方法，提出了不同发展模式下沿线地区城乡建设用地的统筹调整思路。

五、首都国际机场周边地区提质增效规划研究

年内，市规划委编制的《首都国际机场周边地区提质增效规划研究》通过专家评审。该课题搭建并充分运用了“多规融合”的规划技术整合平台以及多部门参与的交流协作平台，在三个层面系统开展了分析工作：从区域宏观视角明确了顺义区及临空经济区的发展定位，在中观层面提出机场周边地区的产业提升方向与空间布局思路，微观层面以天竺地区为着力点，探索了局部地区环境品质提升的实施做法。

六、规划实施单元运作机制及管理办法研究

年内，市规划委编制完成《北京市规划实施单元运作机制及管理办法》。该课题重点针对城乡结合部地区（主要包括第一、第二道绿隔地区）及外围村镇地区，深入研究规划实施制度环境建设、规划实施方案编制办法两方面内容，提出了完善首都城乡建设与规划实施体系的具体政策建议与措施，并通过搭建实施单元理论与政策平台、实施方案规划管理与编制操作平台，助推规划实施机制的转型和规划编制技术的创新。

七、存量建设用地再利用研究

年内，市规划委编制完成《北京市存量建设用地再利用研究》。该课题紧密结合当前形势，对存量建设用地再利用的现状特征、实施模式、规划绩效及各重点存量类型的实施现状进行评估，并以土地再开发收益（经济收益与空间收益）分配为核心，从体系设计、规划原则、制度保障、分类引导四个层面，提出存量再利用策略。

八、新机场及周边区域总体规划

年内，市规划委编制完成《北京新机场周边区域总体规划》。该规划结合北京城市总体规划修改的落实和国家层面对于新机场临空经济区的具体要求，一是从区域宏观层面，提出了新机场影响下城市南部地区未来发展的总体框架，以服务京津冀协同发展的国家战略，推动北京城市南北均衡发展；二是结合国家发改委相关规划，提出了新机场临空经济区的规划范围、功能划分、用地布局和

起步区建设，从技术层面搭建好下一步区域协调沟通的平台；三是在新机场10公里半径范围内，深化落实了临空经济区的开发边界和生态红线，并从宜居宜业、便捷高效、绿色低碳、多元活力的角度，建立了综合性指标体系，指导临空经济起步区建设。

九、中心城控规管理方式转型及规划实施单元划分研究

年内，市规划委编制完成了《北京中心城控规管理方式转型及规划实施单元划分》。该课题客观评价了中心城规划实施和动态维护机制开展多年来取得的实施成效，在对新时期、新形势下中心城控规管理机制再审视和再思考的基础上，首次提出“控规+”的应对思路，即在现有控规技术方案和管理机制上叠加新的要求，赋予新的含义，采取新的形式和技术手段，从而优化完善控规管控的“规则体系”，逐步建立可度量的规则、制度和标准体系，构建“面向实施的控规管理机制”。该研究作为总规修改的重点深化专题，为下阶段中心城控规管理方式的优化完善提供指导。

十、环球主题公园及周边用地规划研究

年内，市规划委编制完成了《北京环球主题公园及周边用地规划研究》。该课题完成与美方环球主题公园方案的控规对接，以主题公园为核心，对其周边用地进行产业定位和空间形态研究，挖掘用地价值，发挥带动效应。同时基于对场地条件、项目特征和建设时序的思考，对地区产业发展空间进行规划预留。

十一、轨道交通与沿线土地衔接规划（一期）

年内，市规划委编制完成了《北京市轨道交通与沿线土地衔接规划（一期）》。该规划探索了轨道交通与沿线土地衔接规划的编制方法、内容和管理机制。针对新开工线路，从线路层面、站点层面、车辆段部分、规划通则四个层次开展规划研究，逐线、逐站、逐段开展规划设计和协调工作，既直接服务于工程建设方案，又突出了工作的普适性和指导性，明确了规划的规则与标准。还完善了一体化规划的层级，在规划层面实现了轨道交通规划设计体系与城市规划设计体系之间的有效衔接、互动。

十二、世园会·围栏区控制性详细规划

年内，市规划委编制完成了《2019北京世园会·围栏区控制性详细规划》。该规划明确了围栏区（503公顷）的空间布局与建设指标，并将问题前置，充分对接规划，缩短了规划周期。

十三、大运河北京引水段遗产保护深化研究

年内，市规划委编制完成了《中国大运河北京引水段遗产保护深化研究》。该课题通过历史研究、案例对比与现状调研，深入挖掘北京段大运河引水价值，确定北京大运河引水段遗产构成，明确保护对象，对遗产进行详尽评估，划定保护区划，制定管理规定、保护措施与实施建议，实现对遗产及其周边环境的有效保护。

十四、“十三五”时期城乡环境建设规划

年内，市规划委编制完成了《北京市“十三五”时期城乡环境建设规划》。该规划明确了“十三五”时期首都城乡环境建设的

指导思想、基本原则与规划目标；重点梳理了“十三五”时期首都城乡环境建设的主要任务，包括大力推进市容环境、生态环境、设施环境和秩序环境建设，以及重点开展“三个区域”“三项工程”“五条线带”环境建设；提出机制、体制方面的保障措施。

十五、京津冀历史文化遗产保护情况梳理和规划建议

年内，市规划委联合清华同衡规划设计研究院等三家单位共同编制完成了《京津冀区域文化遗产保护情况梳理及规划建议》。该课题运用人文地理学方法，系统梳理区域自然地理特征与文化特性之间的相互关系，以城镇体系变迁为重点，探讨区域城镇如何从“相互关联、一体发展的城镇群”逐步演化为“以首都为核心、合理分工的都市圈”。同时，依据区域文化演变的时间、空间线索，提炼出最为显著的交通、军事、政治、文化、经济、对外交往、工业七条文化脉络，以及“两大文明碰撞交融”“城镇体系协同发展”“皇家京畿文化塑造”“近代文化技术繁荣发展”和“多元非物质文化聚集”五点核心文化价值。

十六、工业遗产保护利用规划研究

年内，市规划委编制完成了《北京市工业遗产保护利用规划研究》。该课题包括四部分内容：界定研究对象与范围；从工业发展与城市发展关系的角度，分析了各阶段工业发展的动力及特点，总结了北京工业发展的地位与价值；明确登录标准，在既往研究基础上提出推荐名录；在典型案例调研和与国土等部门座谈的基础上，归纳了目前保护利用及管理中存在的问题，提出了保护利用规划建议。

十七、旅游设施布局专项规划

年内，市规划委编制完成了《北京市旅游设施布局专项规划》。该规划结合游客行为分析，总结出“旅游出行链”，并划分为吸引物和基础性服务设施两大层次，体现了各要素的关联性及交通组织的重要性；通过对现状设施布局进行分析，确定旅游服务中心地、旅游交通廊道、旅游功能分区及生态管控分区构成的布局结构；从技术上首先推进了旅游行业数据的系统化与矢量化，构建了全市目前最全面的旅游行业综合地理信息数据库，有力支撑了规划编制与行业管理。该规划是北京的首次编制，也是国内首例。

十八、城市增长边界划定及实施管理研究

年内，市规划委编制完成的《北京市城市增长边界划定及实施管理研究》通过专家评审。该课题按照“先底后图、先谋后划、先定后动”的理念，结合《北京市生态红线划定和管理办法》等课题，将全市域划分为集中建设区、限制建设区和生态红线区三个政策区，形成了一套共同认可的技术方案。同时，提出了《北京市城市增长划定和实施管理办法》和《北京市城市增长边界划定技术标准》初稿。

十九、生态红线划定与管理办法

年内，市规划委编制完成的《北京市生态红线划定和管理办法》通过专家评审。该课题在2014年生态资源图汇总的工作基础上，通过构建城乡建设用地和生态资源要素之间的冲突矩阵，形成了北京市全域空间共轭关系图，并在此基础上划定了生态红线的初步方案。同时，在与“增长边界”课题开展了多轮调研校核工作后，研究最终形成了全域空间管制规划方案，其中生态红线区面积占全市域面积比例为73%。

二十、海绵城市建设地表径流规划控制对策研究

年内，市规划委编制完成的《基于海绵城市建设的地表径流规划控制策略研究》通过专家评审。该课题以全口径、全过程、全流域的水体污染源核算为基础，定量分析北京市污染排放总量和径流污染贡献率；以水环境容量为底线，反推陆域污染物减排总量，实现“水陆对接”；以河道尾闾水质达标为刚性约束倒逼污染减排，制定规划控制策略；以分区控制单元为抓手，分解污染减排任务，保障规划控制对策的有效实施。研究将径流污染控制的要求纳入海绵城市建设的指标体系当中，形成完整的、具有北京特色的海绵城市建设指标体系，深化了海绵城市建设的理念。

二十一、综合管廊布局规划

年内，市规划委编制完成了《北京市综合管廊布局规划》。该规划通过深入分析国内外综合管廊建设经验，提出了北京市综合管廊规划的总体思路、目标和原则。以市政各专业需求为基础，采用多因素耦合分析法，提炼出北京市综合管廊总体布局，构建了中心城“一轴、两环、多点”和新城各具特点的干线综合管廊骨架。同时，按照近远期结合的原则，立足近期道路建设、重点功能区建设、土地一级开发和棚户区改造、轨道交通和旧城更新、架空线入地等五个方面，统筹确定了综合管廊近期建设项目和规模。

二十二、“十三五”时期城市热力网发展建设规划

年内，市市政市容委、市规划委编制完成了《北京市“十三五”时期城市热力网发展建设规划》。该规划结合中央对首都发展的新要求，从加强供热行业精细化管理、用热安全与可靠供应、能源高效利用、区域协调发展四个方面，研究了中心城传统热力网，海淀山后、通州运河核心区等新兴区域热力网，三河－通州、涿州－燕房跨省合作热力网以及电厂余热热力网，充分吸纳了供热行业管理部门和热力网运行企业的意见，并与北京市清洁空气行动计划、“十三五”能源专项规划紧密结合，提出了热力网发展原则、指导思想，明确了中心城热力网和区域锅炉房资源整合方案，第三热电厂、未来城、海淀山后地区和通州核心区等区域的大型热电联产项目热力网供热方案，北京市周边热电厂进京供热管线方案，以及城市供热精细化管理的有关政策建议。

二十三、“十三五”时期燃气发展建设规划

年内，市市政市容委、市规划委编制完成了《北京市“十三五”时期燃气发展建设规划》。该规划从燃气市场发展、上游气源格局、城镇输配体系、调峰保障等方面等进行了详细研究，优化了场站布局和管网架构，强化了设施支撑能力，完善了应急保障体系，落实了重点建设项目。

二十四、河湖及蓄滞洪区蓝线规划（三期）

年内，市规划委编制完成的《北京市河湖及蓄滞洪区蓝线规划（三期）》通过专家评审。该规划目标是划定通州、顺义、亦庄和延庆四座新城范围内的河湖及蓄滞洪区蓝线，在一期、二期的基础上逐步完成北京市河湖水域蓝线划定。

二十五、城市规划需水预测方法及适用条件研究

年内，市规划委编制完成的《城市规划需水预测方法及适用条件研究》通过验收。该课题结合城乡规划编制方法中城市总体规划编制提供的要素指标，分析适用于城市总体规划的需水预测方法以及其适用条件。研究成果为进一步推进和规范水资源论证工作，落实水资源管理“三条红线”提供了技术支撑。

二十六、世园会水资源保障总体方案研究

年内，市规划委编制完成了《世园会水资源保障总体方案研究》。该课题基于延庆县水资源开发利用情况调查评价和水资源本底条件的调查评价，结合工程措施确定可供水资源量；以延庆区用水现状调查为基础，确定不同区域的用水定额；根据未来延庆县域人口及城市发展规模，进行规划水平年的需水量预测，并进行水资源供需平衡分析；针对世园会的水资源缺口，提出用水保障的对策建议。

二十七、公共移动通信基站站址布局专项规划

年内，市规划委编制完成了《北京市公共移动通信基站站址布局专项规划》。该规划从移动通信基站发展情况、现状基站设施评估、基站建设发展目标、城市空间分析等方面，梳理了北京市移动通信基站建设情况，预测了未来移动通信基站的能力、规模，针对不同区域基站建设的原则和标准给予规划引导，提出了实施建议。

二十八、中心城城乡结合部污水治理规划方案及实施建议

年内，市规划委编制完成了《中心城城乡结合部污水治理规划方案及实施建议》。该规划从污水干支线建设、截污管道建设、“最后一公里”连接工程、小型污水处理站改造与建设四个方面，提出了290项建设任务，包括新建污水管道约331公里、单独新建截污井386座、新建及改造小型污水处理站21座等，工程实施后，将实现城乡结合部污水全收集。

二十九、区域快线网规划

年内，市规划委编制完成了《北京区域快线网规划》。该规划结合未来区域协同发展和北京城市发展，在需求分析的基础上，明确了区域快线的功能定位、主要技术参数、线网规划布局、互联互通等主要内容，规划了近1000公里的区域快线网络。

三十、新建轨道交通沿线土地综合利用专项规划和实施方案

年内，市规划委编制完成《北京市新建轨道交通沿线土地综合利用专项规划和实施方案》。该规划及方案确定了轨道、土地一体化规划建设的总体思路，完善了轨道交通的规划设计体系，建立了轨道交通一体化规划设计程序，以及相关规划管理部门的协作分工方案。

三十一、城市轨道交通第二期建设规划（2015—2021年）

年内，市规划委组织完善的《北京市城市轨道交通第二期建设规划（2015—2021年）》获国家发改委批复。按照规划，2021年全市将建成27条运营线路、总长998.5公里的轨道交通网络。

三十二、干线公路附属设施用地标准及布局规划研究

年内，市规划委编制完成了《北京市干线公路附属设施用地标准及布局规划研究》。该课题从北京市干线公路网整体考虑，在已有相关标准规范的分类、分级总体框架基础上，提出北京市干线公路附属设施的分类、分级、功能与布局、定位和发展目标、用地指标（用地面积、建筑面积）、交通组织等要求，有利于集约化使用土地，实现土地资源的可持续发展，并为今后各条干线公路配套设施的技术指标核定和用地选址提供依据。

三十三、公交橇装式LNG加气站建设规划

年内，市规划委编制完成了《北京市公交橇装式LNG加气站建设规划》。该规划的橇装式LNG加气站属是新型的液化天然气加注装置，属于加气设施类产品，基本不需要进行土木工程，在满足相关规范要求的建设安全间距条件下，可设置在规划及现状使用的公交场站用地中，并随着将来公交场站的实际要求搬移。

三十四、轨道交通远景线网规划研究

年内，市规划委编制完成了《北京市轨道交通远景线网规划研究》。该课题结合当前北京城市和交通发展现状、京津冀协同发展规划、城市总体规划等，在既有轨道交通网络和建设规划的基础上，系统研究了轨道交通远景发展目标与战略、功能层次与定位、规模与结构，梳理了北京及周边高铁、城际铁路系统，提出了包括区域快线、地铁及地铁快线、中低运量等的轨道交通总体规划方案。

三十五、市域公交场站专项规划

年内，市规划委编制完成《北京市域公交场站专项规划》。该规划通过梳理现状公交场站建设中存在的问题和症结，结合既有规划成果和北京市及各新城的规划发展战略目标，提出地面公交场站设施发展目标和原则，预测公交车辆及场站设施发展规模，确定市域外围公交场站规划布局方案，并就公交场站的规划实施提出相应对策建议。

三十六、道路代征用地对策及建议

年内，市规划委编制完成了《关于“加快解决道路代征用地问题，推进城市道路规划实施”对策及建议》。该课题通过现场调研、部门座谈和反复研讨论证，分析代征道路用地实施的现状与问题。通过对代征道路用地相关法规、规章、部门文件等的梳理，研究代征道路用地的历史演变规律与现行管理程序，深入挖掘代征道路用地实施困难的症结。针对问题与症结，通过多角度、多专业领域的经验分析，提出了破解代征道路用地问题的对策建议。

三十七、通州区城市“绿线”一期划定项目

年内，市规划委联合通州区园林局等部门编制完成的《通州区城市“绿线”一期划定项目》通过专家评审。该课题完成了通州区约600公顷城市绿地的“绿线”划定工作，明确了“绿线”划定的技术要求和配套管理办法，首次在控制性详细规划阶段拟定了“绿线”划定条件，进行了坐标面积的测算，建立了“绿线”动态管理系统。

三十八、丽泽金融商务区市政基础设施建设实施规划

年内，市规划委编制完成了《北京丽泽

金融商务区市政基础设施建设实施规划》。该规划统筹协调了地下商业空间、地下环廊交通、路网交通和各市政专业工程的相互关系，完成了地下商业空间一体化、综合管廊、交通枢纽和冷热同网等重点工程方案的论证，推进了区域控规方案、地下交通环廊方案、道路及排水设计方案的稳定。

三十九、中心城区重大问题规划实施要点

年内，市规划委编制完成了《中心城区重大问题规划实施要点》。该课题坚持政策导向，围绕疏解功能和重组优化两个核心任务，从功能与布局、人口与空间、结构与秩序、环境与质量、政策与管理等五大方面进行研究，提出强化首都核心功能、重组城市功能体系、疏解人口与总量管控相结合、职住平衡、创新政府供给模式、完善城市布局结构和空间设施质量提升等相关策略建议，通过建立动态监测、精细管理和共管共治等机制推进规划管理转型。

四十、中心城存量规划用地补充完善城市功能

年内，市规划委编制完成了《中心城存量规划用地补充完善城市功能》。该课题会同各区政府对中心城现状用地资源进行全面梳理，建立存量用地数据资源库。针对中心城各类设施的总量、缺口及布局优化开展整体核算研究，提出统筹利用存量用地资源、改革土地收益投资体制、加大土地开发的补助和返还比重、建设项目提供一定比例用地或建筑规模补充完善城市功能等政策建议，积极探索内涵式集约发展的有机更新路径。

四十一、中心城规划动态实施评估机制

年内，市规划委编制完成了《中心城规划动态实施评估机制》。该课题在每年动态维护工作年报和各区规划实施评估的基础上，组织开展中心城控规年度实施评估工作。通过搭框架、建平台、建机制、有延续、有创新，从"被动的、描述性"评估转向"动态监测+政策建议"式的主动评估，建立"5年近期评估+年度实施监测"评估体系，可作为检验总规实施、动态监测城市发展的重要手段。

四十二、中心城专业市场疏解后用地梳理与再规划研究

年内，市规划委编制完成了《北京中心城专业市场疏解后用地梳理与再规划研究》。该课题通过对中心城范围内各类专业市场进行实地调研，分析归纳现状市场分布特征及形成历史原因，从业态功能相对低端、区域性市场地域集中、与规划空间要求不符、对城市发展存在影响等方面入手，梳理出优先疏解的市场分布情况。以动物园、天意和大红门批发市场为例，对疏解腾退后用地提出了优先补充城市服务设施和绿色空间、完善城市功能格局、提升城市环境品质的再利用方向。

四十三、"十三五"时期历史文化名城保护发展规划

年内，市规划委会同市发改委编制完成了《北京市"十三五"时期历史文化名城保护发展规划》。该规划结合"十二五"名城保护规划的实施情况和"十三五"名城保护发展的思路和重大项目建议，广泛征求市名城委办、各区政府、各相关部门意见，初步形成"十三五"时期名城保护规划思路、主要目标、重点任务，并重点就政策机制改革和重大项目提出规划建议。

四十四、中心城高度控制规划方案

年内，市规划委编制完成了《北京中心

城高度控制规划方案》。该规划立足于城市自身特征和发展阶段，全面考量城市特色风貌、运行规律、认知体验等多方面建筑高度影响内容，建立从宏中观到中微观的“四级高度控制体系”，将11类共计25项高度控制影响要素参数化，划定1665个基准高度分区，明确34000余个地块高度指标，推动空间格局方案从定性向定量化方向发展。同时划定四大类13小类的高度特别控制区，并细化具体控制要求，提出中心城基准高度的分区分级控制方法，为规划管理提供了决策依据。

四十五、北部地区历史文化资源梳理研究

年内，市规划委编制完成了《北京北部地区历史文化资源梳理研究》。该课题对北京北部燕山山脉涉及各区的历史文化资源进行摸底和梳理，提炼了北部地区的历史文化价值，提出并确立了“三线一片”的文化精华地区，并明确了历史文化资源保护与利用的规划策略。

四十六、第四使馆区控制性详细规划

年内，市规划委指导外交部编制完成了《北京第四使馆区控制性详细规划》。该规划结合《北京第四使馆区规划设计任务书》的要求和外交部编制的第四使馆区城市设计方案，在土地实施一级开发整理时，综合考虑了外交部使馆区的使用需求及区域环境情况。

四十七、中心城区通风廊道研究

年内，市规划委编制完成了《北京市中心城区通风廊道系统构建研究》。该课题规划了5条宽度500米以上的一级通风廊道，以及多条二级通风廊道，对科学合理开展中心城区规划建设、改善提高城市舒适度和生态宜居城市建设具有指导作用。

第三节　规划管理与城市景观

一、2015年行政许可概况

年内，共核发各类建设项目行政许可9333件。核发城镇建设规划用地许可总规模3789.46公顷（其中，建设用地2863.62公顷），规划建设许可规模5292.83万平方米，市政道路、管线规模146.36万延米。核发乡村建设规划许可规模110.18万平方米。

年内，受理勘察设计等行业类行政许可1246件；受理各类注册办理事项6600件；受理建设工程招投标项目约932项；为相关部门提供各类电子地形图数据约16452幅，各种比例尺地形图约4424幅，为专项工作提供影像图20444幅；完成房屋建筑施工图设计文件审查约1521项5661万平方米。

二、编制社会资本发展医疗养老文化创意产业实施细则

年内，市规划委编制完成《关于鼓励社会资本利用存量资源发展医疗、养老、文化创意产业的实施细则》。该细则是确保国家和全市深化投融资体制改革，鼓励和引导社会投资健康发展等相关政策落地系列措施之一，指导了社会资本参与全市医疗、养老和文化创意产业等重点领域投资建设，增加相关公

共产品和服务的有效供给。

三、首批历史文化街区申报入选

年内，市规划委会同市文物局和东、西城区政府，组织各方力量，完成全市中国历史文化街区申报工作，大栅栏、皇城、东四三条至八条历史文化街区入选首批中国历史文化街区。

四、新机场建设项目选址

年内，市规划委完成北京新机场建设项目相关选址工作。该场址位于永定河北岸，北京大兴区礼贤镇、榆垡镇和河北省廊坊市广阳区之间，总用地规模约16064903.801平方米。主要建设内容包括机场工程、空管工程、供油工程和航空公司基地工程等。

五、环球主题公园工程

年内，市规划委完成4平方公里的环球主题公园项目供地条件审批手续。该主题公园及辅助设施位于通州文化旅游区，临近京哈高速和东六环路交会处西北角，具有转型发展、低碳创新、高附加值等特点，为北京建设的首家国际一流特大型现代主题公园。

六、苹果园交通枢纽选址

年内，市规划委完成苹果园交通枢纽选址。该枢纽位于地铁一号线苹果园站，总用地规模约4.76公顷，地上总建筑规模约15.1万平方米，为“十二五”时期北京重点建设的5个综合交通枢纽之一，是中心城西部一座集轨道交通（M1、M6号线西延、S1）、快速公交、常规公交于一体，多种交通方式相互衔接，以换乘功能为主的大型交通枢纽和商务中心。

七、地质灾害预警系统（二期）房山监测站选址

年内，市规划委核发北京地质灾害预警系统（二期）房山监测站选址意见书。该项目位于房山区佛子庄乡长操村，总用地约3730平方米，主要承担灾害监测、数据处理、地质灾害应急指挥、应急调查前线基地等任务，检测范围覆盖房山、丰台、石景山等区，是首都现代化城市综合防灾减灾体系的重要组成部分。

八、地质灾害预警系统（二期）怀柔监测站选址

年内，市规划委核发北京地质灾害预警系统（二期）怀柔监测站选址意见书。该项目位于怀柔区琉璃庙镇琦峰茶村，总用地约4031.34平方米，是首都现代化城市综合防灾减灾体系的重要组成部分。

九、北苑北综合交通枢纽选址

年内，市规划委完成北苑北综合交通枢纽选址。该交通枢纽位于昌平区立汤路西侧，建设用地面积约6.17公顷，总建筑规模约9.92万平方米。该枢纽建成后将服务于北京西北部、北部和东北部，是集地铁、长途汽车、公交汽车、快速公交、出租汽车、小汽车等多种交通方式于一体的综合客运交通枢纽，与地铁5号线天通苑北站通过换乘大厅实现各种交通方式的转换和衔接。

十、编制第一道绿化隔离地区规划方案

年内，市规划委组织编制第一道绿化隔离南中轴区域“一乡一镇一场”（丰台区南苑乡、大兴区旧宫镇、南郊农场）的规划实施方案。该方案立足减地、减人、增绿的“两减一增”思路，以乡域、镇域、场域为规划实施单元，加大统筹力度，并将朝阳区六个乡的试点经验，推广到丰台区南苑乡等。

十一、首个棚户区改造项目启动

年内，市规划委批复百万庄北里项目，为全市首个棚户区改造项目。该项目位于西城区三里河路与车公庄大街交叉口的东南侧，分为A、B、C、D四个地块，现状房屋建于上世纪60年代。

十二、编制旧城建筑设计风貌控制图则

年内，市规划委编制完成《北京旧城建筑设计风貌控制图则》。该图则明确了旧城内分区分级控制的原则，对不同区域建设项目的建筑体量、街宽比、色彩、形式、材质等提出了基本要求，并运用于规划审批。

十三、地铁14号线7组件公共艺术品建成

年内，由市规划委监制的地铁14号线7组件公共艺术品建成，分别是朝阳公园站的《自然之境》、大望路站的《朝九晚五》、北工大西门站的《天工开物》、蒲黄榆站的《蒲黄榆记忆》、景泰站的《景泰京华》、右安门外站的《芳草松色》和方庄站的《幻想与乐园》《动员乐园》《海洋乐园》。

十四、地铁昌平线3组件公共艺术品建成

年内，由市规划委监制的地铁昌平线3组件公共艺术品建成，分别是昌平站的《古韵流长》、北邵洼站的《绿色昌平》和十三陵景区站的《万年吉壤》。

十五、郊区人文雕塑导览出版

年内，由市规划组织编写的《北京人文雕塑导览——郊区篇》图文集出版发行。该图文集主要收录了10个郊区建设的具有一定代表性和不同人文特征的270余件雕塑作品，是2014年已出版的《北京人文雕塑导览——城六区篇》图文集的姊妹篇。

十六、城市雕塑创作营组织模式及案例研究

年内，市规委组织开展的《城市雕塑创作营组织模式及案例研究》通过专家验收。该课题主要收集了国内23次单项、11个常态周期性和国外13次单项、22个常态周期性的雕塑创作营资料，重点国外9个、国内10个具有代表性的雕塑创作营开展系统研究，并建立了一整套科学实用的雕塑创作营组织文件，为国内首次。

十七、城市公共空间设计建设专项工作领导小组成立

年内，市规划委成立城市公共空间设计建设专项工作领导小组，并与市市政市容委建立联席会议制度，旨在落实城市精细化管理要求，指导各区开展城市公共空间设计建设，提升城市品质，营造宜居的城市环境。

十八、7组件雕塑作品参展文博会

年内，市规划委选送《看世界》《形体音乐》《天地造物》《仁者乐山》《草原石人》《对话》《八仙》等7组件雕塑作品参加第十届中国国际文化创意产业博览会展出。作品由新疆籍雕塑家李刚创作，为“雅丹系列”主题，融汇了抽象、具象、传统、现代的艺术创作理念，体现了古典唯美性和后现代探索性的艺术特点。

十九、12件雕塑维修维护

年内，市规划委对北京国际雕塑公园《凤凰来仪》、《源》等12件雕塑作品组织了维修

维护，并通过专家验收。雕塑作品均为2002年建设，维修维护后恢复了雕塑原有艺术效果。

二十、《独立自由勋章》雕塑落成

年内，《独立自由勋章》雕塑在中国人民抗日战争纪念馆落成，习近平总书记为雕塑揭幕。该雕塑为锻铜材质，长4米，宽3.2米，前高0.27米，后高0.57米，总重1.5吨左右，以自由独立勋章为主体，底座镶嵌“1937.7.7”、“中国人民抗日战争全面爆发纪念地”中英文字样。

二十一、编制地铁公共艺术材料与工艺应用导则

年内，市规划委组织编写完成《地铁公共艺术材料与工艺应用导则》。该导则主要包括北京地铁公共艺术发展历程、地铁公共艺术材料与工艺的选用条件、地铁公共艺术材料和工艺应用范围、地铁公共艺术材料的检验标准、地铁公共艺术材料的分析研究，以及地铁公共艺术材料与工艺实际案例介绍等方面内容，是今后北京地铁公共艺术设计建设和材料选用的重要参考依据。

二十二、《心连心》雕塑落成

年内，由著名雕塑家章华创作的《心连心》雕塑在北京银泰中心落成。该雕塑由像似穿插交叠的心形相交组成，结构如同中国传统中国结，形成错落有致的外观，其中位于心形正中相交的“心”组成一个“人”字，从不同角度观赏均呈现出心形造型，体现心心相通、心脉交融、心心相印、永结同心的“心连心”主题，也表达了中国传统文化中的喜庆与祝愿的寓意。

二十三、法制文化雕塑园落成

年内，由市司法局建设的法治文化雕塑园在西城区红居街社区远见名苑小区建成。该小区为市法制文化建设示范区，雕塑园位于小区中心公园，建有18件具有法治寓意的场景雕塑、浮雕等艺术作品，为全市2600余个社区提供了借鉴样本。

第四节　工程设计与标准

一、八达岭长城站工程规划

年内，八达岭长城站设计方案基本稳定。该站为新建京张铁路的中间站，位于八达岭滚天沟停车场下方新八达岭隧道内，为地下站，埋深达62米，工程条件复杂。车站采用“两台夹四线”形式布置，到发线有效长度为650米，旅客站台长度为450米，地下建筑面积为32036平方米，地面建筑为3500平方米。

二、南部过境通道高速公路工程规划

年内，市规划委批复东南部过境通道高速公路（大兴区－通州区段）道路工程设计方案并核发选址意见书。该高速公路西起大兴区采育镇、经通州区永乐店镇、西集镇等村镇，跨潮白河后与河北段相接，道路全长约38公里，该道路按高速公路标准设计，设计速度为120公里/小时，机动车道三上三下，路基全宽

34.5米，串联了河北省廊坊市、北京大兴区和通州区、廊坊市北三县等地区。

三、新机场北线（京开高速—京台高速）高速公路工程规划

年内，市规划委批复新机场北线（京开高速-京台高速）高速公路工程设计方案并核发选址意见书。该高速公路道路全长约14.7公里，按高速公路标准设计，设计速度为120公里/小时，机动车道四上四下，路基全宽40米，是新机场外部规划“五纵两横”综合交通主干路网的重要组成部分。

四、兴延高速公路工程

年内，市政总院完成兴延高速公路工程初步设计。该工程起于北六环路土城立交以西1千米处，路线向北途经昌平、延庆两区，至京藏高速公路营城子立交北2千米，设收费主站结束，路线全长约42.204千米。道路等级为高速公路，设计车速市区平原段100千米/小时，北部山区段80千米/小时，整体路基28.5米（平原段），分离式路基14米×2（山区段），车道数为双向4车道加硬路肩（预留远期施划双向6车道条件）。

五、保障抗战胜利70周年纪念活动

年内，市政总院完成纪念抗日战争暨世界反法西斯战争胜利70周年阅兵安全保障工作。检测42条全长94公里市管道路，处理19处疏松病害；组织7个相关单位对阅兵沿线通道和桥梁检测、复核计算，以及长安街25座通道的实装荷载试验，综合评估其中151座桥梁通道，并对长安街的14座通道复测彩排、13座通道支护设计。

六、北苑北综合交通枢纽工程

年内，市政总院完成北苑北综合交通枢纽工程项目建议书（代可研报告）。该工程用地位于昌平区汤立路与太平庄北街相交路口西北角，地铁5号线天通苑北站西侧，总建设用地面积6.18公顷，总建筑面积90798平方米，建筑高度30米，地上6层，地下2层。建筑结构形式为钢筋混凝土框架剪力墙及钢结构，建筑结构安全等级为一级，主要结构构件设计使用年限为50年，建筑抗震设防类别为乙类，抗震设防烈度为8度。

七、三元桥（跨京顺路）桥梁大修工程

年内，市政总院完成三元桥（跨京顺路）桥梁大修工程施工图设计。该工程位于三环路东北角，原旧桥建于1984年，由于梁体下挠严重，桥梁整体承载能力不满足原设计标准要求。桥梁大修保持原桥规模，即对旧桥下部墩柱加固后继续利用，将原旧桥上部结构更换为钢主梁，为国内首个在大城市重要交通节点，采用自主研发的千吨级驮运架一体机整体一次安装就位工程。

八、南水北调配套工程房山良乡水厂工程

年内，市政总院完成房山良乡水厂工程施工图设计。该工程位于房山区青龙湖镇大苑村、西潞街道詹庄村，水厂一期工程占地12.29公顷，规模为15万立方米/天，工程内容包括输水管线、净配水厂及配水干线。采用了预处理+强化常规处理+臭氧活性炭深度处理+安全消毒工艺，设计出水水质符合国家现行的《生活饮用水卫生标准》(GB5749-2006)。

九、南水北调配套工程黄村水厂工程

年内，市政总院完成大兴黄村水厂工程施工图设计。该工程规模为18万立方米/天，工程内容包括输水管线、预处理、提升泵房、

净配水厂及配水管线。采用了预处理+强化常规处理+臭氧活性炭深度处理+安全消毒工艺，并结合供水厂应急工程需求设计粉末炭、高锰酸钾等应急处理设施。设计出水水质符合国家现行的《生活饮用水卫生标准》(GB5749－2006)，其中出水浊度小于0.5NTU，保证率>95%。同时，水厂设置了废水回收及污泥处理设施，使得全厂自用水耗水率<1%。

十、昌平新城地表水厂工程

年内，市政总院完成昌平新城地表水厂工程可行性研究报告。该工程规模为15万立方米/天，工程内容包括输水管线、提升泵房、净配水厂及配水管线。采用了预处理+强化常规处理+臭氧活性炭深度处理+膜过滤+安全消毒工艺，并结合供水厂应急工程需求设计预氧化、粉末炭等应急处理设施。设计出水水质符合国家现行的《生活饮用水卫生标准》(GB5749－2006)，其中出水浊度小于0.3NTU，保证率>95%。

十一、安定垃圾卫生填埋场渗沥液处理扩容工程

年内，市政总院完成安定垃圾卫生填埋场渗沥液处理扩容工程初步设计。该工程位于大兴区安定垃圾卫生填埋场院内西南角，渗沥液处理规模1200 t/d，反渗透浓缩液处理规模260t/d，设计出水水质满足北京市地方标准《水污染物综合排放标准》(DB11/307－2013)中排入地表水体的水污染物B排放限值。渗沥液处理采用厌氧+膜生物反应器(MBR)+纳滤(NF)+反渗透(RO)的工艺组合，反渗透浓缩液采用蒸发结晶工艺。

十二、董村分类垃圾综合处理厂渗沥液处理站工程

年内，市政总院完成董村分类垃圾综合处理厂渗沥液处理站工程初步设计。该工程位于通州区台湖镇董村，渗沥液处理规模为1000t/d，RO浓缩液处理规模165 t/d，设计出水执行北京市《城镇污水处理厂水污染物排放标准》(DB11/890－2012)中新建城镇污水处理厂基本控制项目排放限值B标准。渗沥液处理采用絮凝沉淀+膜生物反应器MBR+纳滤NF+反渗透RO处理工艺，RO浓缩液处理采用蒸发+结晶工艺。

十三、地下空间规划设计技术指南

年内，市规划委编制完成了《北京市地下空间规划设计技术指南》。该指南以问题为导向，从规划管理的实际需求反向推导规划设计技术要求，从地下空间规划设计、管理的一线入手，系统梳理了当前北京地下空间规划设计与管理的工作体制，明确了在城市规划各阶段地下空间规划设计的具体任务，总结出地下空间规划设计应当解决的关键问题和技术要点。该指南填补了北京市地下空间规划设计技术标准的空白。

十四、传统村落保护发展规划设计指南

年内，市规划委作为主编单位编制完成了《北京市传统村落保护发展规划设计指南》。该指南通过对北京市传统村落保护发展规划的编制、审批和实施情况进行调查，分别分析“重保护、轻发展”、“重发展、轻保护”和“保护中发展、发展中保护”等三种情况，研究传统村落保护发展工作中存在的关键问题，最终总结出编制北京市传统村落保护发展规划的基本原则和技术路线。

十五、公共租赁住房内装设计模数协调标准

年内，市规划委发布《公共租赁住房内

装设计模数协调标准》。该《标准》为推进北京市住宅产业化，提高公共租赁住房内装设计标准化程度，重点对公租房内装模数，模数协调原则，厨房、卫生间、储藏室的设计模数，厨房家具优先尺寸，卫生间配套设备、设施接口模数设计提出要求。

十六、住宅全装修设计标准

年内，市规划委发布《住宅全装修设计标准》。该《标准》实现了在住宅设计阶段，为住宅内的起居厅（室）、卧室、厨房、卫生间、玄关（门厅）、走道、储藏空间、阳台等各项功能房间预留装修条件；强调建筑设计和室内装修设计一体；明确了健康人居环境指标，提出了住宅装修的声、光、空气质量等各项技术要求；注重节能设计，提出了住宅节能设计的各项基本要素。

十七、公共建筑节能设计标准

年内，市规划委发布《公共建筑节能设计标准》(修订)。本次修订通过提高相关技术经济指标，完善综合节能保障措施，使全市新建、改扩建公共建筑外围护结构、供暖、通风、空调和照明的整体节能水平高于国家标准，综合节能水平达到同气候条件的发达国家先进水平。

十八、居住区无障碍设计规程

年内，市规划委发布居住区无障碍设计规程》。该《规程》对居住区内道路、绿地、居住建筑的公共空间及配套公共设施的无障碍设计提出了明确规定，实现了上述空间的无障碍设计精细化；明确要求建筑内设有电梯时，至少应设置一部无障碍电梯，方便行动不便人群使用；要求新建居住区配套的停车场和车库要设置一定比例的无障碍停车位，并预留无障碍出入口，实现居住区无障碍设施全覆盖。

十九、地下管线探测技术规程

年内，市规划委发布《地下管线探测技术规程》。该《规程》补充了三维表达。在管线调查、测量方法和地下管线系统建设中增加三维技术的应用，明确地下管线及附属建（构）筑物的三维结构和三维特征，完善三维建库要求；细化了新的探测技术方法。随着新型管材以及非开挖工艺在管线敷设中的普遍应用，地质雷达、红外测温计等探测非金属管线的技术得以进一步细化；增加了新的控制测量技术。CORS 站、RTK 等技术在规范中进行更新；完善信息化及地下管廊相关内容，增加地下管线竣工测量、综合管线测量和信息化管理方面的新要求，推进信息资源获取、共享和利用。

二十、建筑防火涂料（板）工程设计、施工与验收规程

年内，市规划委发布《建筑防火涂料（板）工程设计、施工与验收规程》。该《规程》针对全市钢结构、混凝土结构建筑增长迅速，防火涂料技术在建筑中不断更新等问题，提出了具体的技术要求。

二十一、城市地下联系隧道防火设计规范

年内，市规划委发布《城市地下联系隧道防火设计规范》。该《规范》对城市地下联系隧道合理分类，重点解决隧道中的疏散安全设计、消火栓系统及自动灭火系统、排烟方式及系统、火灾自动报警系统、照明设计等问题，是国内第一部规范城市地下联系隧道防火设计的标准。

二十二、社区养老服务设施规划设计标准

年内，市规划委发布《社区养老服务设

施规划设计标准》。该《标准》针对全市老龄人口数量显著增加、“9064”养老服务政策和相关养老服务设施规划政策落地难度大等问题，将老年人生活安全、方便放在第一位，将关系到老年人安全、方便的规定设为强制性条文。突出社区养老服务设施的人性化设计，明确提出二层（含二层）以上社区养老服务设施建筑应设无障碍电梯，并能满足担架的出入要求。注重社区养老服务设施功能标准化，明确要求新建社区级建设项目必须配建不少于800平方米的社区养老服务用房和不少于150平方米的室外活动场地，并就设施用房最小使用面积和空间设计做出详细规定。

二十三、民用建筑通信及有线广播电视基础设施设计规范

年内，市规划委发布《民用建筑通信及有线广播电视基础设施设计规范》(修订)。该《规范》明确了全市民用建筑的通信、宽带、有线电视广播三网融合规划要求，在设备各自独立设计、建设时，应统筹规划、设计通信和有线广播电视系统需要的公共设备间，节约公共空间；新建的设施管沟，必须将通信、宽带、有线电视广播统一规划建设，避免重复开挖道路；必须将通信、宽带、有线电视广播配线箱“三箱合一”，压缩配线箱尺寸，提高室内空间利用率。

二十四、装配式框架及框架—剪力墙结构设计规程

年内，市规划委发布《装配式框架及框架－剪力墙结构设计规程》。该《规程》解决了结构体系的设计计算方法和构件之间的装配式连接节点的可靠性、合理性两大关键问题，使全市装配式混凝土框架及框架－剪力墙结构设计达到“安全适用、经济合理、技术先进”的要求。

二十五、污染场地勘察规范

年内，市规划委发布《污染场地勘察规范》。该《规范》细化了全市污染场地勘察工作流程，实现了调查与测绘、勘探和采样、原位测试及试验、室内试验、数据评估与结果分析等环节的全流程管控，重点针对主要污染场（工业污染场地、非正规垃圾填埋场和矿区污染场地等）提出了调查、勘探、监测和污染评估的具体方法，为北京主要污染场地的调查、勘探和监测工作提供基础性操作平台。

二十六、10部地方标准和4项标准设计获奖

年内，“北京市第十八届优秀工程设计和第十五届优秀工程勘察评优工作”组织开展了标准及标准设计综合奖评选。从2012年4月1日至2014年3月31日正式批准发布的13项城乡规划地方标准和6项标准设计中，评选出标准一等奖3项，二等奖4项，三等奖3项；标准设计一等奖1项，二等奖3项。获得标准一等奖的是：《城乡规划用地分类标准》(DB11/996－2013)、《城市轨道交通工程设计规范》(DB11/995－2013)、《雨水控制与利用工程设计规范》(DB11/685－2013)，获得标准二等奖的是：《装配式剪力墙结构设计规程》(DB11/1003－2013)、《平战结合人民防空工程设计规范》(DB11/994－2013)、《居住建筑节能设计标准》(DB11/891－2012)、《绿色建筑设计标准》(DB11/938－2012)，获得标准三等奖的是：《装配式剪力墙住宅建筑设计规程》(DB11/T970－2013)、《基础测绘成果检查验收技术规程》(DB11/T998－2013)、《建筑太阳能光伏系统设计规范》(DB11/T881－2012)。获得标准设计一等

奖的是:《建筑外保温（节能75%）》(13BJ2－12)，获得标准设计二等奖的是:《工程做法》(12BJ1－1)、《节能门窗》(14BJ13－5)、《轻隔墙》(13BJ2－7)。

二十七、6本标准设计图集发布

年内，市规划委发布标准配套图集3本:《城市轨道交通工程设计规范配套图集》(PT－995)、《装配式剪力墙住宅建筑设计规程配套图集》(PT－970)、《装配式剪力墙住宅结构设计规程配套图集》(PT－1003)。发布北京市通用图集2本:《矿山法初期支护结构构造》(15BSZ3)、《雨水控制与利用工程（建筑与小区）》(15BS14)，指导性图集1本《北京市政策性住房建筑立面设计指导性图集》

二十八、城市轨道交通工程通用标准设计体系

年内，市规划委开展了北京城市轨道交通工程通用标准设计体系框架研究，总结轨道交通在建线路和运营线路设计和建设管理的经验，建立了《北京市城市轨道交通通用标准设计体系》。

二十九、竣工轨道交通线路档案进馆

年内，市城建档案馆完成年内竣工的地铁6号线二期、7号线、14号线和15号线一期西段工程的预验收工作，确保竣工档案进馆归档与工程通车运营同步。

三十、大兴国际机场涉迁村落历史原貌拍摄启动

年内，市城建档案馆启动新机场涉迁村落的抢拍工作，完成榆垡镇11个村村界范围内的住宅、非住宅及地上物的拍摄，总规模约为405.76万平方米，涉及住宅约为3042个院落；完成礼贤镇2个村村界范围内的住宅、非住宅及地上物的拍摄，规模为住宅面积28.13万平方米，约涉及439个院落。总共形成历史原貌照片1458张，视频资料98.4分钟。

三十一、通州潞城镇棚改村落原貌拍摄启动

年内，市城建档案馆启动通州区潞城镇第一批涉迁村落原貌拍摄工作，完成了潞城镇6个村村界范围内的住宅、非住宅及地上物的拍摄工作，涉及宅基地面积70.13公顷，建筑物总占地规模56.1万平方米，涉及户数2040户。共形成历史原貌照片586张，视频资料50.4分钟。

三十二、提供档案利用服务

年内，市城建档案为东城规划分局提供专项档案利用服务，对其辖区内3300余栋建筑地下空间的规划使用功能全面调查，共查阅1970年代以来审批的规划许可项目2200余个、档案3000余卷，核查地下空间人防、车库、办公、库房等20多种使用功能，面积约763万平方米。

三十三、名人故居档案展览研究

年内，市城建档案馆完成的《北京市名人故居档案展览研究》通过验收。该课题通过大量实践、调查分析和统计对比，探讨了名人故居档案展览工作长效机制的内容、方式方法和具体途径。研究成果主要包括五大部分:《北京市名人故居档案展览研究科研报告》、《北京市名人故居档案展览研究工作报告》，北京市名人故居档案实物展览方案设计、北京市名人故居档案网上展厅设计、典型名人故居卡片案例30套、名人故居档案图录设计案例32套。

三十四、工程档案入库

年内，市城建档案馆接收纸质工程档案16967卷、缩微胶片母片683盘，拷贝片1366盘；归档数码照片档案18389张，62GB；完成工程档案数字化影像扫描702957画幅，形成影像文件301GB；接收电子著录数据29822项。全年接待来馆查阅档案人员6920人次，提供利用档案25119卷次，提供复印文件图纸53200张，出具档案证明882套。

三十五、统筹组织查违治违

年内，市规划委打击违法用地违法建设工作注重了“三政策、两平台、一手册”建设。制定和完善违建房产交易冻结、旧城地下空间违法建设、城镇低密度住宅违法建设3项治理意见；升级治理违法建设信息平台，实现从单一化管理向全过程多角度管理的跨越；与百度合作，上线新生在施违法建设有奖举报平台；编制了治理新生在施违法建设执法手册，为基层实施拆违执法提供依据。全年共拆除违法建设1万处，面积1818万平方米，超额完成1500万平方米的任务，10个区实现了新生违法建设“零增长”。

第五节　勘察·设计·测绘

一、中央歌剧院剧场项目规划

年内，市规划委核发中央歌剧院剧场项目的规划许可证。该项目位于东二环东侧，建设用地面积约1.28公顷，总建筑规模6.49万平方米，是文化部直属国家级专业剧场，建成后将成为东二环的标志性建筑。

二、3功能区获绿色生态示范区称号

年内，市规划委组织开展北京市绿色生态示范区评选，中关村生命科学园、新首钢综合服务区、中关村翠湖科技园3个功能区获“北京市绿色生态示范区”称号。

三、编制北京建设工程质量条例(勘察设计部分)

年内，市规划委的编制《北京建设工程质量条例》(勘察设计部分）通过审议，2016年1月1日起施行。本次立法，按照“以问题为导向”的工作思路和适度超前原则，重点针对当前勘察设计市场中较为突出的矛盾问题进行了分析，并研究从制度设计上加以解决，最终形成条文。

四、注册建筑师职业道德监督评价办法实施细则发布

年内，市规划委发布《北京市注册建筑师职业道德监督评价办法实施细则（试行)》，并由北京市工程勘察设计行业协会负责监督评价的日常管理工作。

五、规划勘察设计测绘年度优秀工程表彰

年内，市规划委表彰规划勘察设计测绘2015年度优秀工程项目，其中全市23个项目

获建筑工程设计类（公共建筑）综合一等奖，7个项目获工程勘察类综合一等奖，6个项目获建筑工程设计类（居住和居住区）综合一等奖，4个项目获市政公用工程（道路桥隧）综合一等奖，4个项目获市政公用工程（给排水及水利）综合一等奖，3个项目获市政公用工程（轨道交通）综合一等奖，2个项目获市政公用工程（燃气热力）综合一等奖，4个项目获工业工程类综合一等奖，4个项目获设计标准和标准设计综合一等奖，3个项目获勘察设计计算机软件类综合奖优秀奖。

六、雁栖湖国际会都（核心岛）会议中心项目

该项目位于怀柔雁栖湖国际会都核心区雁栖湖半岛，为2014年北京APEC的核心会址。建筑面积4.21平方米，地上3层、地下1层。建筑风格强调“中而新”，力求传达“鸿雁展翼，汉唐飞扬”的建筑意境。建筑与结构专业密切配合，使幕墙结构与主体结构形成了有机整体，保证出挑建筑效果的前提下，优化结构方案和构件截面，实现建筑效果。获北京市第十八届优秀工程设计一等奖。

七、钓鱼台国宾馆国际会议中心（芳华苑）项目

该项目位于钓鱼台国宾馆的东南角，建筑面积2.28万平方米，地上2层，地下2层。建筑外形端庄大气，恰当的尺度处理使建筑与环境很好地融合，大面积玻璃幕墙与暗红色木纹、深灰色坡屋顶等中式风格元素相结合，使建筑风格沉稳而现代、含蓄而高端。室内装修设计雅致、精巧、华丽，与建筑功能有良好的呼应。获北京市第十八届优秀工程设计一等奖。

八、凤凰中心项目

该项目位于朝阳公园西南角，建筑面积7.25万平方米，地上10层，地下3层。采用一个具有生态功能的外壳，将不同独立功能空间包裹在里面，北侧为演播功能，南侧为办公功能，形成楼中楼，两者之间形成许多公共共享空间。通过系统的数字化技术，在复杂形体的建筑控制、专业技术深化及整合、建筑表现等方面都达到了很高水平。获北京市第十八届优秀工程设计一等奖。

九、7项目获省部级科技进步奖

年内，市测绘院完成的“智慧城市房屋全生命期管理关键技术研究及应用”获中国测绘地理信息学会测绘科技进步奖二等奖，“智慧园区时空信息服务平台建设关键技术研究及应用”、“北京市城市绿化系统动态监测技术研究——以第一道绿化隔离地区为例”获中国地理信息产业协会科技进步奖二等奖，“北京市空间数据共享与协同审批系统”获中国地理信息产业协会科技进步奖三等奖，“基于机载GPS无人机数据处理工艺研究和应用”获中国卫星导航定位协会科技进步奖三等奖，《城市测量规范》(CJJ/T8－2011）获华夏建设科学技术奖励委员会华夏建设科学技术奖三等奖。

十、3项工程获省部级优秀工程奖最高奖

年内，市测绘院完成的“北京市第一次水务普查空间数据采集生产及建库”、“数字房山地理空间框架”获中国地理信息产业协会优秀工程奖金奖，“通州新城1:500基础地形图航测工程”获北京市第十五届优秀工程勘察奖（工程勘察类）一等奖。

十一、3 类基础测绘

年内，市测绘院完成三类基础测绘工作。基础控制方面：完成沉降区一、二等水准复测 1050 千米以及中心城区 930 点网络 RTK 平面复测、1020 千米高程复测。基本比例尺地形图测绘、更新方面：完成四环范围 1:500 地形图更新 8450 幅（二次），六环内 1:2000 地形图更新 3376 幅，六环外平原地区 1:2000 地形图要素更新 5540 幅，平原地区 1:10000 地形图更新 457 幅。地理信息数据库建设方面：完成 2015 年更新的四环范围 1:500 地形图数据加工、入库 8450 幅；完成 2014 年更新的六环范围 1:2000 地形图数据加工、入库 3376 幅；完成 2014 年更新的平原地区 1:10000 地形图数据加工、入库 457 幅；“城市综合地下管网信息系统”累计完成 4. 42 万公里地下管线数据的建库管理工作。

十二、新城基础测绘

年内，市测绘院完成多个新城基础测绘任务。其中，昌平区重点区域 1:500 比例尺地形图更新、加工入库 45 平方公里，大兴区综合地下管线普查 6700 公里和专业地图集制作。

十三、测绘资料信息服务

年内，市测绘院向通过审批的 42 家单位免费提供北京市政务版电子地形图（六环范围内 1:2000 和全市域 1:10000）；向社会各界用户提供基本比例尺地形图 6811 幅，地形图数据 3772 幅；提供各类测绘资料借阅 2792 人次。

十四、多项重大专业测绘项目

年内，市测绘院完成多项重大专业测绘项目。主要包括 3 条轨道交通测绘（昌平线南延、七号线东延、房山线北延）、2 条市政交通测绘（新机场线北线高速公路、快速路项目广渠路延长线）、北京新能源汽车项目 255 处充电站充电桩选址测绘、环球主题公园测绘工程、通州区行政副中心市政道路绿化景观提升工程、2022 年冬季奥运会赛区基本比例尺地形图测绘。

十五、开发 7 项地理信息系统

年内，市测绘院完成“北京历史文化地理信息系统”“北京市严厉打击违法用地违法建设专项行动信息平台升级扩建项目（二期）”“北京市管线共享平台”“平谷区基础地形图 GIS 数据应用管理平台建设”“北京市测绘地理信息应用成果和地图网上展馆”“北京市东城区人民政府天坛街道数字地理信息指挥应用平台建设”“北京市人防工程信息管理系统”等项目的开发建设。

十六、第一次全国地理国情普查

年内，市测绘院配合市地理国情普查办完成第一次全国地理国情普查的国情部分数据生产、标准时点核准百日大会战、与周边省市成果接边、成果质量检验、数据成果汇交和市情部分数据生产等工作，全市地理国情普查数据、地理市情普查数据通过省（市）级质量验收。

十七、第二次全国地名普查

年内，市测绘院作为第二次全国地名普查技术支撑单位，配合市地名普查办完成全市地名普查资料收集、技术方案和实操的培训、编制技术方案和内外业技术指导手册等技术文件、提供全市普查用工作底图、10 万余条地名信息采集、两轮次现场监理等工作。

十八、地下管线基础信息普查

年内，市测绘院配合市地下管线普查办，

完成地下管线基础信息普查首件区域生产和质量检验工作，城六区地下管线探测2384公里。

十九、“数字城市”建设

年内，市测绘院完成的“数字中关村地理信息服务平台（智慧中关村一期）”、“数字丰台地理空间框架建设”通过验收，正式上线运行。

二十、编制《北京人文地理》

年内，市测绘院完成《北京人文地理·大兴卷》《北京人文地理·顺义卷》《北京人文地理·平谷卷》发行工作，开展《北京人文地理·朝阳卷》编制工作。

二十一、编制完成17种地图

年内，市测绘院完成17种地图编制，包括：《大兴区街镇综合管线图集·长子营分卷》《大兴区街镇综合管线图·集榆垡分卷》《大兴区街镇综合管线图·庞各庄分卷》《大兴区街镇综合管线图·安定分卷》《大兴区街镇综合管线图·魏善庄分卷》《大兴区街镇综合管线图·北臧分卷》《大兴区街镇综合管线图·礼贤分卷》《华北电网图集（2015版）》《市政府信息公开综合服务地图》《清河流域系列地图》《丰台区规划建设地图》《北京市行政区划图》《北京市城区行政区划图》《怀柔区行政区划图》《密云区行政区划图》《延庆区行政区划图》《平谷区行政区划图》。

二十二、出版3本测绘地理信息专业读物

年内，市测绘院编写出版了《城市地名地址管理及应用》，与北京测绘学会联合编写出版了首部北京市第一次地理国情普查科普读物《北京市第一次地理国情普查100问》，与城市空间信息工程北京市重点实验室、北京城市科学研究会、数字城市学术委员会联合编写出版了《走向大数据——从数字北京到智慧北京》。

二十三、14项软件获计算机软件著作权

年内，市测绘院研发的“北京市第一次水务普查空间数据采集处理系统”“北京市第一次地理国情普查内业采集软件”“北京市第一次地理国情普查外业核查软件”“北京市第一次地理国情普查基本统计分析软件”“北京市严厉打击违法用地违法建设信息平台”“昌平区制止和查处违法用地违法建设信息平台”“数字中关村示范区企业统计地理信息系统”“数字中关村规划与土地利用监测系统”“数字中关村产业空间分析系统”“智慧中关村地理信息公众查询服务平台”“展示中心网上虚拟三维系统”“北京市空间数据共享与协同审批系统”“北京市邮政行业基础信息管理系统”“海淀区房屋全生命周期管理系统”等软件获得国家版权局颁发的计算机软件著作权证书。

二十四、3项科技项目立项

年内，市测绘院承接的“不动产测绘关键技术及标准化研究”“北京市空间数据库协同审批平台研究与应用（二期）”“面向科技创新中心定位的北京城乡规划实施动态监测与评估系统开发与应用”等项目通过立项审批。

二十五、4项科技项目通过验收

年内，市测绘院承担的“北京历史文化地理信息系统（一期）”“数字西城三维地理信息公共平台运维服务”“北京市严厉打击违法用地违法建设专项行动信息平台升级扩建

项目（二期）”“北京市管线共享平台”等项目通过专家评审或验收。

二十六、2 部行业标准通过评审发布

年内，市测绘院主编并组织编写的行业标准《北京市地下管线探测技术规程》（修编稿）、《地面三维激光扫描作业技术规程》通过专家评审并发布。

二十七、7 部国家、行业、地方标准立项

年内，市测绘院主编并组织编写的国家标准《工程测绘基本技术要求》，行业标准《不动产测绘基本术语》《不动产测绘要素分类代码》《不动产测绘成果质量检验技术规程》《不动产测绘地理底图编绘规范》《管线制图技术规范》，地方标准《工程测量技术规程（修订）》等通过立项审批。

二十八、地理国情监测与城市评估研究中心挂牌

年内，市测绘院和北工大联合创建的北京地理国情监测与城市评估研究中心正式挂牌，该中心可利用地理信息大数据，为城市规划与城市精细化管理提供针对性的分析和评估成果支持。

二十九、职业技能竞赛

年内，市测绘院4名选手代表北京市参加全国第四届测绘地理信息行业职业技能竞赛工程测量、地图制图两个竞赛单元总决赛，最终获工程测量团体第二名，个人第四名、第六名。

三十、测绘地理信息应用成果和地图展览上线

年内，由市规划委主办，市勘设测管办、市测绘院联合承办的全国测绘地理信息应用成果和地图展览·北京展馆上线运行，并在全国测绘地理信息应用成果和地图网上展览展馆评选中获优秀设计展馆，展品“北京历史地图”获优秀展品。

三十一、地理国情浅层地下水普查成果通过验收

年内，市勘察院完成的《北京市第一次地理国情普查项目之浅层地下水普查监测》通过市规划委中期验收。该成果涵盖《北京市浅层地下水动态监测网运行维护与保密成果管理》和《北京市浅层地下水动态监测网扩建》项目。

三十二、2 勘察研究成果获北京科学技术奖

年内，市勘察院完成的“中心城区盾构长距离连续穿越长距敏感建筑物微扰动控制技术”成果和“非正规垃圾填埋场污染治理技术研究与示范”项目分获北京市科学技术奖二等奖和三等奖。

三十三、深基坑对轨道交通影响分析技术获金奖

年内，市勘察院完成的“深基坑工程对轨道交通工程影响分析技术”获中国移动杯第九届北京发明创新大赛金奖。

三十四、市政管线地下病害研究中心成立

年内，市科委批准认定市勘察院为“北京市道路与市政管线地下病害工程技术研究中心”依托单位。

三十五、1人获中国土木工程界最高荣誉奖

年内，全国工程勘察设计大师、市勘察院有限公司董事长沈小克获评中国土木工程界最高个人荣誉奖——茅以升科学技术奖土力学及岩土工程大奖，成为1993年以来全国获此殊荣的第15位工程科技人员。

三十六、老古城综合改造基坑支护工程

年内，市勘察院完成近年来最大规模的人工挖孔桩项目——石景山老古城综合改造基坑支护工程。该工程地处永定河洪冲积带，地基多为大粒径的砂卵石层，需做桩长16—19米的人工挖孔桩564根，安全施工难度大。

三十七、隧道断面测量尺装置获国家专利

年内，市勘察院研制成功的《隧道断面测量尺装置》获国家知识产权局实用新型专利证书。该成果应用于城市轨道交通工程测量领域内的圆形隧道断面测量，能够精确确定隧道的中心线位置，测量出隧道中心点的三维坐标及隧道断面的三维偏差。

三十八、京津冀地区土水污染修复研究通过验收

年内，市勘察院完成的《土壤与地下水污染修复技术发展趋势与产业布局研究》通过市科委验收。该课题梳理分析了京津冀地区土壤与地下水污染状况，国内外产业发展现状和修复技术发展趋势，首次在国内建立了产业技术发展路线图，提出了北京市“十三五”时期土壤与地下水修复产业发展布局的建议。

三十九、“九三”大阅兵道路检测成果通过验收

年内，市勘察院完成的长安街地下管线周边土体病害检测成果通过了市市政市容委验收。该检测范围包括建国门内大街（含建国门桥区）、东长安街、西长安街（含与西单北大街交叉路口）3个路段，道路全长约5.4千米，共完成雷达测线工作量340余千米，管线探测面积54万余平方米以及对12家管线权属单位和路政部门的走访调查工作。

四十、桩端立体后压浆技术获国家专利

年内，市勘察院研制成功的《一种人工注浆层法桩端立体后压浆结构》获国家知识产权局实用新型专利证书。该结构主要应用于基础桩工程，可大幅提高桩的极限承载力和减少沉降量，且环形注浆管不易在施工过程中受到损坏或发生堵孔，立体注浆效果下即使少数注浆孔发生堵孔，依然能保证较大压浆量。

四十一、2项工程获全国优秀勘察设计金银奖

年内，市勘察院完成的“国家体育场岩土工程勘察、水文地质勘察及基础设计分析咨询”和“北苑居住区一区105#、106#住宅楼及纯地下车库岩土工程勘察、复合地基、抗拔桩与复合地基相结合的边坡支护工程”分获第十四届全国优秀工程勘察设计奖的金奖、银奖。

四十二、市优工程勘察设计奖评选软件通过验收

年内，市勘察院研制成功的“2015年北

京市优秀工程勘察设计奖评选系统二期”项目通过市规划委验收。该系统实现了北京市优秀工程勘察设计奖评选网上项目申报、评选管理、专家评审和多专业评选的整合。

四十三、《岩土工程理论实践家》出版

年内，为纪念新中国及北京市岩土工程勘察工作的奠基人、住建部首批中国工程勘察大师张国霞，市勘察院主编的《岩土工程理论实践家》由中国建筑工业出版社出版发行。全书40.6万字，收录了反映张国霞大师家庭生活、工作业绩的大量照片及工程图件。

四十四、建筑地基基础勘察设计规范通过评审

年内，市勘察院与市建院联合编制的《北京地区建筑地基基础勘察设计规范》通过专家审查。该规范收纳了近年来北京地区勘察设计的工程经验和研究成果，并与相关国家和行业标准的修订成果相协调，满足了北京城市建设地域扩展和相应的复杂岩土工程条件的需求。

第六节　地名变更

一、地名命名、更名

概况：

2015年，本市地名命名、更名、调整共计199个。按地名类别划分，道路和居住区名称184个，轨道交通车站名称15个。

道路和居住区命名、更名、调整（183个）：

东城区命名、调整（1个）：

西革新里。

西城区命名、调整（1个）：

莲花河南街。

朝阳区命名、调整（29个）：

大黄庄西路、容惠路、林泉南街、金林路、金田北小街、于家围西路、广文街、东营北街、京旺西路、京旺中路、京旺东路、北皋街、北皋小街、梓林路、京旺南街、京旺北街、东营南街、长店大街、长店东路、长店东二路、长店东一路、长店中路、长店北街、长店南街、谦泽街、长店西路、长店中街、达德北路、达德南路、黄康路。

海淀区命名、调整（10个）：

翠湖北环路、玉津东路、翠湖南环路、美林西街、门头馨园东街、门头馨园西街、门头馨园路、清上园东路、暂安处南街、暂安处西街。

丰台区命名、调整（18个）：

汽车博物馆南路、万祥路、文林北街、泉湖西路、丰科路、丰园路、连兴街、太柏东路、连霞路、泥洼东路、羊坊村路、羊坊村东路、羊坊村中街、羊坊村南街、鑫博路、鑫知街、鑫博西路、金中都南街。

石景山区命名、调整（3个）：

城泰街、古安路、古盛路。

昌平区命名、调整（32个）：

赖马庄东路、北七家路、北七家西路、北七家东路、创安路、双营中路、京密引水渠北路、双营东路、文安街、景文西路、景丽路、景文南街、景文北街、未来科技城大道、蓬莱苑南街、鲁疃路、岭上路、七北南路、七北路、岭上东路、鲁疃东路、英才南

三街、英才南一街、英才南二街、英才北一街、土沟路、未来科技城路、未来科技城滨河大道、未来科技城东路、酸枣岭路、英才北三街、英才北二街。

大兴区命名、调整（21个）：

宝参南街、和顺大街、颐宁街、百利街、景弘大街、紫竹街、玉竹街、安顺东路、安定南街、双河北里东街、双河北里二巷、双河北里三巷、双河北里五巷、双河南里一巷、双河南里三巷、双河南里二巷、观音寺东街、双河北里四巷、双河北里一巷、大有路、广德大街。

房山区命名、调整（10个）：

长悦路、福泽路、篱笆园南路、吴店沟北路、行宫西街、阎富路、阎中大街、于庄路、紫安路、怡和南路。

门头沟区命名、调整（19个）：

莲石湖西路、高家园一路、高家园二路、玉带西街、西山环路、育园南路、高家园东街、西山中路、高家园西街、永新西街、大峪二小路、大峪中路、黑山东街、黑山西街、何各庄中街、何各庄西街、何各庄东街、城子中路、泰安路。

开发区命名、调整（6个）：

科创十一街、科创十二街、科创五街、科创一街、兴海一街、兴海二街。

顺义区命名、调整（8个）：

复兴东街、复兴西街、大营二街、大营四街、复兴四街、复兴二街、复兴中街、西马坡街。

通州区命名、调整（6个）：

新华南二街、北苑二路、新华南一街、北苑一路、兴贸二区、台湖北里。

密云区命名、调整（5个）：

碧澄环路一巷、碧澄环路二巷、东智东路、季唐路、康居路。

延庆区命名、调整（2个）：

天成中路、营城子中路。

平谷区命名、调整（12个）：

陆港南街、陆港北一街、陆港北三街、陆港路、陆港东二路、陆港东一路、陆港西路、陆港北二街、陆港大街、夏各庄八经路、夏各庄北中环路、夏各庄内环南路。

轨道交通车站名称（15个）：

六道口站、清华东路西口站、东管头站、丽泽商务区站、菜户营站、西铁营站、景风门站、陶然桥站、永定门外站、景泰站、方庄站、南八里庄站、北工大西门站、平乐园站、红庙站。

二、奥林匹克塔标准地名

年内，北京市通过国家体育总局协调国际奥委会，并经国际奥委会主席巴赫提名，奥林匹克公园瞭望塔项目获名“北京奥林匹克塔”，并永久悬挂奥运五环标识。该项目位于奥林匹克公园中心区东北部，占地面积约7773平方米，由1主4辅共5个塔身组成，其中主塔高度246.8米，辅塔高度分别为228米、210米、198米和186米，主要功能包括展览展示、大型活动监控、城市高空旅游观光等。北京市成为继加拿大蒙特利尔后全球第二个获准永久悬挂奥运五环标识的城市。

第四章

土地供应与市场

北京市房地产年鉴 2016

第一节　2015 年北京市土地管理综述

2015 年，全市国土资源系统认真学习贯彻党的十八大和十八届二中、三中、四中、五中全会精神，深入贯彻落实习近平总书记系列重要讲话和对北京工作的重要指示精神，主动适应经济发展新常态，坚持稳中求进的工作总基调，牢牢把握首都城市战略定位，积极落实京津冀协同发展战略，按照市委、市政府和国土资源部的工作部署，改革创新、依法行政，实现国土资源管理规范有序，资源保障坚强有力，服务民生持续有效，为首都经济提质增效升级和持续健康发展做出积极贡献。

一、坚决贯彻落实京津冀协同发展战略，为建设和谐宜居之都提供有力的供地保障

开展土地利用总体规划调整完善工作，提出建设用地减量发展的目标。初步编制完成《北京市“十三五”时期土地资源整合利用规划》。土地供应总量调减有保、有压。供应国有建设用地 2300 公顷；保障性安居工程用地供应 495 公顷，完成计划的 110%。批复用地预审项目 826 件，用地总面积 9508.79 公顷，其中农用地 3717.26 公顷（占用耕地 1693.32 公顷），建设用地 5451.53 公顷，未利用地 340 公顷。批准征地面积 1089 公顷，涉及新增建设用地 471 公顷，其中农用地转用 460 公顷（含耕地 254 公顷）。结合城市战略定位和产业结构调整方向，合理把控供地节奏。土地市场共成交经营性用地 87 宗，土地面积约 717 公顷，成交地价总额 2010 亿元。全市土地出让总收入上缴财政专户 1912.02 亿元，其中政府收益 922.99 亿元，超额完成年度收入计划。完成土地储备开发 524 公顷，实现投资约 493 亿元，土地储备机构负债继续下降。以产业用地为重点，深入推进国土资源节约集约利用。推进产业用地精细化管理，研究工业用地差别化地价政策，积极开展存量工业用地盘活政策研究，率先实现国土资源节约集约模范县市创建活动“全覆盖”。加强土地批后监管，依法推进闲置土地处置工作，对国务院第二次大督查发现的闲置土地问题抓紧抓实整改。

二、稳步推进国土资源领域改革创新，为国土资源事业的发展提供动力支撑

全力推进不动产统一登记工作。编制不动产统一登记职责机构整合方案，实现登记职责、机构人员整合、窗口设立到位，不动产统一登记信息系统并网升级并不断完善，我市成为全国首个全域范围内向社会提供不动产统一登记服务的省级单位，全年发放不动产权证书 145725 本。农村集体经营性建设用地入市试点取得实质突破。组建市、区两级试点工作领导机构，完成试点实施方案编制报批，制定印发《北京市农村集体经营性建设用地入市试点办法》等 13 个配套文件，摸清大兴区集体建设用地底数，组织入市地块筛选，顺利完成我市首宗入市地块——西红门镇 2 号地 B 地块的上市交易。积极推进海淀区创新土地整治规划机制实施工作。围

绕“人口可控、建设减量、产业提升、生态改善”目标，加快落实创新土地整治规划实施机制，探索实施程序和政策工具，形成系列创新成果，有效推进整治工程的开展。稳步推进农村集体土地确权发证工作。共调查集体建设用地48254宗，调查面积44712.63公顷，完成确权18942宗，登记发证9705宗。农村村庄地籍调查试点工作进展顺利，完成了市级检查。深化行政审批制度改革。公布《北京市国土资源局市级行政审批事项清单（2015年版）》，规范投资项目审批事项，调整和优化审批流程，试点以联审方式减少审批环节，成效明显。规范行政处罚行为，公布北京市国土资源局行政处罚权力清单、流程图，制定《北京市国土资源局行政处罚裁量基准（2016年版）》。

三、全面落实依法行政，为国土资源事业发展提供法治保障

规范供地、征地管理。办理划拨用地审批177宗，审批用地面积694.7公顷，出让用地审批230宗，审批用地面积898公顷。开展提高供地率专项行动，全市近五年平均供地率提高至61.2%。规范征地公示、公告程序，开展征地多元化补偿调研工作，清查交通基础设施项目征地情况，初步拟定分类解决意见。严格落实耕地保护责任。通过争取国家政策支持、增减挂钩试点、推进在施项目、源头控制占用、建立通报制度等措施落实耕地占补平衡。出台《北京市城乡建设用地增减挂钩试点管理办法》和《北京市土地整治项目管理办法》，扎实推进高标准基本农田建设。严格国土资源执法监察。发现土地违法违规行为1337宗、1124.85公顷。其中：立案查处627宗、结案428件。查处矿产违法案件30件，结案28件。完成2014年度土地矿产卫片执法监督检查工作，全市计入问责的耕地面积962.9亩，问责比例5.9%，各区问责比例均低于15%。积极推进第73次市政府常务会议督查整改工作和63个高尔夫球场清理整治工作。违法建设、销售“小产权房”行为得到控制。继续加大打击非法开采矿产资源工作力度。确保地质灾害防治安全度汛。市、区共发布预警40次，配合各区转移群众1731人，开展地质灾害应急调查28次，出动应急人员108人次，确定地质灾害23起，未造成人员伤亡。创新地灾宣传方式，利用“北京防汛”官方微信订阅号、动漫宣传片、公交站点宣传海报、重点景区安装风险警示语音宣传杆等多种形式广泛宣传，在电子地图中标识地灾隐患点方便市民查询相关信息。充分发挥地质灾害应急指挥平台的指挥中枢作用，地质灾害防治管理水平整体提升。不断提升城市地质综合服务能力。扎实有序推进矿产资源领域专项整治行动，全年实现矿产类非税收入4985万元。逐步建立京津冀三地统一的矿权市场化流转制度，扎实推进固体矿山采矿权延续、绿色矿山建设、矿山环境治理、安全生产等工作。继续拓展地质工作服务领域，认真做好北京市重要钻孔数据库建设等2项重点基础地质调查工作。加强地热资源监督管理，出具浅层地温能地质条件评估意见17份。实施科技创新驱动发展，加强信息技术支撑作用。初步拟定国土资源标准体系，建设完成“标准文本库”。北京市国土资源监测指挥中心建设完成并投入使用，综合监管平台促进业务管理深度和规范化程度不断增强，在国土行业率先实现“移动综合监管平台及一张图”，移动办公使用人数同比增长200%。

第二节　征地管理

一、征地管理工作情况

1. 严格规范征地公示、公告制度

在精简集体土地征收审批程序的基础上，进一步加强规范征地公示、公告制度，并继续推行征地公示、公告网上同步发布工作，有效保护了被征地农村集体经济组织及村民的合法权益。

2. 开展交通基础设施项目征地情况清查

对2008—2014年已建成及在建的轨道交通、高速公路、市政道路工程征地手续办理情况进行了清查，并初步拟定了分类解决意见。

3. 积极推进国家重点工程项目落地

为加快国家重点工程项目建设，积极推进已经国土资源部批准先行用地的北京新机场及周边配套工程、京台高速公路、110国道高速公路二期工程征地手续申报工作，并对京沈客运专线、京张城际铁路、兴延高速公路主动开展协调服务，切实组织先行用地及正式用地申报前期工作。

4. 深入开展征地补偿多元化调研

以征地制度改革试点为契机，重点对“缩小征地范围，规范征地程序，完善对被征地农民合理、规范、多元化补偿机制”进行研究，规范理顺现行征地程序、机制，为搭建征地制度改革的总体框架思路奠定基础。

5. 做好征地重点领域信息主动公开

加大征地重点领域信息主动公开力度，完成2008—2015年已批准征（占）项目所涉及“政府批准文件”“一书四方案”“征地补偿安置协议”“征地补偿安置公示”“征地公告”“征地结案”共6项政府信息的核实工作，自2016年1月对社会进行网上主动公开，并继续做好实时更新工作，进一步保障被征地农民的知情权。

二、征地及农用地转用审批情况

2015年，国务院及北京市政府共审批征地及农用地转用总用地面积约1089公顷，其中国务院批准用地面积约286公顷，北京市政府批准用地面积约803公顷。涉及新增建设用地约471公顷，其中农用地约460公顷，耕地约254公顷。

第三节　国有土地使用权出让情况

一、2015年北京市国有土地使用权出让概况

2015年北京市共出让土地230宗，出让土地总面积约898.36公顷，合同地价款总额约为2038.36亿元（见表4－1）。其中出让新建项目用地154宗，出让土地面积约为808.31公顷，占出让总土地面积的89.98%，

合同地价款总额约为2020.49亿元，占出让地价款总额的99.12%；以现状补办出让项目用地76宗，出让土地面积约90.05公顷，占出让总土地面积的10.02%，合同地价款总额约为17.86亿元，占全市出让地价款总额的0.88%。

二、2001—2015年北京市国有土地使用权出让情况

2001—2015年北京市国土资源局共审批出让国有土地使用权9387宗，涉及土地面积约26451公顷，规划建筑面积约47527万平方米。

三、2015年北京市土地利用管理出台的相关政策

2015年，市国土局出台了《北京市国土资源局关于进一步完善土地利用动态巡查制度有关问题的通知》（京国土用〔2015〕1号），依据文件精神全面建立我市土地利用动态巡查制度。为了严格我市土地协议出让程序，规范协议出让流程，研究出台了《北京市国土资源局关于完善协议出让项目用地公示问题的通知》（京国土用〔2015〕21号），建立了协议出让计划公示制度。市国土局、市发展改革委、市财政局、市规划委、市住房城乡建设委等单位联合发文《关于印发北京市国有建设用地使用权出让地价评审暂行规定的通知》（京国土用〔2015〕87号），市国土局出台了《关于加强本市国有建设用地使用权出让地价评审管理的通知》（京国土用〔2015〕88号），进一步规范了地价的评审和管理。

表4－1　2015年北京市按区域划分国有土地使用权出让情况

区	宗数	宗地面积（公顷）	合同地价款（万元）
东城区	19	1.8636	109973.36
西城区	7	0.7816	5443.65
朝阳区	31	72.0105	2457152.34
丰台区	30	112.9259	6489921.37
石景山区	3	8.3822	434348.89
海淀区	22	72.9689	1060019.20
门头沟区	8	26.8859	1561680.65
房山区	14	85.3673	1307005.03
通州区	10	67.9453	1124363.48
顺义区	17	87.4054	1112484.78
昌平区	28	178.9133	2886657.40
大兴区	25	105.2272	1189495.05
怀柔区	4	11.8656	39014.46
平谷区	5	32.2076	428700.00
北京经济技术开发区	2	12.6022	20679.51
密云区	5	21.0059	156651.81
延庆区	0	0	0
合计	230	898.3584	20383590.98

第四节　划拨城镇建设用地情况

2015年北京市共办理划拨城镇建设用地177宗，694.71公顷。与上一年相比，增加154.41公顷。从用地项目来看，公共管理和公共服务类用地面积达309.59公顷，占全年划拨用地总面积的44.56%；公共管理和公共服务宗数最多，共130宗，占全年划拨用地宗数的73.45%（见表4－2）。审批项目涉及除怀柔区以外的所有区，从用地位置来看，昌平区、大兴区、门头沟供地面积最大，三区占全年划拨供地总面积的45.64%，丰台区、门头沟区、房山区审批宗数位列全市前三名，分别达22、20、17宗（见表4－3）。

表4－2　2015年北京市按划拨土地用途分类情况

项目类型	宗数（宗）	比例	面积（公顷）	比例
经济适用住房用地	19	10.73%	107.25	15.44%
廉租住房用地	13	7.34%	26.86	3.87%
公共管理和公共服务用地	130	73.45%	309.59	44.56%
特殊用地	4	2.26%	0.86	0.12%
交通运输用地	9	5.08%	170.44	24.53%
水域及水利设施用地	2	1.13%	79.71	11.47%
总计	177	99.99%	694.71	99.99%

表4－3　2015年北京市按各项目用地位置分类情况

区	宗数（宗）	比例	用地面积（公顷）	比例
东城区	3	1.69%	1.2080	0.17%
西城区	7	3.95%	2.1448	0.31%
朝阳区	16	9.04%	73.6806	10.61%
丰台区	22	12.43%	93.0525	13.39%
石景山区	5	2.82%	6.6416	0.96%
海淀区	16	9.04%	64.5617	9.29%
门头沟区	20	11.30%	93.3259	13.43%
房山区	17	9.60%	31.4972	4.53%
通州区	10	5.65%	23.7036	3.41%
顺义区	16	9.04%	46.4890	6.69%
昌平区	16	9.04%	120.4201	17.33%

续表 4 - 3

区	宗数（宗）	比例	用地面积（公顷）	比例
大兴区	13	7.34%	103.4035	14.88%
怀柔区	0	0.00%	0	0.00%
平谷区	10	5.65%	22.1604	3.19%
北京经济技术开发区	2	1.13%	1.1990	0.17%
密云区	1	0.56%	6.8619	0.99%
延庆区	3	1.69%	4.3626	0.63%
总计	177	100.00%	694.7124	100%

表 4 - 4　1992—2015 年度北京市划拨城镇建设用地分年度情况

年度	宗数（宗）	比例	面积（公顷）	比例
1992	25	1.01%	204.64	1.64%
1993	36	1.46%	241.02	1.94%
1994	39	1.58%	404.8	3.25%
1995	36	1.46%	215.33	1.73%
1996	24	0.97%	55.16	0.44%
1997	33	1.33%	122.24	0.98%
1998	38	1.54%	157.76	1.27%
1999	33	1.33%	187.1	1.50%
2000	35	1.42%	67.4	0.54%
2001	72	2.91%	412.95	3.32%
2002	65	2.63%	311.21	2.50%
2003	79	3.19%	501.66	4.03%
2004	73	2.95%	447.67	3.60%
2005	123	4.97%	611.16	4.91%
2006	183	7.40%	2086.16	16.77%
2007	294	11.89%	1400.08	11.25%
2008	181	7.32%	1409.29	11.33%
2009	133	5.38%	721.62	5.80%
2010	93	3.76%	264	2.12%
2011	121	4.89%	585.88	4.71%
2012	189	7.64%	449.84	3.62%
2013	142	5.74%	350.42	2.82%
2014	249	10.07%	540.3	4.34%
2015	177	7.16%	694.7124	5.58%
总计	2473	100.00%	12442.4024	100.00%

表 4-5　1992—2015 年度北京市划拨城镇建设用地分项目情况

项目名称	宗数（宗）	比例	用地面积（公顷）	比例
公共管理和公共服务	1284	51.92%	3952.7934	31.77%
经济适用住房	310	12.54%	1967.4934	15.81%
其他住房	403	16.30%	2856.9627	22.96%
交通运输用地	348	14.07%	2752.6468	22.12%
特殊用地	125	5.05%	830.4161	6.67%
水域及水利设施用地	3	0.12%	82.09	0.66%
总　　计	2473	100%	12442.4024	99.99%

表 4-6　1992—2015 年度北京市划拨城镇建设用地分区情况

区	宗数（宗）	比例	用地面积（公顷）	比例
东城区	257	10.39%	1189.59	9.56%
西城区	364	14.72%	1258.46	10.11%
朝阳区	332	13.42%	2270.45	18.25%
丰台区	243	9.83%	959.55	7.71%
石景山区	63	2.55%	160.82	1.29%
海淀区	398	16.09%	1786.33	14.36%
门头沟区	90	3.64%	232.64	1.87%
房山区	91	3.68%	293.28	2.36%
通州区	93	3.76%	214.47	1.72%
顺义区	91	3.68%	1373.49	11.04%
昌平区	122	4.93%	1027.98	8.26%
大兴区	129	5.22%	518.76	4.17%
怀柔区	43	1.74%	143.79	1.16%
平谷区	43	1.74%	109.24	0.88%
北京经济技术开发区	9	0.36%	61.00	0.49%
密云区	67	2.71%	188.64	1.52%
延庆区	38	1.54%	113.61	0.91%
总计	2473	100.00%	12442.40	100.00%

第五节　土地储备和一级开发

一、土地一级开发情况

2015年，市国土局核批土地一级开发授权批复42个（含延期及主体变更），土地总面积1209.90公顷。全市新增土地储备开发面积959.8公顷，完成土地储备开发面积524.11公顷，实现土地储备开发投资492.74亿元。

二、政府土地储备情况

2015年新增收购储备项目1个，土地面积约3公顷。全年组织办理储备土地证12个，土地面积约46公顷。

三、经营性土地入市交易情况

2001年至2015年，全市共有1986宗17361.94万平方米土地入市成交，成交价款为11767.85亿元，其中政府土地收益5720.67亿元（见表4－7）。其中，2015年，市土地交易市场和10个远郊区、北京经济技术开发区土地交易分市场共成交土地114宗，土地面积约896.89万平方米，规划建筑面积1532.03万平方米，成交价款2027.98亿元，其中，政府土地收益1129.02亿元（见表4－8）。

表4－7　2001—2015年北京市国有建设用地使用权入市交易成交情况

年度	成交宗数	交易类型			土地面积（万平方米）		规划建筑面积（万平方米）	成交价款（亿元）	
		招标	拍卖	挂牌	合计	其中建设用地		合计	其中政府收益
2001	1	1	0	0	13.97	13.97	14.14	3.17	0.59
2002	8	2	1	5	250.48	174.79	331.26	61.35	14.93
2003	48	3	1	44	201.7	158.7	277.87	49.14	19.05
2004	89	4	0	85	537.92	403.53	609.51	115.31	32.85
2005	50	2	0	48	357.39	242.12	451.97	117.51	39.31
2006	87	29	1	57	856.2	594.96	935.05	257.67	92.11
2007	85	41	0	44	897.92	600.63	1233.01	438.1	204.34
2008	184	26	0	158	1573.43	1110.19	1810.43	500.12	170.82
2009	250	20	1	229	1965.16	1385.27	2391.19	966.28	556.76
2010	280	81	0	199	3012.04	2070.15	3350.46	1677.27	948.05
2011	257	52	0	205	2044.54	1447.75	2481.32	1113.29	463.17
2012	169	27	0	142	1340.4	995.17	1722.22	670.61	238.09
2013	223	53	0	170	2118.64	1342.34	2448.74	1853.15	846.81
2014	141	16	0	125	1295.26	937.67	1663.01	1916.90	964.77
2015	114	10	0	104	896.89	714.57	1532.03	2027.98	1129.02
合计	1986	367	4	1615	17361.94	12191.81	21252.21	11767.85	5720.67

表 4－8 2015 年北京市国有建设用地使用权入市交易成交情况

交易地点	成交宗数	土地总面积（万平方米）		规划建筑面积（万平方米）	成交价款（亿元）
		合计	其中建设用地		
市土地交易市场	89	725.77	579.32	1336.48	2010.40
远郊区土地交易市场	25	171.11	135.25	195.55	17.58
合计	114	896.89	714.57	1532.03	2027.98

第六节 地价监测

一、城市地价动态监测工作

城市地价动态监测是城市地价管理的一项重要基础性工作。通过确定地价监测范围、设立标准宗地、组织土地估价师及时跟踪采集标准宗地地价信息，定期收集、汇总、整理、分析形成季度和年度监测成果，实现对地价水平和价格变动情况的实时监测，及时准确把握土地市场运行态势和价格走势，为国土资源管理部门加强市场监管和参与宏观调控提供决策依据，同时为社会公众提供地价信息参考。

二、北京市地价监测基本情况

自 2001 年以来，我国逐步建立了城市地价动态监测体系，北京市作为国家首批地价监测城市之一，监测工作已开展了 15 年。2008 年，根据国土资源部《关于进一步加强城市地价动态监测工作的通知》(国土资发［2008］51 号）要求，进一步夯实基础性工作，重新划定监测范围和地价区段，布设标准宗地，按照“政府主导、市区联动、协会监督、专业实施”四位一体的组织管理模式开展工作。2014 年，为更准确反映土地市场情况，按照 51 号文的要求，北京市国家级监测范围、地价区段、标准宗地、地价内涵等均进行了调整。

北京市地价动态监测分国家级监测范围及市级监测范围，国家级监测范围为城市建成区及工业集聚区内的居住、商业、工业三种用途；市级监测范围为 11 个规划新城内居住、商业、办公三种用途及城市建成区办公用途。截至 2015 年 4 季度，国家级监测范围内标准宗地共 276 宗（居住 97 宗、商业 94 宗、工业 85 宗)，市级监测范围内标准宗地共 189 宗（居住 39 宗、商业 31 宗、办公 119 宗)。北京市共 63 家监测单位的 233 名土地估价师参与了地价监测工作。标准宗地信息采集仍然采取同一宗地由两名估价师背对背分别评估的方式进行。地价监测结果客观地反映了北京市土地价格水平及地价变化情况，对于政府部门全面、系统、及时地掌握地价水平及动态变化情况，宏观调控土地市场提供了参考依据。

三、2015 年北京市地价监测的主要成果

根据《城市地价动态监测技术规范》

（TD/T1009—2007）及《关于进一步加强城市地价动态监测工作的通知》（国土资发［2008］51号）要求，2015年北京市分别作出了国家级监测范围内地价监测结果（见表4-9、表4-10）和市级监测范围内地价监测结果（见表4-11）。

表4-9　2015年北京市国家级监测范围各用途增长率（季度）

土地用途	一季度	二季度	三季度	四季度
居住	0.48%	0.8%	1.88%	1.77%
商业	0.54%	0.69%	0.92%	1.11%
工业	0.93%	0.88%	1.26%	1.89%
平均	0.51%	0.77%	1.65%	1.63%

表4-10　2014—2015年北京市城市地价动态监测指数（年度）

年度	2014年	2015年
全市平均水平	318	333
一、住宅用地	437	459
二、工业仓储用地	237	249
三、商业、旅游、娱乐用地	268	277

表4-11　2015年北京市市级监测范围各用途增长率（季度）

土地用途	一季度	二季度	三季度	四季度
居住（规划新城）	0.63%	1.50%	1.94%	1.69%
商业（规划新城）	0.66%	0.57%	0.85%	1.61%
办公（规划新城）	0.34%	0.72%	1.25%	0.96%
办公（城市建成区）	0.46%	0.14%	0.57%	1.01%

第五章
房地产开发投资与建设

北京市房地产年鉴 2016

2015年，在楼市新政以及降息降准等货币政策影响下，北京房地产市场触底回升，开发投资较快增长，新增供给有所增加，市场销售尤其是二手房销售较为活跃，价格有所上涨。当前需高度关注土地价格快速上涨可能带来的影响以及商服地产供需结构不平衡、二手房市场走向等问题。

注：根据国家统计局提高投资统计起点的相关规定，2010年数据为调整后数据。

第一节　2015年北京市房地产开发投资

2015年，全市完成房地产开发投资4226.3亿元，比上年增长8.1%，年内增速虽呈回调走势，但持续快于全市投资平均增速。其中，全年土地购置费用为2139.5亿元，占开发投资比重为5成，增长37%（见图5－1）。

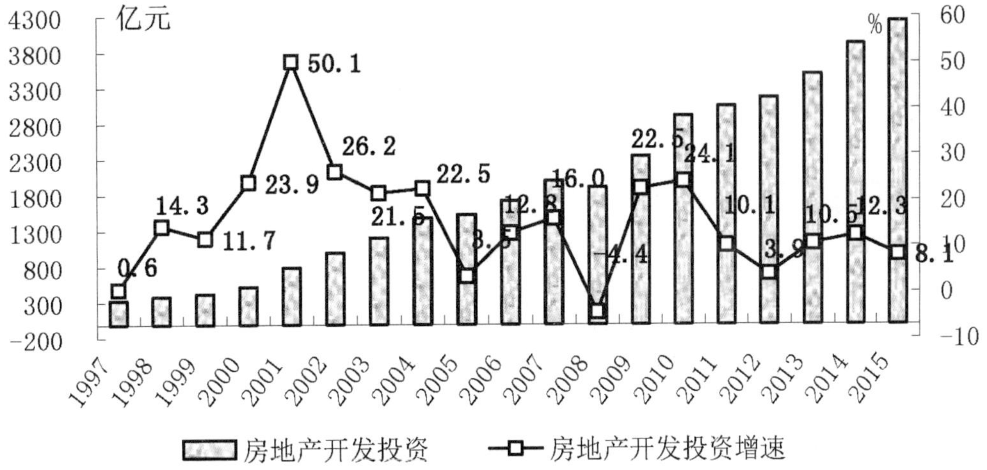

图5－1　1997年以来北京市房地产开发投资增速图

房地产开发投资中，住宅完成投资1962.7亿元，与上年持平；写字楼完成投资906.6亿元，增长20.8%；商业、非公益用房及其他完成投资1357万平方米，增长13.2%。

从地区投资结构看，2015年核心区、拓展区、发展新区和生态涵养区房地产开发投资占全市房地产开发投资的比重分别为4.9%、39.9%、47%和8.2%。除了拓展区比上年提高3.7个百分点外，核心区、发展新区和生态涵养区分别下降1.3个、0.4个和2个百分点（见图5－2）。

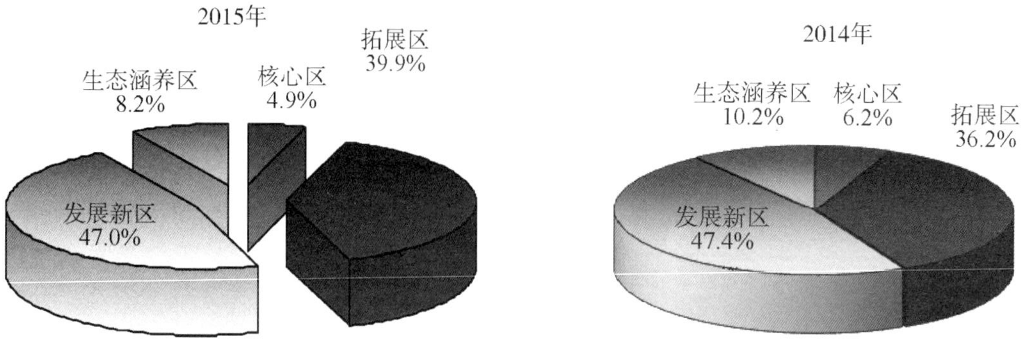

图5－2　2014—2015年北京市四大功能区房地产开发投资占全市比重

2015年，全市房地产开发投资为4226.3亿元，比上年增长8.1%，占全社会固定资产投资比重的52.9%，比上年提高1.2个百分点。

表5－1　2015年北京市房地产开发投资情况统计表

单位：亿元,%

	房地产开发投资	全社会固定资产投资	所占比重
2014年	3911.3	7562.3	51.7
2015年	4226.3	7990.9	52.9

2015年，全市保障性住房自年初累计完成投资824亿元，比上年增长29%（见表5－2）。

表5－2　2015年北京市保障性住房投资额完成情况

单位：亿元

	2015年	2014年	同比增长
自年初累计完成投资	824.0	639.0	29
其中：经济适用房	24.5	36.7	－33.3
限价房	303.4	131.9	130
公租（廉租）房	73.6	85.0	－13.4
定向安置房	422.5	385.4	9.6

一、房地产开发投资及投资完成情况（分区）

从完成房地产开发投资的区域分布看，朝阳区仍是投资的大户，其次是丰台区；比重分别为16.3%和14.7%（见表5－3）。

表5－3　2015年北京市按区域划分房地产开发投资完成情况

区域	区	完成投资合计（亿元）
功能核心区	东城区	98.3
	西城区	109.9
功能拓展区	朝阳区	689.3
	丰台区	621.1
	石景山区	126.7
	海淀区	249.8
发展新区	房山区	269.2
	通州区	603.4
	顺义区	292.6
	昌平区	328.3
	大兴区	494.7
生态涵养保护区	门头沟区	217.4
	怀柔区	17.5
	平谷区	54.2
	密云区	43.8
	延庆区	10.1

二、历年房地产开发投资完成情况（分用途）

2015年全市房地产开发投资中，用于住宅完成投资1962.7亿元，与上年持平；写字楼完成投资906.6亿元，增长20.8%；商业、非公益用房及其他完成投资1357亿元，增长13.2%（见图5－3）。

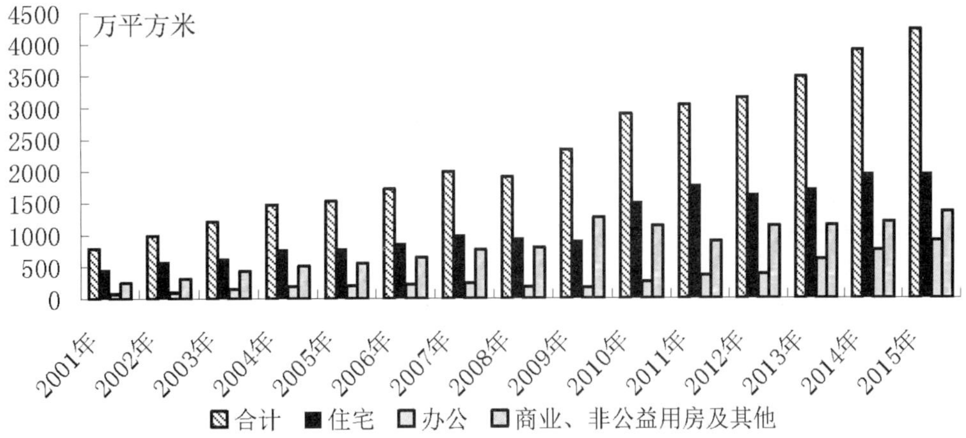

图5－3　2001—2015年北京市按用途划分房地产开发投资完成情况

三、房地产开发投资构成及变动情况

在2015年全市房地产开发投资中，用于建筑工程的投资为1258.8亿元，同比下降19.5%；用于安装工程的投资为48.9亿元，同比增长25.3%；用于设备、工器具购置的投资为23亿元，下降51.5%；用于其他费用的投资为2895.7亿元，同比增长28%（见表5-4）。

表5-4 2015年北京市房地产开发投资构成及变动情况

单位：亿元，%

指标	2015年	2014年	同比增长
建筑工程	1258.8	1562.8	-19.5
安装工程	48.9	39.1	25.3
设备、工器具购置	23.0	47.3	-51.5
其他费用	2895.7	2262.1	28

四、房地产开发资金来源情况

2015年，全市房地产开发项目本年到位资金小计7282.1亿元，比上年增长8.2%。其中，金融贷款为1971亿元，下降9.7%；自筹资金为2277.2亿元，增长20%；定金及预收款为1764.9亿元，增长0.8%（见表5-5）。

表5-5 2008—2015年北京市房地产开发资金来源情况

单位：亿元

	2008	2009	2010	2011	2012	2013	2014	2015
自年初累计资金来源	4398.4	7065.8	7334.4	7238	8399.5	9687.6	9538.7	10483.8
#上年末结余资金	1076.6	936	1543.8	1879.9	2287.1	2387.4	2808.3	3201.6
本年资金来源小计	3321.8	6129.8	5790.6	5358.1	6112.4	7300.2	6730.4	7282.1
#金融贷款	889.4	2367.8	1439.1	1168	1498.4	1836.9	2183.7	1971.0
利用外资	38.9	29.8	13.9	2.6	4.2	11.6	7.8	5.7
#外商直接投资	24.9	25	13.4	2.6	4.2	11.6	7.8	5.7
自筹资金	931.8	1026.8	1763	1746.2	1626.1	2138.2	1898.1	2277.2
#自有资金	585.8	558.7	939.9	983	483.6	624	434.5	515.7
其他资金来源	1461.8	2705.4	2574.6	2441.4	2983.7	3313.4	2640.8	3028.2
#定金及预付款	922.6	1663.6	1611	1518.1	2086.8	2257.5	1751.6	1764.9

第二节 房屋建设情况

一、房屋建设总体情况

截至2015年12月末，全市商品房施工面积为13095万平方米，比上年末下降4%。商品房新开工面积为2790.2万平方米，比上年增长11.5%（见图5－4）。

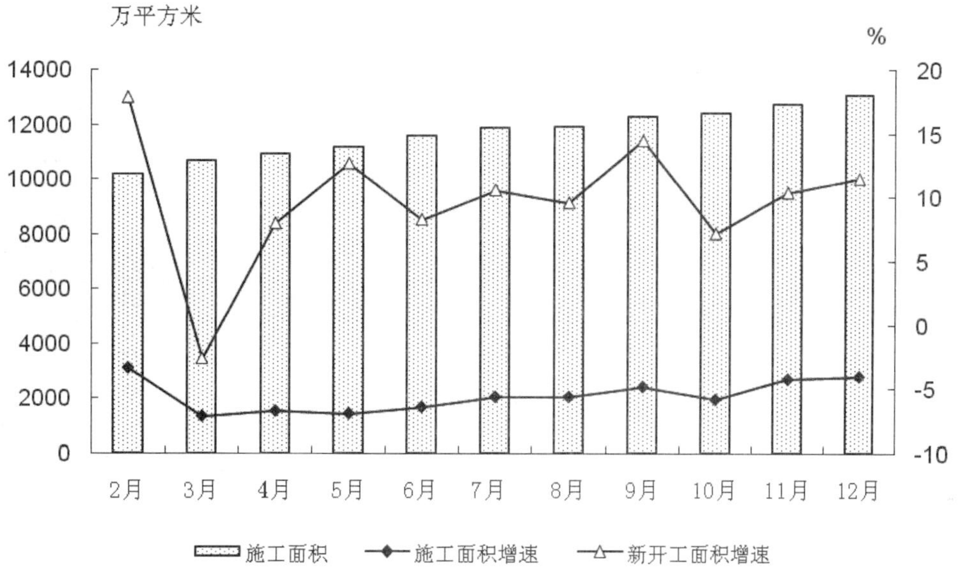

图5－4 2015年北京市商品房施工面积及增速走势图

截至12月底，住宅施工面积为6314.6万平方米，下降9.8%；其中，住宅新开工面积为1199.2万平方米，下降8%。

2015年，全市完成保障性住房投资824亿元，同比增长29%。年末保障性住房施工面积3870.5万平方米，下降11.4%。全年保障性住房竣工面积881.8万平方米，下降26.6%（见表5－6）。

表5－6 2015年北京市保障性住房建设情况

单位：亿元，万平方米

	2015年	2014年	同比增长（%）
完成投资	824	639	29
其中：住宅	667	515.1	29.5
房屋施工面积	3870.5	4368	－11.4
其中：住宅	2975.3	3376.5	－11.9

续表 5 - 6

	2015 年	2014 年	同比增长（%）
房屋新开工面积	636.6	509.5	24.9
其中：住宅	492.8	415.5	18.6
房屋竣工面积	881.8	1201.6	-26.6
其中：住宅	676.4	947	28.6

二、商品房新开工及施工情况概述

截至2015 年12 月末，全市商品房施工面积为13095 万平方米，比上年末下降4%。商品房新开工面积为2790.2 万平方米，增长11.5%（见表5 -7）。

表5 -7　2014—2015 年北京市商品房施工面积及新开工情况

单位：万平方米

	2015 年	2014 年	同比增长（%）
施工面积	13095	13641.5	-4
新开工面积	2790.2	2502.8	11.5

三、商品房新开工、施工情况（按区域分）

从区域上看，施工面积朝阳区最多，为2087.5 万平方米，通州区位于第二，为1727.3 万平方米，分别占全市商品房施工面积的15.9%和13.2%（见表5 -8）。

表5 -8　2015 年北京市按区域分商品房施工面积统计表

单位：万平方米

区	施工面积	区	施工面积
东城区	140.0	通州区	1727.3
西城区	195.5	顺义区	1268.9
朝阳区	2087.5	昌平区	1428.3
丰台区	1383.3	大兴区	1571.5
石景山区	303.0	怀柔区	108.9
海淀区	954.6	平谷区	262.4
门头沟区	445.6	密云区	279.9
房山区	887.4	延庆区	50.9
合计	13095.0		

四、历年商品房新开工、施工情况（按用途分）

2015 年，全市全年商品房新开工面积为 2790.2 万平方米，比上年增长 11.5%。其中，住宅新开工面积为 1199.2 万平方米，下降 8%；写字楼为 602.8 万平方米，增长 35.6%；商业及服务业等经营性用房为 988.2 万平方米，增长 31%（见图 5－5）。

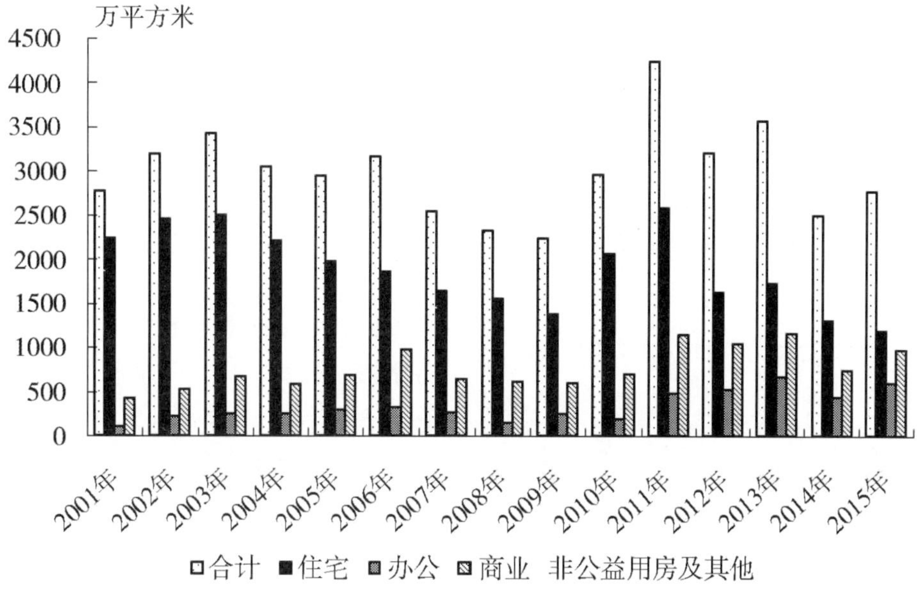

图 5－5　2001—2015 年北京市商品房新开工面积情况

五、商品房竣工情况概述

2015 年，全市全年商品房竣工面积为 2631.5 万平方米，比上年下降 13.8%。其中，住宅竣工面积为 1378.2 万平方米，下降 23.6%（见表 5－9）。

表 5－9　2015 年北京市商品房竣工面积

单位：万平方米

	2015 年	2014 年	增长（%）
竣工面积	2631.5	3054.1	－13.8
其中：住宅	1378.2	1804.3	－23.6

六、商品房竣工情况（按区域分）

从区域上看，全市商品房竣工面积为 2631.5 万平方米，通州区最多，大兴区（含经济技术开发区）位于第二，分别占 16.2% 和 13%（见图 5－6）。

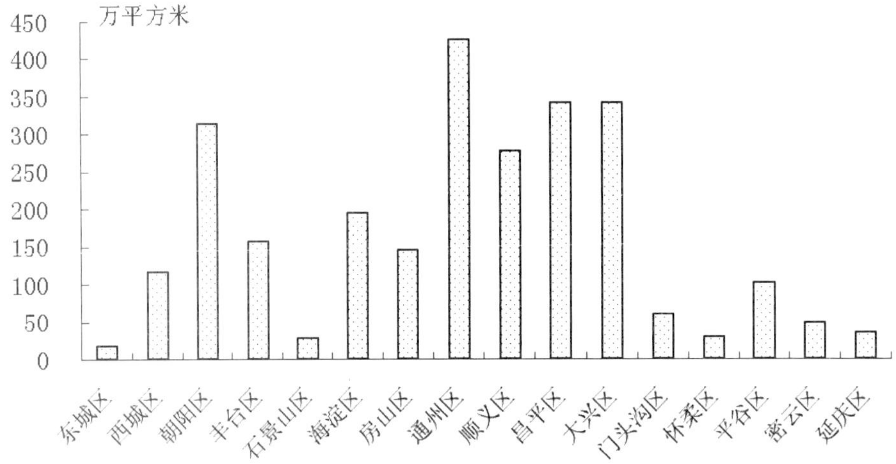

图 5－6　2015 年北京市按区域划分商品房竣工面积

七、历年商品房竣工情况（按用途分）

2015 年，全市商品房竣工面积为 2631.5 万平方米，比上年下降 13.8%。其中，住宅竣工面积为 1378.2 万平方米，下降 23.6%；写字楼为 385.4 万平方米，下降 0.5%；商业、非公益用房及其他用房为 867.8 万平方米，增长 0.6%（见表 5－10）。

表 5－10　2001—2015 年北京市按用途划分商品房竣工面积

单位：万平方米

	合计	住宅	办公楼	商业、非公益用房及其他
2001 年	1707.3	1393.4	97.9	216
2002 年	2384.6	1926.2	97.5	360.9
2003 年	2593.7	2080.8	93.6	419.3
2004 年	3067	2344	153.9	569.2
2005 年	3770.9	2841.4	287.8	641.7
2006 年	3193.9	2193.3	304.4	696.2
2007 年	2891.7	1854	314.8	722.9
2008 年	2558	1399.3	364.6	794.1
2009 年	2678.6	1613.2	316.6	748.7
2010 年	2386.7	1498.5	198.4	689.8
2011 年	2245.2	1316.1	245.2	683.9
2012 年	2390.9	1522.7	226.8	641.4
2013 年	2666.4	1692	273.1	701.3
2014 年	3054.1	1804.3	387.5	862.3
2015 年	2631.5	1378.2	385.4	867.8

第三节　房屋保有总量

截至2015年底，北京市国有土地上房屋共9.42亿平方米、693万套（单元），其中，住宅5.05亿平方米、557万套（间），非住宅4.37亿平方米，具体看：

一、近八成住宅集中在城市功能拓展区和发展新区

城市核心区、功能拓展区、发展新区、生态涵养区的住宅套数分别占北京市的14.0%、53.0%、26.9%和6.1%。其中，朝阳区128.2万套，门头沟、怀柔、平谷、延庆、开发区均低于10万套。

二、本市住房近十年增长迅速，以中小套型为主

从建成年代来看，2001年以后建成的住宅套数占50%，1991—2000年及1990年之前建成的住宅分别占24%、26%。从户型来看，建筑面积90平方米以下的住宅套数占63%；90—140平方米、140平方米以上的住宅分别占27%、10%。

三、住房资源主要由本市居民分散持有

北京市城镇住房共557万套（间）。其中，成套住房525万套。成套住房中，家庭持有520万套，占比为99%，其他为机构持有。本市、非本市户籍家庭持有住房比重分别为78%、22%；家庭持有2套及以下住房的占95.8%，其中持有1套、2套家庭占比分别为78.4%、17.4%。

四、“十二五”期间市场成交量总体平稳，二手房成为交易主力

累计交易1.54亿平方米。其中，住宅119.3万套、1.15亿平方米；新建商品住房38.7万套、二手住房66万套、配售型保障性住房14.6万套（已网签），分别占比32.4%、55.3%和12.2%。与“十一五”期间相比，市场成交变化幅度收窄，二手住房成为交易主力。

住宅、非住宅比重

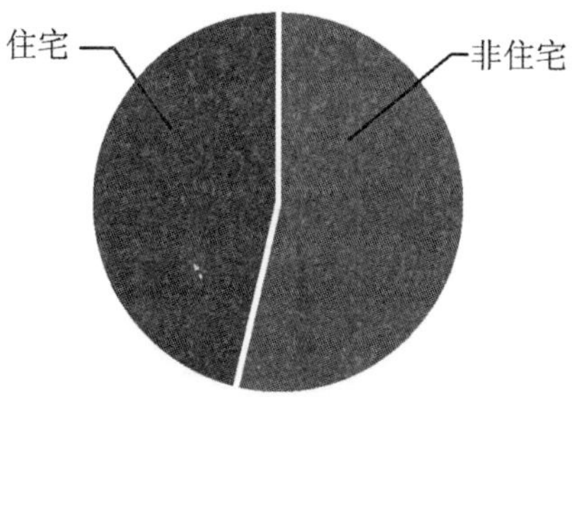

功能区分布比重

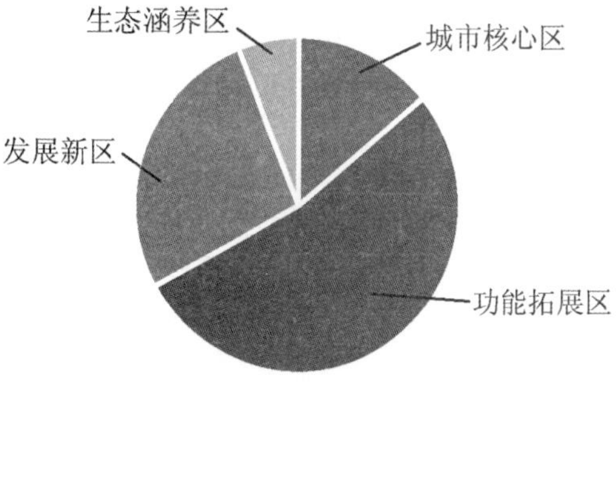

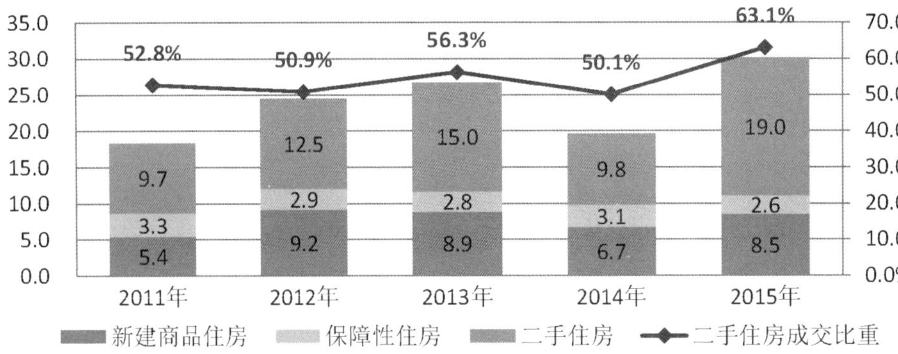

图 5－7　2015 年北京市“十二五”时期本市住房成交变化情况

第四节　商品房待售情况

截至 2015 年 12 月底，北京市商品房待售面积为 2168.1 万平方米，比 2014 年末增加 102.4 万平方米，为 1998 年房地产市场深化该改革以来的历史最高位。其中，住宅待售面积为 867.7 万平方米，比 2014 年末增加 2.9 万平方米（见表 5－11）。

表 5－11　2015 年北京市商品房待售情况

单位：万平方米

	2015 年	2014 年	同比增长（%）
待售面积	2168.1	2065.7	5.0
其中：住宅	867.7	864.8	0.3

一、商品房待售情况（分区域分用途）

2015 年末，北京市商品房待售面积从区域分布看，朝阳区待售面积最多，达 636.6 万平方米，占 29.4%；其次是通州区，229.2 万平方米，占 10.6%，第三是大兴区，210.5 万平方米，占 9.7%（见图 5－8）。

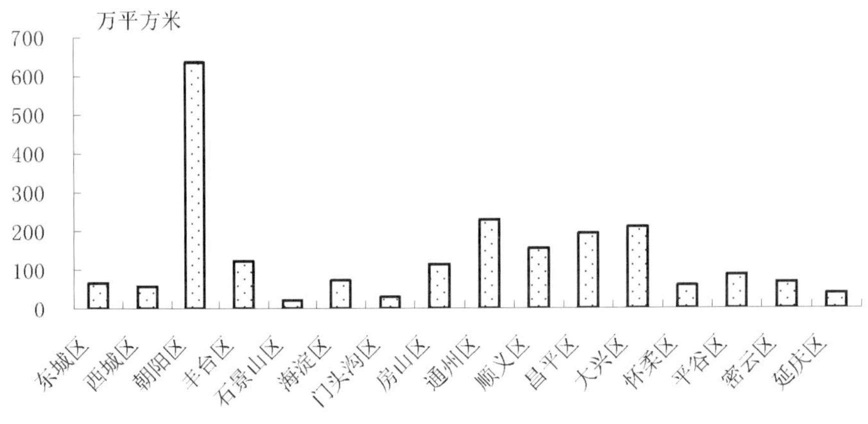

图 5－8　2015 年北京市按区域划分商品房待售面积情况

2015年末，北京市商品房待售面积按时间划分，待售1年以内的面积为1151.7万平方米，1年至3年的面积为579.5万平方米；3年以上的面积为436.9万平方米（见表5－12）。

表5－12　2001—2015年北京市按用途分待售一年以上商品房面积

单位：万平方米

一年以上待售面积	合计	住宅	办公	商业、非公益用房及其他
2001年	336	281.4	25.5	29.1
2002年	406.3	323	45.2	38.1
2003年	377.9	310.7	37.5	29.6
2004年	298.8	226.7	35.4	36.8
2005年	380.1	252.6	37.5	90
2006年	411.4	210	46.5	154.9
2007年	439	177	40.5	221.6
2008年	493.2	187.4	59.4	246.5
2009年	583.4	159.8	92.3	331.3
2010年	672.3	209.6	109.8	352.9
2011年	771.1	252.2	115.4	403.5
2012年	953.1	326.9	103.7	522.5
2013年	939.1	430.1	96	413
2014年	944.3	406.5	127.3	410.5
2015年	1016.5	434.5	138.5	443.5

二、历年商品房待售情况（分用途）

2015年商品房待售面积为2168.1万平方米，比上年末增加102.4万平方米。从用途上看，住宅待售面积为867.7万平方米，增长0.3%；写字楼（办公楼）待售面积为332.5万平方米，增长8.2%；商业、非公益用房及其他待售面积为968万平方米，增长8.3%（见表5－13）。

表5－13　2001—2015年北京市商品房待售情况

单位：万平方米

待售	合计	住宅	办公	商业、非公益用房及其他
2001年	774.1	634.1	73.5	66.5
2002年	918.6	763.2	73	82.4
2003年	1123.4	896.9	94.2	132.3
2004年	1044.1	723.9	110.1	210.2
2005年	1374.2	799.7	198.9	375.6

续表 5 - 13

待售	合计	住宅	办公	商业、非公益用房及其他
2006 年	1039.7	494.1	175.8	369.8
2007 年	1136.2	411.8	198.1	526.3
2008 年	1438.3	522.7	244.6	671
2009 年	1351.4	426.8	246.5	678.1
2010 年	1482.7	511.9	223.9	746.9
2011 年	1792.6	699.8	250.2	842.6
2012 年	1911.8	789.5	198.2	924.1
2013 年	1861.4	829.3	180.1	852
2014 年	2065.7	964.8	307.2	893.7
2015 年	2168.1	867.7	332.5	968

第五节　房屋征收拆迁情况

一、房屋征收拆迁情况综述

2015 年北京市房屋征收拆迁总体运行良好，同比项目数、住宅建筑面积和总建筑面积均大幅上升，住宅户数小幅下降；全市清理滞留项目效果显著，整体签约户数、住宅建筑面积和滞留项目数均同比下降；加大征收拆迁谈判协调力度，补偿决定、行政裁决，司法强制和信访矛盾数量同比下降。房屋征收拆迁工作逐步由粗放型管理向依法稳步的规范化、精细化管理方式转变。

二、房屋征收拆迁情况统计

2015 年，北京市核发国有土地上房屋征收决定 13 个，征收房屋建筑工地面积 37.3 万平方米，涉及住宅 2540 户，住宅建筑面积 19.1 万平方米。自 2011 年《国有土地上房屋征收与补偿条例》实施截至 2015 年底，北京市共启动 69 个房屋征收项目，涉及住宅约 3.8 万户，征收项目整体签约率达到 95%。2015 年，北京市核发集体土地上房屋拆迁许可证 35 个，拆迁房屋建筑面积约 391 万平米米，涉及住宅 5740 户，住宅建筑面积约 232 万平方米。

三、征收拆迁管理工作情况

1. 强化政策指导，北京市旧城区改建等棚改征收项目加速推进

一是加强旧城区改建房屋征收政策研究，推进首都功能核心区棚户区改造工作。市住建委汇集市重大办、市住保办及相关区意见建议，印发《关于做好首都功能核心区旧城改建房屋征收工作的通知》(京建发〔2015〕336 号)，进一步规范东城、西城区旧城区改建房屋征收补偿工作，就明确征收市场化评估基本原则，统筹平衡区域内征收补助，奖励类别及标准，加大信息公开，建立完善旧城区改建群众参与工作机制，加强定向安置房统筹管理和使用等提出相关要求。

二是加强项目指导、协调，快速推进北京市棚改等旧城区改建征收项目。如东城区天坛周边简易楼腾退项目及西忠实里环境整治项目；西城区光源里、菜园街及枣林南里旧城改建项目；朝阳区永安里、酒仙桥、化石营等旧城改建项目正办理征收前期手续。此外，还有一批棚改项目正稳步推进。

2. 服务改革、服务发展，我市一批重点工程房屋征收拆迁工作进展顺利

一是服务北京城市副中心建设，推进通州区潞城镇棚改拆迁工作。潞城镇棚改拆迁A片区项目于2015年10月初完成拆迁工作，建设工程顺利开工。

二是服务北京新机场建设，推进新机场拆迁工作。北京新机场项目于2015年8月底完成全部住宅房屋拆迁，为机场建设工程顺利开工奠定基础。

三是服务北京世园会建设，推进前期房屋搬迁工作。积极支持、配合2019北京延庆世园会筹备建设工作，选派骨干人员全程现场跟踪、实地指导，同时加大与北京世园局沟通协调，加强工作指导和管理。

四是服务轨道交通等市政基础设施建设，项目征收拆迁工作有序推进。地铁8号线延长线、14号线中段、16号线（丰台段）征收拆迁工作持续进行中；地铁7号线、地铁14号线、轨道交通燕房线D地块（化四家属区）等征收项目顺利启动；京台高速、京石客专、京沈客专沿线道路拆迁工作正在进展过程中。

3. 落实各区属地责任，拆迁滞留项目清理工作稳步推进，逾期交房问题逐步解决

2015年，各区充分落实拆迁滞留项目及安置房逾期交付清理工作属地责任，建立台帐，制定清理计划，积极推进拆迁滞留项目清理及安置房逾期交付问题解决，取得良好成效。如海淀区完善强腾工作模式，通过“现场联动推进小组”、“拆违拆迁联动平台”和“开发甩项专项治理平台”三大平台，有效清理滞留项目；昌平区、平谷区通过分类清理逾期安置项目；东城区、海淀区、石景山区、门头沟区、密云区逾期安置问题也有进展。

4. 加大社会稳定风险评估和矛盾纠纷排查力度，征收拆迁矛盾纠纷总体下降

一是督促区县严格执行征收决定前社会稳定风险评估程序，提前稳控化解矛盾，征收项目整体进展顺利。

二是积极推进阳光征收拆迁、加大征收现场公开，现场设立咨询服务站等群众接待工作制度等，第一时间为群众答疑解惑，积极回应群众关切，征收拆迁矛盾纠纷总体下降。

三是开展重点时段矛盾排查，指导各区梳理重点征收拆迁矛盾纠纷，建立台账，明确稳控化解措施，确定包案领导、责任单位及责任人等，确保了两会及中国人民抗日战争暨世界反法西斯战争胜利70周年纪念活动等重点时段的社会稳定。

5. 加强与司法部门沟通研讨，房屋征收拆迁工作依法有序推进

加强与市高级法院、市四中院等法院系统座谈交流，积极研讨房屋征收强制执行中“裁执分离”原则落地措施，同时随着新《行政诉讼法》的出台，深入研讨在新《行政诉讼法》框架下北京市重点房屋征收拆迁项目适用先予执行的法律问题。法院表明将加快征收拆迁类案件审理进度，依法快速审结，并通过庭审示范、典型案例加大对区县指导，推进房屋征收拆迁工作。

6. 强化行业监管，房屋征收服务机构动态监管机制研究取得初步成效

依据国务院关于“简政放权、放管结合、优化服务”职能转变工作会议精神及加强对企业事中、事后监管要求，开展了房屋征收专业服务机构动态监管机制研究，探索通过机构库准入、动态记分及退出机制等实现对房屋征收劳务服务机构、评估机构服务行为实时动态监管，规范征收服务机构及人员服务行为，提升服务质量。

7. 加强北京市国有土地上房屋征收信息系统建设，积极推进“阳光征收”

为进一步规范北京市国有土地上房屋征收与补偿行为，推动房屋征收补偿全程公开透明，开展了国有土地上房屋征收信息系统建设，以推行电子化签约为目的，实现征收补偿工作全程规范化、信息化、精细化管理，推进“阳光征收”。同时，通过该系统加强对房屋征收劳务服务机构、评估机构管理，实现管业务、管行业相结合、互促进。

第六章

房地产交易市场运行

北京市房地产年鉴 2016

第一节　2015年北京市房地产交易市场综述

2015年，北京市继续认真贯彻落实国家房地产市场调控政策，支持和鼓励居民自住和改善性住房需求；同时，继续严格执行限购和差别化的信贷税收政策，坚决抑制投机投资性需求。全年新建商品房共计上市2232万平方米、成交1726.2万平方米，其中新建商品住房上市974.3万平方米（7.8万套），成交992.5万平方米（8.6万套）；存量房成交1919.4万平方米，其中商品住宅1714.3万平方米（19.0万套）。住房租赁市场也呈现平稳上涨的态势。

一、新建商品房市场成交情况

1. 新建商品房成交情况

2015年，北京市新建商品房成交面积1726.2万平方米，同比增加14.0%；成交金额4021.8亿元，同比增加32.8%。

其中预售成交面积1107.2万平方米，同比增加15.4%；成交金额2727.7亿元，同比增加25.2%；现房成交面积618.9万平方米，同比增加11.4%；成交金额1294.1亿元，同比增加52.4%。

2. 新建住房成交情况

2015年，北京市新建住房成交面积1168.5万平方米，同比增加18.0%；成交金额2859.6亿元，同比增加35.4%。

其中预售商品住房成交面积720.0万平方米（6.7万套），同比增加19.7%，成交金额1896.5亿元，同比增加26.3%；预售经济适用住房和限价房成交面积137.3万平方米（2.1万套）；现售商品住房成交面积272.5万平方米（1.9万套），同比增加65.8%，成交金额797.5亿元，同比增加85%；现售经济适用住房和限价房销售面积38.8万平方米（5219套）。

二、存量房成交情况

2015年，北京市存量房成交面积1919.4万平方米，同比增加77.6%，成交金额4249.9亿元，同比增加98.6%。其中存量住房成交面积1714.3万平方米，同比增加95.5%，成交金额3916.8亿元，同比增加113.5%。从成交比重来看，存量住房成交19.0万套，占89.6%；存量办公用房成交0.9万套，占4.2%；存量商业营业用房成交0.5万套，占2.6%；其他类型存量房屋成交0.8万套，占3.6%。

第二节　新建商品房批准预售情况

一、新建商品房批准预售总体情况

2015年，北京市共批准预售许可证286个，面积1308.3万平方米，同比减少16.4%；其中批准住房类房屋8.1万套，面积807.1万平方米，面积比2014年减少29.9%，批准办公用房、商业用房面积分别为321.0万平方米、75.7万平方米，比2014年分别增加30.3%、2.2%。

表6-1 2010—2015年北京市商品房批准预售面积

单位：万平方米

年份	合计	住房	商业	办公	其他
2010年	1620.8	1197.6	92.5	222.4	108.3
2011年	1554.7	1079.3	95.1	302.5	77.8
2012年	1379.2	1036.1	53.9	232.4	56.8
2013年	1174.1	781.8	76.7	251.3	64.3
2014年	1565.3	1150.9	74.1	246.3	94.0
2015年	1308.3	807.1	75.7	321.0	104.5

从区域分布看，丰台、朝阳、大兴、房山、通州、顺义、石景山七区商品房批准预售面积均超过100万平方米，合计达950.5万平方米，占全市批准预售总量的72.7%，其余十个区批准预售面积为357.8万平方米，所占比重为27.3%。

表6-2 2015年北京市新建商品房各区批准预售情况

区	上市套数（套/或单元）	上市面积（万平方米）
丰台区	17330	160.1
朝阳区	11535	142.2
大兴区	16385	142.0
房山区	19363	140.1
通州区	16686	132.2
顺义区	13918	117.8
石景山区	13769	116.1
门头沟区	10622	89.9
昌平区	7835	80.8
海淀区	3830	40.9
平谷区	3944	36.4
密云区	3731	34.9
北京经济技术开发区	2820	25.6
西城区	780	15.7
怀柔区	1047	12.6
东城区	544	10.6
延庆区	1361	10.4
合计	145500	1308.3

二、不同用途商品房批准预售情况

1. 住房

2015年，北京市住房批准预售面积为807.1万平方米，比2014年减少了343.8万平方米，降幅为29.9%。从用途看，商品住房批准预售面积为638.6万平方米，同比减少35.8%；经济适用住房批准预售面积为37.5万平方米，同比增加77.7%，限价房批准预售面积为131.0万平方米，同比减少2.5%。

表6-3　2010—2015年北京市住房分类型批准预售面积

单位：万平方米

年份	住房	其中		
		商品住房	经济适用住房	限价房
2010年	1197.6	981.3	40.7	175.6
2011年	1079.3	812.7	22.3	244.3
2012年	1036.1	831.9	32.4	171.8
2013年	781.8	602.9	64.0	114.9
2014年	1150.9	995.4	21.1	134.4
2015年	807.1	638.6	37.5	131.0

从区域分布看，北京市预售商品住房供应集中在朝阳、门头沟、昌平、房山、大兴、通州六区，2015年这六区住房批准预售面积为395.7万平方米，占全市住房批准预售面积总量的62.0%（其中，朝阳区批准预售面积为98.7万平方米，居各区之首）。东、西城住房批准预售面积为9.4万平方米，占全市住房供应总量的1.5%。其余9个区住房批准预售面积为233.5万平方米，占全市总量的36.5%。

表6-4　2010—2015年北京市各区批准预售住房面积

单位：万平方米

区	2010年	2011年	2012年	2013年	2014年	2015年
东城区	15.9	0.0	4.2	0.0	0.0	9.4
西城区	11.7	13.6	14.1	6.0	3.1	0.0
朝阳区	191.2	146.8	125.7	65.1	124.5	98.7
海淀区	54.9	36.7	46.5	10.0	54.3	25.8
丰台区	27.3	49.8	51.2	26.4	37.7	47.5
石景山区	26.3	4.4	1.2	6.6	0.0	23.9
通州区	123.9	66.5	91.5	118.8	129.5	50.7
房山区	93.9	99.4	100.5	79.3	111.7	60.8
顺义区	113.9	45.1	61.5	56.6	95.5	37.9
门头沟区	0.0	14.1	52.0	16.2	38.8	66.4

续表 6－4

区	2010 年	2011 年	2012 年	2013 年	2014 年	2015 年
大兴区	169.1	123.8	101.6	107.3	138.7	55.3
怀柔区	17.9	25.0	20.2	1.8	2.8	9.2
密云区	51.1	56.9	40.1	28.8	45.1	33.8
昌平区	64.0	118.1	95.8	43.4	139.3	63.8
延庆区	5.5	9.1	14.5	0.0	0.0	2.2
平谷区	10.2	0.0	11.3	22.9	59.5	28.7
北京经济技术开发区	4.5	3.4	0.0	13.7	14.9	24.5
合　计	981.3	812.7	831.9	602.9	995.4	638.6

注：2010 年北京市行政区划调整，撤销北京市东城区、崇文区，设立新的北京市东城区，以原东城区、崇文区的行政区域为东城区的行政区域；撤销北京市西城区、宣武区，设立新的北京市西城区，以原西城区、宣武区的行政区域为西城区的行政区域。

2. 办公用房

2015 年，北京市办公用房批准预售面积 321.0 万平方米，比 2014 年增加了 74.7 万平方米，增幅为 30.3%。办公用房供应以大兴、石景山、丰台为主，三个区的办公用房批准预售面积占全市供应总量的 47.9%，其中大兴的供应量最大，为 63.3 万平方米，占全市的比重为 19.7%。东城、密云、延庆、开发区批准预售面积均为 0。

表 6－5　2010—2015 年北京市办公用房分区批准预售面积

单位：万平方米

区	2010 年	2011 年	2012 年	2013 年	2014 年	2015 年
东城区	16.3	4.2	0.0	2.1	0.8	0.0
西城区	12.2	8.9	2.0	0.0	20.4	11.2
朝阳区	52.9	52.8	28.3	59.7	36.0	14.7
海淀区	15.9	9.2	7.8	4.2	9.1	7.1
丰台区	22.1	37.8	9.6	13.1	5.1	41.9
石景山区	17.0	6.9	1.9	10.0	6.4	48.5
通州区	0.0	35.2	18.3	66.4	42.1	32.0
房山区	0.4	17.8	0.0	31.8	20.6	33.4
顺义区	11.5	18.6	71.1	16.3	20.0	36.2
门头沟区	1.8	0.0	0.0	2.9	13.4	16.0
大兴区	11.6	12.1	67.0	25.2	15.6	63.3
怀柔区	1.2	0.5	14.3	0.0	8.8	2.8

续表 6－5

区	2010 年	2011 年	2012 年	2013 年	2014 年	2015 年
密云区	0.0	0.0	0.0	0.0	2.3	0.0
昌平区	25.7	30.7	7.9	5.6	20.0	9.5
延庆区	0.0	0.0	0.0	0.0	0.0	0.0
平谷区	0.0	0.0	0.0	7.5	3.4	4.4
北京经济技术开发区	33.8	67.8	4.2	6.5	22.3	0.0
合　计	222.4	302.5	232.4	251.3	246.3	321.0

3. 商业营业用房

2015 年，北京市商业营业用房批准预售面积 75.7 万平方米，比 2014 增加了 1.6 万平方米，增幅为 2.2%。商业营业用房的供应主要分布在顺义、大兴、朝阳、石景山，供应量占全市供应总量的 61.7%。

表 6－6　2010—2015 年北京市商业营业用房批准预售面积

单位：万平方米

区	2010 年	2011 年	2012 年	2013 年	2014 年	2015 年
东城区	9.2	1.2	0.2	0.08	0.01	1.2
西城区	1.0	1.0	1.3	0.0	0.27	0.5
朝阳区	37.5	26.1	16.6	11.4	9.5	10.9
海淀区	7.0	0.7	2.0	4.4	5.2	0.0
丰台区	4.4	12.4	2.6	2.6	4.4	8.4
石景山区	0.9	9.3	3.4	7.7	1.5	10.8
通州区	21.4	2.7	3.2	16.0	9.5	7.3
房山区	1.4	0.5	0.8	4.9	15.5	8.8
顺义区	1.0	1.8	6.1	10.1	6.4	13.1
门头沟区	0.0	0.5	0.0	0.03	3.0	0.5
大兴区	0.9	6.4	8.6	15.6	12.3	11.9
怀柔区	1.0	0.9	0.4	0.71	0.0	0.1
密云区	0.4	0.3	0.0	0.0	0.0	0.0
昌平区	5.3	7.9	2.4	2.9	3.2	1.1
延庆区	0.3	5.0	0.0	0.0	0.83	0.0
平谷区	0.0	0.0	5.0	0.24	0.0	0.8
北京经济技术开发区	0.8	18.4	1.3	0.0	2.5	0.3
合　计	92.5	95.1	53.9	76.7	74.1	75.7

三、可售期房情况

截止到2015年底，北京市期房可售面积1001.2万平方米；其中可售住房3.9万套，面积497.0万平方米；可售商业用房5865套或单元，面积84.3万平方米；可售办公用房3.5万套或单元，面积297.9万平方米。

表6－7　2015年底北京市可售期房按用途分类情况

用　途	可售套数（套）	可售面积（万平米）
住房	39498	497.0
商业	5865	84.3
办公	35471	297.9
其他	25040	122.0
合　计	105874	1001.2

第三节　新建商品房成交情况

一、新建商品房成交情况

1. 期房成交情况

2015年，北京市商品房预售成交9.8万套，成交面积970.0万平方米，比2014年分别增加27.0%和22.5%。其中住房成交6.7万套，成交面积720.0万平方米，比2014年分别增加19.3%和19.7%，办公、商业成交面积分别为177.8万平方米、30.2万平方米，比2014年分别增加36.5%和减少12.8%。

表6－8　2015年北京市新建商品房各用途房屋期房成交情况

用　途	成交套数（套或单元）	成交面积（万平方米）
住　宅	67151	720.0
商业	2925	30.2
办公	19359	177.8
其他	8279	42.0
合　计	97714	970.0

从区域分布看，商品期房预售成交主要集中在通州区、昌平区、朝阳区，成交面积均高于100万平方米。三区成交面积合计为370.7万平方米，占全市商品期房成交总量的38.2%（其中通州区成交140.9万平方米，居各区之首）。西城、怀柔、东城、延庆等四区成交面积均低于20万平方米。

表 6－9　2010—2015 年北京市新建商品房分区预售成交情况

单位：万平方米

区	2010 年	2011 年	2012 年	2013 年	2014 年	2015 年
东城区	50.1	9.1	6.3	3.8	0.6	2.9
西城区	38.8	44	17.2	7.9	24.2	11.0
朝阳区	277.3	198.8	231.1	198.9	131.6	113.1
海淀区	117	55.4	51.8	32.4	29	53.1
丰台区	60.3	59.3	69.7	59.6	38.5	67.8
石景山区	38.6	15.8	8.2	13	8.9	37.1
通州区	90.1	52.8	123.8	192.7	109	140.9
房山区	74.5	84.9	102.2	133.3	89.7	86.8
顺义区	90.3	52.3	100.9	89.7	56.7	69.3
门头沟区	2.5	1.7	43.2	21.5	23.3	63.4
大兴区	135.4	104.3	183.1	181.8	126.6	93.3
怀柔区	15.7	15.1	19.7	13.5	6.7	5.0
密云区	41.4	35.1	45.5	42.7	22.4	27.0
昌平区	88.9	91.1	153.2	76.9	81.7	116.7
延庆区	2.6	9.5	13.1	2.7	0.4	1.0
平谷区	9.6	4.7	3.2	16.4	24.2	47.4
北京经济技术开发区	17	25.3	23.7	33	18.4	34.2
合　计	1150.1	859.2	1195.9	1119.8	791.9	970.0

2. 现房成交情况

2015 年，北京市新建商品房现房转移登记5.8 万套，面积 580.2 万平方米，比 2014 年分别增加 15.4%、16.4%，其中住房 1.9 万套、272.5 万平方米，比 2014 年分别增加 56.5%、65.8%，办公用房为 65.3 万平方米，比 2014 年增加 41.2%，商业用房为 85.6 万平方米，比 2014 年减少 0.6%。

表 6－10　2015 年北京市商品房现房转让成交情况

用　途	成交套数（或单元）	成交面积（万平方米）
住房	19314	272.5
办公	4878	65.3
商业	3532	85.6
其他	30725	156.8
合　计	58449	580.2

二、住房期房成交情况

1. 成交量价情况

2015 年，北京市住房期房成交 8.8 万套，成交面积 857.2 万平方米，经济适用住房成交 20.3 万平方米，限价房成交 116.9 万平方米。从区域分布看，住房成交主要集中在通州、昌平、朝阳、房山、大兴、顺义，六区住房成交总面积 542.6 万平方米，占全市住房成交总量的 63.3%（其中通州区成交 109.6 万平方米，占全市住房成交总量的 12.8%，居于各区之首）。其余各区商品住房成交面积占全市住房成交总量的 36.7%，其中延庆、东城、西城、怀柔等四区成交面积均低于 10 万平方米，合计成交占比为 1.2%。

表 6－11　2015 年北京市住房分区期房成交情况

单位：万平方米

区	住房	其中		
		商品住房	经济适用住房	两限房
东城区	2.8	2.8	0.0	0.0
西城区	1.2	1.2	0.0	0.0
朝阳区	91.9	85.9	0.0	6.0
海淀区	48.4	48.4	0.0	0.0
丰台区	64.9	37.8	7.1	20.0
石景山区	36.7	20.9	0.0	15.8
通州区	109.6	99.6	4.2	5.8
房山区	89.4	58.8	5.4	25.2
顺义区	74.5	50.2	0.0	24.3
门头沟区	55.1	53.4	1.4	0.3
大兴区	75.5	66.4	2.2	6.9
怀柔区	0.3	0.3	0.0	0.0
密云区	28.2	26.7	0.0	1.5
昌平区	101.7	97.7	0.0	4.0
延庆区	6.2	1.0	0.0	5.2
平谷区	46.2	44.3	0.0	1.9
北京经济技术开发区	24.6	24.6	0.0	0.0
合　计	857.2	720.0	20.3	116.9

2. 购买对象情况

从购买对象分析，2015 年，北京市住房期房购买主要以本地居民购买为主。本地居民购买住房 7.6 万套，面积 720.5 万平方米，成交套数占全市住房成交总套数的 86.3%。外省市个人购买商品住房 1.1 万套，面积 118.2 万平方米，成交套数占全市的 12.5%。境外个人购买住房 58 套，面积 1.7 万平方米，成交套数占全市的 0.07%。

表6－12　2015年北京市住房期房购买对象情况

单位：套、万平方米

购买对象	成交套数	成交面积	住房	
			成交套数	成交面积
本市个人	89502	807.7	75886	720.5
外省市个人	23839	206.2	10946	118.2
华侨、港澳台同胞、外国人购买	108	2.0	58	1.7
境内单位	4996	91.3	993	16.8
境外单位	1	0.02	0	0

表6－13　2010—2015年北京市住房期房购房对象所占比重情况

时　间	本地居民	外省市个人	境外个人
2010年	58.2%	39.3%	0.3%
2011年	76.1%	18.0%	0.4%
2012年	80.5%	17.2%	0.3%
2013年	77.2%	18.1%	0.2%
2014年	81.2%	17.1%	0.1%
2015年	86.3%	12.5%	0.07%

三、办公用房期房成交情况

2015年，北京市办公用房期房成交面积177.8万平方米（1.9万套或单元），成交金额516.6亿元。从区域分布看，办公用房成交主要集中在丰台、房山、通州、大兴四个区，共成交88.4万平方米，占全市办公用房成交总量的49.7%。其中丰台区成交面积居于各区之首，为23.7万平方米，所占比重为13.3%。

表6－14　2015年北京市分区办公用房期房成交情况

区	成交套数（或单元）	成交面积（万平方米）	成交金额（亿元）
东城区	3	0.03	0.1
西城区	138	8.0	42.7
朝阳区	1124	16.4	75.6
海淀区	657	3.5	18.0
丰台区	927	23.7	73.8
石景山区	956	9.3	31.5
通州区	3239	21.1	60.1
房山区	3314	22.9	35.4
顺义区	2112	13.1	33.4
门头沟区	1473	7.7	24.5

续表 6－14

区	成交套数（或单元）	成交面积（万平方米）	成交金额（亿元）
大兴区	2675	20.7	47.1
怀柔区	419	4.5	5.6
密云区	0	0.0	0.0
昌平区	1295	14.3	36.7
延庆区	0	0.0	0.0
平谷区	309	3.0	3.2
北京经济技术开发区	718	9.6	28.9
合　计	19359	177.8	516.6

四、商业营业用房期房成交情况

2015 年，北京市商业营业用房期房成交面积 30.2 万平方米（2925 套或单元），成交金额 107.4 亿元。从区域分布看，商业营业用房期房成交主要集中在朝阳、房山、顺义、石景山、通州五区，共成交 21.9 万平方米，占全市商业营业用房成交总量的 72.5%。

表 6－15　2015 年北京市分区商业营业用房期房成交情况

区	成交套数（或单元）	成交面积（万平方米）	成交金额（亿元）
东城区	0	0.0	0
西城区	2	0.1	0.6
朝阳区	206	4.8	20.1
海淀区	94	0.8	3.3
丰台区	166	1.3	9.4
石景山区	431	4.0	16.9
通州区	522	4.0	15.3
房山区	777	4.8	12.3
顺义区	227	4.3	9.4
门头沟区	131	1.3	5.6
大兴区	212	3.0	8.6
怀柔区	2	0.04	0.04
密云区	0	0.0	0
昌平区	154	1.7	5.8
延庆区	0	0.0	0
平谷区	1	0.01	0.02
北京经济技术开发区	0	0.0	0
合　计	2925	30.2	107.4

第四节　存量房成交情况

一、存量房交易总体情况

2015 年，北京市存量房成交面积 1919.4 万平方米，同比增加 77.6%，成交金额 4249.9 亿元，同比增加 98.6%。

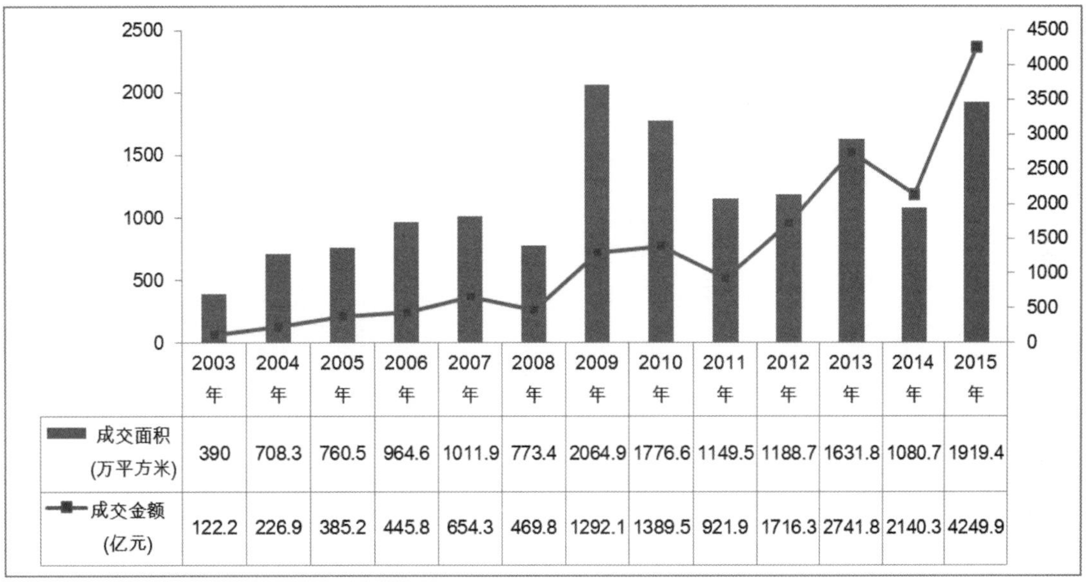

图 6－1　2003—2015 年度北京市存量房交易情况

2015 年全市存量房成交 21.2 万套，其中存量住房成交 19.0 万套，占 89.6%；存量办公用房成交 0.9 万套，占 4.2%；存量商业营业用房成交 0.5 万套，占 2.6%；其他类型存量房屋成交 0.8 万套，占 3.6%。

2015 年全市存量房成交 1919.4 万平方米，其中存量住房 1714.3 万平方米，占 89.3%；存量办公用房成交 83.2 万平方米，占 4.3%；存量商业营业用房成交 51.0 万平方米，占 2.7%；其他类型房屋成交 70.9 万平方米，占 3.7%。

表 6－16　2015 年北京市存量房成交总体情况

类　别	成交套数	成交面积（万平方米）	成交金额（亿元）
存量住房	189888	1714.3	3916.8
存量办公	8944	83.2	161.7
存量商业	5415	51.0	91.4
其　他	7613	70.9	80.0
合　计	211860	1919.4	4249.9

从区域分布上看，朝阳区、海淀区、昌平区与丰台区成交面积居于各区前列。朝阳区成交面积539.9万平方米，远高于其他区，其次是海淀区、昌平区和丰台区，分别是233.8万平方米、192.0万平方米和176.2万平方米。

表6－17　2015年北京市各区存量房成交情况

区	成交套数（套）	成交面积（万平方米）
东城区	10402	83.8
西城区	15478	109.7
朝阳区	58101	539.9
海淀区	28295	233.8
丰台区	20507	176.2
石景山区	6406	48.5
通州区	12471	115.3
房山区	7092	61.3
顺义区	9417	107.9
门头沟区	1771	14.7
大兴区	11649	109.6
怀柔区	1896	21.8
密云区	3623	36.3
昌平区	18956	192.0
延庆区	1906	17.0
平谷区	1679	15.6
北京经济技术开发区	2211	36.0
合　计	211860	1919.4

二、存量商品住房成交情况

2015年全市存量商品住房成交189888套，同比增加92.2%；成交面积1714.3万平方米，同比增加95.5%。

表6－18　2010—2015年北京市存量商品住房成交情况

年度	2010年	2011年	2012年	2013年	2014年	2015年
成交套数	149167	97100	124737	150495	98807	189888
成交面积（万 m^2）	1394.2	907.9	1090.0	1374.4	877.1	1714.3

从区域分布上来看，朝阳区成交面积居于各区之首，成交面积479.2万平方米，远高于其他区，其次是海淀区、昌平区和丰台区，分别是211.1万平方米、176.3万平方米和159.7万平方米。

表 6-19　2015 年北京市各区存量商品住房成交情况

区	成交套数（套）	成交面积（万平方米）
东城区	9509	70.0
西城区	14603	100.0
朝阳区	50185	479.2
海淀区	24156	211.1
丰台区	19238	159.7
石景山区	6032	46.3
通州区	11505	104.2
房山区	6801	59.9
顺义区	8719	98.4
门头沟区	1690	12.7
大兴区	11015	101.9
怀柔区	1786	17.1
密云区	3306	31.6
昌平区	16702	176.3
延庆区	1711	15.5
平谷区	1661	15.3
北京经济技术开发区	1269	15.1
合　计	189888	1714.3

三、已购公房和经济适用住房再上市成交情况

2015 年，北京市已购公房和经济适用住房再上市成交 56986 套，成交面积 410.1 万平方米。成交套数同比增加 59.0%，成交面积同比增加 61.0%。

表 6-20　2010—2015 年北京市已购公房和经济适用住房再上市情况

年度	2010 年	2011 年	2012 年	2013 年	2014 年	2015 年
成交套数	51052	35642	42390	50528	35848	56986
成交面积（万 m^2）	431.4	290.1	311.6	378.5	254.7	410.1

从区域分布上来看，朝阳区、海淀区、西城区、丰台区和昌平区成交面积居于各区前列。朝阳区成交面积 101.2 万平方米，为最高，其次是海淀区、西城区、丰台区和昌平区，分别是 72.7 万平方米、51.2 万平方米、50.0 万平方米和 46.8 万平方米。

表6－21　2015年北京市分区已购公房和经济适用住房再上市成交情况

区	成交套数（套）	成交面积（万平方米）
东城区	4052	26.9
西城区	7743	51.2
朝阳区	14617	101.2
海淀区	10543	72.7
丰台区	6901	50.0
石景山区	2686	18.1
通州区	1031	7.4
房山区	1312	9.2
顺义区	863	6.2
门头沟区	780	5.1
大兴区	1519	11.6
怀柔区	272	2.0
密云区	0	0.0
昌平区	4439	46.8
延庆区	225	1.7
平谷区	0	0.0
北京经济技术开发区	3	0.03
合　计	56986	410.1

第五节　住房租赁市场交易情况

2015年北京住房租赁市场交易量增加、租金涨幅放缓，租赁市场总体处于平稳上涨态势。

一、2015年北京市住房租赁市场交易情况

根据我爱我家、链家、中大恒基、中原等14家交易均价信息采集单位2015年租赁成交数据测算，中介机构全年租赁成交74.9万套左右，日均成交2051套左右，同比增加约20.6%。全市成交193.4万套左右，同比增加约12.3%。

2015年住房平均租金为63.8元/建筑平方米·月，租金均价同比涨幅为4.5%，比去年增加0.5个百分点，其中5月、7月、11－12月环比涨幅较为明显，符合租赁旺季特征，整年度表现为平稳上涨。

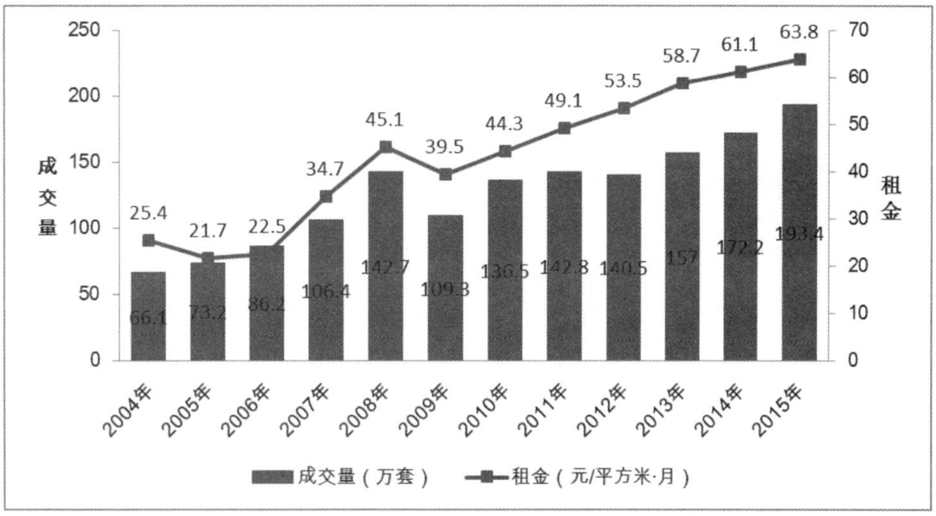

图6－2　2004—2015年北京市住房租赁市场量价情况

二、租售比情况

2015年存量住房交易均价年度涨幅为4.5%，住房租赁均价年度涨幅为4.5%。从价格月度变化可以看出2015年存量房交易和租赁价格稳中有升。住房租赁与买卖之比为7.8:1。租金售价比（平均租金与二手住房均价之比）为1:543，与去年持平。

第六节　房屋市场价格

一、房地产价格总体情况

2015年，在“3.30”新政①以及降息降准等货币政策影响下，北京市房地产市场触底回升，市场销售尤其是二手房销售较为活跃，价格有所上涨，新建商品住宅、二手住宅价格同比双双由降转升（见表6－22）。

表6－22　2015年12月（四季度）北京市房地产价格指数

指　标	同比指数（%）
新建住宅销售价格指数	108.3
#新建商品住宅	110.4
90平方米以下	97.9

① 2015年3月30日，中国人民银行、住建部、银监会联合发布《关于个人住房贷款政策有关问题的通知》，将二套房最低首付比例调整为不低于40%，贷款利率也不再强制执行1.1倍及以上的标准。同时，财政部和国家税务总局对个人住房转让营业税政策进行调整，营业税免征门槛由5年变为2年。业内简称“3.30”新政。

续表 6－22

指　标	同比指数（%）
90－144 平方米	113.2
144 平方米以上	117.0
二手住宅销售价格指数	120.8
90 平方米以下	120.8
90－144 平方米	120.7
144 平方米以上	121.0

二、住宅销售价格指数运行情况

1. 新建商品住宅价格环比波动上涨，同比由降转升

从环比指数看，2015 年 1 季度，在北京市限购及稳定房价等各项政策措施不放松的背景下，新建商品住宅价格延续了上年末的走势，环比价格涨幅小幅波动，3 月份由降转升，环比上涨 0.3%。受“3.30”新政以及楼市相关政策影响，4 月开始环比波动上涨，6 月份涨幅最大，达到 1.6%，12 月份涨幅回落至 0.5%（见图 6－3）。

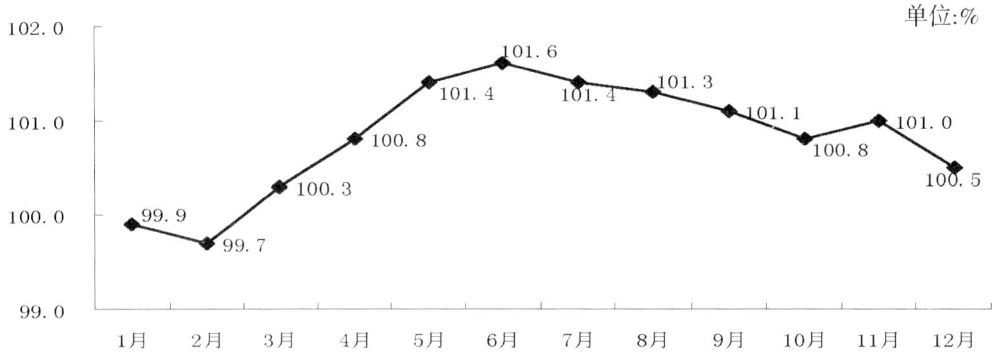

图 6－3　2015 年北京市新建商品住宅价格环比指数

从同比指数看，新建商品住宅销售价格同比在 7 月份由降转升。7 月份，北京市新建商品住宅销售价格同比上涨 1.2%，下半年价格同比涨幅逐月扩大，12 月份，新建商品住宅价格同比上涨 10.4%（见图 6－4）。

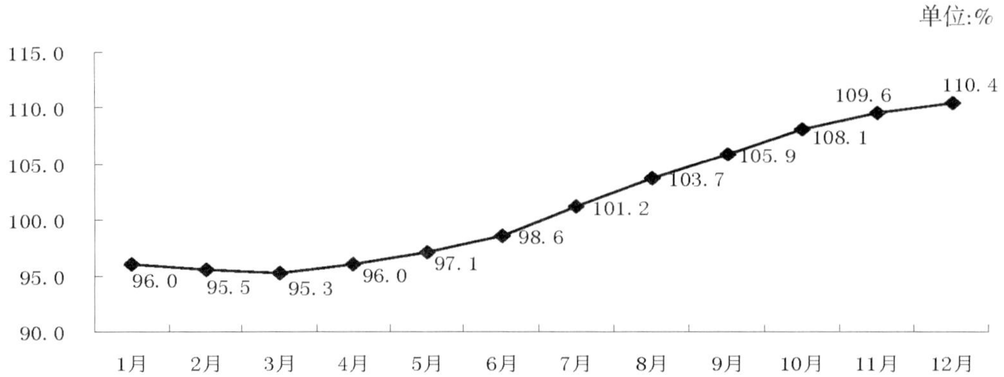

图 6－4　2015 年北京市新建商品住宅价格同比指数

分套型面积看，分化较明显，90平方米及以下户型价格同比全年各月仍处于下降状态，虽然降幅逐步收窄，但并未实现由降转升；144平方米以上户型和90－144平方米户型价格同比，分别在4月份和7月份由降转升。12月份，90平方米及以下户型同比下降2.1%，90－144平方米户型和144平方米以上户型价格同比分别上涨13.2%和17%。

2. 二手住宅销售价格环比涨幅呈倒“V”型，同比由降转升

从环比指数看，在“3.30”新政以及楼市相关政策影响下，从3月份开始，我市二手住宅销售价格环比波动上涨，5月份涨幅最大，达到4.3%，12月份环比涨幅回落至1.7%。全年看，二手住宅销售价格环比涨幅呈倒“V”型走势（见图6－5）。

单位:%

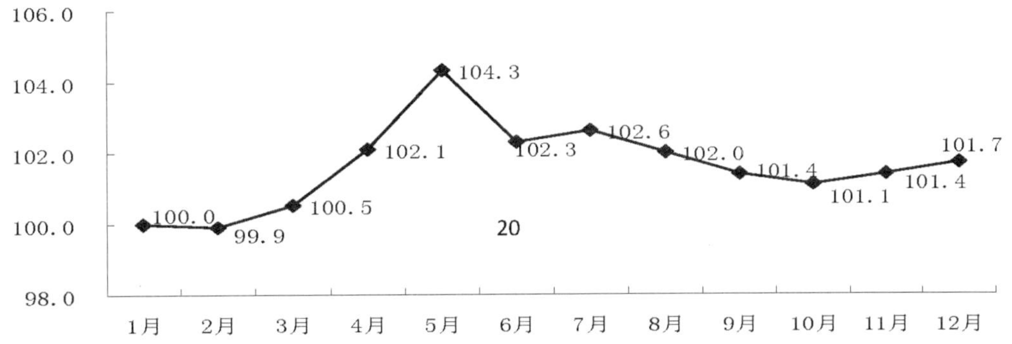

图6－5　2015年北京市二手住宅价格环比指数

从同比指数看，二手住宅销售价格同比先于新建商品住宅在5月份由降转升，且涨幅明显高于新建商品住宅。5月份，我市二手住宅销售价格由降转升，同比上涨3.5%，下半年价格同比涨幅逐月扩大，12月份，新建商品住宅价格同比上涨20.8%（见图6－6）。

单位:%

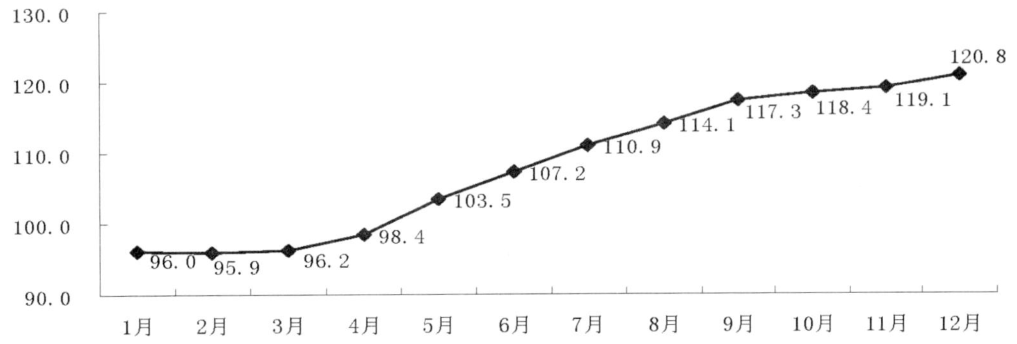

图6－6　2015年北京市二手住宅价格同比指数

分套型面积看，各类户型二手住宅价格同比变动幅度基本一致。12月份，90平方米及以下户型价格同比上涨20.8%，90－144平方米户型价格同比上涨20.7%，144平方米以上户型价格同比上涨21%。

三、重点城市新建商品住宅价格变化情况

1. 新建商品住宅价格变动情况

从环比指数看，2015 年，北上广三城市新建商品住宅价格指数走势相近，分别从 3 月份和 4 月份由降转升后波动上涨，各月涨幅在 2% 以内，上海略高于北京和广州；深圳自 2014 年 12 月率先止跌回升，2015 年 4 月份到 10 月份涨幅明显高于其他三个重点城市，6 月份涨幅最大，环比上涨 7.1%。12 月份，北京新建商品住宅价格环比上涨 0.5%，在全国 70 个大中城市中居第 11 位；深圳上涨 3.2%，居首位；上海上涨 2.1%，居第 2 位；广州上涨 0.7%，居第 9 位（见图 6－7）。

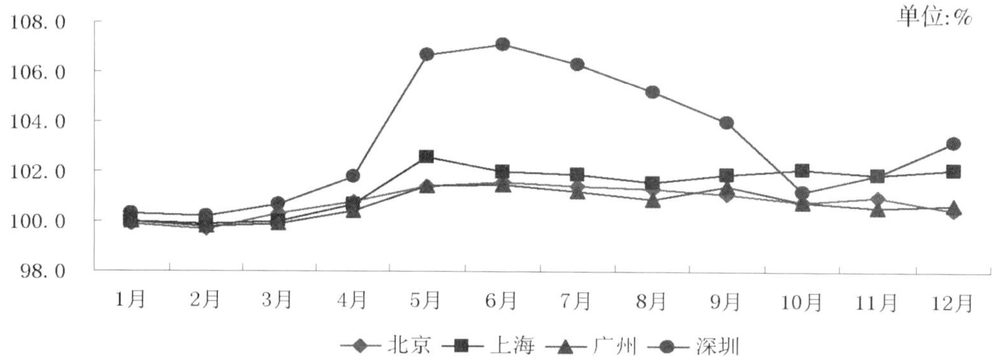

图 6－7　2015 年重点城市新建商品住宅价格环比指数对比

从同比指数看，2015 年，北上广深四城市新建商品住宅价格指数均呈触底回升走势。4 月份，深圳同比指数率先由降转升。上海、北京、广州分别于 6 月份、7 月份、8 月份由降转升。12 月份，北京新建商品住宅价格比上年同月上涨 10.4%，在全国 70 个大中城市中居第 3 位；深圳同比上涨 47.5%，居首位；上海上涨 18.2%，居第 2 位；广州上涨 9.2%，居第 4 位。（见图 6－8）。

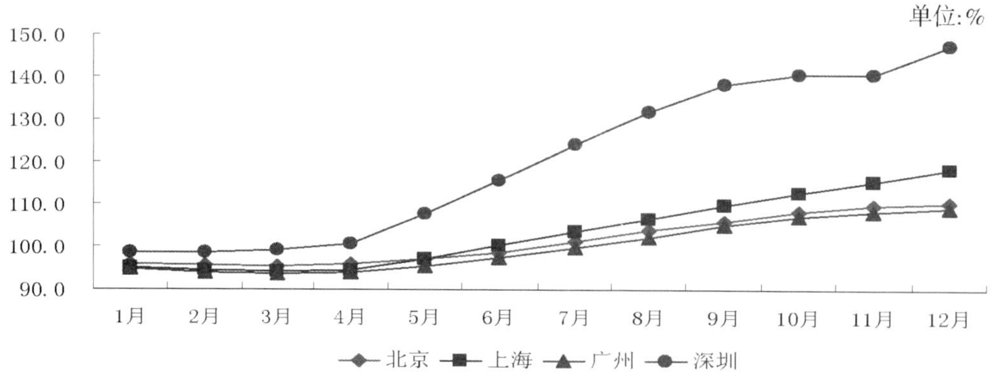

图 6－8　2015 年重点城市新建商品住宅价格同比指数对比

2. 二手住宅价格变动情况

从环比指数看，2015 年，北上广三城市二手住宅价格指数走势相近，北京略高于上海和广州。3 月份到 10 月份，深圳涨幅明显

高于其他三个城市。3 季度，四城市环比价格涨幅逐渐收窄，同时于 10 月份达到下半年的低点，4 季度，四城市环比价格涨幅不同程度有所扩大。12 月份，北京二手住宅价格环比上涨 1.7%，在全国 70 个大中城市中居第 2 位；深圳上涨 3.3%，居首位；上海上涨 1.2%，居第 3 位；广州上涨 1%，与杭州并列第 5 位（见图 6－9）。

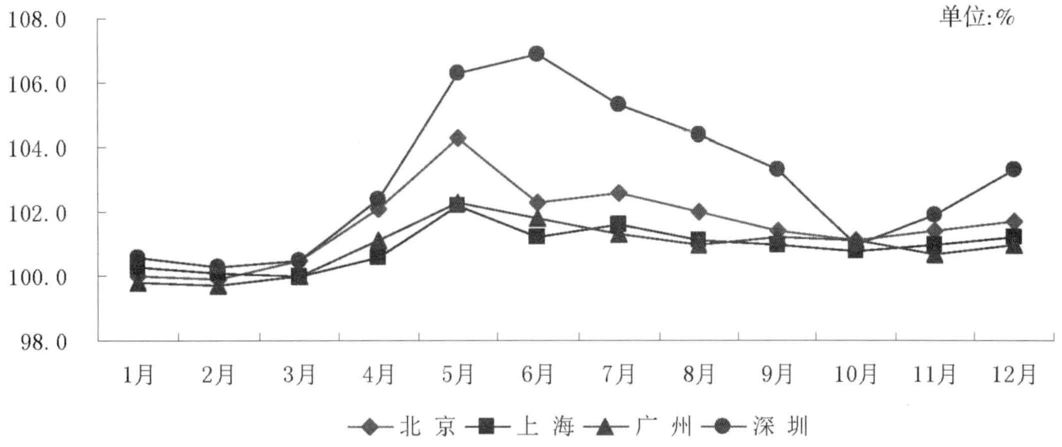

图 6－9　2015 年重点城市二手住宅价格环比指数对比

从同比指数看，北京、上海从 5 月份由降转升，广州从 6 月份由降转升，下半年四城市二手住宅销售价格涨幅持续上涨，深圳涨幅明显高于其他三个城市。12 月份，北京二手住宅价格同比上涨 20.8%，在全国 70 个大中城市中居第 2 位；深圳同比上涨 42.6%，居首位；上海和广州上涨 11.7%，并列第 3 位（见图 6－10）。

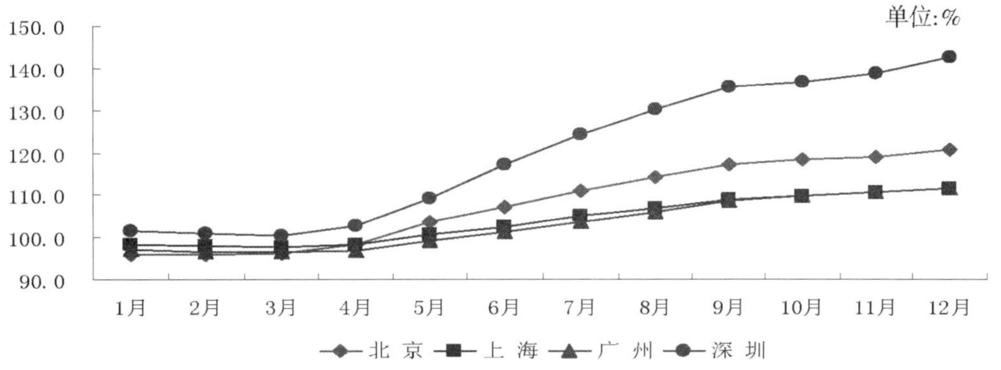

图 6－10　2015 年重点城市二手住宅价格同比指数对比

第七章
房地产市场监管

北京市房地产年鉴 2016

第一节　房地产开发市场监管

一、以提高项目质量安全为核心，全面加强项目动态管理

一是深入推进开发项目质量安全管理，大力推进制度建设。主要包括，制定《关于进一步加强房地产开发企业工程建设质量安全管理的通知》，修订《北京市房地产开发企业违法违规行为记分标准》，参与配合有关部门起草涉及开发企业的《生产经营单位安全除患排查治理办法》等。政策出台后，以规范开发企业行为管理为抓手，促进开发企业履行项目质量安全管理责任进一步得到落实，对提高全市开发项目质量安全管理水平起到非常积极的指导作用。

二是开展对开发企业管理行为的监督和检查。以全市工程质量两年行动为契机，开发管理处分5路对我市10个区的68个房地产项目进行了现场监督检查，重点检查开发企业机构人员到位情况、制度建设和落实情况、开发企业质量管理行为履职履责情况等。此外，开发管理处还配合开展了保障性住房混凝土驻场监理制度落实情况的监督检查，共检查4月份以来新开工保障房项目36项。各区住建委开发管理部门均积极参与了专项检查，较好地推动了项目质量安全的管理。

三是开展项目管理调研，树立项目管理品牌。先后到东城、朝阳、丰台、海淀、石景山、门头沟、通州等区实地走访开发项目10余个，与开发企业深入座谈，交流项目质量安全管理经验做法。对项目质量安全管理成效显著的北京品牌中心开发项目，将其管理经验树为全市开发项目管理的优秀典型，在全系统内发文进行宣传推广。

二、依法做好资质审批与管理，提高规范性

截至2015年底，全市资质有效期范围内房地产开发企业2345家，含一级企业94家，二级企业156家，三级企业126家，四级企业1429家，暂定级企业540家。2015年全市新设立房地产开发企业174家。依法为41家开发企业开据无违法违规行为资信证明。在落实严格审批依法准入的基础上，依法认真办理企业资质注销工作，对320家资质证书有效期满未依法申请延续或企业申请注销的开发企业资质，依法办理了注销手续。

加大对各区的资质审批业务指导，赴各区开展资质审批监督检查，发现问题及时纠正，对资质审批和管理规范的单位给予通报表扬，有效促进了各区资质审批业务水平的不断提高。

三、抓调度、促开工、保增长，积极推进年度投资任务的落地

市住建委依托项目监管平台，协同市相关委办局深入开展投资促进、项目调度各项工作，千方百计促开工、促投资、保增长，努力推进年度投资任务的落实。一是召开全市14家组团企业联席会，就加快拿地未开工项目开工建设进行专题部署。二是与市房协

30余家副会长单位领导座谈交流，部署加快推进项目投资工作，力促投资增长。三是实施重点项目协调，下半年市住建委会同市国土局对拿地迟迟未开工项目进行重点督促协调，为项目顺利推进创造条件。

四、狠抓配套建设与综合管理

一是完成审核、公示项目建设方案81个，项目总规模1723.5万平方米，实现了建设方案全公示，同时加大对各区及开发企业配套建设的督促力度，确保了建设方案的有效实施。

二是加快建立新建住宅区配建医疗卫生，养老公共服务设施建设、验收、移交等工作制度，市住建委与市卫计委、民政局召开联席会议达成一致，力争早日出台相关文件。

三是配合住建部开展新建居住区体育配套设施"同步设计、同步建设、同步交用"工作检查，建设部督查组给予我市工作充分肯定。

各区在配套设施建设管理上继续加大工作力度：朝阳区建立了与相关配套服务设施行政主管部门的配套建设联席会议制度；丰台区建立了三方签订《公共服务配套设施移交接收交接单》制度；大兴区对全区29个办理预售的房地产开发项目公共配套服务设施建设进度进行现场检查；平谷区对配套设施建设进行全面动态监管，确保配套设施与住宅同步建设、同步交付使用；昌平区实行建设方案联审制度，科室共同监督把关；房山区编制了《建设方案编写申报说明》和《新建居住小区综合验收工作情况报告》，在延伸管理的同时，为企业提供了较好的指导服务等，各区采取的针对性措施，有效促进了配套设施建设监管水平不断提高。

五、强调项目协调与联动监管，提高监管效能

一是继续强化与市发改委、市规划委、市国土局的项目数据共享联动机制，定期收集国土局、发改、规划等部门的行政事项信息，为开发项目过程管理提供可靠支撑。二是在系统内串联施工许可、预售等信息的基础上，将项目招投标信息纳入监管系统，进一步丰富了监管数据，实现了开发项目的全过程管理。三是继续深化与市发改、国土、规划等部门的项目会商机制，及时沟通项目推进的遇到的问题，加强对企业的指导与服务，实现对重点项目和重大项目重点环节推进的联动监管。四是定期召开项目会商会，汇总项目数据，梳理房地产新建项目和归档项目，就项目监管中存在的问题进行会商，随时解决项目推进中遇到的问题，提高了监管效能。五是市、区两级住建委依托项目动态监管平台，加强数据共享与管理互动，进一步提高了对开发项目的监测监管效能。

六、认真研究开发企业实施"营改增"工作，充分做好应对不利影响的准备

一是通过市房地业协会向开发企业普及"营改增"相关知识，让企业知晓"营改增"的具体内容和新规则，为企业实施"营改增"做好知识储备服务。二是联合市房地产业协会，对开发企业实施"营改增"进行深入调研，分析预判我市开发企业实施"营改增"后，将有可能对行业运行产生的不利影响，提示开发企业提前做好税制政策调整的衔接，防范经营风险。三是召开部分开发企业"营改增"座谈会，深入讨论"营改增"推进中有可能遇到的具体问题，邀请市财政、税

务、统计等部门现场为企业答疑，指导企业按照“营改增”的要求调整相关经营策略，确保实现全市开发行业实施“营改增”政策后平稳运行。

第二节　房屋交易市场管理

2015年，房屋市场管理工作进一步夯实基础，大力加强创新研究，强化市区两级沟通交流，合力推动全市房屋市场管理工作迈上新的台阶。密切监测房地产市场形势，紧抓市场调控不懈怠，针对通州区域出现的市场过热势头，果断出台措施，有效稳定市场；简政放权，放管结合，出台《关于加强本市商品房预售资金使用管理的通知》，适度放宽预售资金提取条件，提高资金使用效率；积极配合落实不动产统一登记工作，全面细致梳理交易登记工作衔接环节，确保登记业务分离后交易业务平稳有序；全面加强房屋租赁管理服务，着力巩固群租治理成效，扎实推进房屋租赁条例调研起草工作；加大中介行业监管力度，大力推动完善房地产经纪人员信息库，开展房地产估价机构大检查；强化执法查处工作，热心服务群众，紧密结合舆情热点和群众诉求，认真做好信访投诉案件办理，会同属地加强日常巡查的同时做好专案稽查，严打违法违规行为，有效维护群众权益。

一、商品房供应和成交情况

供应方面，2015年全市共批准商品房预售许可证286个，商品房面积1313.15万平方米，其中住宅项目132个、面积639.15万平方米（同比减少35.93%）、5.5万套（同比减少37%）；商品现房销售确认面积909.9万平方米，其中住宅394.41万平方米（同比增加18.34%），住宅3.2万套（同比增加3%）。成交方面，新建商品房网签1707.15万平方米（同比增加17.21%），其中住宅980.15万平方米（同比增加32.91%）、8.56万套（同比增加26%）。存量房网签1927.86万平方米，其中住宅1722.91万平方米、19万套、同比增加97.72%。成交价格方面，新建商品住宅成交均价2.7万元/平方米（同比上升9.53%），存量房网签均价2.28万元/平方米。

二、房屋租赁情况

2015年以来，全市房屋租赁市场量价总体保持稳定。1－11月份，全市住房租赁成交约182.5万套次，同比增长12.3%，增幅较去年同期提高2.5个百分点；全市平均租金63.7元/平方米/月，同比上涨4.4%，涨幅较上年同期提高0.6个百分点。

三、房地产中介情况

截至2015年12月底，全市备案房地产经纪机构2924家，分支机构3568家，较上年增加5.60%、2.97%；北京市房地产经纪人员注册管理工作自2015年10月12日取消。全市房地产估价机构158家，其中一级资质43家，二级资质42家，三级及暂定资质63家，部队内部从业机构3家，外地一级机构在京分公司7家。房地产估价从业人近5000人，其中注册估价师1235人。

四、执法检查情况

2015年，市区两级房屋行政管理部门，坚持依法行政，强化执法力度，重点打击房地产经纪机构违法群租、擅自发布房源信息、店外经营等违法违规行为。市区两级共检查房地产销售现场1081项/次，行政处理84起，行政处罚7起，罚款27万元，限制网上签约30家。共检查经纪机构和分支机构7435家/次，下发《责令改正通知书》320份，行政处罚66起，罚款100.5万元，行政限制网上签约158家，约谈告诫130家。

五、信访投诉咨询调解办理情况

2015年全年共收到投诉咨询信1078件，其中：信访401件；政风行风113件；信息公开50件；互动平台514件。已办结1044件，未办结34件。从反映的内容来看：房屋买卖类390件，占36.18%；经纪机构类265件，占24.58%；房屋租赁类70件，占6.49%；房地产评估问题22件，占2.04%；关于房价、调控政策的126件，占11.69%；其他205件，占19.02%。全年成功行政调解3起，涉及当事人数80余人、金额7000余万元。

六、转移登记办理情况

2015年，各单位办理存量房、现房和预售商品房的转移登记面积3148.63万平方米，占比分别为53%、19%和28%。

预售商品房办理转移登记889.1万平方米，其中住宅701.71万平方米。

现房办理转移登记605.09万平方米，其中住宅372.84万平方米。

存量房办理转移登记1654.44万平方米，其中住宅1448.76万平方米。

七、销售机构及人员情况

1. 销售人员

2015年12月份办理注册手续的销售人员237人，2015年办理注册手续的销售人员3146人，2015年底，已有7027人办理了网上注册备案手续并领取了上岗胸牌，占合格人数的20%。

2. 销售机构

2015年，共有1982个商品房销售机构办理了27212个项目（以预售许可证或房屋所有权证为一个项目）销售机构网上备案手续。其中1609个开发企业的销售部自行销售17791个项目，373个经纪机构代理销售9421个项目。其中1206个开发企业的销售部自行销售5842个项目，272个经纪机构代理销售3056个项目（在售项目）。

八、加强队伍建设，完善工作机制，提升团队战斗力

通过加强市区两级沟通交流，缩小分歧、达成共识、形成合力。加强对各区的业务培训指导，提高人员业务能力和素质。一是多次召开区座谈会，听取对全市房屋市场管理各领域工作的意见建议。并及时整理意见建议，制定改进措施。二是印制业务工作通讯录、建立工作交流QQ群，明确各项工作日常联系人，畅通市区两级沟通渠道。三是三次召开全市房屋市场管理业务工作会，加强工作总结和部署，加强业务培训和政策宣贯。针对个性化培训需求，主动上门培训指导。四是建立驻点学习机制，各区根据工作需要可以派员到上级机关交流学习业务知识。五是建立疑难复杂问题会商机制。对于重大疑难问题，组织各区共商解决办法，形成解决疑难问题统一口径，避免各自为政。各区也可以根据实际需要提请会商。

表 7－1　2015 年 12 月北京市预售商品住宅按销售套数排名前 10 的项目

（单位：套·元/平方米）

序　号	项目名称	区	销售证号	开发商	销售套数	批准套数	已售率	销售均价
1	智汇雅苑	房山区	京房售证字（2014）43 号	北京房开韩建置业有限公司	231	449	51%	17513
2	公园懿府小区	丰台区	京房售证字（2015）159 号	北京金天恒置业有限公司	229	414	55%	40895
3	洳河嘉园	平谷区	京房售证字（2015）117 号	北京天润福源房地产开发有限公司	207	448	46%	18318
4	圣水嘉苑	房山区	京房售证字（2015）128 号	中铁嘉业（北京）投资有限公司	122	330	37%	14454
5	中海金玉苑	石景山区	京房售证字（2015）62 号	北京中海金石房地产开发有限公司	117	790	15%	46697
6	丽湾西园	门头沟区	京房售证字（2015）50 号	北京昊泰房地产开发有限公司	117	809	14%	26937
7	橡树苑	密云区	京房售证字（2015）180 号	华润置地弘景（北京）房地产开发有限公司	116	364	32%	19165
8	领秀翠骊家园	丰台区	京房售证字（2015）116 号	北京科技园置地有限公司	82	326	25%	26324
9	盛达嘉园	通州区	京房售证字（2015）144 号	北京首开万科房地产开发有限公司	82	377	22%	31866
10	金域东郡	北京经济技术开发区	京房售证字（2015）开 6 号	北京万瑞房地产开发有限公司	73	384	19%	33087

表 7－2　2015 年北京市预售商品住宅按销售套数排名前 10 的项目

（单位：套·元/平方米）

序　号	项目名称	区	销售证号	开发商	销售套数	批准套数	已售率	销售均价
1	悦府家园	昌平区	京房售证字（2015）16 号	北京京投银泰尚德置业有限公司	853	880	97%	30064
2	东方玫瑰家园	通州区	京房售证字（2014）92 号	北京君合百年房地产开发有限公司	695	1281	54%	23538
3	中海金玉苑	石景山区	京房售证字（2015）62 号	北京中海金石房地产开发有限公司	592	790	75%	41438
4	伊林东苑	房山区	京房售证字（2015）23 号	北京安顺园房地产开发有限公司	570	712	80%	18635
5	尚鑫家园	顺义区	京房售证字（2014）308 号	北京仁和燕都房地产开发有限公司	539	545	99%	20287
6	蓝尚家园	顺义区	京房售证字（2014）278 号	北京东方京海投资有限公司	537	573	94%	12907
7	紫云家园	房山区	京房售证字（2015）30 号	北京中粮万科房地产开发有限公司	534	552	97%	26349
8	金帅府家园	通州区	京房售证字（2014）183 号	北京通州房地产开发有限责任公司	531	785	68%	27268
9	紫贵佳苑	平谷区	京房售证字（2014）236 号	北京银宴禄辰房地产开发有限公司	531	1385	38%	11128
10	首开缇香家园	通州区	京房售证字（2014）178 号	北京首都开发股份有限公司	493	772	64%	14578

第三节 房屋权属登记管理

一、房屋登记职责移交市国土局

按照《国务院机构改革和职能转变方案》的要求，我市以市国土局为牵头部门，协同市编办、市住建委等相关部门，加快建立和实施不动产统一登记制度，先后于7月2日、7月13日出台了《北京市机构编制委员会办公室关于整合本市不动产登记职责的通知》（京编办发〔2015〕10号）和《市国土局、市住建委、市编办关于做好房屋交易与不动产登记工作衔接有关问题的通知》（京国土籍〔2015〕295号）两个文件，为实现不动产登记机构、登记簿册、登记依据和信息平台“四统一”提供了政策依据。

京编办发〔2015〕10号文件规定我市建立统一的不动产登记制度，明确市国土局为我市不动产登记机构，统一负责全市的不动产登记工作；市住建委将房屋登记职责交由市国土局承担，仍负责房屋交易及产权管理等工作。

京国土籍〔2015〕295号文件进一步细化了市国土局、市住建委的职责分工，明确市住建委负责房屋交易管理、房产测绘成果审核等工作，市国土局负责不动产登记、档案管理、信息查询、查封等工作以及因不动产登记引起的行政诉讼、行政复议、信息公开、信访、历史遗留问题处理等工作。同时，文件对房屋交易与不动产登记工作之间如何有序衔接也作了比较细致的规定。

两文件调整和捋清了市住建委和市国土局各自职能，以整合不动产登记职责和机构为重点，形成了权界清晰、分工合理、方便企业和群众的不动产登记体系，确保了不动产统一登记工作协调联动、稳妥实施。

二、全市房屋登记业务情况

1. 国有土地上房屋登记业务情况

2015年1月1日至11月9日，全市共办结国有土地上房屋登记824392件，同比增长21.6%，登记面积19739.11万平方米，同比增长10.3%。其中转移登记377777件，占45.82%，登记面积3760.76万平方米，占19.05%。抵押登记379457件，占46.03%，登记面积9891.77万平方米，占50.11%。

2. 集体土地上房屋登记情况

在总结2014年全市开展集体土地上的房屋所有权、抵押权等各项登记工作的基础上，2015年继续推动该项工作。截止7月15日房屋登记职责移交国土部门之前，海淀区房管局、顺义区住房城乡建设委为五个项目近5万平方米厂房、办公楼等颁发了《房屋所有权证》。其中，海淀区房管局为京海农工商公司所属的11605.24平方米配套车库办理了初始登记。顺义区住建委为北京市欧宇达经贸有限公司13241.23平方米研发楼及车间、北京前疃农业技术开发中心5877.75平方米接待中心及展示中心、北京博美永创文化艺术发展有限公司9682.5平方米艺术交流中心及展厅、北京恒源纺织有限公司6294.49平方米厂房四个项目办理了初始登记。

三、完善房屋登记政策

2015年3月，印发《关于推行房屋抵押简版合同等有关问题的通知》，简化了登记程序，明确担保公司备案内容。4月，会同房屋市场处、房地产中心制定《关于落实本市住房限购政策有关问题的通知》执行中有关问题的说明（口径五），明确了购房资格审核时，漏报或错报家庭成员信息、审核时点、启用新版《购房家庭申请表》之前家庭信息的认定标准。5月，会同房屋市场处、市公安局制定《关于进一步规范境外个人购买商品住房有关问题的通知》，明确了境外个人购买商品住房办理房屋登记，登记部门收取的材料。

四、推进历史遗留项目房屋登记工作

2015年内，与市规划委召开两次联席会议，商讨解决了莲怡园等15个项目的工程规划与房产测绘、房屋登记等问题，明确了已建成非住宅项目分割登记的具体要求。协调解决房山区琉璃河水泥厂等4个项目房产测绘、房屋登记问题。向市政府上报了《关于房屋产权办理历史遗留问题和回迁房逾期交房问题政策研究的报告》，分析房屋登记疑难问题存在的原因，并提出了解决方案，得到市领导批准。

五、配合相关部门开展工作

2015年2月，转发在京中央和国家机关住房交易办公室《关于请配合使用新的〈在京中央单位已购住房产权变更登记通知单〉的函》的通知，明确了在京中央机关已购住房变更登记通知单样式和启用时间。4月，会同市严厉打击违法用地违法建设专项行动指挥部办公室制发《关于进一步做好违建房产交易冻结及违建当事人房产查询工作的通知》，进一步加大对居住区违建的打击力度，推进违建信息纳入个人征信系统工作，解决各区在治违工作中遇到的困难，明确了违建房屋查询、冻结、通知流程。

第四节　房屋租赁管理

完善制度，强化管理，提升房屋租赁市场服务管理水平。一是，扎实推进房屋租赁条例调研、起草工作，抓住立法契机，理顺房屋租赁管理体制，健全市场机制，提高管理服务效能，规范市场健康发展。《北京市住房租赁条例》立项论证已经市十四届人大常委会50次主任办公会通过，《北京市人大常委会2015年立法工作安排》将其列为2015年调研起草项目。在市人大城建环保办、市政府法制办指导下，会同合作单位北大法学院开展分区、经纪机构、以及天津、上海、深圳、广州等实地调研、座谈20余次，形成分项调研报告9项；进一步完善立法资料汇编；拟定调查问卷，就立法相关问题广泛征求民意；完成条例草案起草，并组织40余人次专家学者进行研讨，根据专家意见进行修改完善。二是，积极参与全市群租房治理，巩固治理成效。4月，全市召开违法群租房集中治理工作会议后，迅速在全系统传达会议精神。5月，召开全市业务工作会，宣贯《关

于继续深入推进违法群租房专项治理工作的实施方案》，明确住建系统具体工作任务，要求积极作为，不推不躲，认真履责。6 月，先后两次参加群租房治理进展情况通气会，及时沟通工作进展情况。7 月，转发《关于加强违法群租房常态化治理工作的意见的通知》，要求住建系统加强经纪行业日常监管，督促指导物业企业发挥积极作用，确保措施到位。8 月，组织全市业务培训会，重点围绕群租及容易引发信访投诉的管理重点难点问题的执法查处进行专题培训。同时，认真做好群租投诉的办理、转办，依托便民热线、网站、信访等平台全面受理群租投诉举报。截至 9 月底，共收到群租问题 246 条，其中涉及经纪机构参与违法违规群租的 216 条，其中经纪机构租赁代理被投诉 85 条，租赁居间被投诉 102 条。及时督促分区房管部门认真做好调查处理，并充分发挥综治平台作用，开展联动执法或移送相关职能部门解决。三是，认真学习、深入贯彻《住房城乡建设部关于加快培育和发展住房租赁市场的指导意见》（建房〔2015〕4 号）。会同分区房管部门认真研究建立住房租赁信息政府服务平台、积极培育经营住房租赁的机构、支持房地产开发企业将其持有房源向社会出租等工作，有条件的现行试点。四是，密切关注“丁丁租房”、“爱屋吉屋”等新的市场形态，组织座谈会专题研究，逐步规范引导，推动健康发展。开展调研课题《基于互联网技术下的房屋租售市场监管模式研究》，加强信息技术研究运用，通过技术手段规范经纪服务行为，提高政府管理服务效能。五是，2015 年中央经济工作会召开后，配合住建部积极深入开展“关于发展住房租赁市场调研”工作。

第五节　房地产项目监测监管

2015 年，房地产项目监测工作取得新进展，实现新突破，形成以房地产开发项目动态监管平台为基础，依托项目手册备案管理及课题合作单位调查成果，开展对在途项目的监测，同时，深入挖掘数据资源，扩宽项目监测范围至存量房屋，启动了房屋大数据整合与应用体系建设，加强对项目的一二级联动监测。

一、依托项目手册备案管理，对将入市项目进行全方位监测。全年共办理房地产开发项目手册备案 268 份次，涉及开发项目 202 个，备案建筑面积 2160 万平方米。其中商品住宅项目 124 个，涉及建筑面积 730.6 万平方米，保障房项目 42 个，涉及建筑面积 257.8 万平方米，商业办公项目 68 个，涉及建筑面积 664.7 万平方米。通过备案工作不仅实现对本市商品房开发项目的全方位监测，更对市场后续趋势做出很好的预判。

二、积极调动外部力量，深度挖掘项目数据信息，初步形成精细的项目管理监测台账。通过专业团队对在途项目实地考察并定期跟踪的方式，来挖掘涉及项目较核心内容的“项目特色、区位描述、自带配套、周边配套、物业类型、物业费、绿地率、容积率、装修情况、主推户型、下次推盘计划、周边同品质楼盘、周边地价对比、图片展示、企业评价、项目评价、开发进度”等17个方面内容，来建立项目监测资料集，目前涵盖所有的492个在途商品住宅项目以及175个商业办公项目，加大了对项目的多维度监测能力。

三、依托市住建委房屋平台信息，以项目地址信息辞典为核心，初步实现房地产项目信息库。一是通过在开发项目动态监管平台、房屋全生命周期平台等系统中引入统一的区域划分标准，使得潜在供应、上市供应、一手市场成交、二手市场成交，住房租赁成交数据均可在同口径的区域中进行关联分析，监测分析的精度由区县级（17个）提高到区域级（114个）；二是市场数据按项目查询统计初步实现。第一批2000个住宅项目已完成项目信息整理、地址辞典编制和GIS边界绘制顺利入库，占北京市住宅总面积的44%，占总套数的35%，市场数据已可初步按项目进行查询统计。

表7-3　2015年北京市备案项目商品住宅情况

区	企业名称	项目推广名	本年度申请规模（万平方米）
东城区	北京香园大道实业有限公司	使馆壹号院	7.9
朝阳区	北京建工置地有限责任公司	建工·动力港	2.7
	北京市利锦荣房地产开发有限公司	利锦府	3.1
	北京正德兴合房地产开发有限公司	中粮瑞府	4.3
	远洋地产有限公司	亚奥万和四季	0.5
	北京方兴融创房地产开发有限公司	望京金茂府	1.2
	北京太合嘉园房地产开发有限责任公司	东山嘉园	3.9
	北京首都开发股份有限公司	首开琅樾家园	6.2
	北京星火房地产开发有限责任公司	泛海国际	3.6
	北京恒龙置业有限公司	恒大名都嘉园	6.3
	北京恒兴盛房地产开发有限公司	恒大江湾	15.4
	北京首城置业有限公司	首城东郡汇	4.2
	北京东洲房地产开发有限公司	东洲家园	20.8
	北京融创恒裕地产有限公司	北京壹号院	1.9
	北京广盈房地产开发有限公司	臻园	3.7
	北京泛海东风置业有限公司	泛海国际居住区	3.8
	北京恒世同方房地产开发有限公司	凯德锦绣	0.6
	北京朗泰房地产开发有限公司	保利首开天誉	3.5
	北京华贸奥苑房地产开发有限公司	北京华贸城	2.4
	北京城市开发集团有限责任公司	首开国风尚樾	3.7
	北京东隆房地产开发有限公司	远洋LAVIE	1.1
	北京锦泰房地产开发有限公司	天璞家园	4.2

续表 7－3

区	企业名称	项目推广名	本年度申请规模（万平方米）
海淀区	北京富愉房地产开发有限公司	合景映月臺	1.9
	北京京投兴业置业有限公司	琨御府	2.6
	中铁房地产集团北京海丰置业有限公司	环保嘉苑	9.7
	北京德成兴业房地产开发有限公司	百旺·杏林湾	4.1
	北京上地房地产开发有限责任公司	上林溪	0.6
	国泰土地整理集团有限公司	常乐水岸居	2.6
	北京华润新镇置业有限责任公司	橡树湾	3.8
	北京城建兴华地产有限公司	世华龙樾	1.5
	北京万湖房地产开发有限公司	如园	3.0
	北京强佑房地产开发有限公司	强佑清河新城	5.7
	北京金隅嘉业房地产开发有限公司	金玉府	3.7
丰台区	北京京投银泰置业有限公司	西贵园	8.1
	北京葛洲坝龙湖置业有限公司	西辰原著	5.2
	北京西海龙湖置业有限公司	燕西华府	3.1
	北京懋源房屋开发有限公司	钓云台	2.5
	北京金天恒置业有限公司	公园懿府	5.1
	北京万信房地产开发有限公司	花香东苑	12.0
	北京玺萌置业有限公司	玺萌壹号院	4.8
	北京青龙湖腾实房地产开发有限公司	西山湖佳苑	3.7
石景山区	北京中海金石房地产开发有限公司	中海金玉苑	14.6
	北京京汉邦信置业有限公司	拾景名苑	6.3
	北京远奥置业有限公司	远洋天著春秋	3.2
通州区	北京首都开发股份有限公司	首开香溪郡	3.9
	北京紫峰房地产开发有限公司	紫峰九院城	19.9
	北京通瑞兴盛置业有限公司	通瑞嘉苑	12.4
	北京中鑫源房地产开发集团有限公司	新地国际家园	8.1
	北京建安经营开发有限公司	星颐佳园	0.7
	北京房地鑫洋房地产开发有限公司	悦澜水岸家园	6.9
	北京首都开发股份有限公司	首开缇香郡	7.3
大兴区	北京金科展昊置业有限公司	金科天籁城	10.1
	北京中建兴华房地产开发有限公司	中建国际港	1.1
	北京中冶名弘置业有限公司	中冶·德贤公馆	4.8
	国奥韵兴置地有限公司	国韵村	10.2
	北京远盛置业有限公司	远洋天著	6.2

续表 7-3

区	企业名称	项目推广名	本年度申请规模（万平方米）
大兴区	北京首开保利仁泰置业有限公司	熙悦诚苑	6.0
	北京正浩置业有限公司	恒大翡翠华庭	3.6
	中铁房地产集团北京金郡兴盛置业公司	兴盛锦苑	4.6
	北京尚居置业有限公司	华远和墅	1.2
	北京亚奥先科房地产开发有限公司	果岭假日	0.4
	北京正华永达房地产开发有限公司	荣锦园	2.9
	北京住总首开置业有限公司	国悦居	3.7
昌平区	北京科技园建设（集团）股份有限公司	领秀慧谷	7.6
	北京龙冠房地产开发有限责任公司	冠华苑小区	42.2
	北京兴昌达博房地产开发有限公司	麓鸣花园	1.1
	北京锦昊万华置业有限公司	滟澜新宸	4.9
	北京润诚嘉信置业有限公司	保利紫荆香谷	4.5
	北京天成天房地产开发有限公司	北辰红橡墅	10.4
	北京升和房地产开发有限公司	花溪语家园	5.0
	北京京投银泰尚德置业有限公司	公园悦府	1.2
	北京远联置地房地产开发有限公司	远洋傲北	3.3
	北京香江盛富房地产开发有限公司	嘉泽生态小区	1.6
顺义区	北京天正华特房地产开发有限公司	浅山香邑	1.8
	北京金地惠远房地产开发有限公司	金地-中央世家	2.3
	北京京奥港置业有限公司	枫泉花园	13.4
	北京贵佳茂置业有限公司	观山家园	5.2
	北京万科东方置业有限公司	观承别墅	1.4
	北京新世界华美房地产开发有限公司	麗新湾花园	10.2
	北京北辰当代置业有限公司	悦君家园	5.6
	北京财懋房地产开发有限公司	润景园	6.4
	北京顺义新城建设开发有限公司	鲁美嘉苑	2.1
	中粮地产投资（北京）有限公司	祥云东方苑	1.1
	北京华垣盛兴置业有限公司	尚湖嘉园	2.1
房山区	北京星华蓝光置业有限公司	海悦城	6.2
	北京安顺园房地产开发有限公司	首创·伊林郡	14.0
	北京中粮万科房地产开发有限公司	紫云家园	13.6
	北京京投阳光房地产开发有限公司	上林湾家园	3.5
	北京创瑞华安置业有限公司	首创·紫悦台	4.7
	北京城建和泰房地产开发有限责任公司	怡景家园	7.6

续表 7－3

区	企业名称	项目推广名	本年度申请规模（万平方米）
房山区	北京五和万科房地产开发有限公司	万和家园	4.0
	北京天恒乐活城置业有限公司	乐活雅苑	5.0
	北京金隅长阳嘉业房地产开发有限公司	畅和园	3.4
	中铁嘉业（北京）投资有限公司	原香嘉苑	10.2
	北京华正房地产开发有限公司	观山源墅	7.1
	北京中冶京诚置业有限公司	中冶蓝城	1.8
	北京万年基业长阳置业有限公司	清苑嘉园	2.1
	北京远山置业有限公司	青春天著佳苑	2.2
门头沟区	北京新都致远房地产开发有限公司	西山阅家园	10.6
	北京中铁东兴房地产开发有限公司	中铁·西城	15.0
	中电建西元（北京）房地产开发有限公司	泷悦长安嘉园	9.3
	北京金水房地产开发有限公司	西山艺境	8.1
	北京昊泰房地产开发有限公司	丽湾西园	9.8
	华润置地发展（北京）有限公司	润西山苑	7.6
	北京屹泰房地产开发有限公司	四季怡园	8.2
	北京城建兴云房地产有限公司	城建·上悦居	10.9
	北京中骏房地产开发有限公司	长安一号	5.3
北京经济技术开发区	北京经开工大投资管理有限公司	经开·壹中心	4.4
	北京方兴葛洲坝房地产开发有限公司	金茂逸家园	12.1
	北京方兴亦城置业有限公司	亦庄金茂悦	4.7
	天通泰文化数码科技园有限公司	通泰·国际公馆	7.8
平谷区	北京旭辉当代置业有限公司	当代旭辉墅	14.3
	北京梓韵房地产开发有限公司	祥瑞家园	1.4
	北京天润福源房地产开发有限公司	香墅湾 1 号	4.5
	北京八通房地产开发有限公司	世外桃苑	1.0
	北京弘轩鼎成房地产开发有限公司	由谷嘉园	9.7
怀柔区	北京京北鑫民房地产开发有限公司	东苑小区	1.0
	北京山天置业有限公司	天恒别墅山	2.9
	北京万通正远置业有限公司	万通新新家园	6.5
密云区	华润置地弘景（北京）房地产开发公司	密云华润橡树湾	13.9
	北京古北水镇房地产开发有限公司	龙湖·长城源著	6.7
	北京黄金实业有限公司	远大美域庄园	2.8
	北京新博城房地产开发有限公司	首创·澜茵山	1.4
	绿地集团北京京纬置业有限公司	绿地朗山	5.1

表7-4　2015年北京市备案项目保障住房情况

区	企业名称	项目推广名	本年度申请规模（万平方米）
朝阳区	北京恒龙置业有限公司	恒大名都嘉园	2.9
	北京恒兴盛房地产开发有限公司	恒大江湾	1.7
	北京首城置业有限公司	首城东郡汇	0.8
	北京京发房地产开发有限公司	朝阳公园七号	1.4
海淀区	北京富愉房地产开发有限公司	合景映月臺	1.7
丰台区	中奥（北京）房地产开发有限公司	中奥嘉园	10.2
	北京中维房地产开发有限公司	泰禾西府玉苑	4.9
	北京万信房地产开发有限公司	花乡东苑、西苑	23.1
	北京金隅房地置业有限公司	金隅上和园	2.9
	北京亚林西房地产开发有限公司	亚林溪苑	4.4
石景山区	北京中海金石房地产开发有限公司	中海金玉苑	1.3
	北京京汉邦信置业有限公司	拾景名苑	2.9
	北京京西景荣置业有限公司	京西景园	14.8
通州区	北京紫峰房地产开发有限公司	紫峰九院城	7.8
	北京通瑞兴盛置业有限公司	通瑞嘉苑	21.9
	北京中鑫源房地产开发集团有限公司	新地国际家园	3.4
	北京建安经营开发有限公司	星颐佳园	2.8
	北京房地鑫洋房地产开发有限公司	悦澜水岸家园	8.0
大兴区	北京联港置业有限公司	联港幸福湾	0.6
	北京正浩置业有限公司	恒大翡翠华庭	4.0
	中铁房地产北京金郡兴盛置业有限公司	兴盛锦苑	30.1
	北京正华永达房地产开发有限公司	荣锦园	1.3
	北京住总首开置业有限公司	国悦居	3.7
昌平区	中铁地产北京金达世纪房地产开发公司	青秀尚园	9.1
房山区	北京安顺园房地产开发有限公司	首创·伊林郡	3.1
	北京创瑞华安置业有限公司	首创·紫悦台	6.9
	北京天恒康都房地产开发有限责任公司	康泽佳苑	12.3
	北京远山置业有限公司	青春天著佳苑	2.7
顺义区	北京东泽房地产投资有限公司	鼎顺嘉园	1.6
	北京京奥港置业有限公司	枫泉花园	13.4
	北京北辰当代置业有限公司	悦君家园	2.5
	北京财懋房地产开发有限公司	润景园	5.2
	北京华垣盛兴置业有限公司	尚湖嘉园	6.0
	北京天智盈置业有限公司	首创·悦溪汇	5.7

续表 7 - 4

区县	企业名称	项目推广名	本年度申请规模（万平方米）
北京经济技术开发区	北京方兴葛洲坝房地产开发有限公司	金茂逸家园	5.5
	北京方兴亦城置业有限公司	亦庄金茂悦	4.7
门头沟区	北京新都致远房地产开发有限公司	西山阅家园	3.4
	北京中铁东兴房地产开发有限公司	中铁·西城	1.2
怀柔区	北京万通正远置业有限公司	万通新新家园	3.1
	北京建工四建房地产开发有限公司	青春六院	3.4
平谷区	北京旭辉当代置业有限公司	当代旭辉墅	2.8
延庆区	北京城建万科天运置业有限公司	天成家园	8.6

表 7 - 5　2015 年备案项目商业办公情况

区	企业名称	项目推广名	本年度申请规模（万平方米）
东城区	北京利山房地产开发有限公司	长安太和大厦	5.5
西城区	金融街（北京）置地有限公司	商务办公楼	18.3
朝阳区	北京昆泰房地产开发集团有限公司	新瑞大厦	2.2
	北京恒龙置业有限公司	恒大名都嘉园	2.4
	中信和业投资有限公司	中国尊大厦	43.7
	北京联星房地产开发有限责任公司	–	6.6
	北京京朝苏宁电器有限公司	–	2.2
	北京首开天成房地产开发有限公司	首开常青藤	0.5
	北京远豪置业有限公司	远洋万和 8 号	2.9
	北京市凌云宇阳房地产开发有限公司	凌云名苑	1.5
海淀区	北京福泉投资有限公司	云中心	3.2
	德润房地产开发集团有限公司	德润财富大厦	9.6
丰台区	北京丰科建房地产开发有限公司	华夏幸福中心	5.5
	北京顺义新城建设开发有限公司	钓鱼台·美高梅	9.5
	北京天城永泰置业有限公司	首创金融中心	19.6
	北京天城永元置业有限公司	首创金融中心	22.1
	北京丰科万达广场有限公司	丰台万达中心	1.6
	首创朝阳房地产发展有限公司	首创中心	9.4
石景山区	北京中海金石房地产开发有限公司	中海金鑫阁	13.6
	中铁建设北京佳景晟房地产有限公司	中铁景晟大厦	0.6
	北京华清安平置业有限公司	点石商务公园	16.3
	北京金石融景房地产开发有限公司	京西商务中心	33.3
	北京京西景荣置业有限公司	创融中心	19.8

续表 7－5

区县	企业名称	项目推广名	本年度申请规模（万平方米）
通州区	北京富力通达房地产开发有限公司	运河十号	25.6
	北京华恒兴业房地产开发有限公司	云公寓	25.4
	北京东部绿城置业有限公司	京杭广场	12.0
	保利（北京）房地产开发有限公司	保利大都汇	9.7
	北京东方长安房地产开发有限公司	惠兰美居	4.3
	北京绿地京驰置业有限公司	绿地蓝岸中心	6.0
	北京富华长城房地产开发有限公司	侨商中心	7.8
	绿地集团北京京尚置业有限公司	绿地蓝海中心	8.5
	北京富华乌兰房地产开发有限公司	侨商中心	3.8
	北京万科东地房地产开发有限公司	城市之光	14.4
大兴区	北京星光拓诚投资有限公司	星光视界中心	6.6
	北京中冶名弘置业有限公司	中冶·德贤公馆	1.7
	北京当代摩码置业有限公司	采育满庭春 MOMA	2.2
	北京上和致远房地产开发有限公司	华远·西红世	16.4
	北京泰禾嘉华房地产开发有限公司	泰禾中央广场	13.9
	北京金融街奕兴置业有限公司	融亦商务中心	5.3
	北京龙熙房地产开发有限责任公司	清澄名苑	4.8
	北京泰禾嘉信房地产开发有限公司	泰禾金悦中心	7.5
	北京龙熙房地产开发有限责任公司	龙熙6号院	6.7
	北京首开万科和泰置业有限公司	首开万科中心	7.1
	北京鸿坤伟业房地产开发有限公司	鸿坤广场	1.5
昌平区	北京天元广建房地产开发有限公司	都市节奏·诗芳苑	6.1
	招商局嘉铭（北京）房地产开发有限公司	珑原奥森中心	10.2
	北京世纪华盛时代科技文化有限公司	科派文化基地	3.3
顺义区	海航（北京）物流有限公司	宏远临空总部港	7.2
	北京绿地京源房地产开发有限公司	绿地自由港	5.6
	北京金地惠远房地产开发有限公司	金地*中央世家	10.9
	中铁房地产集团北京浩达置业有限公司	顺鑫汇	9.0
	北京中航油置业有限公司	艾迪城	18.2
	国利土地整理（北京）有限公司	T3 空间	2.2
	北京新丰泰博奥商贸有限责任公司	鹭廷中心	13.3
	北京天竺万科置业有限公司	惠鑫中心	6.3
北京经济技术开发区	北京经开工大投资管理有限公司	北京经开·壹中心	8.4
	北京国锐房地产开发有限公司	国锐广场	19.1

续表 7－5

区县	企业名称	项目推广名	本年度申请规模（万平方米）
门头沟区	北京中铁东兴房地产开发有限公	中铁·西城	0.1
	北京融创兴业地产有限公司	西融中心	15.2
	华润置地禄源（北京）地产开发有限公司	悦景居	3.0
	北京远创置业有限公司	远洋都会中心	5.1
	北京石龙经济开发区投资开发有限公司	石龙创新大厦	5.5
	北京京西百灵房地产开发有限公司	新桥花园	7.6
平谷区	北京新华联悦谷商业地产有限公司	悠悠悦城中心	6.6
	北京智晟置业有限公司	创客领地中心	4.8
	御马坊置业有限公司	新弘中心	31.5
密云区	华润置地弘景（北京）地产开发有限公司	五彩中心	20.2
延庆区	北京龙庆房地产开发有限公司	辰龙庄园	4.2

第六节　商品房预售资金监管

2010年12月1日，北京市出台《北京市商品房预售资金监督管理暂行办法》，确立北京市商品房预售资金监管制度。政策实施以来，有效规范了房地产开发企业对商品房预售资金的收存及使用，从很大程度上规范了房地产市场秩序，促进房地产市场平稳健康发展。

2015年，北京市商品房预售资金监管有序推进，市住建委继续做好预售资金监测预警、监督入账、政策咨询、执法检查等工作。随着房地产市场的高速发展，政府对预售制度不断完善，预售门槛逐步提高，加之近两年商品房拿地成本不断上升，融资成本持续走高，现行预售资金监管制度虽然有效防范了风险，但也在一定程度上抑制了企业的资金使用效率。

为贯彻落实国务院关于“简政放权、放管结合、优化服务”的精神，加强预售资金的使用和管理，提高企业的资金利用率，缓解房地产企业的资金周转压力，12月15日，市住建委出台《关于加强本市商品房预售资金使用管理的通知》，对北京市现有预售资金政策进行调整，在保证预售资金用于工程建设的前提下，从简化支取、提高效率、加强监管等三方面对预售资金的使用管理作出规定，从而进一步支持和服务企业发展，促进行业整体开发经营能力的提升。同时，重视房地产准入门槛的提高，规约和净化市场，推动市场往大而强的开发模式转型，降低烂尾系数，保障购房人权益。

此次政策调整主要体现在：一是，商品房预售项目网上签约面积不足该预售许可证许可面积的二分之一时，房地产开发企业可自行支取专用账户内的资金用于工程建设；二是房地产开发企业可凭非监管银行出具的现金保函免除同等额度的监管资金。配合新政出台，市住建委同步制定相关配套口径、完善预售资金监管系统相关功能、跟进预售资金监管出入账的执法监督检查，确保具体规定落到实处。

截止2015年底，北京市共监管预售项目1091个，涉及房屋50.7万套。其中1012个项目有网签记录，已签约房屋35.1万套，购房合同金额7277.3亿元，专用账户入账5054.5亿元，总体入账率69.5%。

第七节　购房资格审核管理

一、继续严格执行限购政策

2015年，继续从严执行住房限购政策，商品住房及自住房购房资格审核、复核工作运行平稳。全年资格核验申请共47.5万笔，同比增长63.6%，核验47.0万笔，通过37.6万笔，通过率80%。其中，新建商品房资格申请9.8万笔，同比增长13.1%，通过率88%；存量房资格申请37.7万笔，同比增长85.1%，通过率78%。全年共有18个自住房项目启动网申，共审核44.7万笔，同比增长85.1%，通过率78%。

同时，认真做好资格复核工作。2015年累计完成复核业务7046笔、占总审核量1.5%，14年复核6510笔、占总审核量2.2%。在坚持北京市现行限购政策前提下，通过微调执行口径、系统审核规则，提升了审核准确率，同时有效降低了复核率。

二、不断完善资格审核机制

根据市场情况，不断完善本市限购政策。一是，针对市场热点，对通州区住房限购政策进行升级。研究制定《关于加强通州区商品住房销售管理的通知》（京建法〔2015〕12号），并会同市公安局、地税局、人力资源和社会保障局研定审核要点、细化执行口径，确保政策及时落地，熨平区域市场波动。二是，扩大联网审核范围，提高审核效率和服务水平。会同市公安局制定《关于进一步规范境外个人购买商品住房有关问题的通知》（京建发〔2015〕207号），联网审核境外个人在京居留情况。

第八节　房屋信息化建设

以各业务系统为基础、房屋全生命周期平台为支撑的本市信息化管理体系的基本建立，在落实房地产市场调控、政策性住房公平分配、强化市场监测监管、提高管理服务水平等方面提供了有力信息支撑。

（一）支持限购、限贷、差别化税收严格执行，确保中央调控政策落实到位。

限购以来，共审核购房资格申请176.5万次，26万次申请未通过审核，居民家庭二套购房比重在14%左右，比限购前低11个百分点，非京籍家庭购房占比在15%左右，比历史最高时期低30个百分点，有效抑制投资投机需求。平台运行机制和功能的不断完善为近期中央提出的“对于一线城市，将继续实行严格的限购政策”进一步提供有力支撑。

为严格落实差别化税收、信贷政策，向地税部门、金融机构开放端口，经购房家庭授权查询名下住房套数，确定交易税率、首付比例和贷款利率。各部门累计查询289万次，为政策落实提供有力保障。

（二）确保政策性住房公平租售。

在保障性住房配租配售各环节，审核、监测保障家庭结构、房产、收入变化，形成有效的分配、退出机制。目前，累计完成审核46万户次，查出瞒报家庭0.7万户。

配合自住房销售工作，确保摇号、选房公开透明。截至目前，完成审核自住房申购家庭169.3万户次，认定申购资格和优先级别约38万户次。

（三）助力提升住房城乡建设系统服务管理水平。

向市区两级实时提供各类房屋基础信息，为房地产市场监管、市场分析、审批办理、执法监督、服务事项等提供支持，促进工作向精细化、科学化发展。目前，海淀、西城两区级管理平台已初具规模，大兴区已着手启动相关工作。探索大数据和移动平台应用，研发了北京房地产数据综合发布模块及手机App，供使用者随时掌握市场运行情况。

（四）应用逐步向社会管理各领域拓展。

一是，向公安、检察、法院、纪检等部门开通查询端口，配合案件调查和司法执行，有效维护社会公平正义。二是，为城市总体规划布局调整、住房发展规划制定，提供房屋空间分布和人员居住信息。三是，向老旧小区综合治理、棚户区改造、分户供热计量等市重点民生工程，提供分户面积和管理单位信息。四是，向住建部全国个人住房信息系统、交易日报系统提供本市房屋交易基础信息，如实反映本市房地产市场运行情况。五是，与国土部门实时共享房屋基础数据，确保不动产登记职能调整平稳过渡。目前，已为各委办提供各类房屋数据约三千万条，提供信息查询51万次。

第九节　经纪、评估机构管理

加强监管和服务，着力规范房地产中介行业秩序。

一是，通过执法手段确保《关于加强房地产经纪从业人员信息管理有关问题的通知》落实到位，进一步完善从业人员基本信息库，目前已有61884名从业人员信息纳入信息库。二是，会同属地加强日常巡查、抽查的同时，根据领导批示、媒体曝光、群众投诉情况，加大专案稽查力度，努力促进房地产经纪行业秩序好转，经纪机构店外占道经营现象基本清除，擅自发布房源信息的现象明显减少，门店内公示内容进一步规范，经纪人员持证上岗率和注册率明显上升，房地产经纪投诉明显下降。三是，认真贯彻落实《房地产经纪专业人员职业资格制度暂行规定》和《房地产经纪专业人员职业资格考试实施办法》，指导市房地产中介协会将经纪人员职业资格注册改为能力水平评价，发布《关于取消房地产经纪人员注册工作的通知》。四是，加大公示曝光力度。在市住建委官网设立“曝光台”，定期公布违规中介名单和投诉举报排名，引导消费者择优弃劣，充分发挥信用机制作用。五是，印发《关于对我市房地产估价机构开展检查的通知》，会同市估价行业协会对我市执业的房地产估价机构执业行为、资质情况进行检查，针对发现的问题作出7起警告行政处罚。六是，配合市发改委落实中介行业实行市场调节价后的从业规范工作。

第十节　房地产市场秩序专项整治

加大执法查处工作力度，确保政策法规要求落到实处。

加强市区两级纵向联合与同级部门横向联动，形成执法合力，提高执法打击威慑力。一是，2015年1月12日，按照郭金龙书记和陈刚副市长关于“中关村”配套用房变身国际公寓的批示，会同相关部门及属地对北京沿海绿色家园世纪房地产开发有限公司开发的中关村生命科技园青年公寓及配套用房项目实施综合执法，针对发现的问题当场下发《责令改正通知书》，责令立即关闭售楼现场，并撤除网站及户外销售性质的宣传广告。二是，3月11日，按照安顺市长，陈刚、延昆副市长在《今日舆情要闻》第23期“群租房冒名求职公寓卷土重来”的批示，会同属地对九龙花园、华腾园、百环家园周边经营的链家地产、我爱我家等经纪机构进行明察暗访，未发现参与违法群租房。三是，为保障两会期间的社会稳定与和谐，配合首都综治办对约谈16家“民宿”互联网公司，会同相关分区对两会代表驻地周边以及重点商圈、大型居住区周边、经纪机构门店进行联合执法检查，共检查机构110家。四是，4月16日，联合相关部门对2015年北京春季房地产展示交易会进行执法检查，重点检查了各参展企业的资质、规划许可、预售许可及限购政策的执行情况，对违规宣传商改住、LOFT的企业，现场进行了整改，并收缴了相关宣传材料。要求主办单位对不符合参展要求和乱发小广告的项目，坚决清理出展会会场。五是，5月13日，会同属地对北京众成房地产经纪有限公司等6家机构涉嫌违规发布和代理不符合交易条件的保障性住房和禁止交易的房屋提供经纪服务进行了集中约谈，责令6家机构规范经营，限期整改。六是，6月3至9日，会同属地对新开盘销售和投诉较多的长安丽景家园等5个项目开展综合执法检查，严查违反限购、捂盘惜售、哄抬房价、违规开发、违法发包、前期物业管理落实不到位等违法违规行为，规范市场秩序，维护群众利益。七是，6月24日，针对“北京市政府搬迁通州，通州房价暴涨、捂盘惜售”等媒体报道。会同属地对通州区10个在售楼盘项目进行明察暗访。

第八章

住房保障

北京市房地产年鉴 2016

第一节 2015年北京市住房保障制度建设

2015年，北京市认真贯彻落实中央关于住房保障工作的统一部署和要求，实物保障与货币补贴并举，完善住房保障体系，进一步规范建设、审核、分配和后期管理，大力推行保障房产业化和标准化，各项工作取得显著成效，圆满完成了“十二五”住房保障任务。

一、进一步完善保障房建设管理模式

一是简化保障性住房项目审批流程。2015年6月，发布《关于加快办理“十二五”期间保障性住房项目审批手续的通知》（京住保〔2015〕17号），将各类项目手续办理进展信息及时传达给住房保障工作领导小组各成员单位，相关单位据此加快推进项目审批手续办理工作。市住建委积极协调市规划委等单位简化保障性住房审批流程，大力简化规划等审批事项的前置条件，加快审批速度，通过并联办理缩短时限，力促保障性住房项目早日落地开工。

二是严格执行保障房设计方案审查制度。市住建委会同规划部门组织专家对保障性住房项目设计方案和产业化实施方案进行评审，针对群众关注度高、反映强烈的相关问题进行重点审查，并提出具体的优化整改意见，确保在有限的面积内实现舒适宜居。全年共组织设计方案专家评审会26次，审查项目38个，涉及房源约5万套、322万平方米。

三是出台全装修成品交房政策。2015年10月，印发《关于在本市保障性住房中实施全装修成品交房有关意见的通知》（京建法〔2015〕17号）、《关于实施保障性住房全装修成品交房若干规定的通知》（京建法〔2015〕18号），本市新建公共租赁住房、经济适用住房、限价商品住房、棚户区改造安置房及自住型商品住房将全面实施全装修成品交房，可有效促进节能减排、提高材料利用效率、减少现场建筑垃圾及环境污染，彻底改变毛坯房现状，实现建设领域的转型升级。全市纳入实施产业化计划的保障房项目累计超过1800万平方米，超额完成“十二五”期间保障房实施产业化规模1500万平方米的目标。

四是推进生活污水就地处理零排放。2015年7月，发布《关于印发〈北京市保障性住房模块化户内中水集成系统应用技术导则（2015年版）〉的通知》（京建发〔2015〕282号）。2015年11月，编写完成《北京市保障房生活污水就地处理达标排放技术研究报告》。

二、进一步完善申请审核机制

一是强化资格审核信息化管理。住保平台实现与地税、公安、民政、房屋等系统实时联网，核查时限从一个月压缩到一周以内。简化审核流程，信息比对核查前置到街道初审环节，将资格复核工作全面纳入系统管理。

二是有限制地放开“原申请家庭成员中的未婚子女”和“原申请家庭成员中夫妻一方离婚后与他人再婚组建新家庭”等情形下

相关人员的保障房申请限制，满足合理需求，公平配置住房保障资源。

三是完善未成年人、精神残疾人申请政策。对于父母一方死亡，作为未成年子女监护人的另一方不具有本市户籍的家庭，或者父母双方离婚，具有抚养权的父母一方不具有本市户籍的家庭，可由具有本市户籍的未成年子女作为保障性住房的申请人，抚养未成年子女的父母一方作为共同申请人申请住房保障，相关手续由监护人代为办理。精神残疾人按照本市准入条件申请保障性住房，并由监护人代为办理相关手续，符合政策条件的纳入优先保障范围，切实维护特殊群体的住房保障权益。

三、进一步完善租房货币补贴制度

提高公租房租金补贴标准。2015 年 9 月，印发《关于完善公共租赁住房租金补贴政策的通知》(京建法〔2015〕14 号)，加大重残等 3 类家庭租金补贴力度，建立特殊困难家庭租金补贴机制，进一步减轻公共租赁住房承租家庭租金负担。开展政策与业务培训，指导各区依规办理补贴审核发放业务，将惠民政策落到实处。

加大市场租房补贴力度。2015 年 10 月，印发《关于市场租房补贴申请条件及市场租房补贴标准有关问题的通知》(京建法〔2015〕19 号)、《关于市场租房补贴申请、审核、发放有关问题的通知》(京建法〔2015〕16 号)，明确市场租房补贴申请条件及补贴标准，规范市场租房补贴申请、审核及发放等管理工作。市场租房补贴政策实施后，保障家庭可根据就业、就医、子女上学等实际需求自行选择承租市场存量住房，政府按规定标准发放补贴，既实现职住平衡，又盘活存量房源，有效节约土地资源。

四、全面提升后期管理服务水平

坚持使用监督、物业服务、社区管理“三位一体”管理模式，全面提升后期管理水平。推进管理属地化、专业化，多措并举保障家庭享受项目属地均等化的医疗、教育等公共服务。强化动态监管，严肃查处骗租骗购、出租出借等违法违规行为，并加大曝光力度，维护社会公平正义。

加强物业服务管理，新建商品住房配建项目中，商品房与保障房实施统一物业管理。2015 年 6 月，印发《关于进一步加强保障性住房等住房物业服务管理工作的通知》，要求新建保障性住房项目建设单位引进资质等级高、实力强的物业服务企业参与管理。市物业协会根据企业业绩、信用记录等情况，建立承接保障性住房项目物业服务企业名录，建设单位可直接委托名录中一级资质物业服务企业开展前期物业服务，或通过摇号方式选定其他物业服务企业。

五、加快解决备案家庭住房困难

一是进一步完善保障房分配方式。坚持市级公租房房源统筹分配机制，促进职住平衡；同时采取大摇号、先到先得、集体租赁等方式，提高分配效率。

二是加大经适房、限价房全市统建力度，在房山、通州、大兴、顺义、昌平等城市发展新区统筹建设房源，对接东城、西城、石景山和海淀，既解决备案家庭住房需求，又促进人口疏解和新城建设。

三是充分调动各区积极性，鼓励从本区实际出发，改革创新、因地制宜，通过实物与货币多渠道、多方式解决轮候家庭困难。海淀、石景山区从本区实际出发，对于具备有效资格的经适房、限价房备案家庭购买房屋的，由区财政给予最高29万元的补贴。

六、加强自住型商品房建设管理

完善工作流程，加强网上申购、现场确认、公开摇号、选房、二次选房和公开销售各个工作环节管理，确保公开透明。加强合同管理，建立自住房预售合同审查机制，组建合同审查专家组，2015年完成14个项目的合同审查工作，维护购房人合法权益。2015年2月，印发《关于明确自住型商品住房享受税收优惠有关问题的函》(京建函〔2015〕53号)，支持开发企业按照政策规定销售自住房取得的收入，暂不预征土地增值税，有力支持了自住房开发建设。同时，进一步完善建设管理政策，强调保障优先和属地优先，调动区县积极性，海淀等区已按照市政府意见研究试点方案。

“十二五”时期，我市不断完善保障政策体系，大力创新体制机制，着力优化供应结构，顺利完成了建设筹集100万套保障性住房的艰巨任务，基本解决了已备案经济适用房、限价商品房轮候家庭住房困难，基本建立符合首都实际的住房保障制度体系，住房保障事业实现健康持续发展。

第二节　公共租赁住房（含廉租房）建设供应情况

2015年，全市新开工建设公共租赁住房项目16个，可提供约2万套房源。实现竣工项目14个，约1万套。

表8－1　2015年北京市公租房（含廉租房）项目开工落实情况

序号	项目名称	项目位置	套数（套）
1	北七家镇海鶄落公租房项目	昌平区	1837
2	大兴旧宫镇绿隔地区建设旧村改造二期A2－1地块二类居住用地项目（配建公共租赁住房）	大兴区	197
3	荣锦园（公租房）	大兴区	279
4	生物医药基地0505－070、076、066、077地块	大兴区	863
5	亚林西公共租赁住房项目	丰台区	828
6	夏家胡同R2类居住用地配建公共租赁住房项目	丰台区	616
7	清河西街71号（七一棉织厂）配建公租房项目	海淀区	145
8	市场筹集	海淀区	786
9	国门商务区公租房	顺义区	4700
10	嘉寓职工宿舍一期	顺义区	630
11	X13公租房项目	北京经济技术开发区	606
12	河西区X91地块	北京经济技术开发区	969

续表 8－1

序号	项目名称	项目位置	套数（套）
13	X87 公租房项目	北京经济技术开发区	929
14	路东区 G1 地块	北京经济技术开发区	357
15	台湖	投资中心	5099
16	百子湾公租房地块	投资中心	1489

表 8－2　2015 年北京市公租房（含廉租房）项目竣工落实情况

序号	项目名称	项目位置	套数（套）
1	昌平新城 5－1 街区沙阳路南南一村地块北区项目	昌平区	243
2	管庄北二里	朝阳区	464
3	孙河乡北甸西村 W 地块项目	朝阳区	47
4	生物医药基地东配套 11#地用地项目	大兴区	552
5	1#公租住宅楼等 10 项（高米店公共租赁住房）	大兴区	357
6	西三旗建材城危改二期配建	海淀区	610
7	怀柔新城 12 街区 12－104－A 地块人才公租房	怀柔区	684
8	门头沟区龙泉镇 F1 住宅混合公建项目	门头沟区	157
9	平谷区马坊镇 B05－01、B05－02 居住及社会停车场库用地项目	平谷区	547
10	平谷区王辛庄镇贾各庄村东侧居住项目	平谷区	656
11	老古城综合改造项目 D、JB 地块二类居住及商业金融项目	石景山区	100
12	站前街商业金融项目	顺义区	24
13	物流配套 B 东集中建设公租房项目	通州区	3004
14	通州区台湖镇居住用地、托幼用地及公建混合用地（配建“公共租赁住房”）项目	通州区	2106

第三节　经济适用住房建设供应情况

2015 年，全市新开工建设经济适用住房项目 2 个，可提供约 0.2 万套房源。实现竣工项目 6 个，约 0.9 万套。

表 8－3　2015 年北京市经济适用房项目开工落实情况

序号	项目名称	项目位置	套数（套）
1	通州区牛堡屯粮库经济适用房	通州区	1196
2	通州区西集镇综合配套区 F 地块经适房项目	通州区	903

表 8－4　2015 年北京市经济适用房项目竣工落实情况

序号	项目名称	项目位置	套数（套）
1	昌平新城 5－1 街区沙阳路南南一村地块北区项目	昌平区	1861
2	洪寺村经济适用住房	房山区	372
3	中奥嘉园	丰台区	832
4	燕山水泥厂经适房	石景山区	4161
5	驸马庄经济适用住房建设项目	怀柔区	948
6	清水湾小区经济适用房	密云区	471

第四节　限价商品房建设供应情况

2015 年，全市新开工建设限价商品房项目 13 个，可提供约 1 万套房源。实现竣工项目 11 个，约 0.8 万套。

表 8－5　2015 年北京市限价商品房项目开工落实情况

序号	项目名称	项目位置	套数（套）
1	黄村镇 DX00－0101－0201 等地块	大兴区	228
2	兴盛馨苑	大兴区	360
3	棠颂雅苑	大兴区	395
4	北京市房山区良乡高教园 17－02－03、17－02－06 地块 F1 住宅混合公建用地项目	房山区	759
5	房山区长阳哑叭河 02－04－11 二类居住用地项目（配建限价商品房）限价房	房山区	765
6	白盆窑旧村改造一期二期配建“限价商品住房”项目	丰台区	2623
7	西局旧村改造项目二期	丰台区	843
8	南苑 1404－621 地块 R2 二类居住用地配建限价商品房项目	丰台区	1008
9	亚林西居住区一期（0501－613、614、660 地块）配建 限价房项目	丰台区	703
10	平谷区大兴庄镇 A02－01、A02－02 地块 R2 二类居住用地、R53 托幼用地项目	平谷区	335
11	石景山区老古城综合改造 C 地块二类居住项目（配建限价房）	石景山区	203
12	顺义新城第 17 街区（牛山）限价房	顺义区	808
13	通州区永顺镇 TZ00－0104－0031 地块 R2 二类居住用地（配建限价商品住房）	通州区	1303

表 8-6　2015 年北京市限价商品房项目竣工落实情况

序号	项目名称	项目位置	套数（套）
1	回龙观文化居住区 F05 地块	昌平区	698
2	金色漫香苑	昌平区	347
3	东小口镇 389、390 号院项目	昌平区	254
4	双桥农场限价房	朝阳区	759
5	房山区拱辰街道办事处 05-12-02、05-13-09、05-13-02 等地块商业金融、二类居住、文化娱乐用地项目（配建限价商品住房）项目	房山区	1173
6	房山年新城两组团 10-01-05（理工大学 1 号地）住宅混合公建、商业金融及社会停车库用	房山区	1298
7	郭公庄二期	丰台区	325
8	王佐青龙湖郊野休闲社区一期工程	丰台区	576
9	华远澜悦园 9 号楼限价房	密云区	226
10	通州区梨园镇砖厂村居住项目	通州区	1011
11	燕山水泥厂限价房	石景山区	1740

第五节　定向安置房建设供应情况

2015 年，全市新开工建设定向安置房项目 26 个，可提供约 4.3 万套房源。实现竣工项目 29 个，约 5.5 万套。

表 8-7　2015 年北京市定向安置房项目开工落实情况

序号	项目名称	项目位置	套数（套）
1	贺村中滩村组团 B 地块重点村旧村改造项目	昌平区	1498
2	阿苏卫循环经济圈百善部分定向安置房项目	昌平区	1178
3	朝阳区棚户区改造项目	朝阳区	980
4	兴盛锦苑	大兴区	1984
5	北京新机场安置房项目	大兴区	12588
6	首创团河定向安置房项目	大兴区	3994
7	房山区城关中心区棚户区改造土地开发项目	房山区	1692
8	B01#回迁楼等 3 项（房山区黄辛庄小区二期项目）	房山区	372

续表 8－7

序号	项目名称	项目位置	套数（套）
9	房山区良乡高教园 17－02－03、17－02－06 地块 F1 住宅混合公建用地项目	房山区	130
10	郭庄子新村二期南区住宅及配套项目	丰台区	362
11	北京丽泽金融商务区北区 A02 地块“三定三限三结合”定向安置房项目	丰台区	1144
12	大牛坊	海淀区	649
13	吴家场安置房	海淀区	276
14	上庄家园 N28N34	海淀区	505
15	中关村东升科技园二期回迁安置房项目	海淀区	1718
16	北安河东区、西区安置房项目	海淀区	6223
17	海淀区棚户区改造项目	海淀区	933
18	曹各庄 A 地块定向安置房项目	门头沟区	1470
19	西黄村棚户区改造土地开发安置房项目	石景山区	1048
20	老古城 D 地块定向安置房	石景山区	200
21	1#楼等 21 项（怀柔区庙城镇棚户区改造项目）	怀柔区	1055
22	仁和镇平各庄村回迁安置房项目	顺义区	178
23	孙各庄安置房	通州区	1189
24	通州文化旅游区 10 片区农民安置房	通州区	1247
25	东城区棚户区改造项目	东城区	52
26	西城区棚户区改造项目	西城区	442

表 8－8　2015 年北京市定向安置房项目竣工落实情况

序号	项目名称	项目位置	套数（套）
1	未来科技城南区定向安置房项目	昌平区	3917
2	高碑店北花园	朝阳区	1034
3	十八里店乡周庄（三期）农民安置房	朝阳区	1845
4	翠城馨园	朝阳区	1243
5	洼里 5 号地	朝阳区	648
6	大兴区采育镇区四号地 01－0001A、B 地块回迁安置房项目	大兴区	2938
7	北京经济技术开发区 X82R1	大兴区	2472
8	北京经济技术开发区 X75	大兴区	2331
9	亦庄 12 平方公里安置房 X76	大兴区	3206
10	亦庄 12 平方公里安置房 X77	大兴区	2956

续表 8-8

序号	项目名称	项目位置	套数（套）
11	山区人口迁移青龙湖分散安置房	房山区	1851
12	南广阳城村定向安置房	房山区	360
13	东羊庄回迁安置房	房山区	830
14	丰台科技园东区三期四合庄定向安置房项目	丰台区	1082
15	丰台区南苑乡石榴庄回迁安置房项目二期	丰台区	1744
16	丰台区南苑乡石榴庄回迁安置房项目	丰台区	1600
17	清河危改	海淀区	243
18	大牛坊	海淀区	3385
19	四道口	海淀区	378
20	五路居安置	海淀区	2926
21	门头沟区龙泉镇高家园地区土地储备项目（2号地块）定向安置房项目	门头沟区	1318
22	中门寺定向安置房	门头沟区	3260
23	黑山定向安置房	门头沟区	5683
24	洼子村安置房	顺义区	600
25	西马坡安置房	顺义区	2206
26	通州区梨园镇砖厂村居住项目	通州区	1068
27	通州区于家务回族乡乡中心 A-05、A-08 地块定向安置房项目	通州区	252
28	东城区棚户区改造项目	东城区	1004
29	西城区棚户区改造项目	西城区	2575

第六节　自住型商品房建设供应情况

2015 年全市新开工建设自住型商品房项目 34 个，可提供约 3.3 万套房源。

表 8-9　2015 年北京市自住型商品房项目开工落实情况

序号	项目名称	项目位置	套数（套）
1	冠华苑	昌平区	4703
2	未来科技城南区 CP07-0600-0047、0048、0060、0061 地块 F2 公建混合住宅用地自住型商品房项目	昌平区	480
3	平西府组团一级开发项目（北区）	昌平区	672

续表 8 - 9

序号	项目名称	项目位置	套数（套）
4	朝阳区东坝南区 1105 - 655、657 号地二类居住、小学用地	朝阳区	485
5	东洲家园	朝阳区	2386
6	金隅汇星苑	朝阳区	1882
7	朝阳区东坝南区 1105 - 654、656、658 号地二类居住、公建混合住宅、其他公共设施用地	朝阳区	1250
8	朝阳区来广营乡 LGY - 04、LGY - 03、LGY - 06 地块二类居住、小学、中学用地	朝阳区	797
9	朝阳区百子湾路 14 号住宅混合公建项目	朝阳区	360
10	黄村镇 DX00 - 0101 - 0201 等地块	大兴区	413
11	生物医药基地 0505 - 070、076、066、077 地块	大兴区	1124
12	兴盛嘉苑	大兴区	207
13	荣锦园	大兴区	328
14	棠颂雅苑	大兴区	431
15	房山区房山新城燕房片区 FS00 - YF05 - 0005 等地块二类居住、商业金融及社会停车场库用地项目	房山区	1401
16	王佐镇魏各庄村 A02 公建混合住宅用地项目	丰台区	373
17	石榴庄旧村改造项目自住房部分	丰台区	799
18	上庄 B10 自住型商品房项目	海淀区	2070
19	门头沟区永定镇 MC00 - 0020 - 0031、0049 地块	门头沟区	1548
20	门头沟区永定镇 MC00 - 0015 - 0059 等地块 R2 二类居住用地、S4 社会停车场库用地、A33 基础教育用地	门头沟区	1342
21	门头沟区永定镇 MC00 - 0015 - 0068 等地块 R2 二类居住用地、F2 公建混合居住用地、A33 基础教育用地（原门头沟冯村、何各庄地区土地一级开发项目 A 地块部分地块南区）	门头沟区	955
22	平谷区大兴庄镇 A02 - 01、A02 - 02 地块 R2 二类居住用地、R53 托幼用地项目	平谷区	608
23	石景山第二水泥管厂配建保障房、自住型商品房项目	石景山区	744
24	石景山区老古城综合改造 C 地块二类居住项目	石景山区	997
25	板桥地块一期配建自住房	顺义区	682
26	住总正华满庭芳	顺义区	1168
27	板桥地块二期自住房项目（首创 - 悦树湾）	顺义区	448
28	当代北辰悦 MOMA 自住房	顺义区	693

续表 8－9

序号	项目名称	项目位置	套数（套）
29	板桥地块四期配建自住房项目	顺义区	230
30	板桥地块三期配建自住房	顺义区	216
31	顺新嘉苑（中铁林河）自住房	顺义区	297
32	金地悦景台自住房项目	顺义区	585
33	通州区永顺镇 TZ00－0104－0031 地块 R2 二类居住用地	通州区	736
34	通州区于家务乡 A－06 等地块居住用地、A－11 地块托幼用地、A－27 地块社会停车场库用地、A－28 地块商业金融用地	通州区	1159

第七节　旧城房屋保护性修缮和棚户区改造工作

棚户区改造是重大的民生工程、发展工程，又是重大的环境工程、安全工程、文保工程，市委、市政府高度重视。一年来，市重大办、市住建委坚持以棚户区改造步伐为突破口，与保护风貌、改善民生和促进发展相结合，紧密围绕“钱从哪里来、人往哪里去、旧房如何改、项目如何批、工作如何抓”五大核心问题，大力推进体制机制和政策创新，破解难题，棚户区改造工作全面有效推进。

一、年度棚户区改造任务圆满完成

2015 年，北京市与住房城乡建设部签订的责任书任务为棚户区改造开工 43000 套（户）。截至 9 月底，北京市共完成棚户区改造开工 52490 套（户），完成今年任务的 122%，提前 3 个月完成了任务。

2015 年，北京市计划完成棚户区改造 5.7 万户。截至 12 月底，累计完成改造 60668 户。其中，中心城区棚户区改造任务目标为 49641 户，累计完成改造 50904 户；远郊和国有工矿棚户区改造任务目标为 7736 户，累计完成改造 9764 户。我市 2013－2015 年棚改三年改造 8 万户目标任务已经超额完成，共启动改造项目 210 余个，改善了 8.6 万户家庭的住房条件。

二、强化政策创新，大力推进棚改

一是深化一次性招标政策。2015 年 3 月，下发《关于明确我市棚户区改造土地供应规划调整和房屋销售等政策　加快推进棚户区改造的意见》（京建文〔2015〕34 号），将棚户区改造征收拆迁工作和项目建设工作一并在土地市场招标棚改实施主体，解决企业关心的二级开发主体资格、经营性用地供应及房屋销售等问题，大大提高了区县政府和实施主体参与棚户区改造的积极性。

二是完善输入区与输出区利益平衡机制。在 2013 年 439 号文件基础上，出台了《关于支持核心区棚户区改造和环境整治定向安置房公共资源建设及后期社会管理费用补偿有关问题的暂行意见》（京财经二〔2015〕1072 号），明确所有货币补偿均由市级财政承担，减轻了中心城区压力。

三是部署落实货币化安置工作。下发《关于做好棚改货币化安置工作的通知》(京建发〔2015〕340号),明确了北京市棚改货币化安置标准,具体包括三类情况:①先计算棚改居民货币补偿,而后由居民购买政府组织建设的安置房;②组织居民自主购买商品房;③政府直接投资改造,或直接给予货币补偿。

四是进一步扩大棚改范围。下发《关于进一步明确北京市棚户区改造项目认定条件的意见》(京重大办〔2015〕61号),将老旧小区改造工作纳入本市棚户区改造范围。

五是扩展棚户区改造融资渠道。下发《关于利用中国农业发展银行资金支持北京市棚户区改造有关工作的通知》(京建发〔2015〕375号),明确了农发行资金支持棚户区改造的条件、范围、模式等内容。积极推进政府购买棚改服务工作,丰台区已经制定下发了政府购买棚改服务办法。

六是细化棚户区改造操作流程。编制《北京市棚户区改造和环境整治操作手册》,对棚户区改造和环境整治工作范围、项目认定条件做出了明确要求,有效提高了棚改工作的办事效率。

三、坚持分类指导,加大文保区房屋保护工作力度

一是因地制宜,加大历史文化保护区工作力度。东城区加快中心城棚户区和文保区改造,结合人口疏解,年内启动实施天坛周边简易楼腾退项目,恢复公共绿地,亮出天坛坛墙,保护古都风貌。启动南锣鼓巷地区四条胡同修缮项目,统筹风貌保护和改善居民居住条件。将前门文化融入到胡同环境提升中,探索文保区物业化管理的新模式,实现该区域环境整体提升。选取已经腾空的试点院落进行"规划设计、土地上市、终端用户"捆绑式一体招标试点,实现文保区供地、风貌、功用的有机融合。西城区什刹海、大栅栏、白塔寺修缮项目稳步进行。宣西北腾退项目效果显著,这片地区文物资源丰富,著名的杨椒山祠、山西会馆、番禺会馆、沈家本故居等文保单位,以及诸多老建筑将原址修缮保护。启动了菜园街和光源里等重点项目,将极大改善居民住房条件。至2015年底,共计搬迁腾退、修缮房屋7934户。

二是根据项目不同区位科学制定改造方案。通过政策杠杆,合理制定实施方案,引导旧城居民自愿外迁。对位于非文保区范围内的,通过房屋征收模式实施。能够满足就地回迁的,以就地回迁方式为主,不能就地回迁的,通过定向安置和货币补偿相结合,特困家庭用保障房兜底的办法,形成从"要我走"到"我要走"的积极转变;对位于文保区内的,主要通过"交易腾退"模式实施,采取自愿外迁、就近平移、引导改造提升,产权人自行修缮等多种方式实施。

四、大力推进棚改定向安置房建设

一是编制下发2015年棚户区改造定向安置房建设计划。2015年首次制定了《北京市2015年棚户区改造定向安置房建设计划》(京重大办〔2015〕16号),为棚改项目办理融资和审批手续打下了坚实基础。

二是推进市属国有企业利用自有用地建设棚改定向安置房。与市国资委等部门密切配合,累计确定了三批市属国有企业利用自有用地建设棚改定向安置房项目,约可提供房源6万套。

三是研究集中安排地块建设中心城区棚改定向安置房工作方案。为了推进本市中心城区棚改定向安置房建设工作,会同相关部门和

东、西城区深入调研，起草了《关于集中建设中心城区棚改安置房的工作方案》(京建文〔2015〕166号)，提出了在昌平、房山、大兴、顺义等区集中选择地块建设的工作机制。

五、积极推进远郊区和国有工矿棚户区改造

加强对各区的指导服务，深入到门头沟、密云、怀柔、延庆、顺义、大兴、昌平等远郊区和国有工矿棚改项目，切实解决分区和企业项目问题。同时要求各区政府和国有工矿企业切实履行主体责任，对项目的控规调整、用地预审、立项审批（投资意见书）任务完成的时间节点进行倒排，加快启动征收拆迁和建设工作，确保完成年度计划任务。

第八节　住房保障资格审核与配租配售

一、资格审核情况

2015年，北京市保障性住房申请2万户，市级备案通过1.2万户，其中含三房轮候家庭申请并市级备案0.2万户。相比2014年保障性住房申请审核情况，申请量同比下降31%，审核备案量同比下降46%。

截至2015年底，北京市各类保障性住房资格备案38万户，其中廉租住房2.6万户，经济适用住房8.9万户，限价商品住房20.2万户，公共租赁住房6.3万户（不含“三房”轮候家庭5.6万户）。

二、配租配售情况

2015年共公开配租配售各类保障性住房7.8万套，其中经济适用住房1.7万套、限价商品住房4万套、公共租赁住房（含廉租住房）2.1万套。

2015年全年廉租房租赁补贴新增429户，在保家庭累计10684户；公租房租赁补贴新增181户，在保家庭累计1389户。年内为享受补贴家庭发放廉租房租赁补贴10267.58万元，公租房租赁补贴8778.25万元。

第九章

住房制度改革和金融

第一节　2015 年北京市住房制度改革综述

一、存量公房改革

1. 公有住房出售

截至 2015 年底，本市累计售房面积 14282.44 万平方米，占可售公房总量的 95.16%。2015 年全市共批准 790 家单位出售公有住房 170.66 万平方米，17664 套。其中，中央单位 283 家，面积 55.81 万平方米，涉及住房 5515 套；市属单位 335 家，面积 93.19 万平方米，涉及住房 9059 套；区属单位 135 家，面积 16.83 万平方米，涉及住房 2805 套；（其余为军产售房和部级售房备案，涉密不宜公开）。针对因单位原因导致的产权不清等历史遗留问题，继续采取具结方式为公房承租人办理售房手续。积极协助中央单位及部分北京市单位办理职工腾退公有住房工作。严格执行腾退公房方案核准程序，采取当面确认或上门走访核实的方式，完善审核程序和办理流程，切实维护产权人利益。

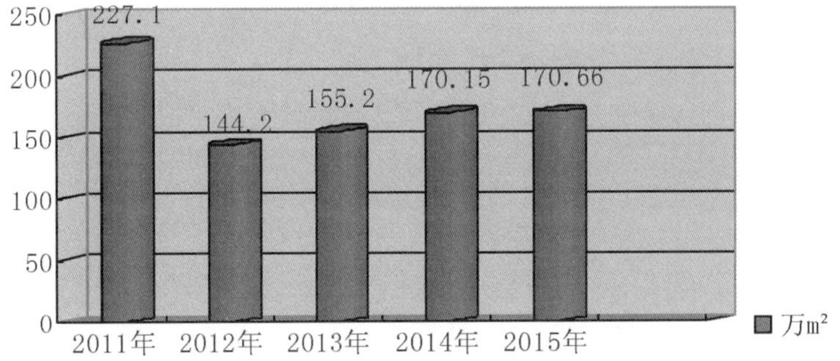

图 9－1　2011—2015 年北京市房改售房情况表

2. 公有住房调整

2015 年，各区房改部门总计核准 156 家单位调整公有住房方案，涉及住房 1488 套，面积 9.78 万平方米。主要为中央单位分配职工住宅后，按房改成本价、经济适用住房价格为职工调整住房，共计 133 家，涉及住房 1375 套，面积 8.9 万平方米，占调房总量的 91%；市属单位 19 家，涉及住房 108 套，面积 0.85 万平方米，占当年调房总量的 8.7%；区属单位 4 家，涉及住房 5 套，面积 0.03 万平方米，占当年调房总量的 0.3%。

二、住房分配货币化

截至 2015 年底，全市（含企业）累计为 144.64 万人发放住房补贴，涉及补贴资金 420.26 亿元。2015 年全市机关事业单位为 24.17 万人发放住房补贴，涉及资金 42.07 亿元。其中市级发放 11.16 万人，涉及资金 15.56 亿元；城六区发放 13.01 万人，涉及资金 26.51 亿元。远郊各区中通州区正在进行最后一批机关事业单位的审核工作，预计 2015 年年底前可完成审核，2016 年开始落实发放补贴资金；大兴区已落实发放两批退休职工住房补贴资金总计5301万元；昌平区试点单位上报材料的审核工作顺利进行中；门头沟区试点单位的前期数据填报工作也在顺利进行中。

表9－1　2015年北京市城六区住房补贴发放情况统计表

	发放人数（万人）	发放金额（亿元）
市　级	11.16	15.56
东城区	1.58	2.04
西城区	2.12	1.73
朝阳区	3.69	8.91
海淀区	2.71	4.98
丰台区	2.02	6.53
石景山区	0.89	2.31
合　计	24.17	42.06

三、集资合作建房监管

按照国家和北京市的有关政策，做好集资合作建房遗留项目善后收尾工作，继续严格复核集资建房遗留项目，全年审核通过了6个遗留项目的集资建房方案。指导2个住宅合作社、1个集资建房单位完成集资建房方案的制定，涉及住宅建筑面积27.68万平方米。为13家住宅合作社办理了年检审查备案工作。委托会计事务所对市属13家住宅合作社进行专项审计，并对照审计报告监督各合作社进行整改。

四、其他住房资金管理

按照政策规定，公有住房售后维修资金在市住房资金管理中心专户存储、专项使用。截至2015年年底，累计归集公有住房售房款534.95亿元，支取455.52亿元，余额79.43亿元；累计归集公有住宅专项维修资金75.63亿元，支取15.08亿元，余额60.55亿元；本年度归集公有住房售房款7.33亿元，支取10.74亿元，年内净增额－3.41亿元；本年度归集公有住宅专项维修资金2.08亿元，支取1.98亿元，年内净增额0.1亿元。

截至2015年年底，本市累计共有1105家企业支取售房款66705.8万元。2015年本市共有58家企业支取售房款2771.93万元。其中，31家市属企业支取售房款1448.66万元，27家区属企业支取售房款1323.27万元。上述资金主要用于：电梯更新维修37部，楼面及屋顶防水维修16200平方米等事项。

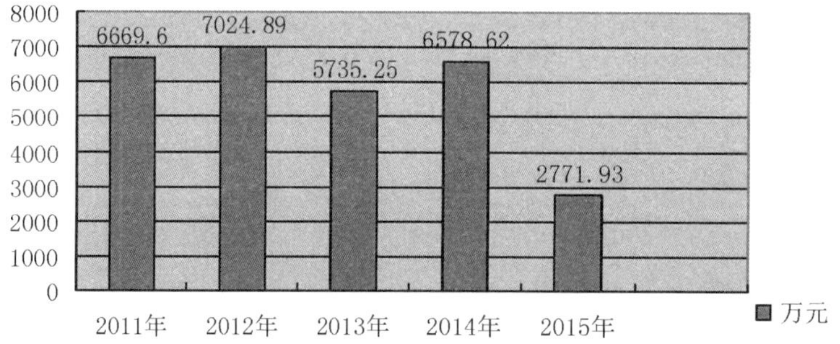

图9－2　2011—2015年北京市单位售房款支取情况对比图

2015 年，各区房管部门共审核批准 124 家企业支取售后公有住房专项维修资金 3882.98 万元。主要用于屋面防水维修 14.05 万平方米，230 部电梯维修及更新，剩余资金用于节能改造、外墙粉刷、供水管道维修、消防及供电设施改造事项。

第二节　住房公积金与政策性住房金融

一、2015 年度住房公积金归集情况

1. 住房公积金缴存人数范围

截至 2015 年年底，北京地区建立住房公积金单位 14 万个，职工 850.48 万人。当年新增开户人数 86 万人。

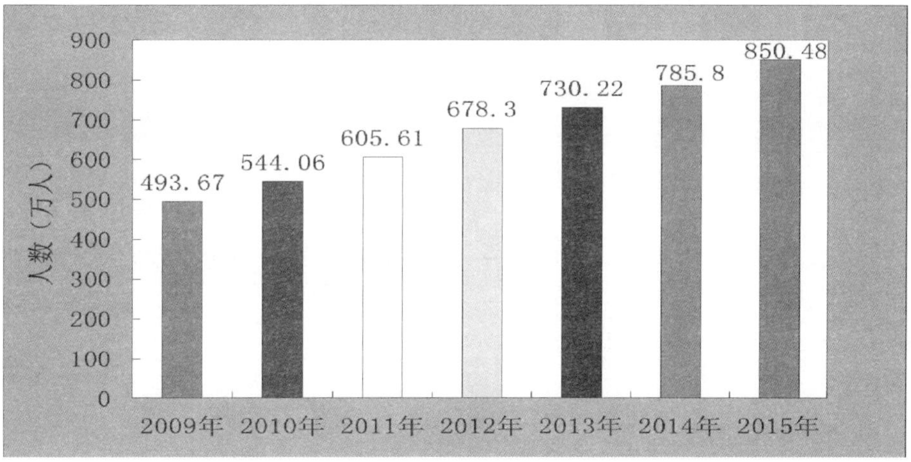

图 9－3　2009—2015 年北京住房公积金建立人数统计图

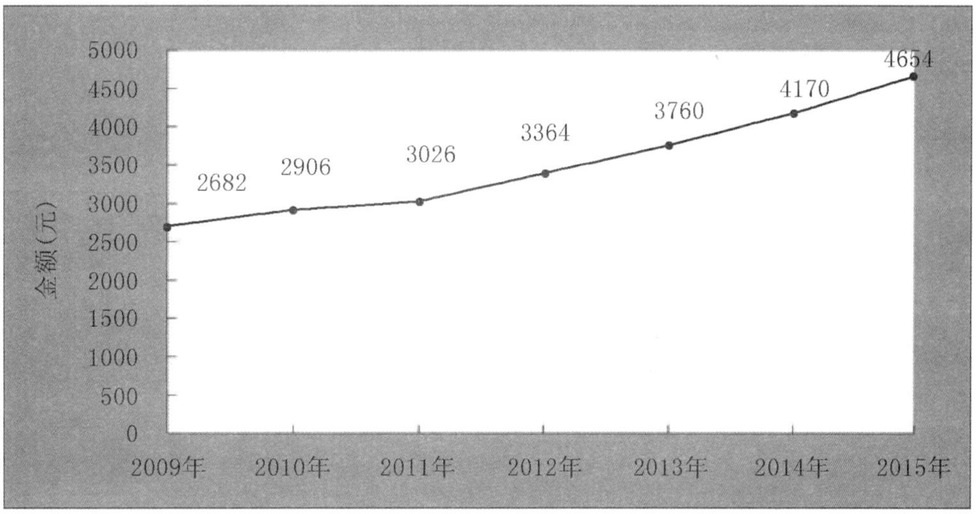

图 9－4　2009—2015 年北京住房公积金月缴存额上限图

2. 住房公积金归集、提取情况

截至2015年底，当年归集住房公积金1297.39亿元，提取920.62亿元，净增376.77亿元。累计归集住房公积金7902.91亿元，提取5002.76亿元，余额2899.75亿元。

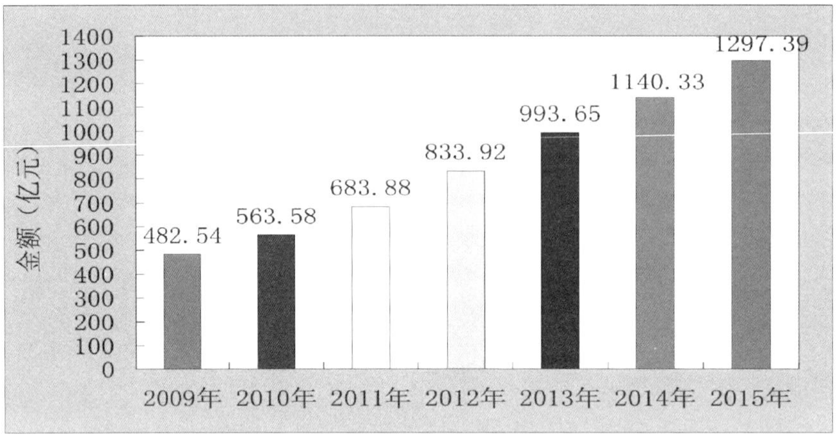

图9-5　2009—2015年北京住房公积金归集情况统计图

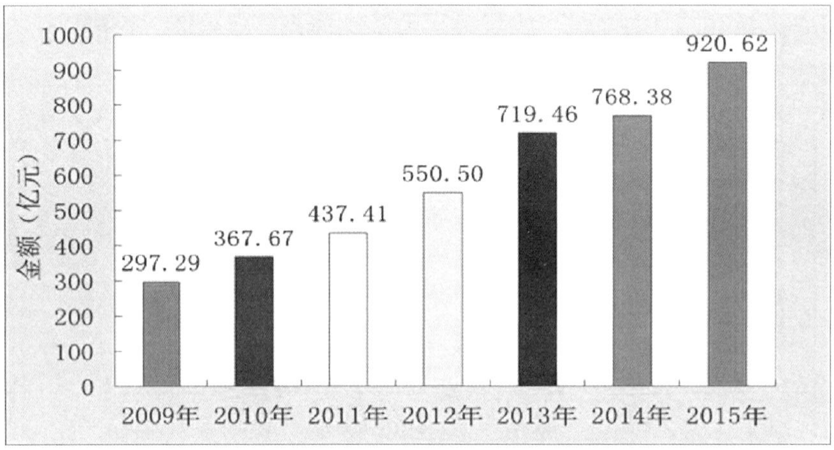

图9-6　2009—2015年北京住房公积金提取情况统计图

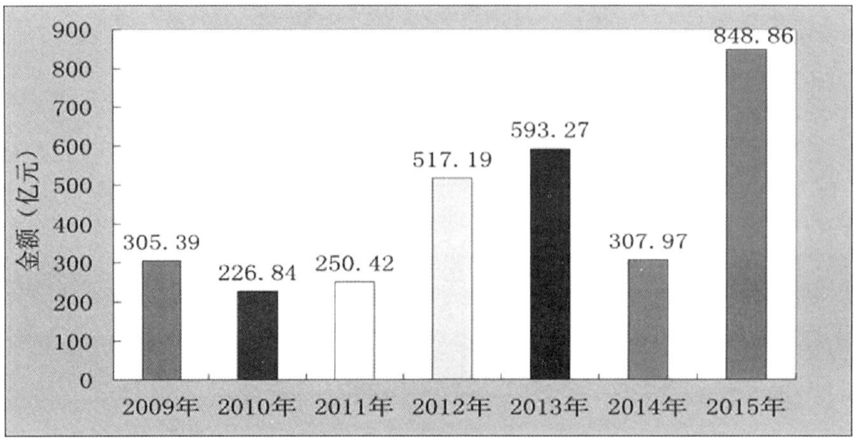

图9-7　2009—2015年北京住房公积金贷款发放金额统计图

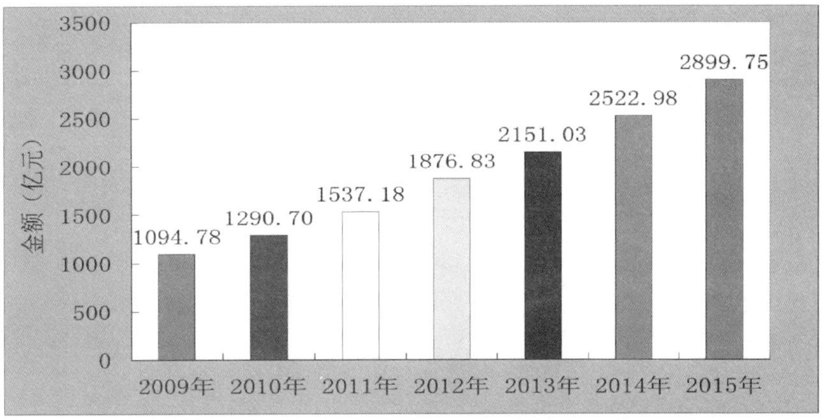

图9－8　2009—2015年北京住房公积金余额统计图

二、2015年度政策性住房金融

1. 住房公积金贷款情况

截至2015年底，当年发放住房公积金贷款101367笔，金额848.86亿元，回收金额228.98亿元，净增619.88亿元。累计发放住房公积金贷款855511笔，金额3918.13亿元。累计回收金额1426.44亿元，余额2491.69亿元。累计发放政策性贴息13312笔，贴息额度47.3亿元。

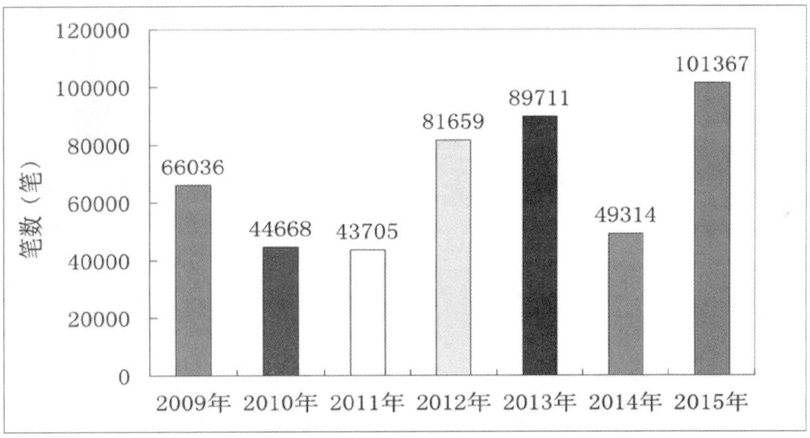

图9－9　2009—2015年北京住房公积金贷款发放笔数统计图

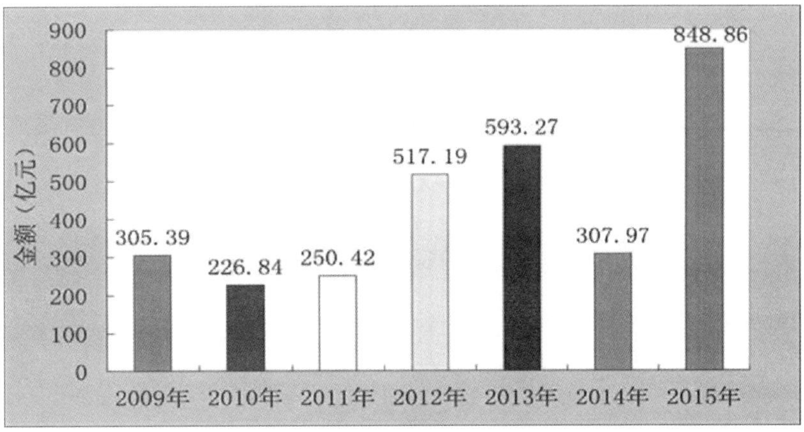

图9－10　2009—2015年北京住房公积金贷款发放金额统计图

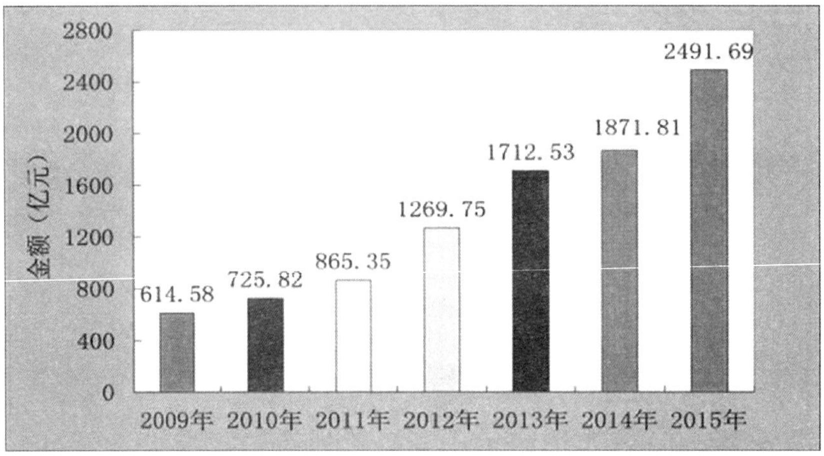

图 9－11　2009—2015 年北京住房公积金贷款发放余额统计图

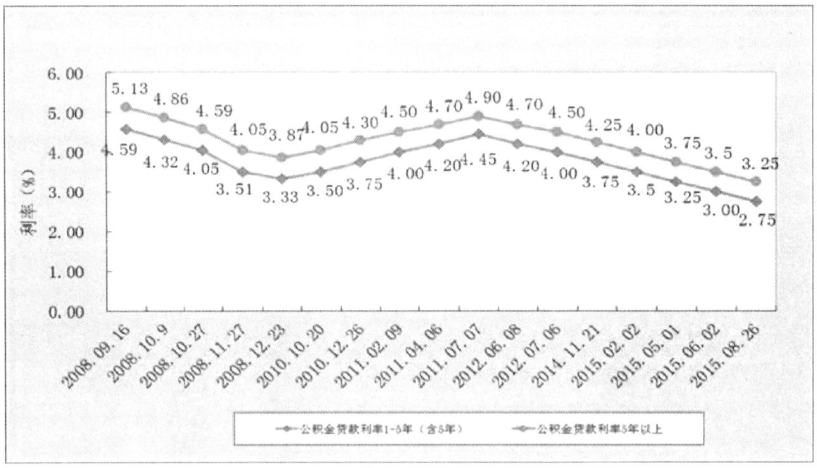

图 9－12　2008—2015 年北京住房公积金贷款利率调整图

2. 2015 年住房公积金贷款发放笔数的结构分析

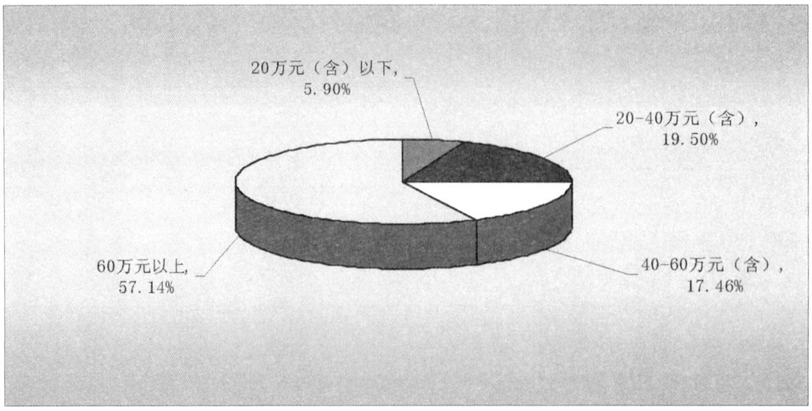

图 9－13　2015 年北京市新发放住房公积金贷款按贷款额度分类图

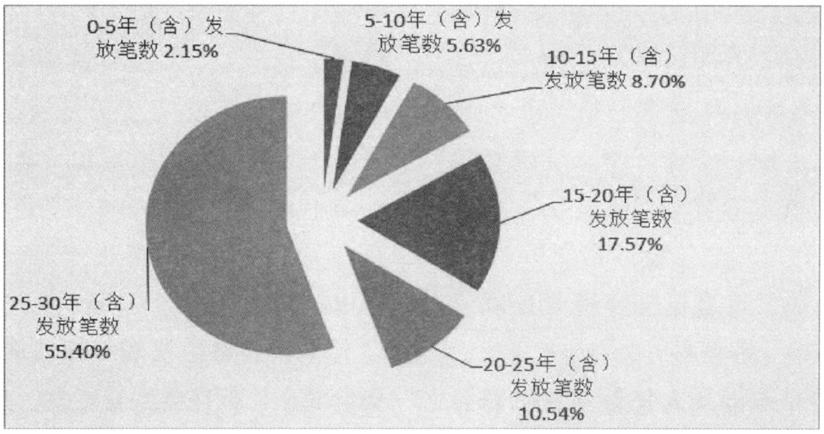

图 9－14　2015 年北京市新发放住房公积金贷款按贷款年限分类

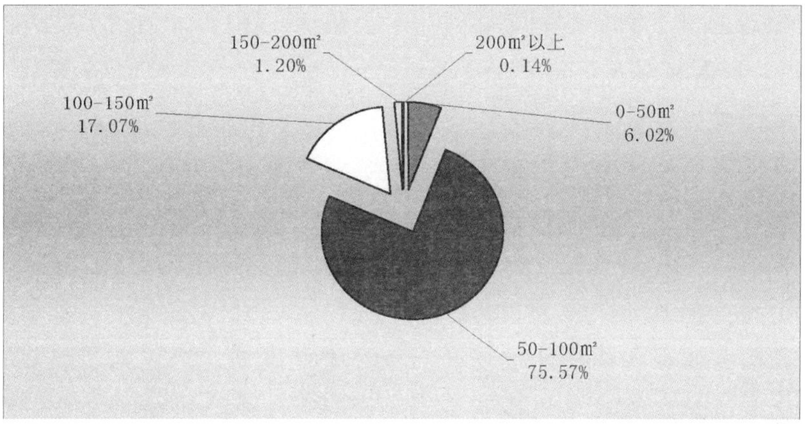

图 9－15　2015 年北京市新发放住房公积金贷款按房屋建筑面积分类

3. 住房公积金贷款支持保障性住房建设情况

截止 2015 年底，北京地区住房公积金贷款支持保障性住房建设试点及扩大试点项目总计 41 个，贷款额度 308.80 亿元。共向 35 个项目发放贷款 276.28 亿元，实际用款 181.02 亿元。支持保障性住房建设 8.27 万套，总建筑面积 855 万平方米。

三、住房公积金和政策性住房金融的管理措施

1. 强化住房公积金归集，优化住房公积金提取，全面提高执法工作水平

与工商、地税、人力社保、统计等部门协作，加强对新增私营企业的摸查和催建工作，努力提高覆盖面和缴存率，住房公积金新增人数超过全年计划的 72%。

积极落实住建部等三部门关于放宽提取住房公积金支付房租条件的文件精神，优化提取流程，与市住建委实现了联网实时查询职工房屋情况，提高了审批效果。2015 年住房公积金提取额 921 亿元，较上年增加 152 亿元，其中购房提取 793 亿元，租房提取 16 亿元，离退休提取 90 亿元。

加大违规提取的防范和遏制力度。通过排查后台业务流水，核查重点单位、重点行业，对疑似违规中介法人、经办人进行约谈。抓住典型案件，会同公安部门对责任人依法

快速查处。会同城管、市政市容管理部门，对违规提取公积金小广告进行全面清理，违规提取现象得到有效遏制。

积极推进执法重心下移，统一明确案件受理、补缴基数核定等标准，提高执法效率和执法水平。当年受理职工投诉案件992件，结案942件，为职工追缴住房公积金1598.7万元，有力地维护了缴存职工的合法权益。

2. 采取多种措施满足人民群众对住房公积金个人贷款的需求，贷款发放创历史新高

按照人民银行和住房城乡建设部文件要求，2015年以来先后四次下调贷款利率，住房公积金5年期以上贷款利率下降至3.25%，为历史最低。加大对购买首套房职工的支持力度，最高贷款额度提高至120万。取消新建商品房评估收费，降低了借款人负担。调整住房套数认定标准，二套房贷最低首付款比例降低至20%。开办异地贷款业务，向社会公布北京住房公积金缴存人购买外地住房以及在外地缴存住房公积金的北京户籍职工在北京购买首套住房申请贷款的业务办理流程，建立北京与其他地区公积金中心对接机制，为职工异地购房提供便利。中直分中心完善上门服务流程，为有集中贷款需求的中央党校、中央统战部等7家单位提供上门服务。铁路分中心完善京津冀三地住房公积金政策，促进京津冀住房公积金服务均等化，交通银行、建设银行京津冀三地分行实现系统对接，利用津冀城市支行办理住房公积金个人贷款，为职工跨区域购房创造条件，彻底解决了铁路职工，尤其是边远地区基层职工购房贷款难的问题。

2015年，个贷业务爆发式增长。为满足贷款服务需求，积极组织人员培训，提高工作水平；中心领导及时到管理部指导工作，帮助协调人手不足问题；委托银行开办网点，借款申请人排队等候现象明显缓解。北京地区全年共为10.14万个家庭发放住房公积金个人贷款848.86亿元，分别是2014年的2.1倍和2.8倍，发放笔数和金额双创历史新高，个贷率85.9%，较2014年底增加11.7个百分点，为缴存职工解决住房问题发挥了重要作用。

3. 按照保障房项目建设进度，安排贷款资金发放，确保贷款安全性，把好事办好

按照住房城乡建设部的统一部署，根据市委、市政府工作要求，累计发放经适房、公租房、棚户区改造定向安置房项目贷款35个，建筑面积共855.18万平方米，住房8.27万套。累计发放项目贷款181.02亿元，项目贷款余额102.60亿元。2015年，向西城、朝阳、丰台、房山、大兴、经济技术开发区等地的11个保障房项目发放贷款13.65亿元。强化贷后管理工作，加强账户监管，密切跟踪项目进展，把握项目到期前的关键环节，协调项目单位和分区政府等担保部门落实还款责任。

4. 扩大银行延伸柜台试点范围，提升服务能力，满足缴存单位和职工服务需求

为解决住房公积金业务量持续快速增长，管理部服务能力难以满足不断增长的服务需求问题，加快推进委托银行办理归集个贷业务。新增与工商银行、建设银行、交通银行、农业银行及招商银行合作开办住房公积金归集业务网点56个、柜台181个，新增与工商银行、招商银行合作开办个贷网点2个、柜台18个。18个管理部中的东城、西城、朝阳、海淀、中关村、丰台、通州、顺义8个管理部已委托银行办理归集和个贷业务，贷款中心委托工商银行、建设银行、交通银行等开办了7个贷款服务点，方便了群众。

加强银行委托业务管理，制订规章制度，

规范了委托业务范围、网点硬软件设施配备、密钥、印章、档案、结算、资金分配等。加大监督检查力度，采取明察暗访的方式，对各家银行网点进行实地抽查，及时发现存在的突出问题，银行业务差错率逐步降低。

5. 建立完善住房公积金信息披露和沟通反馈机制，提升住房公积金制度公开化、规范化水平

按照“建立公开规范的住房公积金制度”要求，推动完善信息公开和沟通反馈机制，让社会各界客观了解住房公积金运行管理情况，推进住房公积金制度公开化、规范化。

完成住房公积金年度报告信息披露。2015年5月通过管理中心官方网站和《中国建设报》等渠道首次向社会披露北京住房公积金年度报告，内容涉及机构概况、业务运行、财务数据、资产风险、社会经济效益等方面，受到社会广泛关注和赞誉。

客户服务热线等沟通反馈渠道进一步得到完善。实现“12329”热线号码平稳过渡，对外公积金咨询业务统一受理。2015年受理人工咨询179万次，提供511万人次自助语音服务，同比增长230.2%和16.1%；热线接通率81.7%，较上年增加40.2个百分点。全年答复网上在线咨询留言2.4万条。完成住房公积金联名卡查询、疑难问题处理工单约4565件。国管分中心推广住房公积金短信服务，开通微信公共服务平台。截至2015年底，短信开通人数达13万人，微信关注人群近7万人。

舆情监控和宣传工作进一步加强。针对中心业务政策调整可能出现的各种社会反响，加强与新华社合作，及时进行正面引导。组织央视、新华社、北京日报等10余家媒体现场采访朝阳管理部与交行合作柜台延伸揭牌仪式，收到良好社会效果。加强网络舆情收集、研判，全年共形成舆情报告23期、预警信息10次、暗访报告3次。

6. 推进住房公积金系统研发重建，按照“互联网+”理念优化顶层设计，方便缴存单位和缴存人

管理中心现有信息系统已有10多年历史，不能满足目前工作需要。为全面提高北京住房公积金管理和服务水平，更好地满足广大缴存单位和职工的服务需求及住房公积金业务发展需要，不断优化新系统业务顶层设计，充分利用大数据、移动互联网等成熟先进的信息技术，借助“互联网+”的思维理念，服务重心由“传统柜面”向“移动互联”模式转变，服务对象从“以单位为重点”向“以个人和单位并重”转变。系统研发重建工作已基本完成项目招投标，进入开发实施阶段。

第三节　商业性房地产金融

2015年，受自住和改善性住房需求不断释放带动，北京市商品住房成交量大幅回升，商品住房价格同比由降转升。房地产贷款尤其是个人住房贷款保持较快增长，首套个人住房贷款利率水平、首付比例持续下降，有效满足了居民家庭合理的购房需求。

一、房地产开发投资同比增速逐月回落

2015 年，北京市完成房地产开发投资 4226.3 亿元，同比增长 8.1%，增速较 2014 年下降 4.2 个百分点，房地产开发投资同比增速整体呈逐月下降态势；其中，完成住宅投资 1962.7 亿元，与 2014 年持平；完成写字楼投资 906.6 亿元，同比增长 20.8%，增速比 2014 年下降 1.8 百分点。房地产开发投资占全社会固定资产投资比重的 52.9%，较 2014 年提高 1.2 个百分点。

二、房地产贷款同比增速保持较快增长

2015 年末，辖区内金融机构本外币房地产贷款余额 11635.6 亿元，比年初增加 1774.9 亿元，较上年同期多增 1323.3 亿元；同比增长 18%，增速比 2014 年提高 11.8 个百分点，除了 3、10 月，同比增速逐月增长。从结构来看，购房贷款比年初增加 1372.5 亿元，较上年同期多增 815.6 亿元；房地产开发贷款比年初增加 390.1 亿元，2014 年为减少 105.4 亿元。2015 年房地产开发贷款恢复正增长及购房贷款增加较多带动房地产贷款余额同比快速增长。

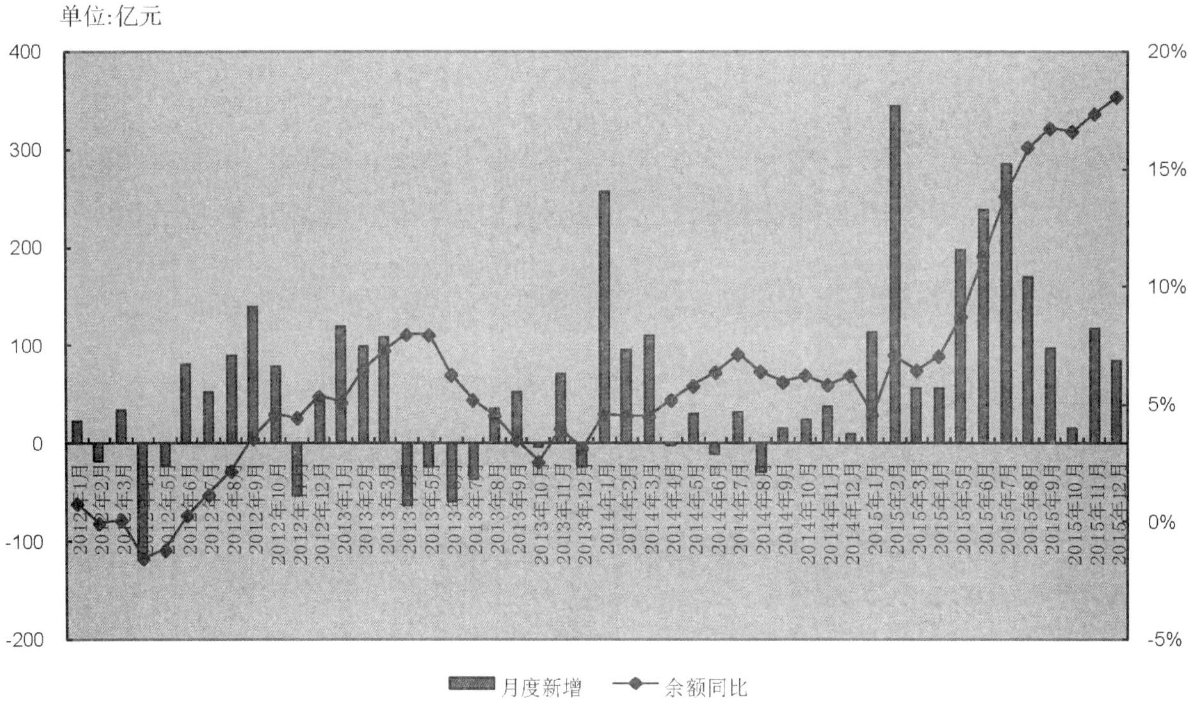

图 9－16　2012—2015 年北京市房地产贷款余额月度新增及同比增速情况

三、个人住房贷款月度新增额创 5 年新高

2015 年末，个人购房贷款余额 6465.3 亿元，比年初增加 1413.3 亿元，同比多增 855.7 亿元；同比增长 28%，比 2014 年提高 15.7 个百分点。其中，个人住房贷款余额 5892.2 亿元，比年初增加 1371.4 亿元，同

比多增906.3亿元；同比增长30.3%，比2014年提高19个百分点。个人商业用房贷款余额573.1亿元，比年初增加41.9亿元，同比少增50.7亿元；同比增长7.9%，比2014年下降13.1个百分点。

四、二手房贷款增速回落

2015年末，辖内金融机构二手住房贷款余额2627.3亿元，比年初增加919.7亿元，同比多增712.6亿元；同比增长53.9%，比2014年提高40.5个百分点。个人新建住房贷款余额3264.9亿元，比年初增加451.7亿元，同比多增193.7亿元；同比增长16.1%，比2014年提高6个百分点。2015年，受住房成交活跃及信贷条件相对宽松影响，个人住房贷款持续快速增长。其中，7月月度新增额（165.8亿元）创下自2010年以来最高水平。

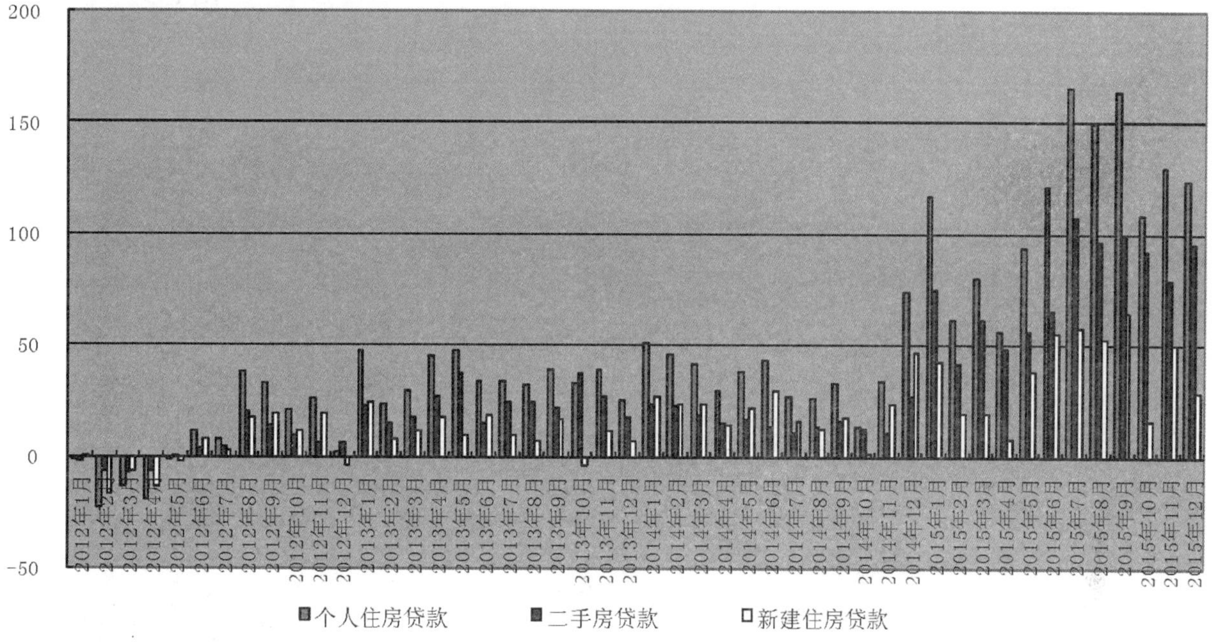

图9-17　2012—2015年北京市个人住房贷款月度新增情况

五、房地产开发贷款同比增速8月冲高回落

2015年末，辖内金融机构房地产开发贷款余额4764亿元，较年初增加390.1亿元，同比增长8.9%，2014年为下降1.4%；增速自2015年2月以来持续正增长，8月达到12.9%，为2011年3月以来的最高值。其中，政府土地储备机构贷款余额965.2亿元，比年初减少209.7亿元，同比下降17.8%；住房开发贷款余额1750.5亿元，比年初增加235.3亿元，同比增长15.5%；商业用房开发贷款余额994亿元，比年初增加132亿元，同比增长15.3%。

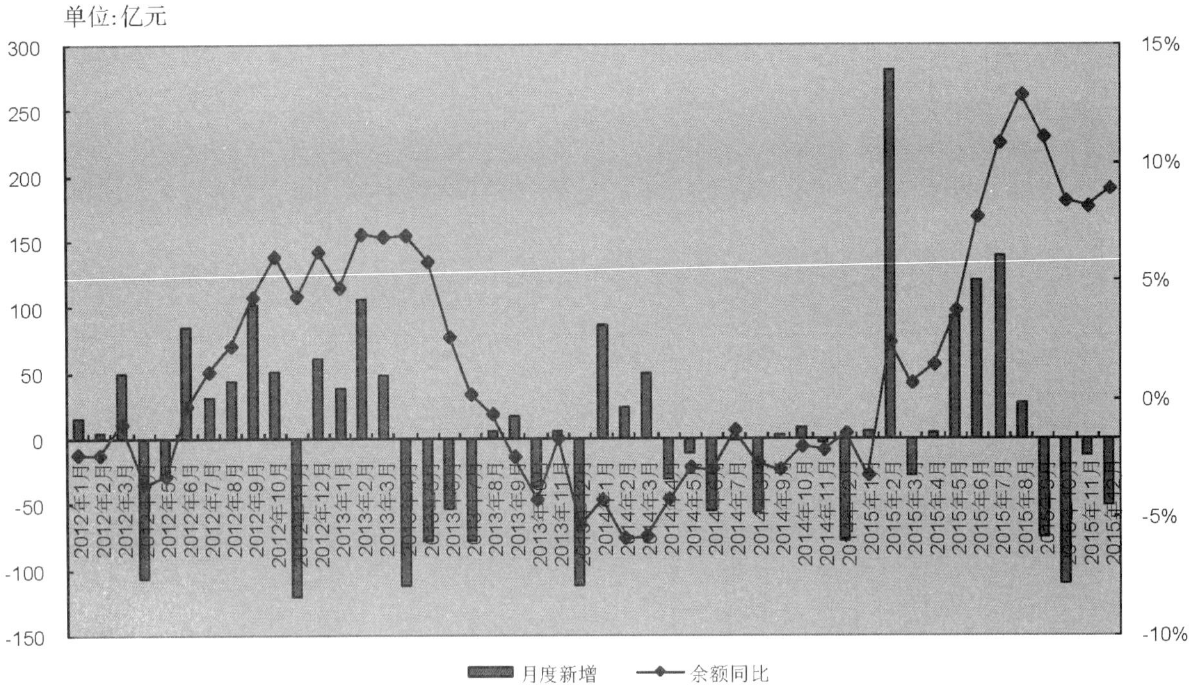

图 9－18　2012—2015 年北京市房地产开发贷款余额月度新增及同比增速情况

六、土地储备机构贷款逐步被地方政府债券置换

根据《国务院关于加强地方政府性债务管理的意见》(国发〔2014〕43 号，以下简称 43 号文）文件要求，土地储备机构作为地方政府融资平台，所需资金必须全部依靠财政资金和政府发行专项债券解决。财政部、人民银行和银监会 5 月联合发布了《关于 2015 年采用定向承销方式发行地方政府债券有关事宜的通知》(财库〔2015〕102 号)，要求采用定向承销方式发行地方债置换地方政府存量债务中的银行贷款部分。2010－2015 年辖区内金融机构政府土地储备机构贷款新增额分别为616 亿元、－169.6 亿元、164.1 亿元、－405.7 亿元、－421.8 亿元、－209.7 亿元。随着存量上千亿规模的土储贷款逐步被地方政府债券置换，银行发展或稳定房地产信贷业务需要加快寻找新的业务增长点。

七、首套住房贷款利率水平、首付比例持续下降

根据营业管理部差别化住房信贷政策执行情况监测数据，辖内银行均能遵守市场利率定价自律机制决议，二套住房执行首付不低于 50%，利率不低于基准利率的 1.1 倍；首套住房最低首付比例为 30%，利率水平各银行略有不同，大部分银行为不低于基准利率的 0.85 倍。自 2014 年第四季度起，辖区内银行首套（含改善型）个人住房贷款平均利率水平整体呈现回落态势，从 2014 年 9 月基准利率的 1 倍下降到 2015 年 12 月的 0.89 倍，与 2013 年年中水平相当。同时，首套个人住房贷款平均首付比例也从 2014 年 10 月的 41.4% 下降到 2015 年 9 月的 37.1%，住房信贷条件明显趋于宽松，居民家庭住房贷款需求得到较大程度的满足。

第四节　房地产金融政策调整

一、近年来房地产金融政策调整

2003年以前，房地产金融政策的主要目的在于支持住房体制改革，促进房地产金融产品的推出与发展。2003年6月，针对局部房地产市场过热，中国人民银行出台《关于进一步加强房地产信贷业务管理的通知》(银发〔2003〕121号)，加强房地产开发贷款管理、引导规范贷款投向，严格控制土地储备贷款的发放，加强个人住房贷款管理。

2004年至2007年，中国人民银行先后9次上调存贷款基准利率，并取消个人住房贷款利率优惠。加息周期有效抑制了非理性住房消费需求，居民购房更侧重于自住和改善住房条件。

2007年《关于加强商业性房地产信贷管理的通知》(银发〔2007〕359号)及其《补充通知》(银发〔2007〕452号)明确了二套房的执行标准，规定二套（含）以房贷款首付款比例不得低于40%，贷款利率不得低于基准利率的1.1倍，有效约束了二套房贷杠杆比例，对降低信贷风险、打击房地产投机、保障自住性需求、平抑房价过快上涨发挥了积极作用。此外，银发〔2007〕359号文还进一步严格规范了房地产贷款管理、风险监测及防范工作，要求贷款使用与开发项目配套专款专用，有效避免滚动开发模式下企业挪用贷款资金用途行为，防范金融风险。

金融危机以来，随着适度宽松货币政策的实施，自2008年9月起，中国人民银行先后5次下调存贷款基准利率，先后4次下调存款准备金率，并印发了《中国人民银行关于扩大商业性个人住房贷款利率下浮等有关问题的通知》(银发〔2008〕302号）等文件，将商业性个人住房贷款利率的下限扩大为贷款基准利率的0.7倍，最低首付比例调整为20%，要求商业银行充分考虑各种因素按照风险原则合理确定利率水平。房贷利率下限降低使得金融机构房贷利率浮动权限进一步扩大，金融机构具有了更大的自主决策空间。同时也更好地支持了居民购买普通住房，有力促进了内需扩大和民生改善。

2010年2月，中国人民银行、中国银行业监督管理委员会联合出台《关于贯彻落实〈国务院办公厅关于促进房地产市场平稳健康发展的通知〉的通知》(银发〔2010〕58号)，加强对房地产贷款业务的窗口指导，加大差别化信贷政策执行力度，严格抑制投资投机性购房需求。9月，又出台了《中国人民银行　中国银行业监督管理委员会关于完善差别化住房信贷政策有关问题的通知》(银发〔2010〕275号)，明确提出“暂停发放居民家庭购买第三套及以上住房的贷款”；对贷款购买商品住房的，“首付款比例调整至30%及以上”，“对贷款购买第二套住房的家庭，严格执行首付款比例比低于50%、贷款利率不低于基准利率1.1倍的规定”。

2011年1月，根据《国务院办公厅关于进一步做好房地产市场调控工作有关问题的通知》(国办发〔2011〕1号）要求，贷款购买第二套住房的家庭，首付款比例不低于60%，贷款利率不低于基准利率的1.1倍。《中国人民银行关于做好差别化住房信贷政策实施工作的通知》(银发〔2011〕66号）明确各地实施差别化住房信贷政策的基本条件、程序和管理要求。

为发挥好金融对公共租赁住房等保障性安居工程建设的支持作用，人民银行会同银监会联合印发《关于认真做好公共租赁住房等保障性安居工程金融服务工作的通知》(银发〔2011〕193号)，进一步完善公共租赁住房等保障性安居工程建设的信贷支持政策体系，明确贷款期限最长不超过15年。

2012年9月，住房城乡建设部、财政部、中国人民银行联合印发《关于做好扩大利用住房公积金贷款支持保障性住房建设试点范围工作的通知》(建金〔2012〕130号)，确定石家庄等64个城市为新增试点城市，北京等18个城市为新增贷款额度城市，290个建设项目为新增利用住房公积金贷款支持保障性住房建设试点项目。

2012年11月，国土资源部、人民银行与银监会出台了《关于加强土地储备与融资管理的通知》(国土资发〔2012〕162号)，明确土地储备机构将实行“名录制”管理，各银行机构只能对经过资质认定的名录范围内的土地储备机构发放土地储备贷款；土地储备贷款的期限最长可延至五年。

2012年3月，北京市金融工作局、中国人民银行营业管理部、北京市住房和城乡建设委员会等五部门联合出台了《关于印发北京市金融支持保障性住房建设意见的通知》(京金融〔2012〕107号)，完善保障性住房相关融资管理制度，吸引各类金融机构及社会资金参与北京市保障性住房建设工作。

2013年2月，根据《国务院办公厅关于继续做好房地产市场调控工作的通知》(国办发〔2013〕17号）要求，继续严格实施差别化住房信贷政策。银行业金融机构要进一步落实好首套房贷款的首付款比例和贷款利率政策，严格执行第二套（及以上）住房信贷政策。

2013年4月，为贯彻落实各项房地产调控政策要求，按照北京市新建商品住房价格控制目标和政策要求，人行营业管理部出台了《中国人民银行营业管理部关于调整北京市差别化住房信贷政策的通知》(银管发〔2013〕116号)，对贷款购买第二套住房的家庭，首付款比例不低于70%；同时明确，对在北京市住房和城乡建设委员会房屋登记信息系统中显示无房、在中国人民银行个人信用信息基础数据库中有一笔住房贷款记录、第二次申请贷款购买住房的家庭，仍执行首付款比例不低于60%的政策。北京是2013年国内率先对差别化住房信贷政策进行调整的城市。

2014年9月30日，为进一步改进对保障性安居工程建设的金融服务，继续支持居民家庭合理的住房消费，促进房地产市场持续健康发展，人民银行和银监会联合转发了《关于进一步做好住房金融服务工作的通知》(银发〔2014〕287号)，规定对拥有一套住房并已结清相应购房贷款的家庭，为改善居住条件再次申请贷款购买普通商品住房的，银行业金融机构可执行首套房贷款政策。继续支持房地产开发企业的合理融资需求。

二、2015年房地产信贷政策调整情况

为进一步完善个人住房贷款信贷政策，支持居民自住和改善性住房需求，2015年4月20日，中国人民银行营业管理部联合北京

市住建委和北京银监局转发了《中国人民银行　住房城乡建设部　中国银行业监督管理委员会　关于个人住房贷款政策有关问题的通知》(银管发〔2015〕122号)，规定对拥有1套住房且相应购房贷款未结清、再次申请商业性个人住房贷款购买普通住房的居民家庭，最低首付比例和利率水平由北京地区市场利率定价自律机制协商确定。

2015年10月14日，人行营业管理部联合北京银监局转发了《中国人民银行　中国银行业监督管理委员关于进一步完善差别化住房信贷政策有关问题的通知》(银发〔2015〕305号)，要求人民银行、银监会各派出机构应按照“分类指导，因地施策”的原则，加强与地方政府的沟通，根据辖内不同城市情况，在国家统一信贷政策的基础上，指导各省级市场利率定价自律机制结合当地实际情况自主确定辖内商业性个人住房贷款的最低首付款比例。

第五节　2015年相关房地产金融政策文件

特　急

中　国　人　民　银　行
住　房　城　乡　建　设　部　文件
中国银行业监督管理委员会

银发〔2015〕98号

中国人民银行　住房城乡建设部　中国银行业监督管理委员会
关于个人住房贷款政策有关问题的通知

为进一步完善个人住房信贷政策，支持居民自住和改善性住房需求，促进房地产市场平稳健康发展，经国务院批准，现就有关事项通知如下：

一、继续做好住房金融服务工作，满足居民家庭改善性住房需求。鼓励银行业金融机构继续发放商业性个人住房贷款与住房公积金委托贷款的组合贷款，支持居民家庭购买普通自住房。对拥有1套住房且相应购房贷款未结清的居民家庭，为改善居住条件再次申请商业性个人住房贷款购买普通自住房，最低首付款比例调整为不低于40%，具体首付款比例和利率水平由银行业金融机构根据借款人的信用状况和还款能力等合理确定。

二、进一步发挥住房公积金对合理住房消费的支持作用。缴存职工家庭使用住房公积金委托贷款购买首套普通自住房，最低首付款比例为20%；对拥有1套住房并已结清相应购房贷款的缴存职工家庭，为改善居住条件再次申请住房公积金委托贷款购买普通自住房，最低首付款比例为30%。

三、加强政策指导，做好贯彻落实、监督和政策评估工作。人民银行、银监会各级派出机构要按照“因地施策，分类指导”的原则，做好与地方政府的沟通工作，加强对银行业金融机构执行差别化住房信贷政策情况的监督；在国家统一信贷政策基础上，指导银行业金融机构合理确定辖内商业性个人住房贷款最低首付款比例和利率水平；密切跟踪和评估住房信贷政策的执行情况和实施效果，有效防范风险，促进当地房地产市场平稳健康发展。

请人民银行各分行、营业管理部、省会（首府）城市中心支行、副省级城市中心支行，各省（自治区、直辖市）银监局将本通知转发至辖区内城市商业银行、农村商业银行、农村合作银行、城乡信用社、外资银行、村镇银行。

2015年3月30日

主　　送：中国人民银行各分行、营业管理部、各省会（首府）城市中心支行、副省级城市中心支行；各省、自治区、直辖市住房城乡建设厅（建委）、银监局，新疆生产建设兵团建设局；各国有商业银行、股份制商业银行，中国邮政储蓄银行，直辖市、新疆生产建设兵团住房公积金管理委员会、住房公积金管理中心。

内部发送：办公厅，市场司，条法司。

中国人民银行办公厅　　　　2015年3月30日印发

特　急

中　国　人　民　银　行
中国银行业监督管理委员会 **文件**

银发〔2015〕305 号

中国人民银行　中国银行业监督管理委员会关于进一步完善差别化住房信贷政策有关问题的通知

中国人民银行各分行、营业管理部，各省会（首府）城市中心支行，各副省级城市中心支行；各省（自治区、直辖市）银监局；各国有商业银行、股份制商业银行，中国邮政储蓄银行：

为进一步改进住房金融服务，支持合理住房消费，经国务院同意，现就个人住房贷款政策有关事项通知如下：

一、在不实施“限购”措施的城市，对居民家庭首次购买普通住房的商业性个人住房贷款，最低首付款比例调整为不低于25%。

二、人民银行、银监会各派出机构应按照“分类指导，因地施策”的原则，加强与地方政府的沟通，根据辖内不同城市情况，在国家统一信贷政策的基础上，指导各省级市场利率定价自律机制结合当地实际情况自主确定辖内商业性个人住房贷款的最低首付款比例。

请人民银行各分行、营业管理部、省会（首府）城市中心支行、副省级城市中心支行，各省（自治区、直辖市）银监局将本通知转发至辖区内城市商业银行、农村商业银行、农村合作银行、城乡信用社、外资银行、村镇银行。

2015 年 9 月 24 日

抄　　送：住房城乡建设部。
内部发送：办公厅，市场司，条法司，货政司。

中国人民银行办公厅　　2015 年 9 月 30 日印发

第十章

物业服务和管理

北京市房地产年鉴 2016

第一节 2015 年北京市物业管理基本情况

一、物业服务企业数量及分布

截至 2015 年 12 月，全市取得《物业服务企业资质证书》的企业 2876 家，其中，一级 142 家，新增 10 家；二级 377 家，新增 11 家；三级 2214 家，减少 15 家；三级暂定 59 家，减少 10 家。外埠在京企业取得资质 59 家，减少 9 家。

从各区分布上，海淀区注册的物业服务企业最多，有 541 家，其他依次为朝阳区 498 家、西城区 338 家、东城 242 家和丰台区 236 家。

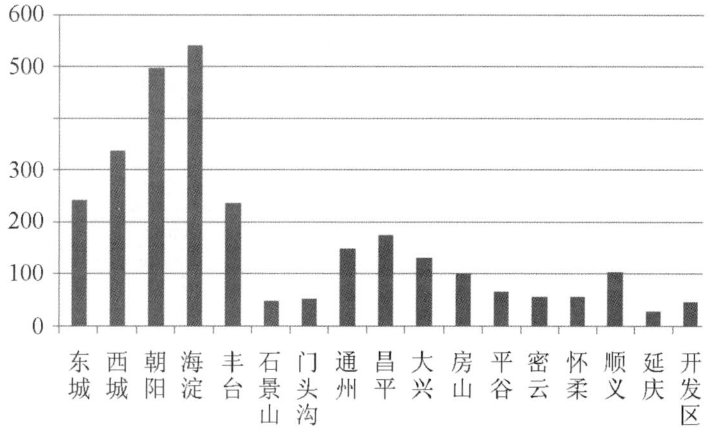

图 10－1 2015 年北京市各区物业服务企业数量（单位：家）

二、物业项目数量及分布

截至 2015 年底，北京市有物业服务项目 6821 个、新增 299 个，建筑面积 60347 万平方米，其中，住宅类项目 4021 个、45391 万平方米，商业类项目 328 个、1339 万平方米，商住类项目 135 个、1238 万平方米，写字楼项目 723 个、2843 万平方米，行政办公楼项目 684 个、2136 万平方米，工业类项目 217 个、2055 平方米，综合类项目 713 个、5344 万平方米。

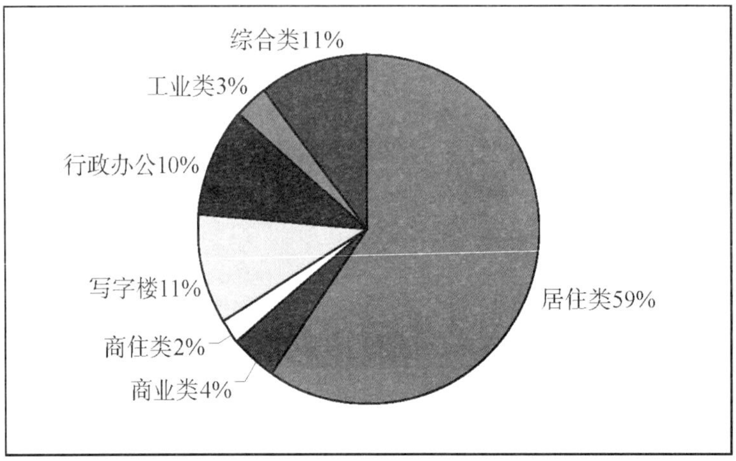

图 10－2　2015 年北京市各类物业服务项目比例（单位:%）

物业管理项目主要集中在朝阳、海淀、西城和丰台区。与 2014 年相比，2015 年物业管理项目总量增加了 239 个。

表 10－1　2015 年北京市综合各区物业服务项目数量及建筑面积

	项目数量		建筑面积	
	（个）	（%）	（万 M^2）	（%）
合计	6821	100%	60347	100%
首都功能区（东、西城）	1182	17.3%	6595	10.9%
城市功能拓展区（朝、海、丰、石）	3511	51.4%	30795	51.0%
城市发展新区（通、昌、顺、大、房、开发区）	1594	23.3%	15076	25.0%
生态涵养发展区（门、怀、平、密、延）	534	8.0%	7881	13.1%

三、业主大会成立情况

截至 2015 年底，北京市共有业主委员会 1111 个，占物业管理项目数量的 16.2%。其中，住宅物业项目成立业主委员会 1070 个，占住宅项目总量的 26.6%，非住宅物业项目成立业主委员会 41 个，占非住宅项目总量的 1.4%。业委会成立的数量与上年同期 1134 个相比减少 23 个。

表 10－2　2015 年北京市业主大会成立情况

	业委会数量（个）	物业管理项目数量（个）	比例
合计	1111	6821	16.2%
住宅项目	1070	4021	26.6%
非住宅项目	41	2800	1.5%

四、企业出京经营情况

为企业开具诚信证明时，在核查物业服务合同备案、上一年度费用公示和企业信用信息等情况的基础上，增加了核查住宅项目建立应急维修台账情况。2015 年，共为 45 家物业服务企业开具诚信证明。

第二节　物业管理法律法规政策

一、配合完成市人大常委会开展《北京市物业管理条例》预案调研工作，形成课题报告及条例草案初稿

2014 年，《北京市物业管理条例》被市人大列入了立法预案研究项目。配合市人大做好立法预案调研是 2015 年工作的重中之重。3 月 27 日，市人大常委会杜德印主任专门听取了物业管理立法课题组的汇报，对物业管理条例立法预案调研工作做出明确指示。经过近一年的协调配合工作，立法调研课题组完成《〈北京市物业管理条例〉预案研究报告》、《〈北京市物业管理条例〉草案及说明》，于 11 月向市人大常委会正式进行了汇报。

二、指导分区开展政策试点，研究完善相关政策，推广试点经验

一是完善加强业主组织建设有关文件。在 2013 年完成的《关于进一步加强和完善业主组织有关问题的通知（讨论稿）》多次修改的基础上，2015 年，进行了进一步修改完善。三次征求了朝阳、顺义、怀柔等部分区住建委的意见，并与业主代表进行专门座谈。同时，鼓励分区先行尝试，指导分区开展政策试点；二是起草物业服务收费文件，建立合理调价机制。经与市发改委多次沟通，双方就定价目录及定价权问题形成了共识。三是修订《北京市物业管理示范项目考评标准及评分细则》，明确示范项目考评定位，弱化硬件，强化服务考评，使考评标准回归本源；四是修改《关于规范我市物业服务企业晋升资质等级核定工作的通知》，简化要件和程序，加强企业日常管理，对外地进京企业提出针对性的管理措施；五是修改《北京市物业服务企业信用信息管理办法》。进一步强化信用管理手段，完善信用采集和信息运用，发挥信用信息在市场活动中的作用；六是起草《北京市物业项目负责人管理工作通知》。主要内容包括完善动态监管系统，建立全市物业项目负责人信用信息库，实现项目负责人从业经历全程记录。

第三节 物业服务监管

一、强化物业企业资质监管

推动物业服务行业信用体系建设，规范物业服务企业、项目负责人的经营和执业行为，构建诚实守信的市场环境，促进物业服务行业健康有序发展。2015 年，共为 45 家物业服务企业开具诚信证明。为帮助信用优良的物业服务企业扩大企业经营规模和拓展外埠市场份额创造了条件。加强物业服务企业审批后监管，通过资质核查，撤销了 100 家物业企业的资质证书。禁止未按要求建立维修资金台账、未按要求完成合同备案、公示上一年度收支项目情况、因违法违规行为被处罚的企业出京承揽业务

二、通过信息联动促进物业行业监管

市物业服务指导中心积极协调北京市政府采购中心，通过共享物业企业的违法记录和优良业绩，增强市场的透明度，推动行业优胜劣汰。2015 年 12 月，市政府采购中心启动了第三批物业服务供应商招标，首次将市住建委提供的企业信用记分情况纳入投标条件及评分标准。

三、开展安全生产培训

2015 年 5 至 6 月，会同市质监局、市安监局、市消防局及各区住建委（房管局）开展维修资金和安全生产实务培训，培训对象为实施专业化物业管理的物业企业负责人及项目负责人、部分街道办事处（乡镇人民政府）负责同志和各区物业管理部门负责同志。培训共开展 19 场，参训人数超过 7200 名。

四、安全生产标准化二级评审工作

市住建委、市安监局共同印发了《〈北京市物业管理综合楼宇项目二级安全生产标准化评审管理办法〉及〈北京市物业管理综合楼宇项目二级安全生产标准化评审标准〉的通知》，物业管理标准化二级评审工作由物业服务指导中心作为评审组织单位，会同安监部门负责具体组织实施。参评项目的达标是对实施专业化物业管理的综合楼宇项目在参评时既有的安全生产管理状况的客观评价。12 月中旬，市物业服务指导中心会同市质监局分别对各区房屋行政主管部门、评审专家、拟申报企业负责人开展了三场专题培训。本次累计培训人员 570 人次。

五、组织综合、汛前、重点活动、春节前安全生产等专项检查

2015 年 4 月份，会同朝阳区、海淀区住建委（房管局）物业科，对朝阳区大郊亭北街 16 号院、国奥村、亚运新新家园，海淀区玉渊潭公寓、万泉新新家园、万城华府、缘溪堂等 7 个项目开展了综合检查。对存在问题的项目下发整改通知书，对存在消防隐患的项目移交消防部门处理。

6 月下旬组织区住建委（房管局）对东城、西城、朝阳、海淀、丰台等 10 个区的 46 个项目开展专项检查，检查内容包括度汛前的准备工作情况和物业管理区域内重点部

位的隐患排查情况。对出现防汛物资准备不足，排水设施清理不到位等问题的部分项目下发整改通知书，并逐一进行复查，确保平安度汛。

为确保物业管理区域在世界田径锦标赛和纪念抗日战争胜利70周年大阅兵活动期间落实各项管控要求，保障有序的物业管理环境，物业服务中心于8月21日至25日会同市住建委执法大队、区住建委（房管局）物业科和物业管理协会副会长单位组成五个检查组，对田径世锦赛场馆周边、运动员驻地、长安街沿线的30个物业管理项目开展了安全生产专项检查。检查内容包括电梯维护养护及运行情况；消防设备管理及主机运行情况以及度汛准备及应急值守工作情况。

春节前，物业服务中心会同区建委（房管局）对出现问题较多的物业项目组织开展了安全生产专项检查，对存在安全管理隐患的物业企业进行责令整改，并将检查中发现存在有限空间管理隐患的东城区安贞苑小区等45个项目依法移交市安监局处理；将存在消防隐患的东城区广渠家园等12个项目依法移交给市公安消防局处理；将存在电梯安全隐患的石景山区西黄新村北里等10个项目依法移交市质监局处理；并对北京宸居物业管理有限责任公司等10个违规企业在我委网站进行曝光处理，切实履行物业管理区域内安全生产管理的职责。

第四节　物业服务评估监理

物业服务评估监理协会挖掘存量市场，主动介入承接查验、合同履行情况评价、司法调查取证等事务，在处理物业服务定价、服务质量和接撤管等物业矛盾纠纷中发挥了积极作用。2015年评估协会向全体会员制发了10个文件，从开拓市场、机构培训、业务指导、违规查处、行业自律等多方面开展工作。截止2015年9月30日，北京市有备案物业服务评估监理机构49家。物业管理行业专家384人，其中：综合类专家203人，专业类（土建、电气、暖通、给排水、结构、经济、财务等7类）专家171人，综合及专业双重专家10人。2015年1月1日至9月30日，完成评估业务213个，其中：物业服务费用评估项目168个（抽取89个，新增79个）；物业服务质量评估项目3个；物业项目承接查验评估项目42个。物业服务费用评估面积为1956万平方米，其中住宅1413万平方米，平均物业费为3.59元。

第五节　商品住宅专项维修资金管理

截至2015年底，全市累计归集住宅专项维修资金421.79亿元、323.85万套，其中本年度归集资金27.79亿元、18.13万套（见表10－3）。累计3330个小区使用住宅专项维修资金20.75亿元，由于早期开发的住宅陆续进入维修期，本年度使用资金6.12亿元，比上年减少0.73亿元，同比减少10.7%。累计有277个小区将专项维修资金划转至业主委员会开户银行，涉及资金25.77亿元、19.55万套，本年度划转资金1.9亿元，同比增加37.68%。

表10－3　2000—2015年北京市住宅专项维修资金归集金额

（单位：亿元）

年份	2000	2001	2002	2003	2004	2005	2006	2007	2008	2009	2010	2011	2012	2013	2014	2015	合计
金额	2.29	3.7	7.77	11.87	17.72	43.18	33.92	34.26	30.66	37.08	48.6	32.26	29.09	33.08	28.37	27.79	419.75

注：本市自2000年2月13日开始对1999年1月1日以后售出的新建商品住宅（含经济适用住房）归集专项维修资金。归集金额均以2000年至2015年实际归集到“北京市住宅专项维修资金专用银行账户”的金额统计。

第六节　市级示范物业服务项目评选

经物业服务企业申报、专家评审等环节，全市84个项目获星级项目称号，其中四星级项目56个（见表10－4）、五星级项目28个（见表10－5）。

表10－4　2015年度北京市物业管理示范项目（四星级）

一、四星级住宅小区		
1	和平里六区住宅小区	北京国天物业管理发展有限公司
2	俊景苑小区	北京市东旭佳业物业管理有限公司
3	武警太平里小区	北京房修一物业管理有限公司
4	千鹤家园	北京天诺物业管理有限责任公司
5	安华西里小区	北京亿方物业管理有限公司
6	水岸庄园（二区）	国贸物业酒店管理有限公司
7	倚林佳园小区	北京金罗马物业管理有限公司
8	北苑北辰居住区C4（天畅园）	北京信和物业管理有限责任公司
9	北苑北辰居住区D2（天居园）	北京信和物业管理有限责任公司
10	北京市朝阳区夏家园11号楼、12号楼	北京金海燕物业管理有限公司
11	望京新城K7区	北京市望京实业总公司
12	望京新城A1区（国风）	北京市望京实业总公司
13	北京市朝阳区十里堡甲3号院（东恒时代C区组团）	北京华泰龙安物业管理有限责任公司

续表 10 - 4

14	松榆东里小区	北京住总北宇物业服务公司
15	交大嘉园	北京和泓物业管理有限公司
16	芙蓉里小区	北京亿方物业管理有限公司
17	柳明家园	北京金隅大成物业服务有限责任公司
18	香山艺墅	北京燕侨物业管理有限公司
19	浩思家园小区	北京金罗马物业管理有限责任公司
20	紫芳园三区	北京方庄物业管理有限责任公司
21	青塔东里润景阁	北京金隅大成物业服务有限责任公司
22	百善园	京港路劲物业管理（北京）有限公司
23	大方居	北京金罗马物业管理有限责任公司
24	方恒东景	北京华泰龙安物业管理有限责任公司
25	漫香郡北区住宅项目	北京金融街住宅物业管理有限责任公司
26	绿地花都苑	北京华特物业管理发展有限公司
二、四星级大厦		
1	首创大厦	北京安信行物业管理有限公司
2	中纺大厦	中纺物业管理有限公司
3	中国建设银行股份有限公司北京前门支行	北京建银资产管理有限公司
4	环境国际公约履约大楼	国贸物业酒店管理有限公司
5	金融街 whose 写字楼（恒奥中心）	北京首华物业管理有限公司
6	国家开发银行北丰办公楼	北京仲量联行物业管理服务有限公司
7	中国国家话剧院剧场及办公楼	北京闻达敏斯物业管理服务有限公司
8	商房大厦	中国海洋置业有限公司
9	富卓花园广场	北京银达物业管理有限责任公司
10	中国石油国际事业有限公司办公楼	北京经中太联物业管理有限公司
11	北京市监狱管理局指挥中心	北京海文资产经营管理有限公司
12	金长安大厦	北京澳西物业管理有限公司
13	鹏龙大厦	北京鹏盛物业管理有限公司
14	硅谷亮城	北京万佳鑫物业管理有限责任公司
15	清华大学信息科学技术大楼	北京亿展资产管理有限公司
16	方正国际大厦	北京北大资源物业经营管理集团有限公司
17	北京集成电路设计园（量子银座）	北京宝景物业管理有限公司
18	通用大厦	通用技术集团物业管理有限公司
19	国家体育总局射击射箭运动管理中心	北京华体世纪物业管理有限公司
20	金隅技术中心	北京金隅物业管理有限责任公司

续表 10 - 4

21	中国瑞达大厦	北京中电瑞达物业有限公司
22	中国建设银行股份有限公司北京石景山支行大厦	北京建银资产管理有限公司
23	大兴区桐城行政办公楼	北京兴宾健安物业管理有限公司
24	大兴区少年宫及妇女儿童活动中心	北京信诚天宇物业物业管理有限公司
25	大兴区综合服务行政中心办公楼	北京经中太联首源物业管理有限公司
26	新城北区28#地块商业金融项目	北京兴达兴物业管理中心
27	中冶京诚工程技术有限公司亦庄第二办公区	北京金诺威物业管理有限公司
三、四星级其他类型项目		
1	西城体育局项目	北京经中太联首源物业管理有限公司
2	中共中央党校中央直属机关分校	北京诚智慧中物业管理有限公司
3	北京印刷学院	北京博宇嘉物业管理有限公司

表 10 - 5　2015 年度北京市物业管理示范项目（五星级）

一、五星级住宅小区		
1	当代 MOMA	第一物业服务（北京）有限公司
2	丰融园	北京麦斯顿物业管理有限公司
3	世华泊郡家园	北京城承物业管理有限责任公司
4	林萃公寓	北京国天物业管理发展有限公司
5	朝阳区东八里庄危改小区	北京招商局物业管理有限公司
6	金地银河嘉园	北京金地格林物业管理有限公司
7	海淀区北蜂窝路 5 号院住宅小区	北京中铁金方物业管理中心
8	仰山嘉园小区	北京金地格林物业管理有限公司
二、五星级大厦		
1	北京新保利大厦	上海保利物业酒店管理集团有限公司
2	雍贵中心	北京中天如日物业管理有限公司
3	教育部机关北办公楼及礼堂	北京亿展资产管理有限公司
4	富凯大厦	北京金融街第一太平戴维斯物业管理有限公司
5	西城区政府南区机关综合办公楼 1 号楼	北京中水物业管理有限公司
6	北京市教育委员会	北京网信物业管理有限公司
7	丰和大厦	北京华服物业管理有限责任公司
8	建达大厦	北京金隅物业管理有限责任公司
9	怡和阳光大厦	北京二商怡和阳光物业管理有限公司
10	曙光西里甲 5 号院 16 号楼（凤凰置地广场西区 A 座）	北京华润物业管理有限公司
11	金地中心	北京金地格林物业管理有限公司

续表 10-5

12	中国科学院微生物研究所	北京信科联物业管理有限公司
13	科技楼项目	北京中兵物业管理有限责任公司
14	金隅嘉华大厦	北京金隅物业管理有限责任公司
15	中科院学院科技政策与管理科学研究所	北京科住物业管理有限责任公司
16	电信科学科技研究院综合楼	北京大唐物业管理有限公司
17	方正大厦	北京北大资源物业经营管理集团有限公司
18	朔黄发展大厦	北京招商局物业管理有限公司
19	北京奥运大厦	北京奥运大厦物业管理中心
三、五星级其他类型项目		
1	中国美术馆	北京航腾物业管理有限责任公司

第七节　其他工作

一、推动物业管理区域小客车自用充电设施安装

配合市科委做好物业管理区域新能源小客车自用充电设施的安装工作，加大对物业企业的培训和宣传力度，积极协调解决物业小区内新能源小客车充电桩安装过程中的矛盾纠纷，促进新能源小汽车的推广；。截止到 2015 年 12 月，全市已销售新能源小客车 1.3 万辆，安装自用充电桩 8312 个，自用充电桩已覆盖全市 16 个区 2600 余个小区。

二、开展居住类物业项目专项调查

针对北京市居住类物业存在时间长、体量大、产权和管理状况复杂等特点，2015 年物业指导中心委托专业调查机构对全市居住类物业项目进行调查，计划 2016 年完成五环内居住项目，实际完成约 2100 个项目基本情况调查。

三、积极协调配合光纤改造工作

响应“宽带中国”战略，配合市通信管理局做好光纤宽带进小区工作，要求物业公司严格按照相关文件要求，履行职责，督促物业服务企业配合做好光纤入户工作。截止 2015 年底，采取一对一项目跟进方式，配合 89 个项目光纤入户工作。

第十一章

不动产登记

北京市房地产年鉴 2016

第一节 2015年北京市土地权属登记

一、2015年（1—10月）城镇国有土地使用权登记情况

2015年（1—10月），北京市城镇国有土地使用权初始登记发证757宗，发证面积1374.14公顷；变更登记发证6100宗，发证面积4820.39公顷；注销登记63宗，注销宗地面积275.73公顷。

表11-1 2015年（1—10月）北京市城镇国有土地使用权登记发证情况

项目	合计	
	宗数（宗）	面积（万平方米）
甲	1	2
累计	6857	6194.53
东城区	451	27.70
西城区	420	33.93
朝阳区	2797	315.48
丰台区	636	295.79
石景山区	158	118.29
海淀区	803	218.21
门头沟区	127	373.10
房山区	170	578.53
通州区	246	479.69
顺义区	306	1919.33
昌平区	292	795.17
大兴区	173	444.17
怀柔区	89	202.88
平谷区	52	89.93
密云区	68	94.34
延庆区	35	46.14
北京经济技术开发区	34	161.85

二、2015 年（1—10 月）城镇国有土地使用权抵押权登记情况

2015 年（1—10 月），北京市抵押土地 5467 宗（含小业主抵押 3104 宗），抵押土地面积为 5689.722 公顷，土地抵押贷款额为 68055581.43 万元。主要抵押土地类别集中在商服用地、住宅用地和工矿仓储用地上。年内，全市共注销抵押土地 4593 宗，注销抵押面积为 5075.06 公顷，注销抵押贷款为 42315418.40 万元。

表 11－2　2015 年（1—10 月）北京市城镇国有土地使用权抵押权登记发证情况

项目	合　计		
	宗数（宗）	抵押面积（万平方米）	贷款金额（万元）
甲	1	2	3
累计	5467	5689.722	68055581.43
东城区	351	33.763	3828622.48
西城区	238	29.320	4450280.73
朝阳区	2124	376.687	22382408.33
丰台区	404	140.516	3847378.10
石景山区	107	197.749	2461297.91
海淀区	620	181.915	5410276.60
门头沟区	32	209.668	1254488.00
房山区	103	295.079	2138404.21
通州区	327	941.542	7722805.20
顺义区	230	482.960	3292260.29
昌平区	212	473.574	2986807.02
大兴区	259	1371.164	3707745.96
怀柔区	94	152.104	507885.00
平谷区	75	153.525	517833.45
密云区	93	184.953	637557.00
延庆区	63	151.230	208174.91
北京经济技术开发区	135	313.973	2701356.24

三、历年城镇国有土地使用权登记情况

从 1993 年起，截止到 2015 年（1—10 月）底，北京市共累计办理国有土地使用权登记 224178 宗，累计登记土地面积 243162.84 公顷。其中 2015 年（1—10 月）办理国有土地使用权登记 6857 宗，土地面积 6194.53 公顷。

表 11－3 1993—2015 年（1—10 月）北京市国有土地使用权登记发证情况

年份	件数	面积（万平方米）	累计发证件数	累计发证面积（万平方米）
1993 年	583	827.57	653	838.39
1994 年	796	1363.22	1449	2201.61
1995 年	944	1629.21	2393	3830.82
1996 年	1537	2632.16	3930	6402.98
1997 年	2215	4559.95	6145	10962.93
1998 年	3802	14157.76	9947	25120.69
1999 年	7862	11250.36	17809	36371.05
2000 年	5108	8131.83	22917	44502.88
2001 年	7350	13494.63	30267	57997.51
2002 年	8180	9448.07	38447	67445.58
2003 年	11396	19868.16	49843	87313.74
2004 年	17201	10794.05	67044	98107.79
2005 年	17292	8924.16	84336	107031.95
2006 年	27854	53982.67	112190	161014.62
2007 年	19789	10543.95	131979	171558.57
2008 年	15873	12363.68	147852	183922.25
2009 年	19373	13750.8	167225	197673.05
2010 年	14722	9145.85	181947	206818.90
2011 年	12170	10248.88	194117	217067.78
2012 年	7782	7795.52	201899	224863.30
2013 年	8607	6230.961	210506	231094.26
2014 年	6815	5874.08	217321	236968.31
2015 年	6857	6194.53	224178	243162.84

四、历年城镇国有土地使用权抵押权登记情况

2015 年（1—10 月）办理抵押权登记 5467 宗，比上年同期增加 9.27%，抵押面积 5689.722 公顷，比上年同期增加 9.30%，抵押额 68055581.43 万元，比上年同期减少 5.97%。

表 11－4 1999—2015 年（1—10 月）北京市国有土地使用权抵押权登记情况

年份	宗数	面积（万平方米）	抵押额（万元）
1999 年	889	948.19	1636780.54
2000 年	794	783.83	1569197.64
2001 年	1457	2913.11	3144433.55
2002 年	2141	2686.97	4953896.22

续表 11－4

年份	宗数	面积（万平方米）	抵押额（万元）
2003 年	3874	4344.28	17027192.52
2004 年	13178	5635.03	10234732.98
2005 年	6901	6335.94	13359914.3
2006 年	8174	51781.22	17728988.51
2007 年	9726	6635.89	30046700.24
2008 年	7626	6004.84	21565014.53
2009 年	6994	12159.79	48972131.41
2010 年	9232	7056.63	45691814.53
2011 年	6058	7405.64	53637971.64
2012 年	5476	6918.63	50352108.12
2013 年	6345	7723.071	73054780.36
2014 年	5782	6619.196	88810552.25
2015 年	5467	5689.722	68055581.43

第二节　不动产登记

一、北京市不动产登记机构职责整合

2015 年 6 月 15 日，北京市机构编制委员会办公室印发《关于同意为市国土局增设不动产登记处的函》(京编办行〔2015〕115 号)，同意在整合本市土地、房屋、林地等不动产登记职责的基础上，为市国土局增设不动产登记处，作为市国土局的内设机构，其主要职责是负责指导监督本市土地登记、房屋登记、林地登记等不动产登记工作；会同有关部门起草不动产统一登记的地方性法规和规章草案，建立不动产统一登记制度，拟订不动产权属争议的调处政策；推进不动产登记信息管理基础平台建设。

2015 年 6 月 17 日，北京市机构编制委员会办公室印发《关于同意市国土局调整设立北京市不动产登记事务中心等事项的函》(京编办事〔2015〕67 号)，同意将市住房城乡建设委所属的北京市房屋权属登记事务中心划归市国土局，与市国土局所属北京市土地权属登记事务（北京市矿产资源储量评审中心）整合，设立北京市不动产登记事务中心，为市国土局所属相当正处级公益一类事业单位。主要职责是承担在京中央单位、驻京部队、保密单位等不动产登记的事务性工作；承担不动产登记资料汇交管理和信息共享工作；承担不动产登记数据的管理和利用工作；承担重大不动产登记争议案件调查处理的事务性工作。

2015 年 7 月 2 日，北京市机构编制委员会办公室印发《关于整合本市不动产登记职责的通知》(京编办发〔2015〕10号)，明确本市建立不动产统一登记管理体制。市国土局为本市不动产登记机构，统一负责全市的不动产登记工作。将市、区相关部门承担的土地、房屋、林地、农村土地承包经营权等不动产登记职责予以整合，统一交由市国土局承担，不动产的管理职责仍由原相关部门承担。其中，农村土地承包经营权纳入不动产统一登记予以五年过渡期。

2015年8月21日，市编办印发关于整合设立北京市各区不动产登记事务中心的通知，明确整合各区土地权属登记事务中心和各区房屋管理局所属的房屋登记中心、档案管理中心，设立各区不动产登记事务中心，为市国土局各区分局所属相当副处级公益一类事业单位。承担本行政区域内不动产（不含军产、央产、保密产）登记的事务性工作，承担土地权籍调查、土地调查、土地确权、土地权属审查的事务性工作，承担有关数据和档案的管理等工作。

2015年11月6日，市国土局联合市住建委共同发布《关于实施不动产统一登记制度有关事项的通告》，向社会告知自2015年11月9日起北京市全面启用新的不动产登记簿证。2015年11月8日，在东城区不动产登记事务中心举行了首证颁发活动。本市为全国首个全域范围启用新版证书的省级单位。

二、不动产登记情况

1. 国有建设用地使用权及房屋所有权登记

2015年11月9日至2015年12月31日，北京市共办理国有建设用地使用权及房屋所有权登记业务73221件，宗地面积302.707206公顷，房屋（建筑物、构筑物）建筑面积1233.4145万平方米。其中国有建设用地使用权初始登记业务29件，宗地面积96.68081公顷。国有建设用地上房屋（建筑物、构筑物）所有权初始登记177件，宗地面积9.095218公顷，房屋（建筑物、构筑物）建筑面积273.2186万平方米。国有建设用地使用权及房屋所有权变更登记4717件，宗地面积142.143497公顷，房屋（建筑物、构筑物）建筑面积194.8207万平方米。国有建设用地使用权及房屋所有权变更登记68014件，宗地面积45.589391公顷，房屋（建筑物、构筑物）建筑面积760.8787万平方米。国有建设用地使用权及房屋所有权注销登记284件，宗地面积9.19829公顷，房屋（建筑物、构筑物）建筑面积4.4965万平方米。2015年11月9日至2015年12月31日各区不动产登记事务中心办理国有建设用地使用权及房屋所有权登记数据统计情况见表11－5。

2. 集体土地所有权登记

2015年11月9日至2015年12月31日，北京市共办理集体土地所有权登记业务8件，宗地面积673.90449095公顷。其中集体土地所有权初始登记6件，宗地面积673.9公顷。集体土地所有权变更登记2件，宗地面积0.006公顷。

3. 集体建设用地使用权及房屋所有权登记

2015年11月9日至2015年12月31日，北京市共办理集体建设用地使用权及房屋所有权登记业务1件，宗地面积0.403566公顷。

4. 抵押权登记

2015年11月9日至2015年12月31日，北京市共办理抵押权登记业务70465件，宗地面积1942.9205231公顷，房屋（建筑物、构筑物）建筑面积2683.398744万平方米，被担保的主债权数额966666.408787368亿元。

表11－5　2015年11月—2015年12月北京市国有建设用地使用权及房屋所有权登记情况

项目	1. 国有建设用地使用权及房屋所有权初始登记						2. 国有建设用地使用权及房屋所有权变更登记			3. 国有建设用地使用权及房屋所有权转移登记			4. 国有建设用地使用权及房屋所有权注销登记		
	（1）国有建设用地使用权初始登记			（2）房屋（建筑物、构筑物）所有权初始登记											
	业务数（件）	宗地面积（公顷）	房屋（建筑物、构筑物）建筑面积（万平方米）	业务数（件）	宗地面积（公顷）	房屋（建筑物、构筑物）建筑面积（万平方米）	业务数（件）	宗地面积（公顷）	房屋（建筑物、构筑物）建筑面积（万平方米）	业务数（件）	宗地面积（公顷）	房屋（建筑物、构筑物）建筑面积（万平方米）	业务数（件）	宗地面积（公顷）	房屋（建筑物、构筑物）建筑面积（万平方米）
甲	1	2	3	4	5	6	7	8	9	10	11	12	13	14	15
总计	29	96. 68081		177	9. 095218	273. 2186	4717	142. 143497	194. 8207	68014	45. 589391	760. 8787	284	9. 19829	4. 4965
东城区							166	0. 924155	60. 7644	2542	0. 0091	24. 1334	2		0. 0131
西城区	1	0. 102415					177	2. 702399	11. 1826	3587	0. 00327	32. 5797	3		0. 0189
朝阳区	6	25. 137772		69	2. 657228	67. 7977	2302	3. 706279	41. 3936	17380		199. 1659	7		0. 0645
丰台区	2	3. 399199		17		33. 7159	235	11. 702266	4. 8966	5821	1. 635818	59. 433	6		0. 0465
石景山区	1	2. 737724		2		7. 5175	61		0. 7329	2764		23. 2874	7		0. 0534
海淀区	4	9. 057011		10		18. 5315	572	1. 776739	29. 7039	7915		86. 9887	8		0. 336
门头沟区							35		2. 3479	628		7. 6417	1		0. 0556
房山区	2	2. 333446		9	6. 43799	35. 5805	77	32. 608504	2. 1122	2739		35. 6835	11		0. 1732
通州区				28		18. 8321	204	1. 4958	7. 2385	4542	21. 548477	51. 1052	208		1. 4789
顺义区	3	32. 496756		10		18. 4326	373	13. 663223	8. 6411	4067	3. 201137	54. 1272	5	8. 63459	
昌平区	5	5. 291991					291	28. 504594	10. 3926	5537	5. 36572	69. 7017	19		2. 0925
大兴区	3	5. 561641		9		16. 8028	79	21. 452762	8. 637	6432	10. 323997	67. 0085	4		0. 0486
怀柔区				1		0. 9342	6	4. 32083	0. 0934	763	0. 2242	10. 1896	2	0. 5637	0. 1066
平谷区				13		13. 1098	37	9. 102432	2. 4229	1169		12. 2853			
密云区	2	10. 562855		2		11. 7132	40	9. 517014	0. 5962	962	1. 608942	10. 7103			
延庆区							14		1. 5268	516	1. 66873	5. 9264	1		0. 0087
北京经济技术开发区				7		30. 2508	48	0. 6665	2. 1381	650		10. 9112			

表 11-6　2015 年 11 月—2015 年 12 月北京市抵押权设立登记情况（含最高额抵押权设立登记）

项目	1. 国有建设用地使用权抵押权设立登记			2. 国有建设用地房屋在建工程抵押权设立登记				3. 国有建设用地房屋抵押权设立登记			
	业务数（件）	宗地面积（公顷）	被担保的主债权数额（亿元）	业务数（件）	宗地面积（公顷）	房屋（建筑物、构筑物）建筑面积（万平方米）	被担保的主债权数额（亿元）	业务数（件）	宗地面积（公顷）	房屋（建筑物、构筑物）建筑面积（万平方米）	被担保的主债权数额（亿元）
甲	1	2	3	4	5	6	7	8	9	10	11
总计	356	740.9148125	86362.81136	4	11.6715031	3.260744	32.696	38331		1612.5859	7158.2783
东城区	15	5.127072	97.202					1372		63.5743	316.6592
西城区	9	3.841585	62.098					1763		61.6331	218.5106
朝阳区	36	139.889952	319.4859					10749		388.3806	2440.1905
丰台区	22	54.347296	219.97					3049		164.7993	203.1195
石景山区	1	0.7676	3.8657					1043		13.8357	19.5321
海淀区	11	29.972126	80053.9					4440		240.5336	2034.4597
门头沟区	3	8.768356	54					207		6.219	5.5137
房山区	5	12.272076	4.4247					1125		26.5051	20.0431
通州区	43	209.336259	90.44432					3211		117.835	477.5773
顺义区	7	16.761553	19.85	1	1.333416	3.260744	1.496	1982		61.8169	709.9933
昌平区	2	4.578265	0.98					3518		90.9016	89.5704
大兴区	54	71.196041	162.626536	1	3.653508		16	3364		126.4951	389.9473
怀柔区	12	19.690294	24.675					385		21.034	32.3277
平谷区	6	30.146229	28.5					497		57.3799	141.1253
密云区	92	76.123851	2180.4					656		19.086	13.7926
延庆区	12	19.120343	14.61					580		18.4091	5.8934
北京经济技术开发区	26	38.9759145	3025.7792	2	6.6845791		15.2	390		134.1476	40.0226

（1）抵押权设立登记（含最高额抵押权设立登记）

2015年11月9日至2015年12月31日，全市共办理抵押权设立登记（含最高额抵押权设立登记）业务38691件，宗地面积752.586313公顷，被抵押房屋（建筑物、构筑物）建筑面积1615.846644万平方米，被担保的主债权数额93553.7853亿元。2015年11月9日至2015年12月31日各区不动产登记部门办理抵押权设立登记（含最高额抵押权设立登记）数据统计情况见表11－6。

（2）抵押权变更登记

2015年11月9日至2015年12月31日，全市共办理抵押权变更登记业务171件，宗地面积28.791486公顷，房屋（建筑物、构筑物）建筑面积36.1552万平方米，被担保的主债权数额365.94018亿元。2015年11月9日至2015年12月31日各区不动产登记部门办理抵押权变更登记数据统计情况见表11－7。

表11－7　2015年11月—2015年12月北京市抵押权变更登记情况

	业务数（件）	宗地面积（公顷）	房屋（建筑物、构筑物）建筑面积（万平方米）	被担保的主债权数额（亿元）
总计	171	28.791486	36.1552	365.94018
东城区	6	1.025798		65
西城区	5		0.0512	0.1405
朝阳区	43	11.89754	14.0332	178.9471
丰台区	40	0.18025	2.3743	67.4684
石景山区	1		0.015	
海淀区	53		12.5698	30.638
门头沟区				
房山区	4	8.507271	2.0033	11.6615
通州区	5	1.4958	0.0315	6.0285
顺义区	6	5.684827	4.7909	4.179875
昌平区	7		0.2773	1.8647
大兴区	1		0.0087	0.0116
怀柔区				
平谷区				
密云区				
延庆区				
北京经济技术开发区				

（3）抵押权注销登记

2015年11月9日至2015年12月31日，全市共办理抵押权注销登记业务31544件，宗地面积1080.7794公顷，房屋（建筑物、构筑物）建筑面积1031.3572万平方米，被担保的主债权数额2683.061亿元。2015年11月9日至2015年12月31日各区不动产登记部门办理抵押权注销登记数据统计情况见表11－8。

表 11 - 8　2015 年 11 月—2015 年 12 月北京市抵押权注销登记情况

	业务数（件）	宗地面积（公顷）	房屋（建筑物、构筑物）建筑面积（万平方米）	被担保的主债权数额（亿元）
总计	31544	1080.7794	1031.3572	2683.061
东城区	1136	9.529924	111.3953	134.74391
西城区	1303	8.887113	62.6146	167.60867
朝阳区	9236	427.0782	325.1734	730.4715
丰台区	3438	75.584432	88.1154	1068.2775
石景山区	622	13.24331	8.5281	30.6739
海淀区	3827	49.281307	97.0933	128.819
门头沟区	202	0.980998	4.4204	5.239548
房山区	1172	52.400494	17.9962	12.0417
通州区	2406	236.9463	61.1679	110.7357
顺义区	1427	51.893195	55.5547	44.078676
昌平区	2822	59.408224	67.9971	24.9483
大兴区	1840	0.510323	41.2595	17.7258
怀柔区	431	15.4859	14.0243	23.0203
平谷区	376	54.245285	23.9449	76.3036
密云区	609	8.664898	11.8434	22.534317
延庆区	319	15.467762	8.1819	9.5225
北京经济技术开发区	378	1.171722	32.0468	76.3161

（4）抵押权转移登记

2015 年 11 月 9 日至 2015 年 12 月 31 日，全市共办理抵押权转移登记业务数 2 件，房屋（建筑物、构筑物）建筑面积 0.0397 万平方米，被担保的主债权数额 0.0485 亿元。

（5）最高额抵押权确定登记

2015 年 11 月 9 日至 2015 年 12 月 31 日，全市共办理最高额抵押权确定登记业务数 57 件，宗地面积 80.763342 公顷，房屋（建筑物、构筑物）建筑面积 1.5947 万平方米，被担保的主债权数额 63.573436 亿元。

5. 预告登记

2015 年 11 月 9 日至 2015 年 12 月 31 日，全市共办理预购商品房预告登记设立登记业务 35 件，房屋（建筑物、构筑物）建筑面积 0.6614 万平方米。共办理预购商品房预告登记注销登记业务 3 件，房屋（建筑物、构筑物）建筑面积 0.1079 万平方米。共办理预购商品房抵押权预告登记设立登记业务 39 件，房屋（建筑物、构筑物）建筑面积 1.2838 万平方米，被担保的主债权数额 2.2992 亿元。共办理预购商品房抵押权预告登记注销登记业务 21 件，房屋（建筑物、构筑物）建筑面积 0.4133 万平方米。

6. 异议登记

2015 年 11 月 9 日至 2015 年 12 月 31 日，全市共办理异议登记设立业务 84 件，房屋（建筑物、构筑物）建筑面积 0.7685 万平方米，共办理异议登记注销业务85件，房屋（建筑物、构筑物）建筑面积0.7937万平方米。

7. 查封登记

2015年11月9日至2015年12月31日，全市共办理查封登记业务2989件，宗地面积63.023797公顷，房屋（建筑物、构筑物）建筑面积237.831万平方米。

8. 补换证登记

2015年11月9日至2015年12月31日，全市共办理补换证登记业务2108件，宗地面积164.40453公顷，房屋（建筑物、构筑物）建筑面积69.7085万平方米。2015年11月9日至2015年12月31日，各区不动产登记部门办理补换证登记数据统计情况见表11-9。

表11-9　2015年11月—2015年12月北京市补换证登记情况

	业务数（件）	宗地面积（公顷）	房屋（建筑物、构筑物）建筑面积（万平方米）
总计	2108	164.40453	69.7085
东城区	114		15.8673
西城区	128		5.9128
朝阳区	312		6.5254
丰台区	197		6.2563
石景山区	34		0.3777
海淀区	219		5.2283
门头沟区	24		0.2273
房山区	51		2.5342
通州区	225		4.2107
顺义区	32		0.9105
昌平区	566		7.2267
大兴区	70		6.8189
怀柔区	21		0.3486
平谷区	16	164.10343	0.1279
密云区	71		0.8106
延庆区	12	0.301102	0.1057
北京经济技术开发区	16		6.2196

第十二章
房屋安全管理

第一节　2015年北京市城镇房屋和设备安全检查

依据《关于开展2016年度城镇房屋安全检查工作的通知》(京建发〔2015〕349号)及《北京市房屋建筑使用安全管理办法》(北京市政府229号令)、《北京市城镇房屋建筑使用安全综合治理办法》(京政发［2010］17号)、《城市危险房屋管理规定》(建设部129号令)，为掌握本市城镇房屋安全状况，及时发现和解除危险隐患，合理制订城镇房屋修缮和改造计划，保障房屋住用安全，市住建委于2015年10月27日召开了2016年度城镇房屋安全检查工作会。各区住建委、房管局及各管房单位按市住建委统一部署，组织实施城镇房屋安全检查。

一、房屋安全检查总量及其完损状况分析

从2015年11月至2016年2月，实查城镇房屋62040万平方米，为应查（不包括军产、外事用房及厂矿工业用房等）65657万平方米的94.49%，各区查房数量详见图12－1（图中所标数值为应查房数）。

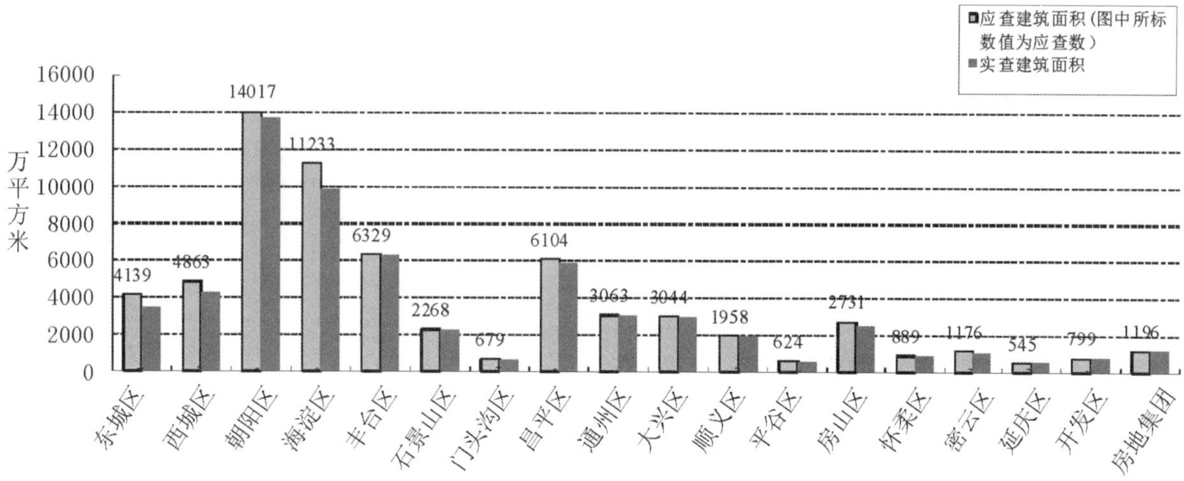

图12－1　2016年度北京市城镇房屋安全检查中各区应查和实查建筑面积

在实查城镇房屋62040万平方米中，查出疑似危险房屋（未鉴定，以下同）10.66万平方米，占实查房总量的0.02%；严重破损房屋288万平方米，占实查房屋总量的0.46%；一般破损房屋2273万平方米，占实查房屋总量的3.66%。按房屋类型划分：疑似危险平房2.25万平方米，占疑似危险房屋总量10.66万平方米的21.11%；严重破损平房（含中式旧楼）173万平方米，占严重破损房屋总量288万平方米的60.07%；一般破损平房（含中式旧楼）307万平方米，占一般破损房屋总量2273万平方米的13.51%。

疑似危险楼房 8.41 万平方米，占疑似危险房屋总量 10.66 万平方米的 78.89%；严重破损楼房 115 万平方米，占严重破损房屋总量 288 万平方米的 39.93%；一般破损楼房 1966 万平方米，占一般破损房屋总量 2273 万平方米的 86.49%。按房屋区域划分：东城区和西城区查出疑似危险房屋 0.6 万平方米，占疑似危险房屋总量 10.66 万平方米的 5.63%；东西城严重破损房屋 146 万平方米，占严重破损房屋总量 288 万平方米的 50.69%；东西城一般破损房屋 460 万平方米，占一般破损房屋总量 2273 万平方米的 20.24%。疑似危险房屋分布情况：疑似危险房屋 10.66 万平方米中所占比例较多的是：朝阳区 2.36 万平方米，占比 22.14%；大兴区 5.16 万平方米，占比 48.41%；平谷区 1.52 万平方米，占比 14.26%。

表 12－1　2016 年北京市城镇房屋完损状况分析表

		应查房屋建筑面积（万平方米）	实查房屋建筑面积												危旧房小计（三四五类）		危破房小计（四五类）	
			合计		完好房屋		基本完好房		一般破损房		严重破损房		疑似危险房					
			万平方米	占应查%	万平方米	占实查%	万平方米	占实查%	万平方米	占实查%	万平方米	占实查%	万平方米	占实查%	万平方米	占实查%	万平方米	占实查%
合　计		65657	62040	94.49	49156	79.23	10312	16.62	2273	3.66	288	0.46	10.66	0.02	2572	4.15	299	0.48
按房屋类型分	楼房	63537	60144	94.66	48436	80.53	9618	15.99	1966	3.27	115	0.19	8.41	0.01	2089	3.47	124	0.21
	平房（含中式旧楼）	2120	1896	89.44	720	37.95	694	36.62	307	16.19	173	9.12	2.25	0.12	482	25.43	175	9.24
按区域分	东城西城	9002	7756	86.16	5020	64.72	2130	27.46	460	5.92	146	1.89	0.60	0.01	607	7.82	147	1.90
	朝海丰石	33847	32133	94.94	26200	81.54	4910	15.28	946	2.94	75	0.23	2.57	0.01	1023	3.18	77	0.24
	其他各区	21612	20955	96.96	17680	84.37	2658	12.68	587	2.80	21	0.10	7.49	0.04	616	2.94	29	0.14
	房地集团	1196	1196	100	256	21.39	614	51.35	280	23.40	46	3.86	—	—	326	27.26	46	3.86

二、直管房屋安全检查分析

直管房屋安全检查从 2015 年 11 月 15 日开始至 2016 年 2 月 10 日结束，历时 87 天。共组织了 288 个查房小组，948 人参加查房，动员工日 2.95 万个，人均实际投入查房 31 天。实查直管房 1876.83 万平方米，占应查房屋 1878.63 万平方米的 99.9%。其中：实查平房 329.18 平方米（包括中式旧楼 11.04 万平方米），占实查直管房总量 1876.83 万平方米的 17.54%；实查楼房 1547.65 万平方米，占实查直管房总量的 82.46%。

1. 直管房屋完损状况

（1）直管房屋完好率（完好房和基本完好房）所占的比例由上年的 73.31% 下降为 72.80%，下降 0.51 个百分点，其中：平房完好率（包括中式旧楼，以下同）由上年的 46.79% 上升为 49.22%，上升 2.43 个百分点；楼房完好率由上年的 78. 93% 下降为 77.81 %，下降 1.12 个百分点（见图 12－2）。

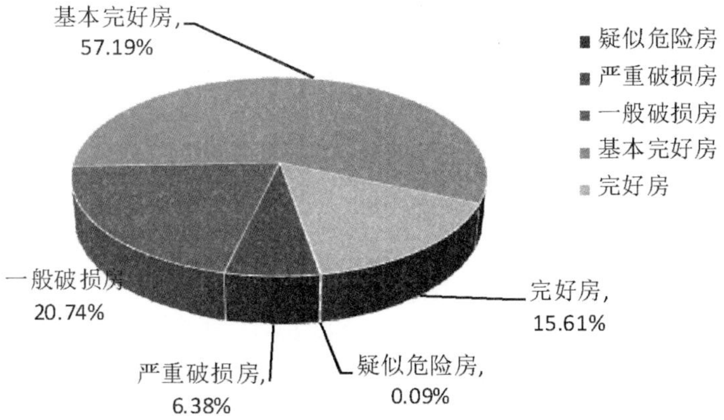

图 12－2　截至 2016 年 2 月 10 日北京市直管房屋完损状况比例图

（2）直管一般破损房所占的比例由上年的 20.24% 上升为 20.74%，上升 0.5 个百分点。其中：一般破损平房由上年的 29.76% 下降为 28.17%，下降 1.59 个百分点；一般破损楼房由上年的 18.22% 上升为 19.16%，上升 0.94 个百分点。

（3）直管严重破损和疑似危险房屋所占比例由上年的 6.45% 上升为 6.46%，上升 0.01 个百分点。其中：平房由上年的 23.44% 下降为 22.61%，下降 0.83 个百分点；楼房由上年的 2.85% 上升为 3.03%，上升 0.18 个百分点。

2. 直管房屋应修缮情况

实查直管平房 22.44 万间（包括中式旧楼 0.79 万间），实查直管楼房 4443 幢 24.84 万套、1547.65 万平方米。应修缮项目见表 12－2。

表 12－2　截至 2016 年 2 月 10 日北京市直管房屋中查出的应修缮项目情况

平房：间
楼房：万平方米

	平房应修缮						楼房应修缮				
	翻挑大修	木结构加固	墙体整修	屋面维修	改善项目	解除院落积水（米）	综合维修	屋面大修	上下水更新	整楼外墙板缝漏雨或外立面粉饰	屋面维修
数量	37529	452	5184	81038	2696	224	30.07	28.31	106.95	0.58	9.65
占总量%	16.72	0.20	2.31	36.11	1.20	—	1.94	1.83	6.91	0.04	0.62

三、物业和单位自管房屋安全检查分析

1. 实查情况

实查物业和单位自管房 59842 万平方米，占应查面积 63419 万平方米的 94.36%。其中：完好和基本完好房占 96.84%，比上年下降 0.49 个百分点；一般破损房占 2.98%，比上年上升 0.54 个百分点；严重破损及疑似危险房占 0.18%，比上年下降 0.05 个百分点

（详见图 12－3）。

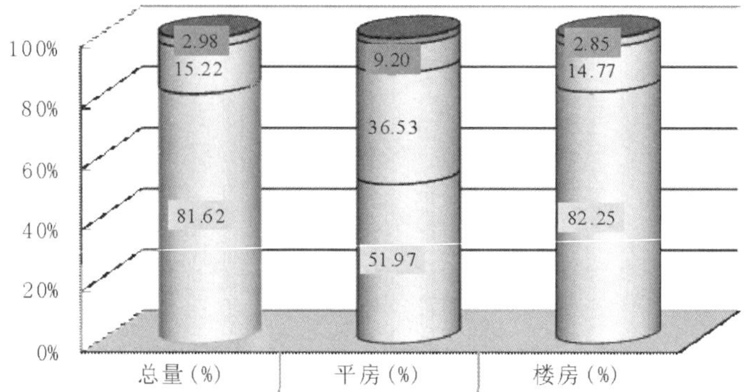

	总量（%）	平房（%）	楼房（%）
疑似危险房	0.01	0.11	0.010
严重破损房	0.16	2.20	0.12
一般破损房	2.98	9.20	2.85
基本完好房	15.22	36.53	14.77
完好房	81.62	51.97	82.25

图 12－3　截至 2016 年 2 月 10 日北京市物业和单位自管房屋完损状况（%）

2. 平房应修情况

查出物业和单位自管平房应修 9454 间，占实查平房 43.85 万间的 2.16%。主要修缮项目：（1）应挑翻大修 2227 间；（2）木结构应加固 753 间；（3）平房屋面应补漏 5230 间；（4）应墙体整修 1144 间；（5）房屋严重阴暗、潮湿、掉土，需做顶棚、地面、改装修 1244 间。

3. 楼房应修情况

查出物业和单位自管楼房应修 1640.76 万平方米，占实查楼房建筑面积 59842 万平方米的 2.74%。主要修缮项目：（1）楼房应综合维修 277.37 万平方米；（2）整幢楼外墙板缝漏雨应修 31.73 万平方米；（3）外立面应粉饰 165.11 万平方米；（4）楼房屋面应大修及维修 722.28 万平方米；（5）上下水应更新 258.87 万平方米；（6）楼内墙公共部分应粉刷 185.40 万平方米。

四、城镇私有平房安全检查分析

实查城镇私有平房 21.35 万间，占应查 24.24 万间的 88.08%。其中 79.88% 为自住私有平房，按其产别分类所占比例见图 12－4。

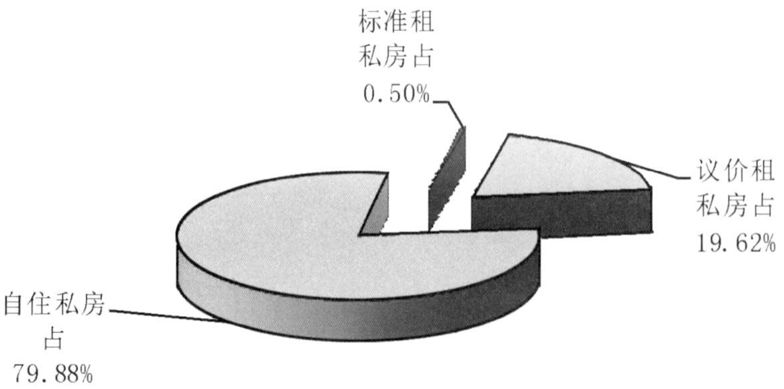

图 12－4　截至 2016 年 2 月 10 日北京市城镇私有平房按产别分类图

1. 标准租出租私房

实查标准租私房 1.51 万平方米，占应查 1.51 万平方米的 100%，其中：完好和基本完好房占 5.59%，一般破损房占 44.46%，严重破损房占 47.31%，疑似危房占 1.33%。查出应修标准租私房 103 间，占实查 1066 间的 9.66%。主要修缮项目：（1）应翻挑大修 53 间，占实查间数的 6.74%；（2）木结构应抢修加固 17 间，占实查间数的 2.17%；（3）应墙体整修 15 间，占实查间数的 1.6%；（4）严重漏雨 18 间，占实查间数的 2.05%。

2. 自住私房及议价租私房（未规定评定房屋完损等级）

共实查 21.25 万间，占应查 24.13 万间的 88.06%。查出应修自住私房及议价租私房 19345 间，占实查 21.25 万间的 9.10%。主要修缮项目：（1）应翻挑大修 15043 间，占实查间数的 7.08%；（2）木结构应抢修加固 272 间，占实查间数的 0.13%；（3）应墙体整修 917 间，占实查间数的 0.43%；（4）严重漏雨 3113 间，占实查间数的1.46%。

五、房屋设备完好状况分析

1. 电梯情况

2016 年检查电梯 65297 部，电梯检查率为 95.93%，比上年上升 2.24 个百分点。其中检查直管房屋电梯 600 部，检查率为 98.20%；检查物业管理电梯 52628 部，检查率为 99.03%；检查自管房电梯 12069 部，检查率为 84.35%。

2. 二次供水设备情况

2016 年检查高层二次供水水泵 35524 台，检查率为 91.38%，比上年下降 3.76 个百分点。其中直管房屋高层二次供水水泵 431 台，检查率为 94.52%；物业管理高层二次供水水泵 27268 台，检查率为 97.52%；自管房高层二次供水水泵 7825 台，检查率为 74.84%。

3. 避雷装置情况

2016 年检查避雷装置 150286 个系统，检查率为 99.31%，比上年上升 4.96 个百分点。其中直管房屋 2356 个系统，检查率为 98%；物业管理检查避雷装置 117784 个系统，检查率为 98.59%；自管房单位检查避雷装置 30138 个系统，检查率为 97.26%。

近几年房屋设备检查数量分析见图 12－5。

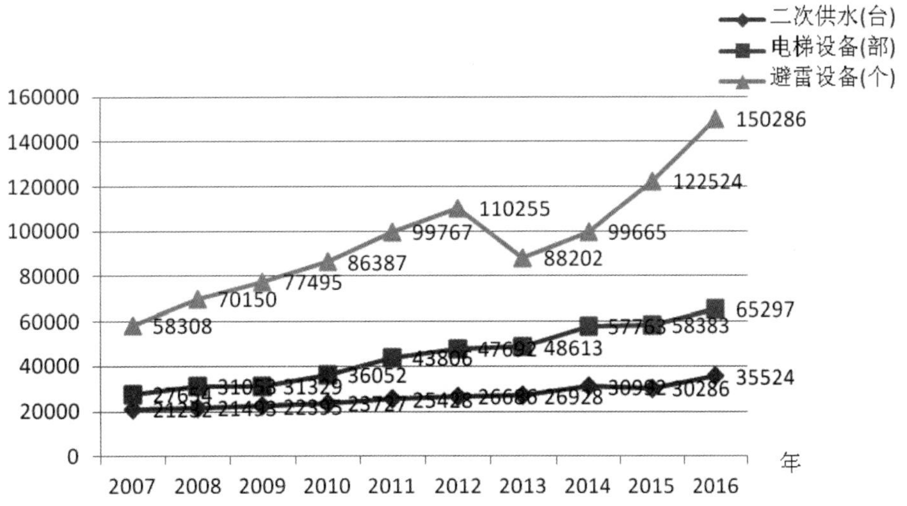

图 12－5　2007—2016 年北京市近年房屋设备检查数量分析图

六、房屋设备完好状况分析

1. 电梯设备完好状况

检查电梯65297部，其中完好电梯57579部，完好率88.18%，比上年下降1.86个百分点；电梯状况一般的6401部，占9.8%，比上年上升1.82个百分点；电梯状况较差的1317部，占2.02%，比上年上升0.04个百分点。其中：直管电梯设备完好率85.0%，比上年80.04%上升4.96个百分点；自管电梯设备完好率77.89%，比上年87.46%下降9.57个百分点；物业管理电梯设备完好率90.58%，与上年基本持平。

2. 二次供水设备完好状况

检查二次供水设备35524台，其中供水设备完好的33026台，完好率为92.97%，比上年上升2.71个百分点；供水设备状况一般的2254台，占6.35%，比上年下降2.27个百分点；供水设备状况较差的244台，占0.69%，比上年下降0.43个百分点。

3. 避雷设备完好状况

检查避雷设备150286个系统，其中避雷完好的140086个系统，完好率为93.21%，比上年下降2.06个百分点；避雷设备状况一般的9761个系统，占6.49%，比上年上升2.21个百分点；避雷设备状况较差的439个系统，占0.29%，比上年下降0.16个百分点。

房屋设备完好状况详见表12－3。

表12－3　2016年北京市城镇房屋设备完好状况

		应查	实查							
			合计		完好		一般		较差	
			数量	占应查%	数量	占实查%	数量	占实查%	数量	占实查%
甲		1	2	3＝2/1	4	5＝4/2	6	7＝6/2	8	9＝8/2
合计	电梯设备（部）	68065	65297	95.93	57579	88.18	6401	9.80	1317	2.02
	二次供水（台）	38873	35524	91.38	33026	92.97	2254	6.35	244	0.69
	避雷设备（个）	152862	150286	98.31	140086	93.21	9761	6.49	439	0.29
直管	电梯设备（部）	611	600	98.20	510	85.00	60	10.00	30	5.00
	二次供水（台）	456	431	94.52	311	72.16	66	15.31	54	12.53
	避雷设备（个）	2404	2356	98.00	2175	92.32	149	6.32	32	1.36
自管和物业	电梯设备（部）	67454	64697	95.91	57069	88.21	6341	9.80	1287	1.99
	二次供水（台）	38417	35093	91.35	32715	93.22	2188	6.23	190	0.54
	避雷设备（个）	150458	147922	98.31	137911	93.23	9604	6.49	407	0.28

第二节　城镇房屋防汛

2015年，房屋防汛工作在市政府及市防汛指挥部的领导下，市住建委在总结历年房屋防汛工作经验教训基础上，坚持“以人为本、安全第一”的指导思想，认真贯彻落实市政府及市防汛指挥部的工作部署和要求，组织各区建委、房管局及各管房单位加强房屋防汛管理，采取多种措施努力保障“2015北京国际田联世界田径锦标赛”和“中国人民抗日战争和世界反法西斯战争胜利70周年”纪念活动顺利进行，保证了房屋安全度汛。

一、认真组织筹划做好汛前的准备工作

1. 抓好房屋安全排查，及时发现和解除城镇房屋安全隐患，保证房屋安全度汛

按照《城市危险房屋管理规定》(建设部129号令)，市住建委从上年11月至2015年3月，利用4个月的时间，组织城镇房屋安全检查。共检查房屋5.3亿平方米，占应查5.9亿平方米的89.9%。依据建设部《房屋完损等级评定标准》，检查出一般破损房1729万平方米，占实查总量的3.26%，严重破损房317万平方米，占0.60%，疑似危险房7.07万平方米，占0.01%。其中：城区严重破损和危房157万平方米，比上年减少24万平方米。针对检查出的7.07万平米的危险房，市住建委于上汛前分别向西城、海淀、石景山、通州区人民政府发函，向国务院机关事务管理局发函要求组织落实房屋安全责任，采取措施，保障汛期房屋安全。

2. 抓好组织建设，确保汛期指挥顺畅

为保证汛期房屋安全，市住建委按照国家防总、市政府、市防汛抗旱指挥部的工作部署和要求，4月初成立了防汛指挥部，徐贱云主任任总指挥，各区建委（房管局）主任（局长）为指挥部成员。各区建委（房管局）及管房单位也成立了相应防汛指挥机构。市防汛指挥部按市政府组成部门职能，组建7个防汛分指挥部落实工作职责。市住建委作为第四分指牵头单位与各区形成合力，开展了建筑施工、城镇房屋和人防工程等方面的防汛工作。

3. 抓好应急演练和汛前的房屋安全工作，提升汛期房屋抢险队伍能力

3月底，市住建委制定、印发了《2015年北京市城镇房屋防汛工作要点》(京建发〔2015〕120号)，下发各区及管房单位，明确了2015年城镇房屋防汛工作责任、重点、制度和相关要求。

5月12日是国家防震减灾日，为做好2015年全市城镇房屋防汛工作，提高对汛期城镇房屋防汛突发险情的应急指挥及处置能力，市住建委联合市房地集团在丰台区原市化工七厂职工宿舍区，召开了2015年房屋防汛演习观摩会，中直管理局和国务院机关事务管理局主管部门负责人，市防汛办、市国资委、市住建委主管领导及有关部门负责人，房地集团领导及所属首华物业公司、天岳恒房屋经营管理公司、房修一物业管理公司、房地集团第一物业管理公司负责人，各区住房城乡建设委、房管局、直管房屋管理单位主管领导及相关部门负责人等近200人参加了观摩会。房地集团所属4家管房公司和东城区、西城区4家直管公房管理单位共8支抢险队、90人参加演习。

5月26日，市住建委在门头沟区龙泉宾馆召开全市2015年城镇房屋防汛工作动员部署会，冯可梁副主任到会并讲话。

市住建委用公众微信号向社会发布《老旧房屋安全度汛实用手册》。

4. 抓好汛前涉及房屋防汛问题的跟踪督促

2015年，人大代表建议、政协委员提案及居民投诉涉及房屋安全的问题少于上年。市住建委对涉及房屋安全的问题很重视，及时组织有关单位认真复核，提出解决意见并督促

落实。

4 月 21 日，徐贱云主任应邀参加北京人民广播电台城市服务管理广播《市民对话一把手》节目。市民反映涉及房屋防汛安全问题，都逐一得到了落实。

上汛前后，住房城乡建设部领导，市领导王安顺、李士祥、陈刚、林克庆等同志先后到各区检查房屋防汛准备和落实工作。市住建委冯可梁副主任和主管部门领导多次对区房屋防汛工作进行检查调研，提出工作要求。从各区建委、房管局及管房单位报送的防汛材料和市住建委组织的检查情况看，汛前各单位都做了大量有效的准备工作 ，对可能遇到的汛情、险情进行了演练。

5. 抓好分级落实抢险队伍人员、物资保障工作

汛前，全市组建房屋防汛抢险队 204 支、3655 人。比上年多建抢险队 10 支，人员多近 200 人。物资储备情况基本与上年持平，其中：木材 283 立方米，砂石料 913 立方米，运输车 163 辆，发电机 86 台，水泵 644 台。基本能满足就近准备、统一使用的要求。各区住建委、房管局以房管所、分公司为单位落实了居民避险转移地点。

二、认真组织落实上汛后的工作

1. 积极协调完善房屋防汛修缮工作

为落实汛期房屋防汛工作，市住建委按照《城市危险房屋管理规定》（建设部 129 号令）和《北京市房屋建筑使用安全管理办法》（市政府 229 号令），在冬季城镇房屋安全检查的基础上，又组织汛前、汛中对重点地区、重点房屋的安全复查，及时发现和排除房屋危险隐患。由于房屋产权多元化等原因，汛期居民反映房屋漏雨，呼吁协助解决的问题较多，针对楼房业主思想统一难的情况，及时协调和指导各区做好专项维修资金应急支取工作，发挥专项维修资金及时解决楼房漏雨问题的效能。

2. 抓好主汛期房屋安全度汛工作

进入主汛期，大范围强降雨和局地暴雨随时发生，房屋安全度汛进入关键阶段，为此市住建委要求各房屋防汛分指挥部积极行动起来，扎实做好各项工作。一是切实加强应急准备，7 月 20 日至 8 月 20 日期间，各单位要高度警觉，贯彻“阴天就是预警，降雨就是命令”的要求，组织力量对重点区域、重点房屋进行排查，对排查出的危险隐患要立即采取措施处置。二是严格落实防汛制度，落实 24 小时值（带）班制度，手机要 24 小时开通，确保指挥通信联络畅通。三是完善信息管理工作，建立完善房屋安全现状台账，落实安全责任，认真做好值班记录，对居民或房屋使用单位的报险、报修必须及时派人现场处置，做到处理情况有记录。

3. 认真抓好房屋安全度汛的宣传工作

目前，我市老旧房屋数量仍较多，汛期的临时性抢修、解危工作往往治标不治本，造成年年修缮、年年危、年年漏的问题。为此，市政府陆续出台了多项整治措施和办法。2005 至 2009 年，实施了文保区危旧房改造工程，通过翻建或大修，解决了中心城区一大批老旧平房的安全隐患；2012 年开始，全市利用 4 年时间，开展老旧小区综合改造工程，其中对老旧房屋本体实施抗震节能综合改造，消除安全隐患。

市住建委针对部分房屋业主在汛期房屋漏雨不知道如何解决的问题，在接受媒体采访报道中有重点地进行宣传报道。汛前在新闻媒体公布各区房屋防汛值班电话。各区也充分利用媒体、社区宣传栏、社区报等“图解防汛知识”，开展“防汛咨询进社区”等多种活动，发放宣传资料 3 万余份，及时向辖

区内居民进行宣传，营造安全度汛的良好氛围。东城区、西城区都在北京日报等媒体刊登了《关于房屋防汛的公告》。

4. 认真检查应急值守，切实履行防汛责任

2015年汛期多次发生全市范围的大雨或区域暴雨。市防汛办发布暴雨黄色预警2次，暴雨蓝色预警8次，雷电黄色预警22次，大风蓝色预警2次。市住建委从上汛开始到9月15日，共通知各区上报雨情9起，电话查值班情况8次。各区参加值班、抢险备勤人员24891人次，雨中巡查重点平房55840间次、楼房20417幢次。经巡查发现和居民报修积水院落161处、雨水进屋80间、地下室倒灌20处；平房漏雨1329间、楼房漏雨1181幢；雨中抢修苫盖或加固房屋834间、疏通排水92处；雨季业主报修2332个。其他房屋在雨后屋面干燥后进行了修缮。

5. 跟进检查督促实时掌控防汛工作情况

汛期市领导、防汛分指挥部领导及房屋防汛主管部门，多次检查防汛情况，对遇到的问题进行现场研究。总的看，各区都认真落实了房屋防汛动员会提出的各项要求，及时主动报送房屋防汛信息，特别是房地集团，他们管理的房屋数量多、质量差、分布面积大，但他们每次报送的房屋防汛信息都非常及时、准确、全面。

6. 主动作为，抓好落实

根据市住建委领导调研、机关检查、收集汇总，大部分房屋防汛分指挥部主动作为，把落实房屋防汛工作与深化党的群众路线教育、“三严三实”教育、北京国际田径赛、纪念抗日战争即世界反法西斯战争胜利70周年相结合，主动查找问题不足，积极做好防汛工作。西城区房管局对市住建委转去的业主反映漏雨问题，及时联系产权单位、物业公司研究解决；通州区、密云区、东城区房管一中心、海淀区房管中心等报送雨后查房信息比较及时；朝阳区房管局组织指导43个街乡镇，一起落实房屋防汛工作；海淀区房管局领导分别带队，对各房管所防汛值班工作进行检查指导；丰台区房管局对防汛应急演练情况信息3次报市住建委；房地集团积极承担市住建委组织的防汛演练观摩会，主动联系市财政局、市住建委对危险房屋解危情况进行现场调研，研究解决办法。

2016年汛期强降雨天气多，局部地区降雨量大，市防汛办组织的会商会多、级别高，雨天大多逢周末，给组织协调工作带来了一定困难。但由于各单位思想重视，应对工作部署早、启动早、安排周密、措施得力，保证了房屋防汛工作的有效落实。市住建委牵头的防汛分指挥部以风险评估作为手段，将风险评估引入到预防和应对极端天气灾害领域中，有效降低了风险，把因降雨造成的损失减到最小。广泛发动群众，做好宣传工作。市住建委牵头的分指挥部办公室通过短信平台系统，向各区专业主管部门负责同志和全市所有在建工程的项目经理及时发送防汛短信，提出应对强降雨工作的要求，为各项应对措施迅速落实到一线争取了时间。通过今年开展应对强降雨天气工作，进一步磨合了工作机制，丰富了经验，也为我们做好其它极端天气的应对工作探索了规律。

三、做好非汛期房屋安全工作

按照市防汛抗旱指挥部《关于做好非汛期安全迎汛工作的通知》（京政汛办［2015］电传15号），我市从2015年9月15日12时转入非汛期。按照通知要求，市住建委印发了《关于做好非汛期房屋安全工作的通知》。要求各区建委、房管局及管房单位，在非汛期遇有降雨天气时，仍执行《北京市防汛应急预案》和《北京市住房和城乡建设委防汛应急预案》、《北京市住房和城乡建设委房屋安全应急预案》，根据雨情和本辖区、本单位实际情况及时启动房屋安全应急预案，做好巡查检查、抢险抢修及安全信息报送等工作。

第三节　积极推进老旧小区房屋抗震加固工作

自2012年开始，我市全面实施老旧小区房屋建筑抗震节能综合改造，组建成立了由主管市领导任组长，市重大办、市住房城乡建设委、市市政市容委等20多个相关部门、16个区政府和6个专业公司为成员的北京市政府老旧小区综合整治领导小组，大力开展老旧小区综合整治工作，积极配合开展老旧小区房屋建筑抗震节能综合改造工作。2015年，老旧小区房屋抗震加固共完工120.37万平方米。

一、坚持既定的工作机制

经过3年的综合整治，老旧小区综合整治形成了一整套的工作机制。主要包括：

一是，每年年底，市重大办要向各区征集年度工作计划，为调动各区完成任务的积极性，深入各区，协调区上报计划。市重大办经充分听取各区意见并报市领导审定后，以正式文件的形式将老旧小区综合整治任务分解到各区。

二是，为督促各区认真完成工作计划，深入各个区，协调各区将抗震节能综合改造计划落实到具体小区和楼栋，靠前组织开展工程设计、征求居民意见、施工监理招投标等前期准备工作，条件成熟的，及时组织开工。

三是，大力推进工程实施。首先，强化现场指导。组织对全市16个区抗震节能综合改造工作进行现场指导，解释政策文件，协调解决工程实施过程中遇到的问题，推进工程开工。现场指导过程中遇到的一些新情况和新问题，都及时向领导进行了汇报，需要市级层面发文进行规范的，会同市发展改革委、市财政局、市重大办等单位发文进行规范；涉及对现行政策进行解释的，以市老旧小区综合整治办会议纪要的形式予以解释和澄清。其次，积极参加党员干部深入老旧小区综合整治工程项目现场相关工作。按照市委组织部的要求，继续抽调力量参加了党员干部深入老旧小区综合整治工程项目，组织动员党员干部和群众创先争优、协助项目部解决在施工程中遇到的难点问题，督促项目部做好安全防护、质量预控及现场文明施工等工作。

二、进一步改进宣传工作

结合3年的综合改造工作实践，进一步优化调整了宣传方向，重点体现三个方面：首先，抗震节能综合改造可以采用圈梁构造柱、板墙、外套加固等多种加固方式，每一种加固方式都是可行的。其次，老百姓对这项工作配合越好，改造工作开展就越快，改造效果就越好，老百姓也会更早受益。再次，对各区建设房管部门，街道办事处，设计、施工、监理单位相关人员进行采访，请他们介绍工程推进中的难点和解决的各种难题，让老百姓更好地了解这项工作。制作了宣传光盘，发放至各区，并在电视台进行了播放，起到了较好的宣传作用。

三、修订房屋结构安全鉴定标准，确保抗震加固改造可以强制实施

2015 年，对原《房屋结构安全鉴定标准》进行了修订，出台了《房屋结构综合安全性鉴定标准》(DB11/ 637－2015)，将严重不符合抗震设防要求的房屋纳入危险房屋管理，并向市重大办建议了工作程序，建议各区主管领导必须上手，保障工程开工，做好群众工作，履行强制程序。

第四节　房屋安全管理工作

一、全市普通地下室安全使用管理工作

截至 2015 年 12 月，全市共有普通地下室 25943 处，建筑面积约 4719 万平方米。主要用于居住、商（市）场、文体娱乐、车库类、自行车库、餐饮类、办公教学、仓储。其中用于散租、群租 1436 处，散租、群租居住约近 6 万余人，主要安全隐患是违反规划用途、达不到居住要求所滋生的安全隐患。

1. 巩固成果，总结经验

为总结前三年整治工作经验和存在的问题，3 月 10 日至 20 日，冯可梁副主任带队，会同市民防局、市安监局、市公安局、市消防局、市工商局、市卫生局等单位组成联合检查组，对全市 16 个区和经济技术开发区 2011 年 5 月以来普通地下室综合整治情况进行了为期 9 天的专项检查。

2. 继续开展地下空间综合整治工作

为进一步规范地下空间使用管理，按照市委市政府的要求，会同民防局起草《关于继续开展地下空间综合整治工作的实施方案》，经征求各区意见后报市政府办公厅印发。并会同民防局召开了全市地下空间综合整治工作会议，市住建委和民防局分别部署了专项整治工作，要求在 2017 年底前，挂账治理散租住人地下空间，杜绝新增违法违规使用，全面消除安全隐患。

3. 以关键时点为抓手，狠抓普通地下室安全使用管理

一是为维护反法西斯胜利 70 周年阅兵安全稳定，8 月下旬，冯可梁副主任带队，对有群租散租普通地下室的 12 个区进行督导；会同执法大队对有挂账治理群住普通地下室任务的 9 个区进行检查。二是会同市政府督查室、民防局，分别于国庆节前和 12 月中旬，对朝阳、西城、丰台、海淀四个区“继续开展普通地下室和民防工程专项整治工作情况”进行了督察。

4. 深入调研，为下一步工作打下坚实基础

一是对全市普通地下室群租情况再次进

行了调查摸底，并建立了清册。二是对《科学适度地开发利用好城市地下空间》折子工程相关内容进行前期调查摸底。三是开展并完成了《普通地下室安全使用十三五规划》课题研究，探索普通地下室科学合理长效管理机制，拟采取疏堵结合的方法，引导清空的普通地下室向安全有序、公益便民的方向使用。

二、全市商品住宅专项维修资金使用审核工作

1. 2015 年全市商品住宅专项维修资金使用情况

截至 2015 年 12 月 31 日，全市累计使用商品住宅专项维修资金 21 亿元。2015 年当年使用 6.59 亿元，比 2014 年使用量下降 5%。应急支取 1.98 亿元，占资金使用量的 30%。

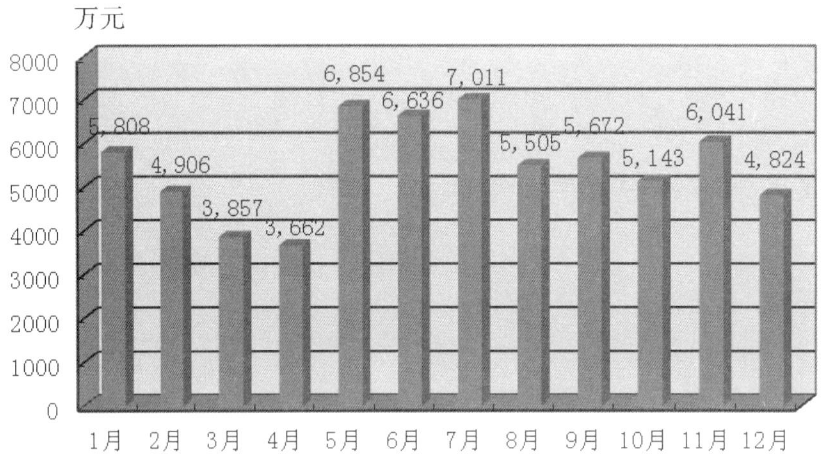

图 12-6　2015 年北京市商品住宅专项维修资金使用情况

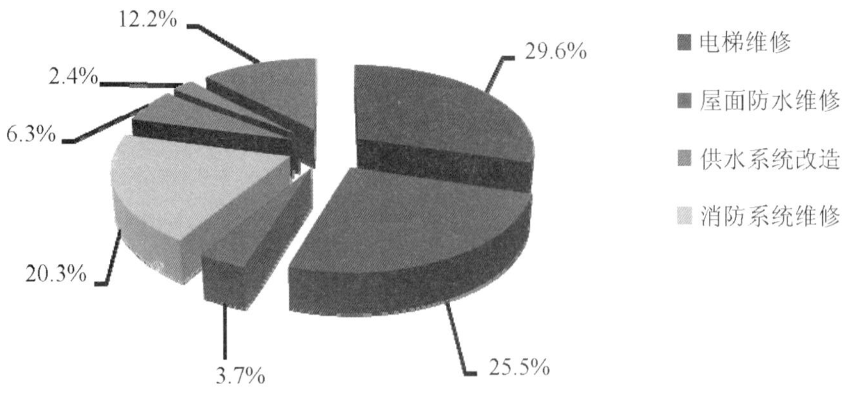

图 12-7　2015 年北京市商品住宅房屋各维修项目使用专项维修资金所占百分比

2015 年 1－12 月全市应急支取情况见图 12－8。

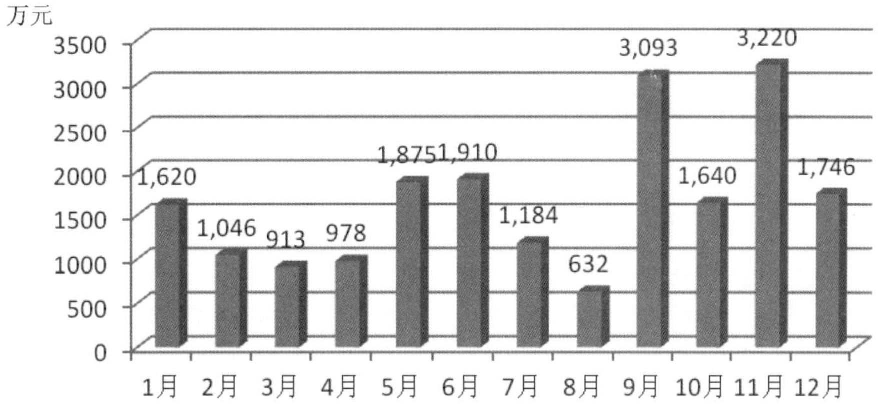

图 12－8　2015 年北京市商品住宅专项维修资金应急使用情况

各类应急维修所占百分比见图 12－9。

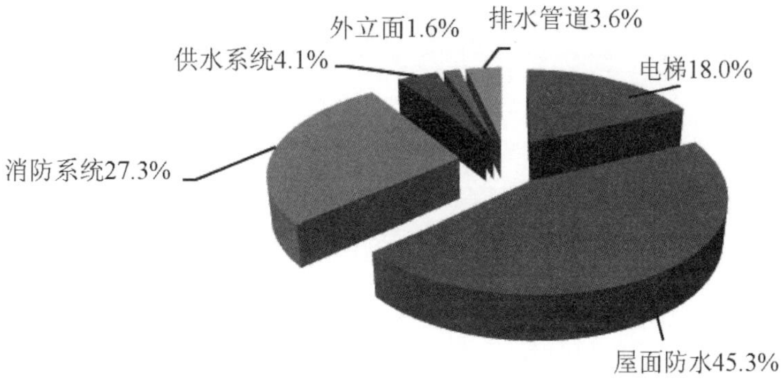

图 12－9　2015 年北京市各房屋应急维修项目所占百分比图

2. 做好各区使用审核指导工作，协调解决使用审核中的问题

与市住房资金管理中心共同起草《关于加强商品住宅维修资金支付后监管问题的通知》，并向各区和相关部门征求意见。编制《住宅电梯安全评估鉴定技术标准》，规范住宅电梯维修评估鉴定管理工作。尝试以西城区清芷园小区为试点，简化专项维修资金数据整理工作程序。进一步推进房山区商品住宅专项维修资金数据整理工作。与市住房资金管理中心共同到房山区北潞园小区召开现场会，解决数据整理中遇到的问题。2015 年底房山区已完成 48 个小区、30820 条数据整理，修改数据 22803 条。

三、做好老楼危楼排查整治工作

2015 年，按照住房城乡建设部的要求，市住建委积极开展老楼危楼排查相关工作。6 月18 日市住建委向北京市政府正式上报《关于提请在全市范围内组织开展老楼危楼排查整治的请示》，汇报了住房城乡建设部电视电话会议情况，并对开展北京市老楼危楼排查整治提出了具体建议。同日，市住建委已向各区房屋行政主管部门下发《关于组织开展全市老楼危楼排查整治暨涉嫌违法违章加建房屋排查工作的紧急通知》(京建发〔2015〕227号),要求各区房屋行政主管部门充分调动本系统力量,立即开展老楼危楼安全排查工作,严格落实主体责任,突出排查重点,切实做好整治,并对信息报送提出了具体要求。为更好地推进和开展老楼危楼排查工作,市住建委组织专门力量,对各区排查工作进行了专项抽查。从抽查情况看,各区老楼危楼排查工作进展顺利,取得了一定成果。

此次老楼危楼排查工作,共排查了13694幢,5544万平方米,91.57万套老楼危楼,其中疑似存在安全隐患的1151幢,214万平方米,3.34万套。从排查情况看,北京市房屋安全管理的危险源包括五个方面:一是经房屋安全鉴定机构确认的危险房屋,目前尚有124万平方米;二是年度房屋安全检查发现的严重破损房和疑似危房,总计324.1万平方米;三是本市现存的简易住宅楼;四是超过设计使用期的公共建筑,共计1202万平方米;五是拆改结构较严重的房屋。

通过收集各区排查数据和鉴定机构的鉴定情况,市住建委及时向各区政府发函,通报房屋排查鉴定情况,督促相关单位加大资金投入,解决房屋危险问题。排查期间,住房城乡建设部到本市进行了一次专题调研,并开展了两次专项督导,对本市老楼危楼排查工作给予了充分肯定。

四、超限高层建筑工程抗震设防审核

2015年,依据《国务院对确需保留的行政审批项目设定行政许可的决定》(国务院令第412号)、《超限高层建筑工程抗震设防管理规定》(建设部令第111号)、《建设部关于纳入国务院决定的十五项行政许可的条件的规定》(建设部令第135号)及《超限高层建筑工程抗震设防专项审查技术要点》(建质[2010]109号)等文件的要求,对19项超出国家现行规范、规程所规定的适用高度和适用结构类型的高层建筑工程,以及有关规范、规程规定应进行抗震专项审查的高层建筑工程,在初步设计阶段委托全国超限高层建筑工程抗震设防审查专家委员会,组织有关专家组成抗震设防审查组,开展超限高层建筑工程抗震设防专项审查,并将审查意见作为施工图审查阶段的依据。其中包括阳光保险金融中心、CBD核心区Z-12地块泰康大厦、CBD核心区Z13地块项目等项目。

五、组织房屋建筑安全管理员考试

为贯彻《北京市房屋建筑使用安全管理办法》(北京市人民政府令第229号)和《房屋建筑使用安全检查技术规程》(DB11/T 1004-2013),提升房屋建筑使用安全管理水平,提高基层房屋建筑使用安全管理工作人员的专业素质,在前期制订考试大纲、组织行业专家编制试题等工作的基础上,3月中旬会同注册中心组织房屋建筑安全管理员第二次考试。通过网上共2300人报考,经现场审核符合考试资格的1823人,经考试合格共908人,总体通过率49%。

六、积极推动既有多层住宅楼房增设电梯

北京市既有的6层以下多层住宅普遍未设电梯,随着老龄人口的不断增加,老年人上下楼困难的问题日渐突出。为此,市住建委2010年在调研基础上,会同市规划委、市质监局、市公安消防局发布了《关于北京市既有多层住宅增设电梯的若干指导意见》。但几年来,由于资金筹措和业主利益协调的问题,既有楼房增设电梯工作进展一直比较

缓慢。

近两年来，市场上出现了电动爬楼椅和分段式接力电动踏板等几种新型的无障碍爬楼装置。电动爬楼椅在北京东花市北里西区已有安装的实例，引起了社会的广泛关注。对此，市住建委非常重视，3 月 12 日和 16 日两次到现场调研，并专题组织规划、消防、质监等相关部门和部分区召开了现场会。从了解情况和规划、消防、质监等相关部门反馈的意见看，电动爬楼椅具有投资小、易操作，使用成本低、对原建筑结构影响小等优势，但也存在安装使用后造成楼梯疏散净宽度不足，不满足现行法律法规、标准，存在消防安全隐患的问题。后结合调研情况，针对市领导有关批示，起草《本市既有多层住宅楼房增设电梯现状调研及相关建议》报市政府，根据前些年本市所属楼房增设电梯数量为零的现状，建议参考上海、福建的做法，尝试以政府补贴的方式推动此项工作。2015 年 7 月 16 日，会同市财政局研究，拟于 2016 年由市财政安排部分补贴资金，在城六区选取部分楼房先期试点。

第十三章

房地产行业信息

第一节 2015年北京市房地产开发企业

一、2015年房地产开发企业概况

截至2015年底，全市资质有效期范围内房地产开发企业2345家。其中，一级企业94家，二级企业156家，三级企业126家，四级企业1429家，暂定级企业540家。2015年全市新设立房地产开发企业174家。

1. 年度投资计划办理情况

2015年，审查投资计划共134项，总建筑面积14500168平方米，总投资为3817782万元。

2. 建设方案公示情况

2015年，备案公示81项建设方案共计17235266平方米，涉及15区和经济技术开发区。

二、2015年一、二、三级资质房地产开发企业名录（见附录二附表2-5）

第二节 房产测绘行业

一、房产测绘管理情况

1. 加强房产测绘管理

2015年10月，制发《关于下放房产实测成果审核工作有关问题的通知》（京建发〔2015〕348号），明确了市、区两级房产测绘工作管理和房产实测绘成果审核工作的职责和办理流程。12月，召开了房产实测绘成果审核培训会，向各区审核工作人员讲解了市、区两级房产测绘管理工作和实测绘成果审核工作中的具体分工要求、办理流程。召开了房产测绘工作情况通报会，向全市房产测绘单位通报了全市房产测绘成果审核情况，对各测绘单位测绘成果审核通过率及存在的问题进行了说明。

2. 房产测绘单位及人员情况

截至2015年底，全市共有103家单位（公司）及641名作业人员在市住建委办公平台申请办理并领取了测绘企业密钥及人员密钥。已领取企业密钥的测绘单位（公司）中，甲级资质16家，乙级资质23家，丙级资质32家，丁级资质32家（已领取企业密钥的测绘单位名录见表13-1）。已领取的人员密钥中，硕士学历8人，本科学历297人，大专学历206人，其他学历130人。

表13－1 2015年度北京市房产测绘备案单位名录

序号	测绘企业名称	资质等级	资质证书编号
1	北京市房地产勘察测绘所	甲级	甲测资字11002001
2	北京市东城区房屋管理局测绘一所	丁级	丁测资字11019004
3	北京市西城区房地产测绘一所	丙级	丙测资字11002001
4	北京市东城区房屋管理局测绘二所	丙级	丙测资字11004001
5	北京市西城区房地产测绘二所	丁级	丁测资字11003001
6	北京市朝阳区房屋测绘事务所	丁级	丁测资字11005001
7	北京市丰台区房屋经营管理中心测绘队	丙级	丙测资字11006001
8	北京市海淀区房屋土地经营管理中心测绘队	丙级	丙测资字11007001
9	北京市石景山区房地产测绘队	丙级	丙测资字11008001
10	北京市顺义区住房和城乡建设委员会测绘所	丙级	丙测资字11014001
11	北京市通州区住房和城乡建设委员会测绘所	乙级	乙测资字11012001
12	北京市大兴区房地产测绘所	丙级	丙测资字11011001
13	北京天地鸿图测绘有限公司	丙级	丙测资字11010001
14	北京市门头沟区房地产测绘所	丁级	丁测资字11009001
15	北京京怀信房产测绘有限公司	丙级	丙测资字11017001
16	延庆区房地产勘察测绘所	丁级	丁测资字11018012
17	北京京密鸿图测绘有限公司	乙级	乙测资字11016001
18	北京市平谷区房地产测绘队	丁级	丁测资字11015001
19	北京华夏经纬测绘技术有限公司	丙级	丙测资字11005002
20	建设综合勘察研究设计院有限公司	甲级	甲测资字11002032
21	中兵勘察设计研究院	甲级	甲测资字11001014
22	北京时正兴测绘工程技术有限公司	甲级	甲测资字11001033
23	北京鼎春德正测绘中心	乙级	乙测资字11005008
24	北京中兴兆业房屋面积测绘有限公司	丙级	丙测资字11007012
25	北京新兴华安测绘有限公司	甲级	甲测资字11001042
26	北京昌房房地产测绘技术服务有限责任公司	丙级	丙测资字11013001
27	北京京恒实测绘技术有限公司	丙级	丙测资字11011002
28	北京首益佳房地产经纪有限公司	丙级	丙测资字11019005
29	北京市房屋面积计量站	丁级	丁测资字11005004
30	北京赛博时代测绘有限公司	丙级	丙测资字11010003
31	北京赛杰新时代房屋测绘有限公司	丁级	丁测资字11005005
32	北京华星勘查新技术公司	甲级	甲测资字11001027
33	北京航天勘察设计研究院有限公司	甲级	甲测资字11002047

续表 13－1

序号	测绘企业名称	资质等级	资质证书编号
34	中航勘察设计研究院有限公司	甲级	甲测资字 11001024
35	北京苍穹数码测绘有限公司	甲级	甲测资字 11001008
36	北京市地质工程勘察院	甲级	甲测资字 11001022
37	北京源恒天地测绘有限公司	丁级	丁测资字 11006003
38	北京中瑞嘉业测绘有限公司	乙级	乙测资字 11005007
39	北京泰达克房地产测绘咨询有限公司	丁级	丁测资字 11013004
40	北京中鼎衡测绘事务所	丁级	丁测资字 11007008
41	北京龙泰经纬测绘有限公司	乙级	乙测资字 11005011
42	海天方圆（北京）科技有限公司	丁级	丁测资字 11007020
43	北京慧智蓝图测绘有限公司	丙级	丙测资字 11017004
44	北京金房兴业测绘有限公司	乙级	乙测资字 11007017
45	北京首佳联诚房地产测量有限公司	丙级	丙测资字 11019002
46	北京威远图易数字科技有限公司	乙级	乙测资字 11007011
47	北京国勘房地产测绘有限公司	丁级	丁测资字 11007025
48	北京城建勘测设计研究院有限责任公司	甲级	甲测资字 11001019
49	北京京昌工程测绘技术有限公司	乙级	乙测资字 11013002
50	北京阳光华翰测绘有限公司	丁级	丁测资字 11004002
51	北京大地宏图勘测有限公司	乙级	乙测资字 11000009
52	北京市测绘设计研究院	甲级	甲测资字 11001010
53	北京中天路通工程勘测有限公司	乙级	乙测资字 11013005
54	北京望唐数码测绘有限公司	丙级	丙测资字 11017003
55	北京帝测科技股份有限公司	甲级	甲测资字 1100140
56	北京中海紫途测绘事务所	丁级	丁测资字 11006006
57	北京天天友联测绘有限公司	丁级	丁测资字 11015003
58	北京京海纵横测绘有限公司	丁级	丁测资字 11005016
59	北京大地万川测绘有限公司	丙级	丙测资字 11007030
60	北京荣驰测绘技术有限公司	丁级	丁测资字 11007031
61	北京鑫海厦测绘有限公司	丙级	丙测资字 11007007
62	北京永佳达测绘有限公司	丁级	丁测资字 11007042
63	北京浩宇天地测绘科技发展有限公司	丙级	丙测资字 11007028
64	北京丰华方圆测绘工程技术有限责任公司	丁级	丁测资字 11005014
65	北京欣通佳信测量有限公司	丁级	丁测资字 11012003
66	北京智环成测绘有限公司	丙级	丙测资字 11011008

续表 13-1

序号	测绘企业名称	资质等级	资质证书编号
67	杜鸣沐城测绘（北京）有限公司	丙级	丙测资字 11005017
68	北京富地勘察测绘有限公司	乙级	乙测资字 11012004
69	中泽嘉汇（北京）测绘中心	丙级	丙测资字 11006004
70	北京京建恒信房地产测量技术有限公司	丁级	丁测资字 11007044
71	北京檀州经纬测绘有限公司	丁级	丁测资字 11016003
72	北京世规测量技术咨询有限公司	丁级	丁测资字 11007047
73	北京创天烨测绘有限公司	丁级	丁测资字 11011013
74	北京百星达测绘工程有限公司	丁级	丁测资字 11010005
75	北京新兴宏图测绘有限公司	丁级	丁测资字 11005026
76	北京粤富华测绘测量有限责任公司	丙级	丙测资字 11005015
77	北京经纬久度测绘有限公司	丙级	丙测资字 11005034
78	北京地矿工程建设有限责任公司	乙级	乙测资字 11007013
79	北京国政恒信测绘技术服务有限公司	丁级	丁测资字 11001002
80	北京道济测绘有限公司	甲级	甲测资字 11002111
81	北京力佳图测绘有限公司	乙级	乙测资字 11007021
82	北京同创达勘测有限公司	乙级	乙测资字 11020003
83	北京米拉测绘有限公司	丁级	丁测资字 11009005
84	北京泾渭冠宇测绘有限公司	丙级	丙测资字 11009004
85	北京三友宇天测绘有限公司	乙级	乙测资字 11009003
86	北京市勘察设计研究院有限公司	乙级	乙测资字 11005045
87	北京市怀柔测绘所	丙级	丙测资字 11017002
88	北京君仁慧智测绘有限公司	丁级	丁测资字 11007065
89	北京市房山区测绘所	乙级	乙测资质 11010002
90	北京伟泽测绘有限公司	丁级	丁测资字 11002094
91	北京新兴环宇测绘有限公司	丁级	丁测资字 11008005
92	北京国测信息科技有限责任公司	乙级	乙测资字 11005088
93	中兆恒基（北京）工程管理有限公司	乙级	乙测资字 1110281
94	北京勘察技术工程有限公司	甲级	甲测资字 11000660
95	北京亿科瑞士规划设计有限公司	乙级	乙测资字 1110777
96	中材地质工程勘查研究院有限公司	甲级	丙测资字 1120223
97	北京智慧宏图勘察测绘有限公司	乙级	丙测资字 1120505
98	北京瀚博林遥感测图信息工程研究院	丙级	乙测资字 1111300
99	北京天时地利测绘科技有限公司	丙级	丙测资字 1120548

续表 13-1

序号	测绘企业名称	资质等级	资质证书编号
100	中测新宇（北京）测绘技术有限公司	乙级	乙测资字 1111596
101	北京宇达同盛勘测技术有限公司	丙级	丙测资字 1120476
102	北京万兴宏盛建筑勘测技术有限公司	乙级	乙测资字 1110957
103	北京通图信息科技有限公司	丙级	乙测资字 1110022

二、房产测绘成果审核工作统计

2015 年，全市审核通过用于权属登记的实测业务共计 1172 笔，建筑面积 3902.8 万平方米，与 2014 年相比，面积减少 159.4 万平方米，同比下降 3.9%；审核通过用于预售许可的预测业务共计 310 笔，建筑面积 1949.2 万平方米，与 2014 年相比，面积减少 322.4 万平方米，同比下降 14.2%。

表 13-2　2015 年度北京市各区实测成果审核情况

序号	区	件数（笔）	面积（平方米）	面积所占百分比（%）
1	东城区	24	735，351	1.88
2	西城区	14	801，508	2.05
3	朝阳区	129	4，583，082	11.74
4	海淀区	84	2，508，008	6.43
5	丰台区	73	3，504，702	8.98
6	石景山区	21	684，896	1.75
7	通州区	146	4，444，457	11.39
8	大兴区	155	4，949，886	12.68
9	昌平区	101	3，141，599	8.05
10	顺义区	120	3，627，021	9.29
11	怀柔区	35	999，061	2.56
12	密云区	39	717，821	1.84
13	延庆区	18	309，993	0.79
14	门头沟区	26	826，754	2.12
15	房山区	101	3，720，531	9.53
16	平谷区	49	1，820，078	4.66
17	北京经济技术开发区	37	1，653，061	4.24
合计		1172	39，027，810	100

表 13－3　2015 年度北京市各区预测成果审核情况

序号	区	件数（笔）	面积（m²）	面积所占百分比（%）
1	东城区	1	79，417	0.41
2	西城区	2	183，170	0.94
3	朝阳区	46	2，098，997	10.77
4	海淀区	15	663，152	3.40
5	丰台区	24	2，446，336	12.55
6	石景山区	15	1，656，965	8.50
7	通州区	27	1，779，751	9.13
8	大兴区	24	1，767，911	9.07
9	昌平区	23	1，084，319	5.56
10	顺义区	31	1，832，175	9.40
11	怀柔区	1	94，754	0.49
12	密云区	8	415，029	2.13
13	延庆区	2	172，520	0.89
14	门头沟区	22	1，464，938	7.52
15	房山区	48	2，397，105	12.30
16	平谷区	15	816，120	4.19
17	北京经济技术开发区	6	539，181	2.77
合计		310	19，491，842	100.00

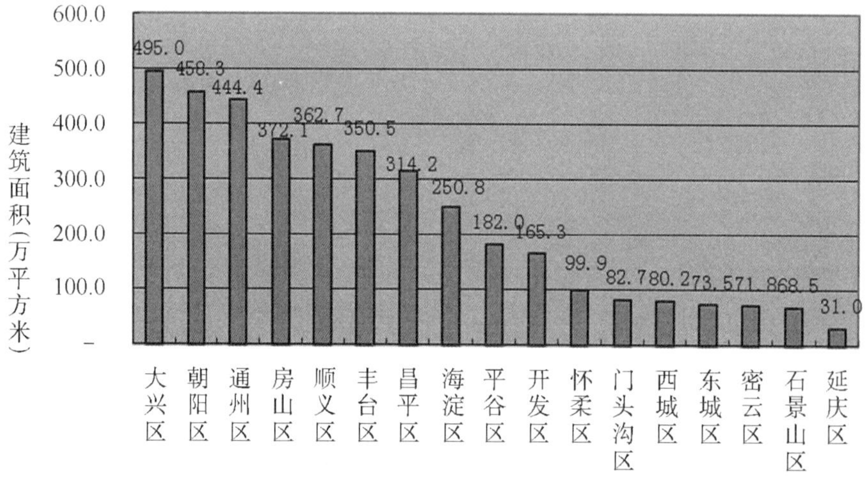

图 13－1　2015 年度北京市各区实测成果审核面积柱形图

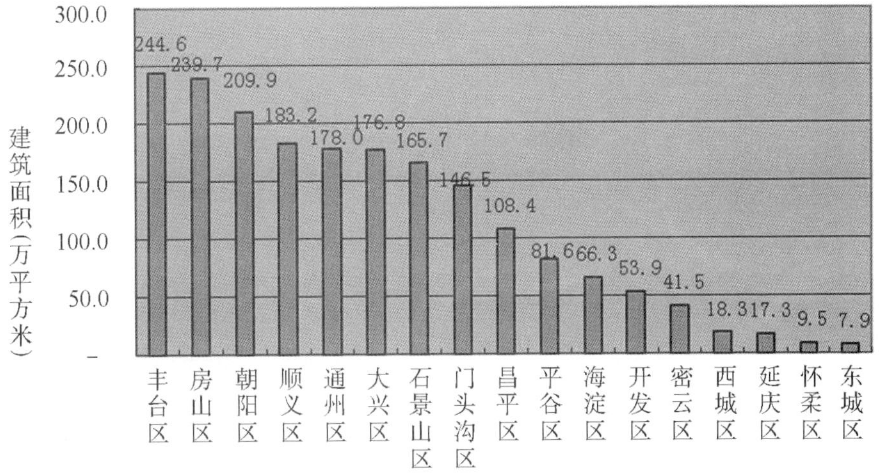

图 13－2　2015 年度北京市各区预测成果审核面积柱形图

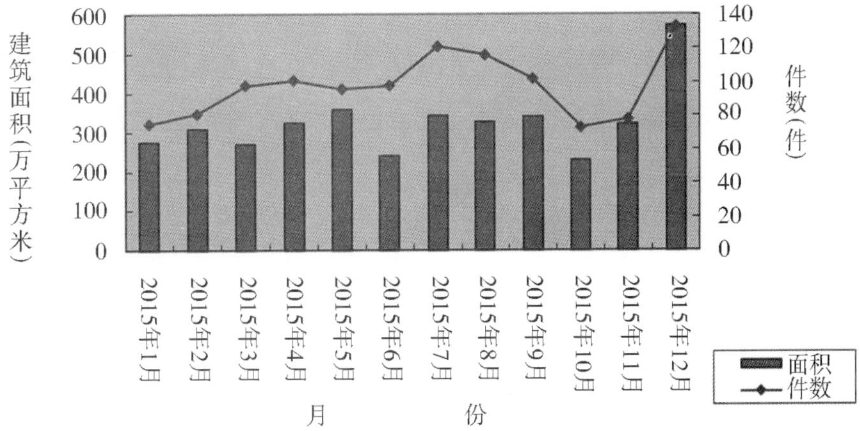

图 13－3　2015 年北京市实测审核面积及业务件数走势图

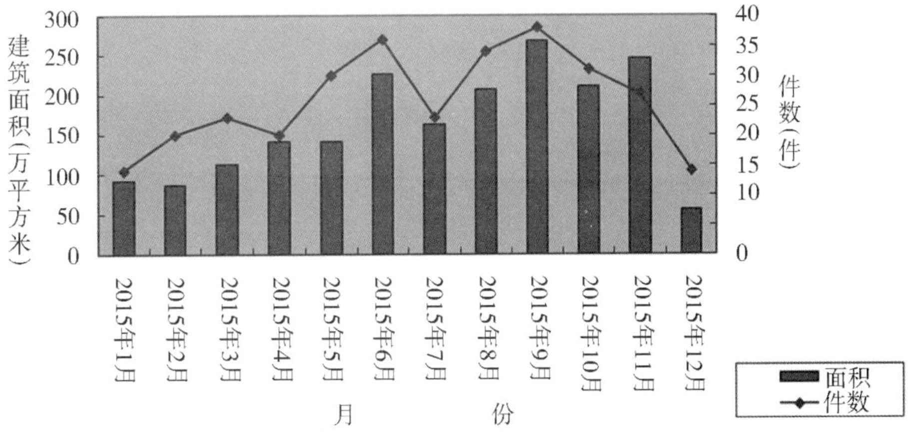

图 13－4　2015 年北京市预测审核面积及业务件数走势图

第三节　房地产经纪行业

一、北京市房地产经纪机构备案情况

截至2015年12月31日，北京市已备案的房地产经纪机构共有2924家，其中12月新增43家，注销29家，净增14家；已备案的分支机构共有3568家，其中12月新增83家，注销24家，净增59家。

表13－4　2015年北京市房地产经纪机构设立情况

注册资金（万元）/数量/企业类型	10以下	10－30	30－50	50－100	100以上	合计
有限责任公司	44	365	195	852	1361	2817
合伙制企业	1	1	0	0	0	2
三资企业	0	1	0	5	28	34
股份合伙制企业	0	1	1	1	5	8
全民所有制企业	0	1	3	2	6	12
集体所有制企业	0	0	1	1	9	11
其他	10	10	0	8	12	40
合计	55	379	200	869	1421	2924
备注	注册资本含下限，不含上限					

表13－5　2015年12月1日至2015年12月31日北京市房地产经纪机构设立情况

注册资金（万元）/数量/企业类型	10以下	10－30	30－50	50－100	100以上	合计
有限责任公司	0	1	1	8	32	42
合伙制企业	0	0	0	0	0	0
三资企业	0	0	0	0	0	0
股份合伙制企业	0	0	0	0	0	0
全民所有制企业	0	0	0	0	0	0
集体所有制企业	0	0	0	0	1	1
其他	0	0	0	0	0	0
合计	0	1	1	8	33	43
备注	注册资本含下限，不含上限					

二、北京市房地产经纪人状况

截至2015年底在北京市取得《中华人民共和国房地产经纪人协理从业资格证书》的人员共42240人，取得《北京市房地产经纪资格考试合格证》的人员共48249人，在我市考取《中华人民共和国房地产经纪人执业资格》的人员共5708人。

表13-6　2015年北京市已注册房地产经纪人学历状况

学历	人数	百分比
研究生及以上	643	1.31%
大本	12230	24.88%
大专	21494	43.73%
高中以下	9018	18.35%
中专	5763	11.73%
合计	49148	100.00%

第四节　房地产评估行业

一、房地产估价机构情况

截至2015年，北京市具备房地产价格评估资质的机构共158家（含外地在京分支机构7家），其中一级机构43家，二级机构42家，三级及三级（暂定）机构63家，仅在军队系统内执业的机构3家。2015年新批准成立的三级暂定估价机构6家，三级暂定资质升三级1家，三级升二级3家，二级升一级2家，外省市迁京一级机构1家。详见下面列表。

表13-7　2015年北京市批准的三级暂定房地产评估机构

序号	机构名称	资质证书编号	办公地址	联系电话	联系人
	北京中海盛房地产估价有限公司	京建房估资准字（2014）第0205号	北京市昌平区昌平镇鼓楼南街6号6层1单元631	51266883	张增红
	北京数圣房地产土地评估有限公司	京建房估资准字［2015］第0208号	北京市顺义区仁和镇府前东街2号1号楼514室	69439729	王丙岩
	北京华灿评房地产估价有限公司	京建房估资准字［2015］第0209号	北京市丰台区芳群园四区22号楼11层1108室	67648677	匡永锋
	北京兴庆房地产土地评估有限公司	京建房估资准字［2015］第0210号	北京市丰台区方庄南路2号20层2单元2208	57539181	王鹏

续表 13-7

序号	机构名称	资质证书编号	办公地址	联系电话	联系人
	中都国脉（北京）房地产评估有限公司	京建房估资准字［2015］第0207号	北京市朝阳区南磨路37号5层513室	51900962	桂创社
	北京中金浩房地产土地评估有限责任公司	京建房估资准字［2015］第0213号	北京市东城区广渠门内大街90号新裕商务大厦A座507	57272439	邵根兰

表13-8　2015年北京市批准的三级房地产估价机构

序号	机构名称	资质证书编号	办公地址	联系电话	联系人
1	北京大通兴业房地产评估有限公司	京建房估资准字（2014）第0205号	幸福一村55号1号楼一层8209号	56280066	孙力

表13-9　2015年北京市批准的二级房地产估价机构

序号	机构名称	资质证书编号	办公地址	联系电话	联系人
1	中安盛世（北京）土地房地产评估有限责任公司	京建房估资准字（2010）第0182号	北京市朝阳区东三环南路58号1号楼2207室	58673602	赵文群
2	北京中坤房地产土地评估有限公司	京建房估资准字（2004）第0218号	北京市朝阳区北苑路170号7号楼10层1009室	58236369	程斌
3	北京银城房地产评估有限责任公司	京建房估资准字（2002）第0092号	北京市大兴区黄村镇黄桂路临甲8号	61261996	陈俊宝

表13-10　2015年北京市批准的一级房地产估价机构

公司名称	资质证书编号	办公地址	联系电话	联系人
北京中鼎联合房地产评估有限公司	建房估证字（2015）025号	北京市西城区广安门外大街168号朗琴国际B1117B	88825655	申艳萍
北京鼎春德房地产土地评估有限公司	建房估证字（2015）014号	北京市门头沟区军庄镇军庄路1号院A439室	64966611-8709	刘长刚

表13-11　2015年北京市批准的外地迁京一级房地产估价机构

公司名称	资质证书编号	办公地址	联系电话	联系人
博文房地产评估造价集团有限公司	建房估证字［2015］025号	北京市海淀区大柳树路17号富海国际港1808室	83480861	徐文井

表 13－12　北京市一级房地产估价机构

序号	机构名称	办公地址	联系电话	联系人
1	北京东华天业房地产评估有限公司	宣武区右安门内大街65号弘棉商务大厦408室	51230378	王恒
2	北京华信房地产评估有限公司	北京市朝阳区建国门外永安里中街25号3幢二层	65830385	李芳
3	北京仁达房地产评估有限公司	西城区车公庄大街9号院五栋大楼B座1－401室	88395886	田京京
4	北京市金利安房地产咨询评估有限责任公司	海淀区蓝靛厂南路25号嘉友国际大厦801室	88400887	刘璐
5	北京中大行房地产评估有限公司	北京市海淀区阜成路北三街6号轻苑大厦905号	68986215	王颖
6	北京市中恒业房地产评估有限责任公司	西城区东煤厂胡同24号	66571360	陆伟俊
7	北京宝孚房地产评估事务所有限公司	朝阳区东土城路4号金泰五环宾馆二层	64208402/3	杨来斌
8	北京龙泰房地产评估有限责任公司	北京市丰台区丽泽桥西恒泰广场C座6层	88356600	徐冉
9	中建银（北京）房地产土地评估有限公司	北京市西城区太平街6号5层E－605	63109633	张兆文
10	北京首佳房地产评估有限公司	海淀区紫竹院路116号嘉豪国际中心B座七层	58930818	延安
11	北京银地联合房地产土地评估有限公司	北京市海淀区西三环北路50号豪柏大厦6－1909	69441598	门雅楠
12	北京北方房地产咨询评估有限责任公司	西城区金融大街27号投资广场A601室	66210088	白龙吉
13	北京百成首信房地产评估有限公司	朝阳区团结湖路甲3号	65821797	方满红
14	北京圣元房地产评估咨询有限公司	海淀区彩和坊路10号1＋1大厦1218室	62680160	李绍玲
15	北京国地房地产土地评估有限公司	海淀区中关村南大街17号韦伯时代中心3号楼1401室	51667273	张桂云
16	杜鸣联合房地产评估（北京）有限公司	北京市西城区西直门外大街135号北京展览馆宾馆8楼	65186610	杜鸣
17	北京康正宏基房地产评估有限公司	朝阳区裕民路12号中国国际科技会展中心B座1003	62372100	欧阳燕红

续表 13 - 12

序号	机构名称	办公地址	联系电话	联系人
18	北京中资房地产土地评估有限公司	海淀区首体南路22号国兴大厦17层A2	88357168	张珂
19	北京建亚恒泰房地产评估有限公司	朝阳区向军南里甲5号雨霖大厦9层	65944086	杨军
20	北京国泰大正天平行土地房地产评估顾问有限公司	朝阳八里庄西里100号住邦2000，1号楼A座705	85868816	李剑
21	北京京城捷信房地产评估有限公司	朝阳区芍药居甲2号内1楼南楼四层	84635538	谢淑美
22	北京海创房地产土地评估有限公司	建房估证字［2012］032号	62487316	马晋功
23	北京高地经典房地产评估有限责任公司	西城区太平桥大街98号院5号楼1门101	58597081	吴秀梅
24	北京银通安泰房地产评估有限公司	朝阳区朝阳北路199号摩码大厦1811室	85970326	万夫勇
25	北京中地华夏房地产评估有限公司	西城区闹市口大街1号长安兴融中心2号楼5A	58528303	康辉
26	北京华天通房地产评估有限公司	海淀区甘家口21号楼七层	88385315	张治超
27	北京京港房地产估价有限公司	海淀区西三环北路100号金玉大厦1101室	68727081	沈洋
28	北京中企华房地产估价有限公司	朝阳区朝外大街22号泛利大厦916室	65883588	魏新
29	北京京都房地产评估有限公司	朝外大街22号1415室	85665863	李中江
30	北京市国盛房地产评估有限责任公司	东城区东直门外大街48号东方银座D座23C	84477677	王煊
31	北京潞通房地产土地评估有限公司	通州区漷县镇漷兴一街610号	80817145	于顺伟
32	北京华源龙泰房地产土地资产评估有限公司	北京市丰台区丰台北路18号院C座601室	84831344	侯振河
33	北京宏成房地产价格评估有限公司	北京市大兴区礼贤镇工业区16号	69288666 - 6102	孙利
34	中财宝信（北京）房地产土地评估有限公司	北京市朝阳区新源南路6号1号楼3408	84868118	于娟
35	北京中建华房地产土地评估有限责任公司	海淀区广源匣路5号广源大厦3层302.303	51608233	刘强

续表 13 – 12

序号	机构名称	办公地址	联系电话	联系人
36	北京大地盛业房地产土地评估有限公司	北京市朝阳区和平里西街3号1幢平房101室	84285588	李荣
37	北京盛华翔伦房地产评估有限责任公司	北京市朝阳区安立路60号润枫德尚苑B座1303室	64820980	陈丽名
38	北京国信达房地产土地评估有限公司	东城区北三环东路36号环球贸易中心A座1903室	58256689	翟波
39	北京宝业恒土地和房地产评估有限公司	朝阳区白家庄路3号18楼A座第4层第02号	64051428	王学发
40	北京申洋房地产评估有限公司	顺义区建新南区甲32号楼	13031088068	刘媚
41	北京中鼎联合房地产评估有限公司	北京市西城区广安门外大街168号朗琴国际B1117B	88825655	申艳萍
42	北京鼎春德房地产土地评估有限公司	北京市门头沟区军庄镇军庄路1号院A439室	64966611 – 8709	刘长刚
43	博文房地产评估造价集团有限公司	北京市海淀区大柳树路17号富海国际港1808室	83480861	徐文井

表 13 – 13　外省市一级房地产估价机构在京分支机构

1	深圳世联土地房地产评估有限公司北京分公司	朝阳区建国门外大街甲6号中环世贸C座7层	85678186	孙雪佳
2	深圳戴德梁行土地房地产评估有限公司北京分公司	东城区建国门内大街7号光华长安大厦2座152	65101388	陈学军
3	深圳市天健国众联资产评估土地房地产估价有限公司北京分公司	北京市朝阳区建国路29号兴隆家园24号楼803	85752002	李雲媞
4	深圳市国策房地产土地估价有限公司北京分公司	北京市朝阳区东三环中路9号富尔大厦2708室	85911588	廖凡幼
5	内蒙古金正房地产价格评估有限责任公司北京分公司	北京市东城区崇文门外大街5号5 – 1幢4层508	67086811	祁晶
6	天目苏建房地产评估有限公司北京分公司	北京市朝阳区霞光里8号2号楼一层1110	64790904	王林梅
7	深圳市鹏信资产评估土地房地产估价有限公司北京分公司	北京市中关村南大街24号开源物业A07室	62165369	姜安源

二、注册房地产估价师情况

2015 年，经住房和城乡建设部批准予以初始注册的有 41 名房地产估价师，予以变更注册的有 119 名房地产估价师，予以延续注册的有 350 名房地产估价师。截止 2015 年，北京市注册有效期内的房地产估价师 1235 人。

第五节　房屋安全鉴定行业

一、房屋安全鉴定机构情况

截至2015 年底，全市共有28 个房屋安全鉴定机构按照《北京市房屋建筑安全评估与鉴定管理办法》(京建发［2011］207 号）完成了备案，其中业务范围不限的鉴定机构 10 个，业务范围中小型的鉴定机构 3 个，业务范围小型的鉴定机构 15 个（见表 13 - 14)。

业务范围不限的鉴定机构可以受理各种房屋建筑的安全评估与鉴定业务。

业务范围中小型的鉴定机构可以受理的业务有：(1）一般公共建筑工程：(a）单体建筑面积20000 平方米及以下，不含钢结构；(b）建筑高度 50 米及以下。(2）住宅宿舍，20 层及以下一般标准的居住建筑工程，不含钢结构。(3）地下工程：(a）总建筑面积 10000 平方米及以下地下空间；(b）防护等级五级及以下附建式人防工程。(4）其他类：(a）使用住宅专项维修资金鉴定；(b）变动房屋建筑主体和承重结构认定。

业务范围小型的鉴定机构可以受理的业务有：(1）使用住宅专项维修资金鉴定。(2）变动房屋建筑主体和承重结构认定。(3）平房（文物古建筑房屋除外)。(4）跨度小于 12 米的单层空旷砖房。(5）六层及以下砖混、砖木结构楼房。

表 13 - 14　2015 年北京市房屋安全鉴定机构

序号	备案编号	机构名称	法定代表人(机构负责人)	机构地址	业务电话	业务范围
1	京鉴字 01006	北京市房屋安全鉴定总站（北京市建设工程质量检测中心第五检测所)	冷　涛	朝阳区华威北里 18 号	67795971	不限
2	京鉴字 01007	北京市朝阳区房屋安全鉴定站	张　杰	北京市朝阳区三里屯南 56 号	64186164	不限
3	京鉴字 01008	北京市海淀区房屋安全鉴定站	靳　宁	海淀区东王庄小区 16 甲楼	62525745	不限
4	京鉴字 01012	北京市建设工程质量第三检测所有限责任公司	张　岫	西城区百万庄大街 3 号	68334806	不限

续表 13－14

序号	备案编号	机构名称	法定代表人（机构负责人）	机构地址	业务电话	业务范围
5	京鉴字 01018	北京市建设工程质量第六检测所有限公司	段　恺	丰台区南苑新华路 1 号	67995531	不限
6	京鉴字 01021	北京市建设工程质量第二检测所	何西令	西城区南礼士路 62 号	68048508	不限
7	京鉴字 01022	国家建筑工程质量监督检验中心	王　霓	北京市北三环东路 30 号	64517830	不限
8	京鉴字 01023	北京市建设工程质量第一检测所有限责任公司	刘　柯	北京市海淀区复兴路 34 号	88223802	不限
9	京鉴字 01027	中冶建筑研究总院有限公司/国家工业建构筑物质量安全监督检验中心	李晓东	北京市海淀区西土城路 33 号	82227134	不限
10	京鉴字 01028	奥来国信（北京）检测技术有限责任公司	孙文伟	北京市顺义区高丽营镇顺于路高丽营段 138 号	81700898	不限
11	京鉴字 02001	北京首华建设经营有限公司房屋安全鉴定室	赵庆友	朝阳区芍药居 2 号院	84643383－8011	中小型
12	京鉴字 02004	北京市西城区房屋安全鉴定一站	孙国强	北京市西城区西四东大街 49 号	66026813	中小型
13	京鉴字 02014	北京房地集团有限公司房屋安全鉴定室	张海林	北京市朝阳区芍药居甲 2 号院 1 号楼北楼一层	84631858	中小型
14	京鉴字 03002	房山区房屋安全鉴定站	王学军	房山区苏庄东街 2 号	69376993	小型
15	京鉴字 03003	北京市门头沟区房屋安全鉴定站	池宝全	门头沟区新桥大街 48 号	69822760	小型
16	京鉴字 03005	北京市顺义区房屋安全鉴定站	吴建民	顺义区光明北街 7 号	69441570	小型
17	京鉴字 03009	北京市昌平区房屋安全鉴定站	庞继业	昌平区南环东路 36 号	69704074	小型
18	京鉴字 03010	北京天岳恒房屋经营管理有限公司房屋安全鉴定室	陈　磊	北京市丰台区右安门外西三条甲 2 号	63295296	小型
19	京鉴字 03011	北京市怀柔区房屋安全鉴定站	赵书深	怀柔区青春路 48 号	69641817	小型
20	京鉴字 03015	石景山区房屋安全鉴定站	王文君	石景山区古城东街 103 号	68867438	小型
21	京鉴字 03016	密云区房屋安全鉴定站	李振金	密云区水源东路 339 号	69027404	小型

续表 13－14

序号	备案编号	机构名称	法定代表人（机构负责人）	机构地址	业务电话	业务范围
22	京鉴字 03017	北京市平谷区房屋安全鉴定站	张学军	平谷区平安街老武装部西院	89991590	小型
23	京鉴字 03019	北京市东城区房屋安全鉴定管理所	安宏杰	东城区长青园 1 号楼 210 房间	64023166	小型
24	京鉴字 03020	通州区房屋安全鉴定站	杨建发	通州区玉桥南里 24 号楼	81587316	小型
25	京鉴字 03024	北京市大兴区房屋安全鉴定站	苏晓冬	北京市大兴工业开发区科苑路 17 号	69242522	小型
26	京鉴字 03025	北京市丰台区房屋安全鉴定站	梁文斌	丰台区大井东里甲 2 号	63841972	小型
27	京鉴字 03026	延庆区房屋安全鉴定站	马卫志	北京市延庆区东外大街 89 号城建大厦 11 楼 1111	69176128	小型
28	京鉴字 03037	北京市西城区房屋安全鉴定二站	芦玉华	西城区万明路 18 号院 1 号楼 103 室	83551191	小型

注：1. 原东城区、崇文区房屋安全鉴定站因北京行政区重新规划，合并为东城区房屋安全鉴定站。
2. 原宣武区房屋安全鉴定站因北京市行政区重新规划，改名为西城区房屋安全鉴定二站。

二、2015 年房屋安全鉴定和评估业务完成情况

2015 年，全市 28 个鉴定机构中有 25 个鉴定机构开展了房屋安全鉴定工作，全年共完成各项房屋安全鉴定和评估 1295.89 万平方米（详见表 13－15），在系统中生成报告 2952 份（不含线下报告），其中涉及小区路面、小区围墙、小区给排水等无法统计在建筑面积中的鉴定、评估项目统计在表 13－15 备注栏中。

表 13－15　2015 年度北京市房屋建筑评估、鉴定

序号	机构名称	数据来源	建筑面积（平方米）							备注
			小计	安全鉴定（平房）	安全鉴定（楼房）	安全评估	抗震（含综合安全性）鉴定（平房）	抗震（含综合安全性）鉴定（楼房）	专项维修鉴定	
1	北京市总站	系统数据	344666.23	197	23480.25	0	0	0	320988.98	
		线下数据	790	0	790	0	0	0	0	另有专项维修鉴定项目涉及 1 个小区室外污水管

续表 13-15

序号	机构名称	数据来源	建筑面积（平方米）小计	安全鉴定（平房）	安全鉴定（楼房）	安全评估	抗震（含综合安全性）鉴定（平房）	抗震（含综合安全性）鉴定（楼房）	专项维修鉴定	备注
2	东城区鉴定站	系统数据	3319.72	3319.72	0	0	0	0	0	
3	西城区鉴定一站	系统数据	89415.9	12460.02	21154.76	0	0	0	55801.12	
4	西城区鉴定二站	系统数据	577792.57	6021.38	30012.85	0	0	0	541758.34	
5	朝阳区鉴定站	系统数据	2343021.12	6666.21	42732.92	0	1387.51	30651.57	2261582.91	
		线下数据	4537.92	0	98.2	0	0	0	4439.72	1、专项维修鉴定项目涉及屋面防水的，按屋面防水鉴定面积统计；2、另有专项维修鉴定项目涉及4个小区路面、14个小区排水、6个房屋排水、1个小区围墙、1个房屋室外楼梯和1个小区给水。
6	海淀区鉴定站	系统数据	2650990.22	38438.18	166280.51	0	9011.52	42419.5	2394840.51	
		线下数据	100016.44	624	59078.39	0	0	27841	12473.05	1、专项维修鉴定项目涉及屋面防水的，按屋面防水鉴定面积统计；2、另有安全鉴定项目涉及3个楼的构件验算；3、另有安全评估项目涉及1栋楼的玻璃幕墙；4、另有抗震鉴定项目涉及1个楼附属外楼梯；5、另有专项维修鉴定项目涉及6个小区围墙、1个小区门禁及对讲系统、15个小区污水管线、1个小区外墙装饰层、1个小区女儿墙、1个小区给水设备、1个小区院门及建筑小品、1个小区二次供水系统和4个小区道路。

续表 13-15

序号	机构名称	数据来源	建筑面积（平方米）							备注
			小计	安全鉴定（平房）	安全鉴定（楼房）	安全评估	抗震（含综合安全性）鉴定（平房）	抗震（含综合安全性）鉴定（楼房）	专项维修鉴定	
7	丰台区鉴定站	系统数据	3141812.7	59726.39	10630.72			1600	3069855.59	
		线下数据	40997.8	1153	2072.02	0	0	0	37772.78	另有专项维修鉴定项目涉及10个小区管线、2个小区围墙、1个小区铁艺大门、1个小区女儿墙、1个小区公共门窗，1个小区外立面墙，1个小区公共道路。
8	石景山区鉴定站	系统数据	799699.18	6260.25	0	0	0	0	793438.93	
9	门头沟区鉴定站	系统数据	2955.54	2955.54	0	0	0	0	0	
10	昌平区鉴定站	系统数据	819129.69	35561.91	0	0	0	0	783567.78	
11	通州区鉴定站	系统数据	86341.93	12316.83	0	0	0	0	74025.1	
12	大兴区鉴定站	系统数据	204.25	204.25	0	0	0	0	0	
13	房山区鉴定站	系统数据	143190.26	12366.95	32105.05	0	0	0	98718.26	
14	平谷区鉴定站	系统数据	0	0	0	0	0	0	0	
15	顺义区鉴定站	系统数据	2666.64	2666.64	0	0	0	0	0	
16	怀柔区鉴定站	系统数据	22797.32	22797.32	0	0	0	0	0	
17	密云区鉴定站	系统数据	66888.01	5251.18	0	0	0	0	61636.83	
18	延庆区鉴定站	系统数据	166716.5	21377.4	145339.1	0	0	0	0	
19	首华鉴定室	系统数据	19490.54	126.3	674.91	0	530.97	2507.77	15650.59	
		线下数据	146.67	0	146.67	0	0	0	0	另有专项维修鉴定项目涉及1个小区的门禁和监控。

续表 13 - 15

序号	机构名称	数据来源	建筑面积（平方米）							备注
			小计	安全鉴定（平房）	安全鉴定（楼房）	安全评估	抗震（含综合安全性）鉴定（平房）	抗震（含综合安全性）鉴定（楼房）	专项维修鉴定	
20	天岳恒鉴定室	系统数据	0	0	0	0	0	0	0	
21	房地集团鉴定室	系统数据	76095. 51	2626. 3	49462. 6	0	0	0	24006. 61	
		线下数据	2406. 6	0	2406. 6	0	0	0	0	
22	建设工程检测一所	系统数据	96353. 16	0	73097. 18	0	0	23255. 98	0	
		线下数据	11260. 85	0	0	0	0	11260. 85	0	
23	建设工程检测二所	系统数据	84730. 58	3490. 99	58051. 58	0	1855. 81	10051. 6	11280. 6	
		线下数据	17844. 96	0	16144. 77	0	0	1700. 19	0	
24	建设工程检测三所	系统数据	546721. 5	15637. 85	359715. 57	0	0	35023. 09	136344. 99	
		线下数据	4948. 9	0	4948. 9	0	0	0	0	
25	建设工程检测六所	系统数据	417169. 15	2712. 9	2147. 8	0	152	495	411661. 45	
		线下数据	57216. 18	0	0	0	394	47548. 2	9273. 98	
26	国家建筑工程质量监督检验中心	系统数据	60018. 37	1482. 72	58535. 65	0	0	0	0	
		线下数据	7709	70	7639	0	0	0	0	
27	国家工业建构筑物质量安全监督检验中心	系统数据	109627. 62	1693. 5	27879. 25	0	0	68955. 37	11099. 5	
		线下数据	39255	0	0	0	0	39255	0	
28	奥来国信（北京）检测技术有限责任公司	系统数据	0	0	0	0	0	0	0	

续表 13－15

序号	机构名称	数据来源	建筑面积（m^2）							备注
			小计	安全鉴定（平房）	安全鉴定（楼房）	安全评估	抗震（含综合安全性）鉴定（平房）	抗震（含综合安全性）鉴定（楼房）	专项维修鉴定	
29	系统数据合计		12671814.21	276357.73	1101300.7	0	12937.81	214959.88	11066258.09	
	线下数据合计		287130.32	1847	93324.55	0	394	127605.24	63959.53	
	合计		12958944.53	278204.73	1194625.25	0	13331.81	342565.12	11130217.62	
	系统项目数		2952	1799	260	0	53	62	778	

注：系统数据采自北京市城镇房屋建筑使用安全管理系统，线下数据为各机构报送。

第六节　物业服务企业

一、物业服务企业情况

截至2015年12月，北京市取得《物业服务企业资质证书》的企业2876家，其中，一级142家，新增10家；二级377家，新增11家；三级2214家，减少15家；三级暂定59家，减少10家。外埠在京企业取得资质59家，减少9家。

从各区分布上，海淀区注册的物业服务企业最多，有541家，其他依次为朝阳区498家、西城区338家、东城区242家和丰台区236家。

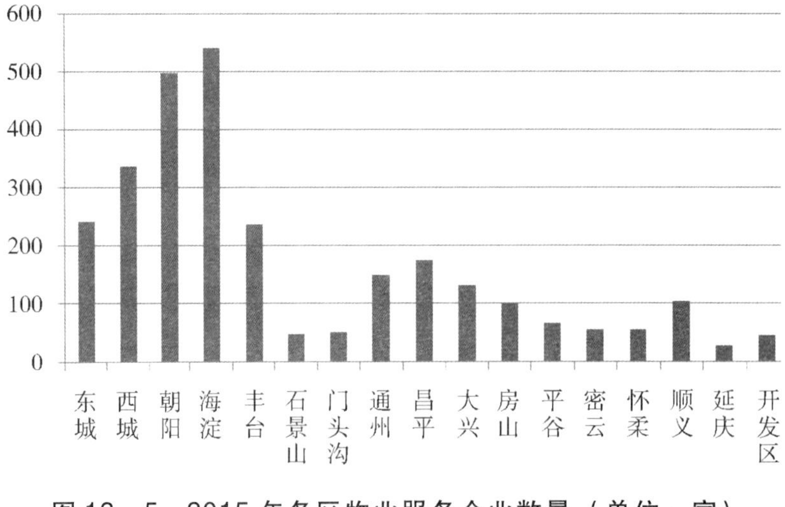

图13－5　2015年各区物业服务企业数量（单位：家）

二、北京市一级资质物业服务企业名录

表 13 – 16　2015 年北京市一级资质物业服务企业名录

序号	物业公司名称	注册地区
1	北京宝景物业管理有限公司	东城区
2	北京华体世纪物业管理有限公司	东城区
3	中海实业公司	东城区
4	北京丰汇物业管理有限责任公司	东城区
5	北京首华物业管理有限公司	东城区
6	北京锦融物业管理有限公司	东城区
7	北京市嘉宝物业管理有限公司	东城区
8	北京外交人员房屋服务公司	东城区
9	北京航腾物业管理有限责任公司	东城区
10	北京银达物业管理有限责任公司	东城区
11	北京新世界物业管理有限公司	东城区
12	北京凯莱物业管理有限公司	东城区
13	中油阳光物业管理有限公司	东城区
14	北京东方容和物业管理有限责任公司	东城区
15	北京房修一物业管理有限公司	西城区
16	北京中工资产经营管理有限公司	西城区
17	北京鲁能物业服务有限责任公司	西城区
18	中化金茂物业管理（北京）有限公司	西城区
19	北京瑞赢酒店物业管理有限公司	西城区
20	北京网信物业管理有限公司	西城区
21	北京盛利达物业管理有限公司	西城区
22	北京经中太联物业管理有限公司	西城区
23	北京金融街第一太平戴维斯物业管理有限公司	西城区
24	北京中兴物业管理有限公司	西城区
25	北京中广物业管理有限公司	西城区
26	明洁物业管理有限公司	西城区
27	新中物业管理（中国）有限公司	西城区
28	北京国基伟业物业管理有限公司	西城区
29	北京城建福安楼寓物业管理有限公司	西城区
30	北京中水物业管理有限公司	西城区
31	华润置地（北京）物业管理有限责任公司	西城区

续表 13－16

序号	物业公司名称	注册地区
32	北京天岳恒房屋经营管理有限公司	西城区
33	北京中实杰肯道夫物业管理有限公司	西城区
34	北京金隅物业管理有限责任公司	西城区
35	中化国际物业酒店管理有限公司	西城区
36	北京金融街物业管理有限责任公司	西城区
37	北京尚合佳物业管理有限公司	西城区
38	北京市圣瑞物业服务有限公司	西城区
39	北京首佳物业管理有限公司	朝阳区
40	泛海物业管理有限公司	朝阳区
41	北京住总北宇物业服务公司	朝阳区
42	北京金辉锦江物业服务有限公司	朝阳区
43	北京信和物业管理有限责任公司	朝阳区
44	北京建工物业服务有限公司	朝阳区
45	北京裕展物业管理有限公司	朝阳区
46	北京仲量联行物业管理服务有限公司	朝阳区
47	北京恒富物业服务有限公司	朝阳区
48	北京北控物业管理有限责任公司	朝阳区
49	北京招商局物业管理有限公司	朝阳区
50	北京戴德梁行物业管理有限公司	朝阳区
51	北京房地集团有限公司	朝阳区
52	北京市望京实业总公司	朝阳区
53	北京澳西物业管理有限公司	朝阳区
54	北京龙城兴业物业管理有限公司	朝阳区
55	赛特国际物业管理有限公司	朝阳区
56	北京北辰信诚物业管理有限责任公司	朝阳区
57	北京金罗马物业管理有限公司	朝阳区
58	北京高腾物业管理有限公司	朝阳区
59	第一太平戴维斯物业顾问（北京）有限公司	朝阳区
60	国贸物业酒店管理有限公司	朝阳区
61	中远酒店物业管理有限公司	朝阳区
62	北京世邦魏理仕物业管理服务有限公司	朝阳区
63	北京燕京都物业管理有限公司	朝阳区
64	北京兴邦物业管理有限责任公司	朝阳区

续表 13 - 16

序号	物业公司名称	注册地区
65	北京达文物业管理有限公司	朝阳区
66	北京燕侨物业管理有限公司	朝阳区
67	北京金海燕物业管理有限公司	朝阳区
68	北京盛世物业服务有限公司	朝阳区
69	北京中航大北物业管理有限公司	朝阳区
70	北京冠城酒店物业管理有限公司	海淀区
71	北京东光物业管理有限公司	海淀区
72	北京北大资源物业经营管理集团有限公司	海淀区
73	北京中咨时代资产管理有限公司	海淀区
74	北京中际北视物业管理有限公司	海淀区
75	北京中电建物业管理有限公司	海淀区
76	北京亿方物业管理有限责任公司	海淀区
77	北京育新物业管理公司	海淀区
78	北京达尔文国际酒店物业管理有限公司	海淀区
79	北京城建置业有限公司	海淀区
80	北京城承物业管理有限责任公司	海淀区
81	北京科住物业管理有限公司	海淀区
82	北京燕科物业管理有限责任公司	海淀区
83	第一太平融科物业管理（北京）有限公司	海淀区
84	北京天鸿宝地物业管理经营有限公司	海淀区
85	中建物业管理公司	海淀区
86	北京城建物业管理有限责任公司	海淀区
87	中铁建（北京）物业管理有限公司	海淀区
88	中交地产北京物业有限公司	海淀区
89	北京大唐物业管理有限公司	海淀区
90	北京亿城物业管理有限公司	海淀区
91	北京国兴三吉利物业管理有限责任公司	海淀区
92	北京玉渊潭物业管理集团有限公司	海淀区
93	中海宏洋物业管理有限公司	海淀区
94	北京信科联物业管理有限公司	海淀区
95	北京神舟天辰物业服务有限公司	海淀区
96	北京世纪城物业管理有限公司	海淀区
97	北京中湾智地物业管理有限公司	海淀区

续表 13－16

序号	物业公司名称	注册地区
98	北京亿展资产管理有限公司	海淀区
99	勤好（北京）物业管理有限公司	海淀区
100	北京诚智慧中物业管理有限公司	海淀区
102	北京航天万源物业管理有限公司	丰台区
103	北京方庄物业管理有限责任公司	丰台区
104	北京中海物业管理有限公司	丰台区
105	北京瑞思特物业管理有限公司	丰台区
106	北京中建物业管理有限公司	丰台区
107	北京中铁第一太平物业服务有限公司	丰台区
108	北京西国贸大物业管理有限公司	丰台区
109	北京金隅大成物业管理有限公司	丰台区
110	北京道丰总部基地物业管理有限公司	丰台区
111	北京顺天通物业管理有限公司	昌平区
112	北京新龙天宇物业管理有限公司	昌平区
113	北京市鼎泽物业管理有限责任公司	昌平区
114	北京碧水物业管理有限责任公司	昌平区
115	北京方佳物业管理有限公司	昌平区
116	北京国广物业管理有限公司	石景山区
117	北京中电瑞达物业有限公司	石景山区
118	北京首欣物业管理有限责任公司	石景山区
119	中信国安（北京）物业管理有限公司	顺义区
120	北京利天物业管理有限公司	顺义区
121	北京天竺空港物业管理有限公司	顺义区
122	北京华腾世纪物业管理有限公司	顺义区
123	北京龙湖物业服务有限公司	顺义区
124	北京万科物业服务有限公司	顺义区
125	北京天鸿尊逸物业管理有限公司	平谷区
126	北京市均豪物业管理股份有限公司	平谷区
127	北京悦豪物业管理有限公司	通州区
128	北京博宇嘉物业管理有限公司	门头沟区
129	北京安信行物业管理有限公司	门头沟区
130	北京金泰卓越物业管理有限公司	门头沟区
131	北京奥和物业管理有限公司	门头沟区

续表 13－16

序号	物业公司名称	注册地区
132	北京华特物业管理发展有限公司	大兴区
133	北京和泓物业服务有限公司	大兴区
134	北京燕山星城物业管理公司	房山区
135	北京闻达敏斯物业管理服务有限公司	房山区
136	北京昊远隆基物业管理有限公司	房山区
137	北京金网络物业管理有限公司	怀柔区
138	北京金泰物业管理有限公司	怀柔区
139	远洋亿家物业服务股份有限公司	怀柔区
140	北京万通鼎安国际物业服务有限公司	怀柔区
141	北京金地格林物业管理有限公司	开发区
142	北京亦庄置业有限公司	开发区

附录一

业界观点

北京市房地产年鉴 2016

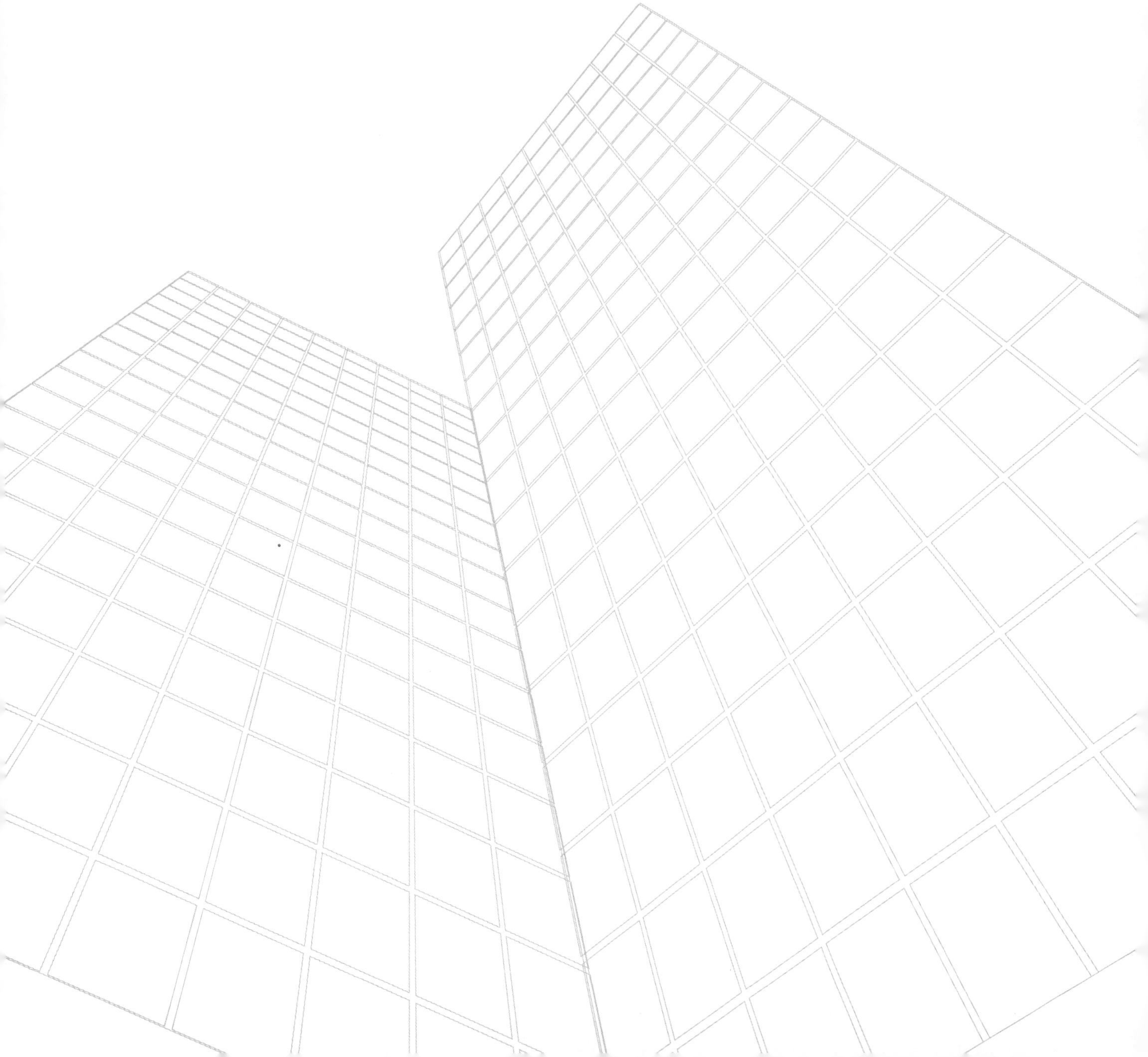

2015年北京市房地产市场发展研究报告

中国指数研究院　中国房地产指数系统

一、住宅市场：量价齐升，自住豪宅市场两极分化显现

2015年，在多项护市政策的推出以及高端住宅、自住房大量入市的综合影响下，北京新建商品住宅均价整体稳中有升，整体在24550元/平方米徘徊，二手房价格指数增幅高于新房。需求方面，全年成交量达968万平方米，同比增长30.9个百分点。60－90平之间的小户型仍为市场去化主体，五六环之间占比提升明显。去化效果明显，整体销供比升至1.1，市场供求趋于相对合理水平。

1. 全市总体：护市利好效应显现，价格稳中有升

（1）价格：多方面综合影响，北京新建商品住宅均价（含保障房）稳中有升

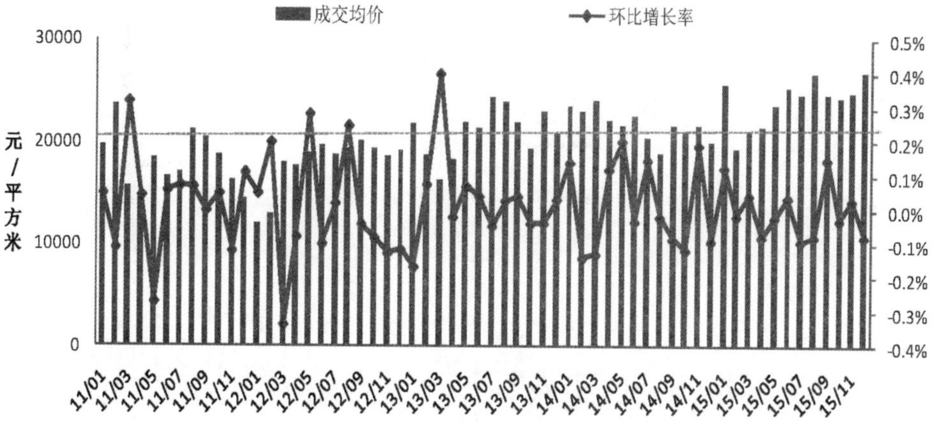

附图1－1　2011年至2015年北京市商品住宅（含保障房）成交均价及环比涨跌幅

数据来源：CREIS中指数据，fdc. fang. com

多方面综合影响，北京住宅市场稳中有升。2015年，在首付款、公积金、降息降准等多项护市政策的推出以及高端住宅、自住房大量入市的综合影响下，北京新建商品住宅均价（含保障房）整体稳中有升，整体在24550元/平方米徘徊，较2014年增长13.17个百分点。随着房地产利好政策的进一步落地，预计未来，北京新建住宅均价将延续稳中有升的态势。

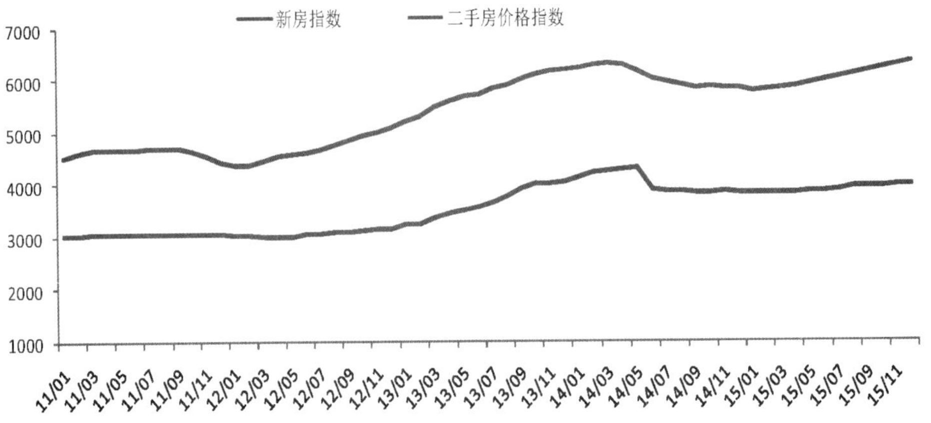

附图1－2　2011—2015年北京市新房及二手房价格指数

数据来源：CREIS中指数据，fdc. fang. com

从价格指数来看，两项指标整体以增为主，二手房价格指数增幅高于新房。2015年，北京新房价格指数和二手房价格指数整体以涨为主，分别从1月份的3849点和5795点涨至12月的4000点和6361点。分月份来看，北京新房价格指数一直保持平稳上行趋势，全年增幅3.92个百分点。二手房价格指数也呈现全年上行趋势，全年增幅9.77个百分点。二手房价格指数增幅高于新房，主要可归因于2015年央行连续降息，贷款成本降至历史最低点；与此同时，3月30日政策降低二套房首付款比例为四成，二手房被压制的需求在利好刺激下于2015年全面释放。同时，利息和首付款降低政策二者叠加，无论对于首置还是置业升级的按揭客户，都有较好的刺激作用。

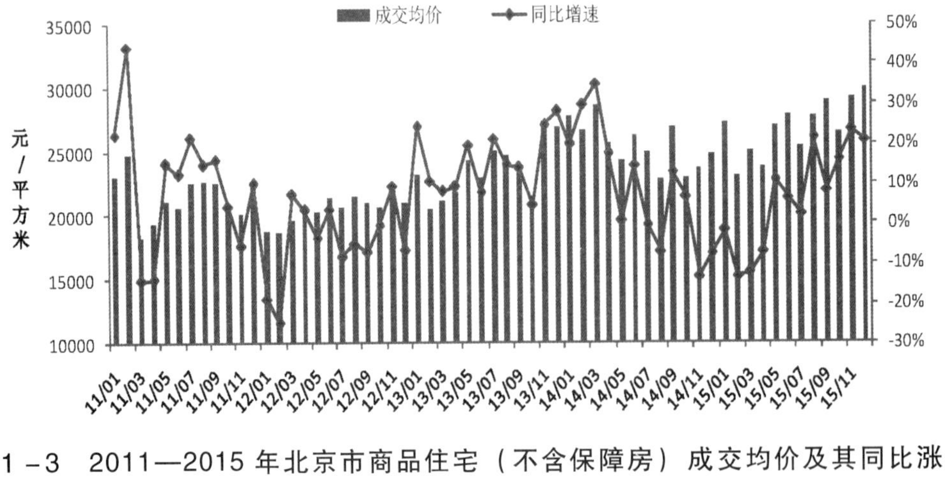

附图1－3　2011—2015年北京市商品住宅（不含保障房）成交均价及其同比涨跌幅

数据来源：CREIS中指数据，fdc. fang. com

从成交价格来看，受大环境利好因素影响，北京商品住宅（不含保障房）成交均价波动上行。2015年1－12月，北京商品住宅（不含保障房）成交均价为27114元/平方米，同比上涨8.08%。具体来看，1－4月，受上年基数以及自住房影响，北京商品住宅（不含保障房）成交均价同比均有所下滑，2015年5月开始，利好政策效果显现，北京商品住宅（不含保障房）成交均价同比一路走高，至12月达到峰值29868元/平方米。

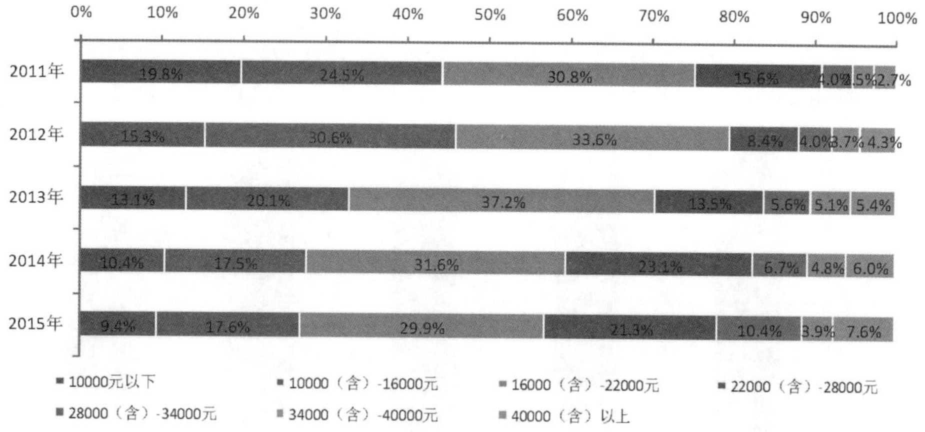

附图1-4　2011—2015年北京市商品住宅分价格段成交套数占比

数据来源：CREIS中指数据，fdc. fang. com

按价格段来看，2015年的成交结构占比较2014年基本持平。2015年，北京住宅市场整体成交结构占比与2014年相比基本保持稳定，市场成交主力依旧集中在16000－28000元/平方米之间的产品价格段，成交占比达51%，但受豪宅集中入市影响，成交占比较上年下滑4个百分点；而28000元/平方米以上的中高端楼盘成交量占比较2014年增加了4个百分点。

（2）需求：成交量继续上扬，全年成交同比增长30.9%

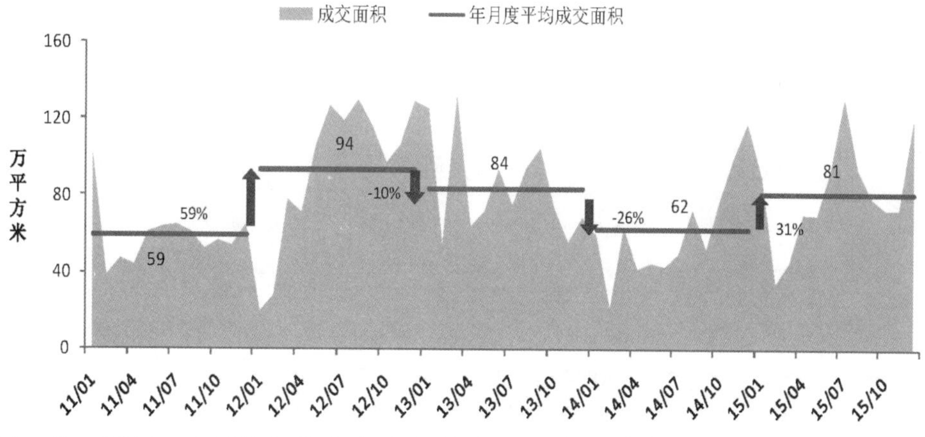

附图1-5　2011—2015年北京市商品住宅（不含保障房）成交面积及其同比增速

数据来源：CREIS中指数据，fdc. fang. com

整体政策向好，成交量继续上扬，全年成交同比增长30.9%。2015年，受政策利好影响，北京房地产市场月均同比整体呈增长趋势，月平均成交81万平方米，全年成交量达968万平方米，同比增长30.9个百分点。分月份来看，1月，受上年930利好政策的刺激，北京市商品住宅市场迎来了一个开门红，成交面积达 90 万平方米；随后，受春节影响，市场进入传统淡季，成交下滑明显。3 月后，受两会定调房地产市场、降息降准等一系列房地产利好政策的刺激，市场回暖明显，7 月份达到 131 万平方米成交量的峰值，同比增幅高达 162.90%。8 月以来，北京市住宅市场（不含保障房）受前期放量影响，成交趋于平缓，但仍保持整体震荡上扬的趋势，至 12 月，成交达 119 万平方米。

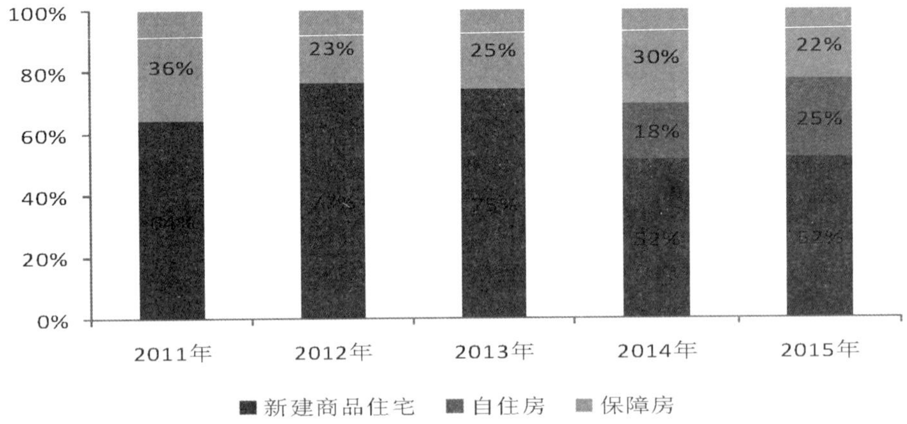

附图 1－6　2011—2015 年北京市商品住宅成交情况占比细分

自住房成交量占比持续攀升，占全年住宅成交的四分之一。2015 年，自住型商品房成交持续增量，全年自住型商品房成交 27616 套，占住房市场的 25%，自住房成交量占比持续攀升，较 2014 年的 18% 增长了 7 个百分点。大量自住房成交明显挤占了商品住宅市场，近两年北京商品住宅成交量占比均为 52%。

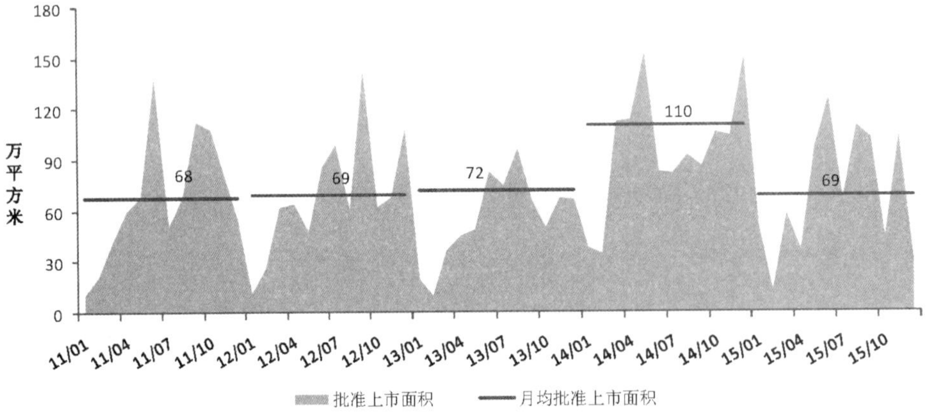

附图 1－7　2011—2015 年北京市商品住宅（不含保障房）新批上市面积走势

数据来源：CREIS 中指数据，fdc. fang. com

（3）供应：新增供应高位回落至近年次低位

新增供应高位回落至近年次低位。2015 年，北京商品住宅月均新批上市 85 万平方米，较 2014 年均值相比下降幅度接近 37%，处于近七年来次低位。单月来看，2 月新增供应量最小，仅为 11.87 万平方米，之后四个月波动上升，并于 6 月达到上半年新增供应峰值，新批上市125.64万平方米；而伴随“330新政”效果的落地、公积金放松、二孩政策放开及央行多次降准降息等一系列利好政策的出台，房地产市场升温显著，开发商看好后市并积极推盘，新增供应量持续高位，8月、9月和11月均超过100万平方米。但12月市场供应大幅回落，主要是由于2015年企业销售业绩普遍向好，年度销售目标已基本完成，从而改变营销策略，放缓推盘节奏以备战下一年。

（4）供需对比：去化效果显著 整体供需趋于合理水平

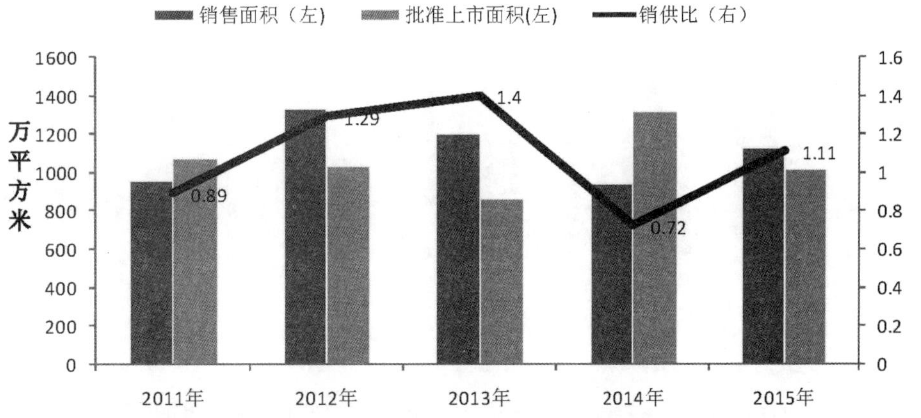

附图1-8　2011—2015年北京市商品住宅销供比

数据来源：CREIS中指数据，fdc.fang.com

商品住宅成交量上涨，销供比升至1.1，市场供求趋于相对合理水平。2015年，北京商品住宅（含保障房）共计成交1134万平方米，较2014年947万平方米上升20%；商品住宅供应面积比14年减少23%，为1020万平方米，销供比上升至1.1，市场供求趋于相对合理水平。

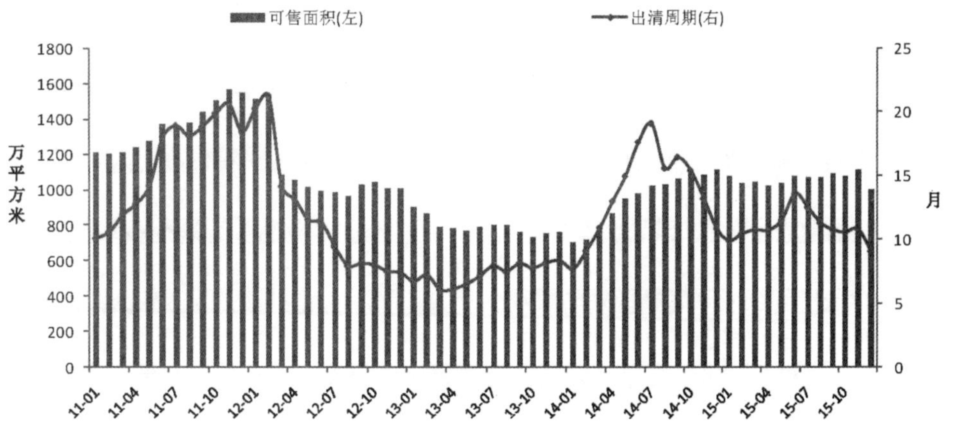

图1-9　2011—2015年10月北京市商品住宅月度可售面积及出清周期

数据来源：CREIS中指数据，fdc.fang.com

库存量稳中有降，平均出清周期回落至9.09个月。2015年，北京住宅市场可售面积与2014年基本持平，为1020万平方米，同比微降0.08%。在2015年供需基本平稳的态势下，市场库存延续2014年高位，出清周期于2015年6月达到13.6个月，为全年最高峰。之后伴随着降息降准、公积金放宽等一系列利好政策，市场需求逐步释放，开发商信心提升，积极推盘，出清周期持续下降，至12月底已降至9.09个月。

2. 产品形态：刚需产品仍为市场主流，部分区域竞争激烈

（1）价格：除三四环之间成交均价同比下降外，其他各环线均与2014年持平或有所上涨

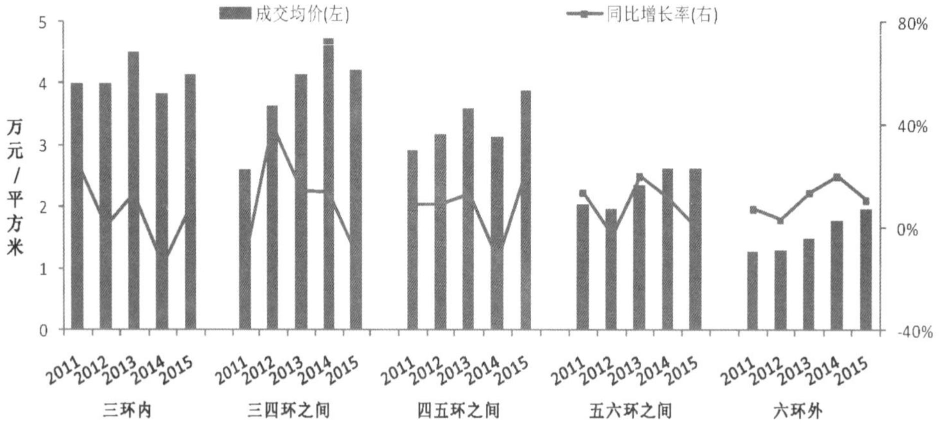

附图1-10　2011—2015年北京市商品住宅分环线成交均价及其增速

数据来源：CREIS中指数据，fdc. fang. com

2015年，四五环之间受顶豪集中供应影响，成交均价大幅上扬至39000，同比增幅达24%。六环外以及三环以内涨幅分别为11%和8%，五六环之间成交均价与2014年持平，为26000元/平方米。2015年全年，仅三四环之间商品住宅成交均价同比下滑，下滑幅度为11%。

（2）需求：60-90平之间的小户型为市场主体，五环外为主要成交区域

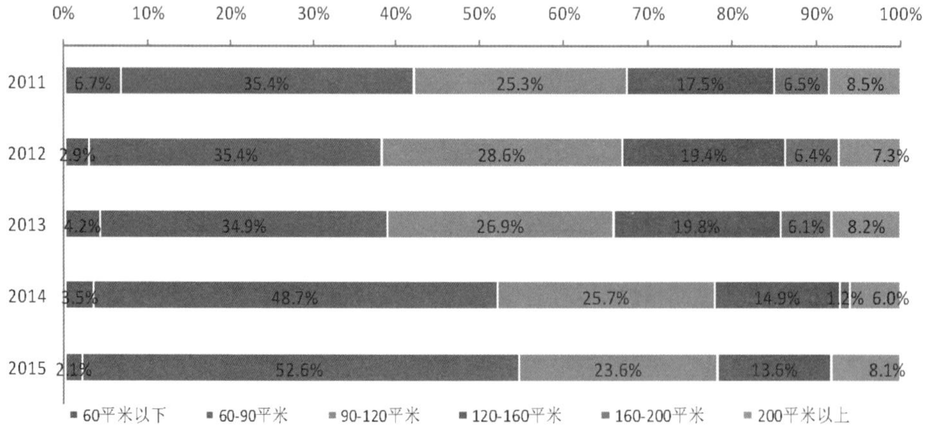

附图1-11　2011—2015年北京市商品住宅分户型成交套数占比

数据来源：CREIS中指数据，fdc. fang. com

按面积段来看，与去年成交结构基本保持不变，60-90平小户型仍为市场去化主体，而160平以上的大户型成交占比有所上涨。具体来看，小户型方面大量自住房的入市，

对该面积段具有强力的支撑作用；而大户型方面，由于信贷政策方面的相对宽松，置换需求得到有效释放。从房企开发成本来看，地价的持续攀升大大增加了房企的开发成本，出于逐利的考虑，大户型产品的推出量占比也正在提升。

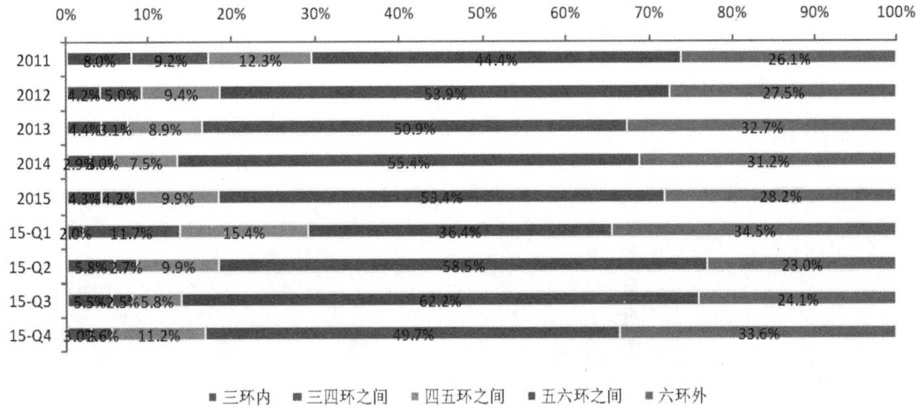

附图1－12　2011—2015年北京市商品住宅分环线成交面积占比

数据来源：CREIS中指数据，fdc. fang. com

从不同区域来看，五环内成交占比提升显著，五环外仍为主要成交区域。2015年，北京五环内各区域住宅成交占比均有所上扬，总体较上年上升5个百分点，五环外仍为主要成交区域，五六环之间成交占比达53.4%，六环外成交占比达28.2%。分区域看，四五环之间住宅成交占比提升最为明显，同比增长2.4%。2015年分季度来看，北京市商品住宅分环线成交受供应影响明显，一季度和四季度，受鲁能·丰和台和首开华润·花香四季等自住房集中选房影响，三四环之间商品住宅供应量占比一度达到11.7%（一季度）、11.2%（四季度）。

（3）供给：近郊区新增供应集中度高，昌平、朝阳热点区域竞争压力较大

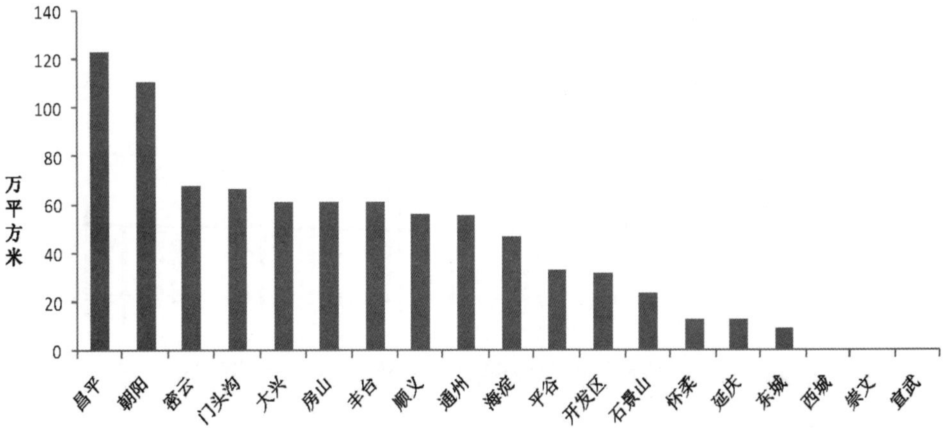

附图1－13　2015年北京市各区住宅新批上市面积

数据来源：CREIS中指数据，fdc. fang. com

近几年北京新增供应项目集中度较高，主要集中在昌平、朝阳、密云、门头沟和大兴等区，而昌平和朝阳的热点区域更是新推较多项目的热点供应区域，竞争较为激烈。北京市新建商品住宅市场持续以近郊为重心，交通便利、基础设施配套较为完善的地区为发展重点，中心城区则以二手存量住宅为主要交易主体。2015 年，昌平和朝阳区的新批上市面积均超过 110 万平方米，2 区累计新增供应量（234 万平方米）占北京全市新增供应量的 28. 14%。

（4）供求对比：各环线区域销供比均较为平衡

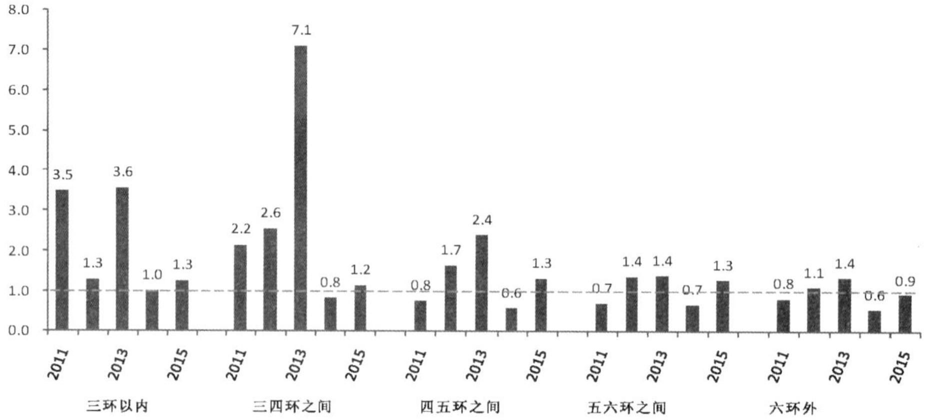

附图 1 -14　2011—2015 年北京市商品住宅分环线销供比

数据来源：CREIS 中指数据，fdc. fang. com

2015 年，北京市各环线区域供求关系均有所改善，总体在 1. 0 左右徘徊。具体来看，除六环外，其他环线区域均为供不应求的状态，三环以内、四五环之间以及五六环之间的区域最为突出。三四环之间受区域供应量影响销供比维持在 1. 2。

3. 重点区域：朝阳市场份额最高，各区供需分化明显

（1）价格：除海淀，各区域成交均价同比均上涨

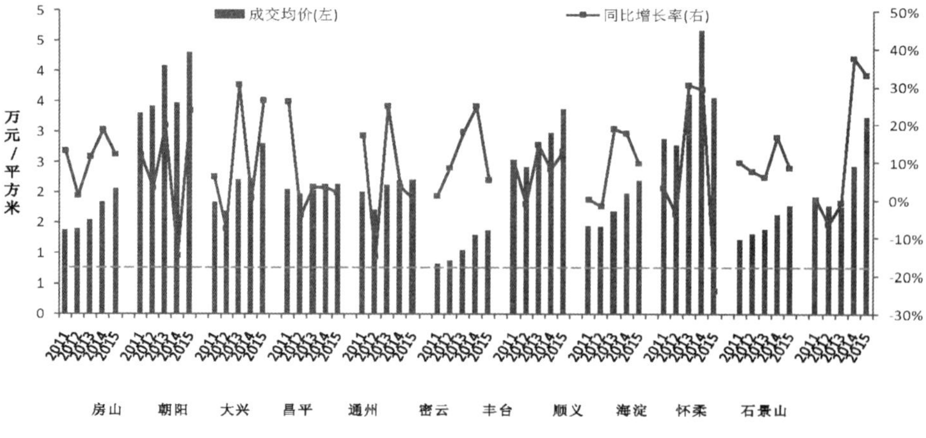

附图 1 -15　2011—2015 年北京市各区域商品住宅成交均价及其增速

数据来源：CREIS 中指数据，fdc. fang. com

2015年，海淀成交均价为35481元/平方米，同比下跌24%，其他区域同比均上涨，涨幅介于0%－33%之间，其中房山、大兴、昌平、通州、密云、丰台、顺义、怀柔和石景山等9个区域同比2014年成交均价持续增长；朝阳区同比止跌转涨，涨幅为24%。

（2）需求：朝阳、昌平、通州成交占比位居前列

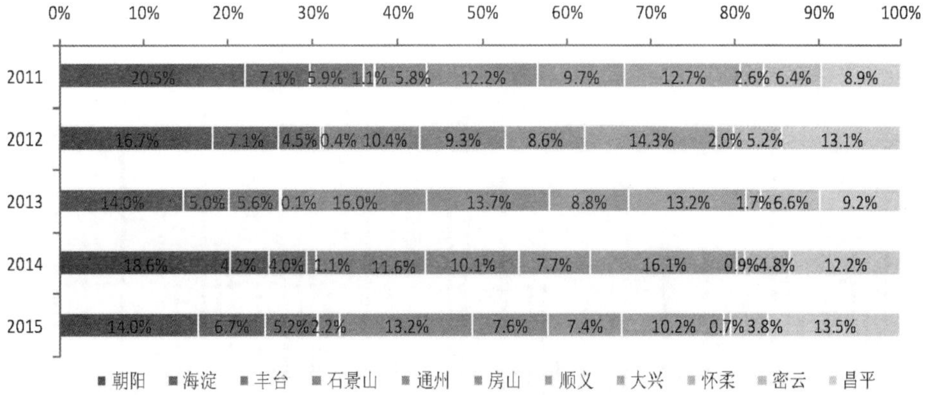

附图1－16　2011—2015年北京市商品住宅各区域成交面积占比

数据来源：CREIS中指数据，fdc. fang. com

各区域中朝阳成交量最大，占比14%。2015年，朝阳商品住宅成交量占比最大，为14.0%，昌平区域和通州区域商品住宅成交量紧跟其后，占比分别为13.5%、13.2%。与2014年相比，朝阳、房山、顺义、大兴、怀柔和密云成交占比有所下滑，其中，朝阳区域成交占比下滑幅度最为明显，为4.7%；与此同时，受自住房供应以及整体区域规划影响，丰台、通州、海淀、昌平、石景山区域成交占比同比增长，分别涨幅1.2%、1.6%、2.5%、1.2%以及1.1%。

（3）供给：受自住房影响，昌平占比跃居各区域首位

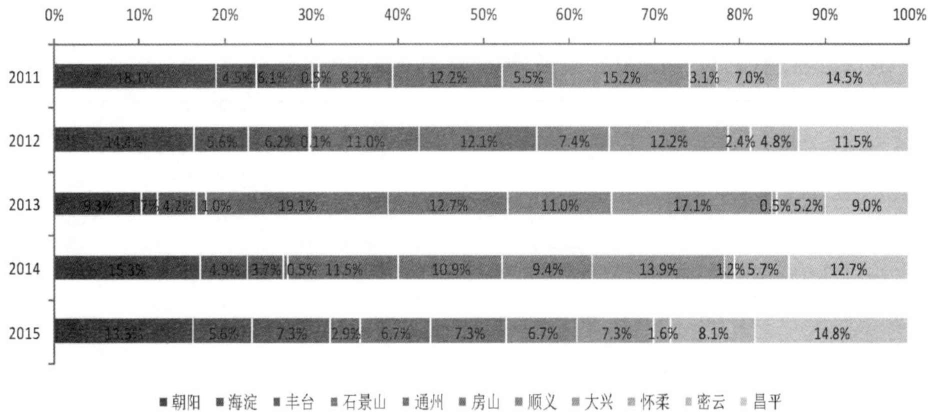

附图1－17　2011—2015年北京市商品住宅各区域新批上市面积占比

数据来源：CREIS中指数据，fdc. fang. com

通州、大兴、房山、顺义和朝阳四个区域新批上市面积占比下降，其他区域均有上升，昌平占比跃居各区域首位。2015 年，新批上市面积占比下降的区域有通州、大兴、房山、顺义和朝阳，与 2014 年相比，占比分别缩小 4.8%、6.6%、3.5%、2.7%、2.0%。其他区域占比有所提高，其中丰台、石景山受自住房大量供应影响，占比提升明显，分别提升 3.65% 和 2.4%。2015 年，昌平区供应面积占比最大，达到 13.3%。

（4）供求对比：受区域规划影响，各区供需分化明显

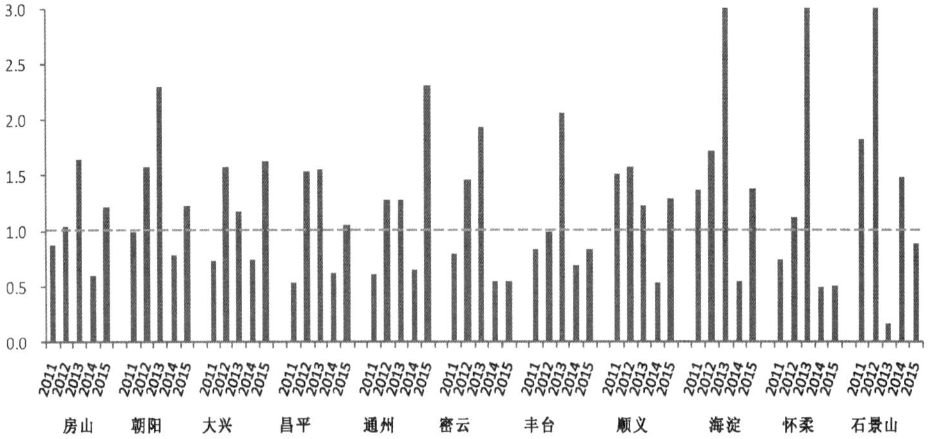

附图 1－18　2011—2015 年北京市商品住宅区域销供比

数据来源：CREIS 中指数据，fdc. fang. com

受区域规划影响，通州区域供不应求形势严峻，怀柔、密云供大于求，其他区域供需相对平衡。2015 年，受通州行政副中心功能规划影响，通州区域供不应求形势严峻，全年销供比高达 2.3；怀柔、密云受区位偏远因素影响，销供比仍保持 0.5，持续供过于求的状态。其余区域供需关系相对平衡，均在 1.0 左右徘徊。

（5）热销项目：改善型住房需求呈上扬趋势

附表 1－1　2015 年北京市商品住宅成交面积 TOP 10

排名	项目名称	成交面积（平方米）	成交金额（万元）	成交套数（套）	单价（元/平方米）	套均总价（万元/套）	套均面积（平方米/套）
1	华业东方玫瑰	117272	280346.69	1082	23906	259	108
2	中粮万科长阳半岛	112823	301543.1	1001	26727	301	113
3	中建·国际城	99456	201690.27	771	20279	262	129
4	亦庄·金茂悦	97728	336862.78	663	34469	508	147
5	西山艺境	93106	353562.42	544	37974	650	171
6	紫贵御园	86083	101068.99	1020	11741	99	84
7	京投银泰·公园悦府	84369	253305.84	950	30023	267	89
8	金第万科·金域东郡	82720	243177.1	1004	29398	242	82

续附表 1 - 1

排名	项目名称	成交面积（平方米）	成交金额（万元）	成交套数（套）	单价（元/平方米）	套均总价（万元/套）	套均面积（平方米/套）
9	远洋天著	81351	254145.92	294	31241	864	277
10	誉天下	78683	223926.59	182	28459	1230	432
前十名合计		933591	2549629.7	7511	27310	339	124
全市		9677100	26238400	84419	27114	311	115

数据来源：CREIS 中指数据，fdc. fang. com（不含自住及保障房项目）

热销项目仍是刚需中小户型商品住宅项目，但改善型住房需求上扬趋势明显。热销销售面积前十大项目中超半数项目的套均总价低于全市商品住宅水平，其中 5 个项目套均总价低于 300 万元。2015 年北京商品住宅十大热销项目共成交面积 93.36 万平方米（占全市商品住宅的 10%），成交金额约 254.96 亿元（占全市 10%），市场集中度较高，成交均价为 27310 元/平方米，套均总价在 339 万元/套左右、套均面积 124 平方米。这十大热销项目中有 5 个刚需项目的套均总价和套均面积皆低于全市平均水平，5 个中高端改善型项目高于全市平均水平，表明在调控政策逐步放缓的背景下，刚需是市场购买主力，但中高端改善型项目稳中有升。

➢ 成交：2015 年成交金额创历史新高，占全市比重的 21%

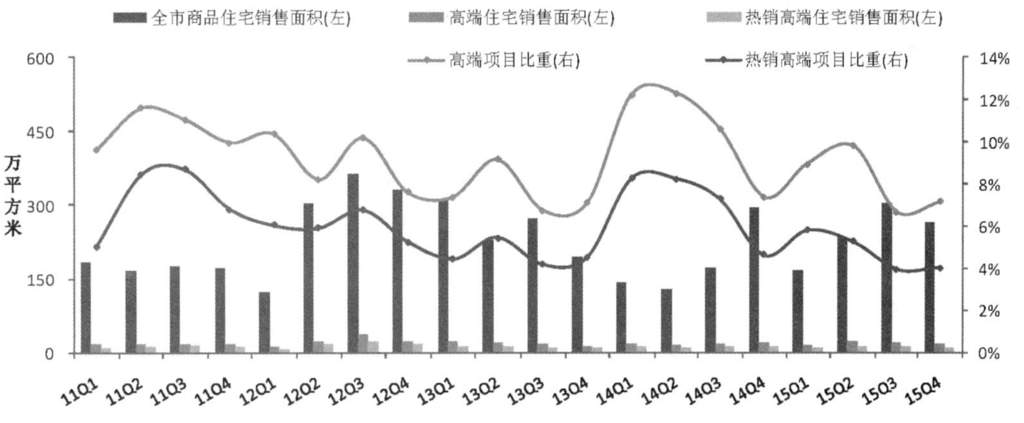

附图 1 - 19　2011—2015 年北京市高端住宅成交面积及其占比变化

数据来源：CREIS 中指数据，fdc. fang. com

高端住宅市场成交面积增长 5%，占全市比重的 8%。2015 年，北京市高端住宅成交面积为 77 万平方米，同比 2014 年增长 5%，与 2013 年基本持平，增幅低于全市整体商品住宅 26 个百分点；全年高端住宅成交面积占全市比重的 8%，低于 2014 年 2 个百分点。从季度占比走势看，高端项目占全市商品住宅的比重波动下行，主要因市场升温，普通商品住宅成交量逐渐增加，挤压了高端住宅的市场份额。

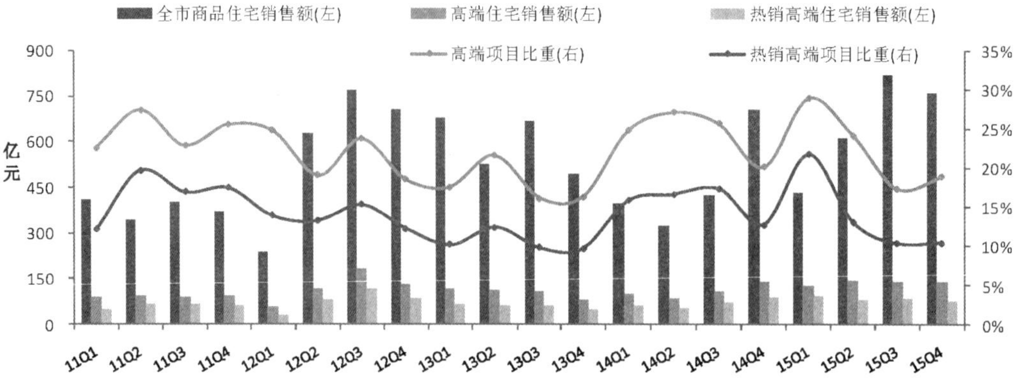

附图 1－20　2011—2015 年北京市高端住宅成交金额及其占比变化

数据来源：CREIS 中指数据，fdc. fang. com

高端住宅成交金额创新高，同比增长 28%。2015 年，随着整体市场的持续升温，北京高端住宅成交金额再创历史新高，达 558 亿元，同比增加 28%。全年高端住宅成交金额占全市比重的 21%，季度占比呈现波动下行趋势，一二季度较高，三四季度逐渐回落。

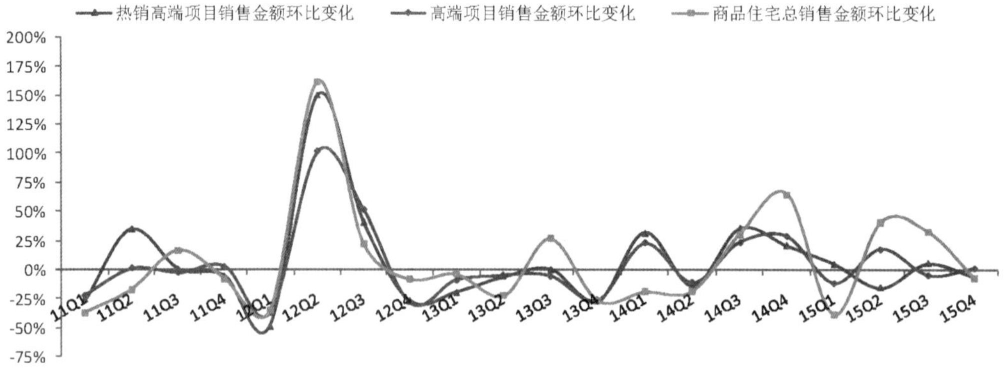

附图 1－21　2011—2015 年北京市商品住宅、高端住宅及热销高端住宅销售金额环比变化

数据来源：CREIS 中指数据，fdc. fang. com

2015 年高端住宅成交金额环比涨跌互现。分季度来看，一季度高端项目成交金额环比下降 11%，主要因 2014 年四季度利好促使大量高端盘入市，带动当季成交量增加；二季度受基数影响，高端项目成交金额环比增长 18%；三、四季度市场逐渐稳定，高端项目成交金额环比涨跌幅均在 10% 以内。

➢ 高端住宅热销项目分析

附表 1－2　2015 年北京市高端住宅成交金额 TOP 10

排名	项目名称	成交金额（亿元）	成交面积（万平方米）	单价（元/平方米）	套均总价（万元/套）	套均面积（平方米/套）
1	盘古大观	68.2	6.3	107707	7101	659
2	泛海国际居住区	41.5	4.9	84831	2611	308
3	华润橡树湾	25.6	4.1	62080	1281	206

续附表 1 - 2

排名	项目名称	成交金额（亿元）	成交面积（万平方米）	单价（元/平方米）	套均总价（万元/套）	套均面积（平方米/套）
4	紫御华府	17.2	2.7	64013	2644	413
5	万柳书院	16.9	1.2	139062	4022	289
6	保利海德公园	16.3	1.8	90157	2435	270
7	京投银泰·琨御府	15.9	1.8	86249	1476	171
8	龙湖西宸原著	15.1	1.7	89121	2323	261
9	阅园	15.0	2.4	63407	1200	189
10	红玺台	14.0	1.7	80144	1919	239
前十名合计		245.7	28.7	85581	2457	287
全市商品住宅合计		2623.8	967.7	27114	311	115

数据来源：CREIS 中指数据，fdc. fang. com

热销高端项目销售额占比继续提升，套总价同比涨幅超六成。2015 年，高端住宅热销前十名项目累计完成金额 245.7 亿元，占全市住宅总销售额比重的 9.4%，较 2014 年提升 3 个百分点，较 2013 年增长 11 个百分点。单价方面，十大项目成交均价为 85581 元/平方米，较 2014 年上升 25.9%，是全市住宅平均单价的 3.2 倍。套总价方面，十大项目的平均套总价为 2457 万元/套，较 2014 年上涨 64.8%，是全市住宅套均价的 7.9 倍。套均面积方面，十大项目的平均套均面积为 287 平方米，较 2014 年增长 30.9%，是全市商品住宅套均面积平均水平的 2.5 倍。

整体看，2015 年北京高端项目呈现如下三个特点：

✧ 顶豪新纪元，单价站稳十万关口

2015 年 1 月，盘古大观 96 套房源集中网签，成交均价达到 10.77 万元/平方米，彻底打开了北京住宅单价十万关口，北京豪宅市场由此开启了一个新纪元。全年北京单价十万以上项目共十个，累计成交 194 套，而 2014 年成交不足 20 套；单价十万以上项目累计成交金额 104.15 亿元，占高端豪宅成交金额比重的 39.6%，占全市总成交金额的 4%。在热销高端住宅排行榜中，盘古大观、万柳书院为该类典型代表，其中，2015 年万柳书院共成交住宅 42 套，累计成交金额 16.9 亿元，成交单价达 13.91 万元/平方米，位居热销高端住宅成交榜单价首位。

✧ 单价八万，成为高端住宅新趋势

2015 年北京豪宅市场呈现单价整体上移的趋势。全年北京单价八万以上项目达到 23 个，较 2014 年增加 6 个；累计成交套数 816 套，较上年同期增长 2.2 倍；累计成交金额 239.37 亿元，同比增长 2.6 倍。十大热销高端项目中，单价八万/平方米的项目达到 7 个，2014 年仅 2 个。泛海国际居住区、保利海德公园和龙湖西宸原著为该类高端住宅项目的典型代表。作为各家企业的代表之作，2015 年三个项目成交单价均超过八万/平方米，套总价均在 2000 万以上。其中，保利海德公园 9 万元的单价，成为其中的翘楚，位居全年热销高端项目单价第三位。

✧ 单价六万分界，高端住宅门槛提升

2015 年北京豪宅门槛继续提升，单价六万/平方米成为分水岭。全年北京成交均价前 50 项目成交单价全部在六万元以上，2014 年为 40 个项目。热销高端项目中，连续两年荣获季军的华润橡树湾成为其中代表，2015 年项目成交 200 套，成交单价为 6.21 万/平方米；2014 年成交 222 套，成交单价为 5.61 万元/平方米。2015 年项目成交套数基本保持稳定，但受到成交均价提升的影响，全年成交金额由 2014 年的 20 亿元，增长至 25.6 亿元，增长 27.88%。

二、写字楼：供需两旺，销售价格创历史新高

2015 年，北京写字楼①销售价格延续 2013 年以来的上涨态势，同比上涨 7.5%。开发建设方面，开发投资额自 2010 年以来持续增长，2015 年创历史新高，达 899 亿元，同比增幅扩大至 26.1%；新开工面积达 586 万平方米，同比止跌回升；竣工面积持续增长，达 385 万平方米，同比基本持平。供给方面，新批上市面积达 354 万平方米，同比增长 35.8%。需求方面，销售面积较 2014 年明显回升，成交 238 万平方米，同比增幅达 39.4%；销售额为 679 亿元，同比提升五成。销供比为 0.67，市场供大于求，开发商面临较大去化压力。承租能力较高的内资金融公司是北京写字楼市场需求增长的主要驱动力，租金基本保持平稳，空置率进一步回升。

1. 价格：连续三年持续上涨，创历史新高

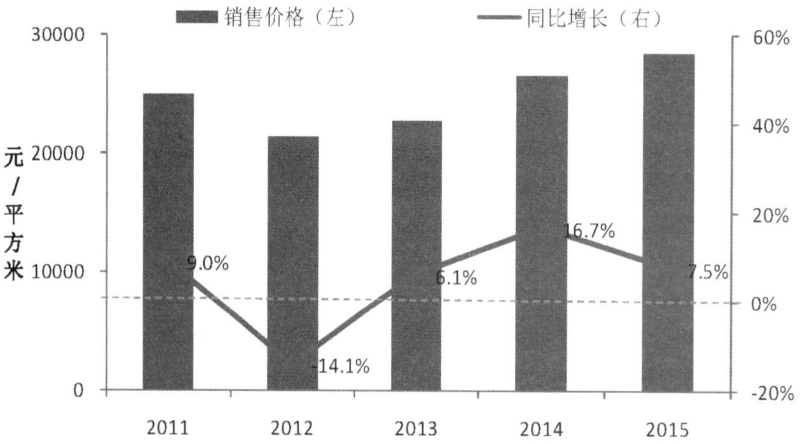

附图 1－22　2011—2015 年北京市写字楼销售价格及同比增长率

数据来源：CREIS 中指数据，fdc. fang. com

写字楼价格创新高，达 2.8 万元/平方米以上。2015 年，受金融街中心、昆泰嘉瑞中心等高价写字楼集中成交影响，北京写字楼价格创历史新高，达 28461 元/平方米，同比上涨 7.5%。具体来看，一季度写字楼平均价格为 22057 元/平方米；二季度初受海淀琨御府·玲珑阁、通州万达广场拉动，4 月价格上涨至 30229 元/平方米，随之出现回落，季末恢复上涨态势；三季度初均价延续上涨，7 月销售均价达 2015 年月度新高；四季度初价格

① 写字楼各类数据中，销售面积、销售额、销售均价等销售类数据，以及新批准上市面积均来自北京市房管局；开发投资额、新开工面积、竣工面积等开发投资类数据来自统计局。

有所回落，之后持续上涨。

2. **开发建设：投资额继续增长，新开工止跌回升，竣工企稳，均处历史高位**

➢ 开发投资：投资额连续第 6 年增长，增速回升

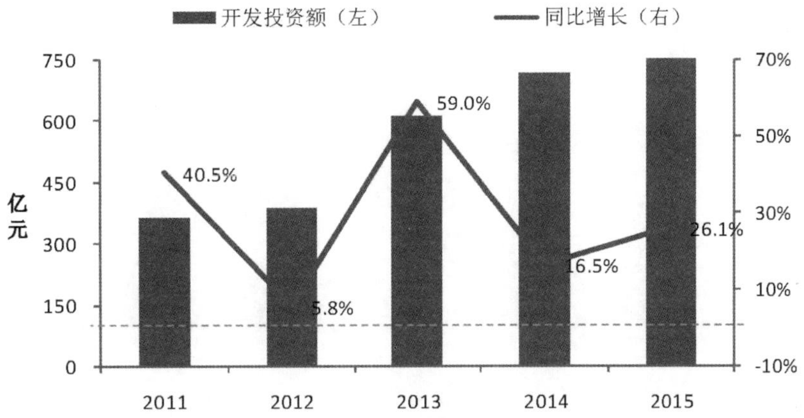

附图 1－23　2011—2015 年北京市写字楼开发投资额及同比增长率

数据来源：CREIS 中指数据，fdc. fang. com

写字楼开发投资额持续增长。2011—2015 年，随着经济逐渐企稳，写字楼市场受到大幅提振，处于增长周期，尤其是 2013 年以后，随着房企回归一线城市，北京写字楼市场投资放量增长。2015 年，北京写字楼开发投资额达 899 亿元，创历史新高，同比增幅升至 26. 1%。

➢ 新开工面积：同比止跌回升，但仍处历史高位

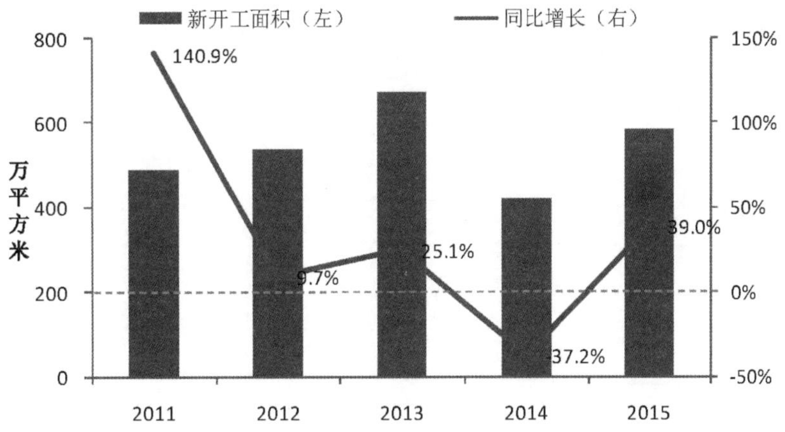

附图 1－24　2011—2015 年北京市写字楼新开工面积及同比增长率

数据来源：CREIS 中指数据，fdc. fang. com

写字楼新开工面积止跌回升。2011－2013 年写字楼市场持续火爆，写字楼新开工面积不断增长。2014 年，住宅市场整体冷清传导写字楼市场，写字楼新开工面积较 2013 年大幅回落 37. 2%。2015 年，宽松政策助力北京写字楼新开工面积止跌回升，达 586 万

平方米，同比增长 39.0%。

➢ 竣工面积：保持高位，但增速明显放缓

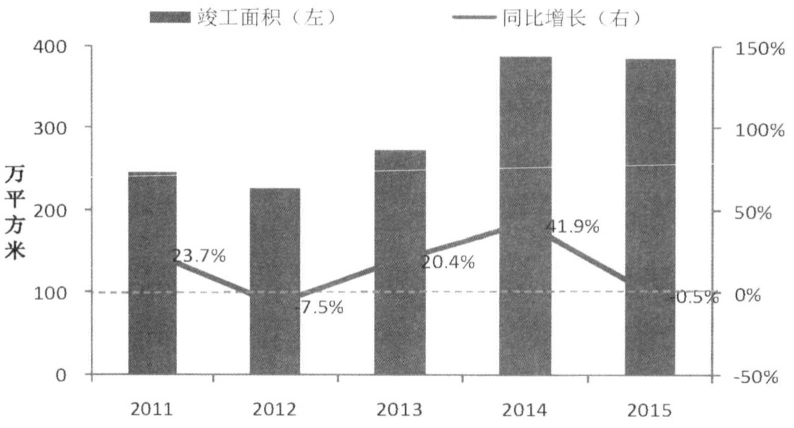

附图 1－25　2011—2015 年北京市写字楼竣工面积及同比增长率

数据来源：CREIS 中指数据，fdc. fang. com

写字楼竣工面积持平，同比增速放缓。2011－2013 年，受前期新开工量不足影响，写字楼竣工面积处于较低水平。2014 年，前期新建写字楼纷纷竣工，写字楼竣工面积大幅度增长至 387 万平方米，达历史新高。2015 年，北京写字楼市场延续上年势头，竣工面积为 385 万平方米，与 2014 年基本持平，但同比增幅未能延续前两年的增长态势。

3. 需求：利好政策刺激下市场明显回暖，销售面积同比增加近四成

➢ 销售面积：同比增加近四成

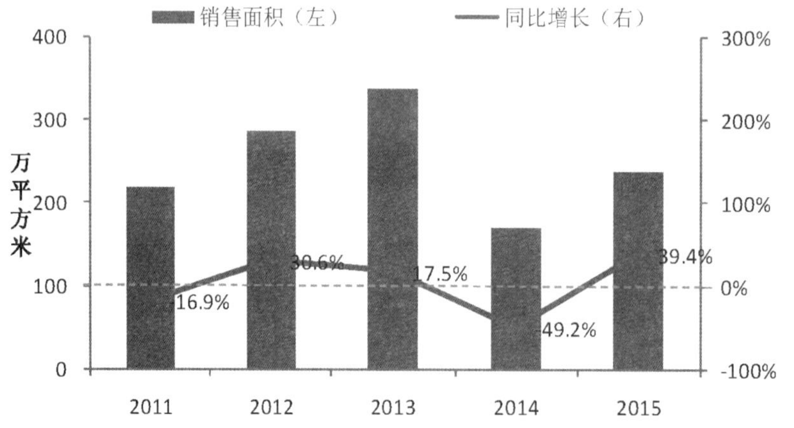

附图 1－26　2011—2015 年北京市写字楼销售面积及同比增长率

数据来源：CREIS 中指数据，fdc. fang. com

写字楼销售面积明显增加，增幅达 39.4%。纵观写字楼近几年市场行情，2011 年在住宅市场调控效果波及、价格过快上涨等因素的影响下，北京写字楼销售面积为 220 万平方米，同比下降 16.9%。2012－2013 年，由于持续的办公需求、有限的新增供应、良好的投资环境等一系列有利因素，销售面积连续攀升。2014 年受整体楼市放缓影响，北京写字楼销售面积同比下滑 49.2%。2015 年，政府的诸多利好政策为房地产市场释放更多的发展空间，拉动北京写字楼市场销售面积增长至 238 万平方米，同比增幅达 39.4%。

➢ 销售额：止跌回升，同比提升 49.9%

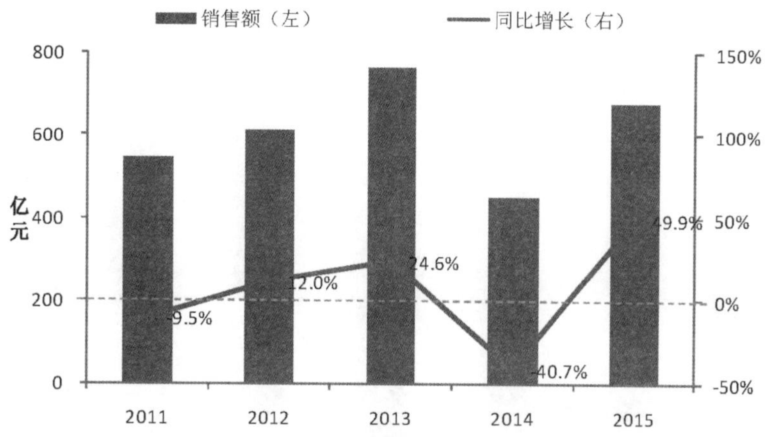

附图 1－27　2011—2015 年北京市写字楼销售额及同比增长率

数据来源：CREIS 中指数据，fdc. fang. com

2011－2013 年，北京写字楼市场需求旺盛，销售额逐渐走高，2013 年销售额达 764 亿元，同比涨幅扩大为 24.6%。2014 年受住宅市场波及，写字楼需求大幅下降，销售额大幅收窄至 453 亿元，同比下滑 40.7%。2015 年，在央行多次降准降息等利好政策的刺激下，北京写字楼市场销售额达 679 亿元，同比大幅增长 49.9%。

4. 供应：新批上市面积明显回升，创历史新高

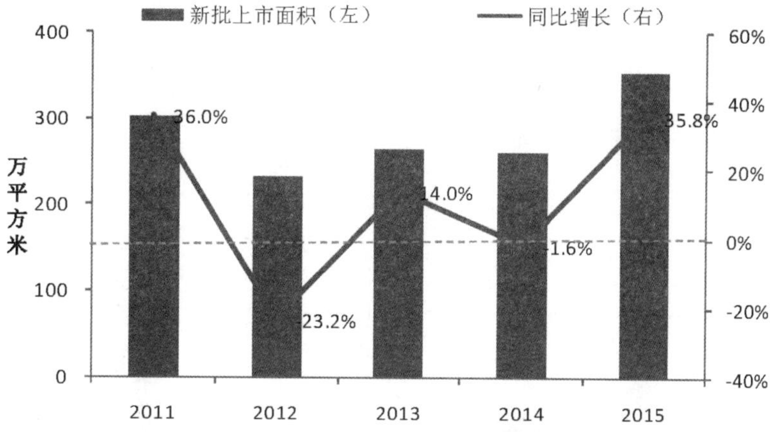

附图 1－28　2011—2015 年北京市写字楼新批上市面积及同比增长率

数据来源：CREIS 中指数据，fdc. fang. com

写字楼新批上市面积同比增长 35.8%。2011 年北京写字楼市场迎来供应高潮，全年新批上市面积、同比增幅均达到高位。2012 年，受上年库存高位影响，新批上市面积结束了连续三年的增长，转为下降，供应面积为232万平方米，同比下降23.2%。2013年，由于持续的供不应求，新批上市面积止跌回升，涨幅为14.0%。2014年，写字楼市场趋于平稳，新批上市面积略有回落，新批上市面积261万平方米，同比下降1.6%。2015年，在利好政策和北京房地产市场持续回暖的双重刺激下，新批上市面积达354万平方米，同比增幅达35.8%。

5. **供求对比：供过于求，去化压力大**

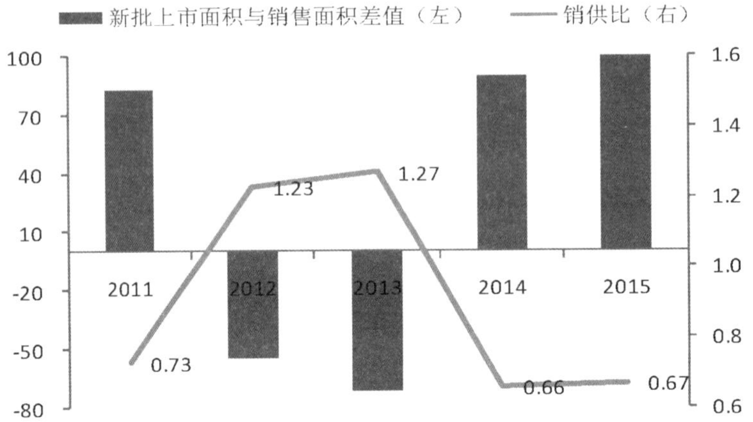

附图1－29　2011—2015年北京市写字楼供求对比

数据来源：CREIS中指数据，fdc. fang. com

2015年北京市写字楼供过于求，开发商去化压力大。2011年，住宅市场受政策调控抑制，使得大量资金转移到商业性质地产，从而促进写字楼供应快速增加，销供比为0.73。2012年写字楼市场受销售面积增加与新批上市面积减少影响，写字楼销供比升至1.23，市场处于供不应求状态；2013年，销售面积增长幅度大于新批上市面积，使得写字楼销供比进一步升至1.27。2014年，市场供应不断增加，写字楼销供比下降为0.66；2015年略有回升，销供比为0.67，但供应仍然大于需求，开发商面临较大的去化压力。

6. **存量市场：租金高位震荡，空置率回升**

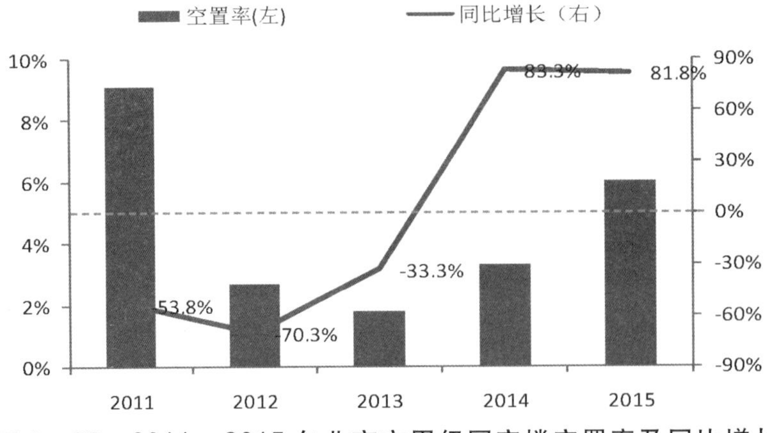

附图1－30　2011—2015年北京市甲级写字楼空置率及同比增长率

数据来源：DTZ，CREIS中指数据，fdc. fang. com

写字楼空置率环比回升。数据显示，2012年，北京甲级写字楼的空置率为2.7%，创历史新低，比2011年下降6.4个百分点，各区域市场的空置率都保持在5%以下。2013年，北京甲级写字楼空置率进一步降低至1.8%。2014年，受写字楼大量入市影响，空置率小幅回升至3.3%。2015年，受新项目入市较多影响，空置率进一步回升至6.0%。一季度，新增项目预租状况良好，北京甲级写字楼平均空置率环比仅上升0.7个百分点，达5.41%。二季度，由于新入市项目的预租状况较好，并且企业租赁活动比上季度活跃，全市甲级写字楼平均空置率环比下降0.86个百分点至4.55%。三季度，在位于中关村商圈的中航广场1期和位于亦庄的中航技广场两个新项目入市的情况下，全市平均空置率环比上升2.3个百分点至6.82%。四季度市场需求的进一步增长有效促进了新入市项目的租赁速度，空置率环比下降0.27个百分点至6.55%。

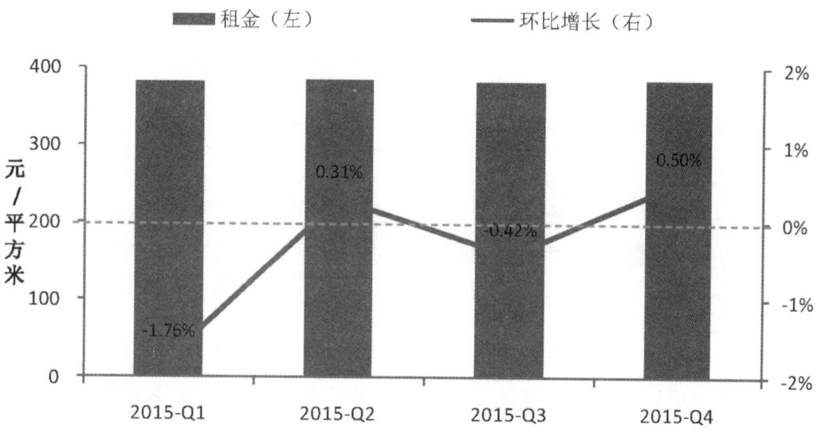

附图1－31　2015年各季度北京市写字楼平均月租金

数据来源：DTZ，中国指数研究院整理分析

金融和IT行业的内资企业是北京写字楼市场需求的主要驱动力。在全球经济复苏、中国经济增速放缓的新常态下，内资企业在北京写字楼租赁市场中的占比依然保持上升趋势，二季度占约76%，三季度上升到86.2%。租赁企业中，金融和IT产业是2015年北京写字楼市场需求增长的主要驱动力，约占总成交租赁的2/3，其中金融业占34%。租金方面，2015年一季度，受宏观经济的不确定性影响，项目招租压力加大，北京甲级写字楼市场平均租金为382.36元/平方米/月，环比下降1.76%。二季度，在核心商圈租金本稳中有升、非核心商圈租金明显增长的双重刺激下，平均租金回升至383.53元/平方米/月，环比涨幅为0.31%，其中望京商圈受新入市项目的品质较高影响，租金环比上升5.84%。三季度，北京甲级写字楼市场平均租金保持稳定，环比微降0.42%至381.90元/平方米/月。四季度，平均租金回升至383.81元/平方米/月。

7. **写字楼热销项目分析**

附表 1－3　2015 年北京市写字楼成交金额热销排行榜前十位

排名	项目名称	成交金额（亿元）	成交均价（元/平方米）	商圈
1	金丰能源中心	47.68	27448	丰台科技园
2	金融街中心	44.72	50536	金融街
3	昆泰嘉瑞中心	30.15	50077	望京
4	国锐·金嵿	30.02	30824	亦庄
5	华夏幸福创新中心	18.52	33000	丰台科技园
6	ID CITY 艾迪城	16.36	26857	顺义
7	琨御府·玲珑阁	16.03	53182	公主坟
8	中弘北京像素	13.90	24601	常营
9	北京城建·北京密码	13.71	17482	黄村卫星城
10	招商嘉铭珑原	13.71	31500	立水桥

数据来源：CREIS 中指数据，fdc.fang.com

2015 年北京写字楼成交额排行榜前十项目多位于新兴商圈。上榜项目的主要优势在于周边配套完善、交通便利、商业气氛浓厚，其中有 8 个项目位于四环以外，丰台科技园占 2 个。

单个项目来看，受区域优势及万达广场的带动，金丰能源中心成交金额位列榜首。金丰能源中心座落于丰台区中关村科技园丰台园东三期核心位置，总建筑面积约 25 万平方米，由 5 栋智能化写字楼、1 栋精品购物中心组成，地下商业与地铁 9 号线丰台科技园站连通。该项目周围拥有丰台总部基地、汉威国际广场等写字楼商圈，区位优势明显，同时在建的丰台万达广场毗邻该项目，为项目奠定了良好的升值空间。

金融街中心地处稀缺珍稀地段，以 44.72 亿元的成交额位列第二位。金融街中心位于西城区金融街商圈，属于甲级纯写字楼，该项目地处金融街商务稀缺地段，周边项目有高盛、花旗、摩根大通、摩根士丹利、中国人民银行、中国银监会、中国证监会、中国保监会，商业配套十分完善，具有很高的投资及自用价值。

昆泰嘉瑞中心位于望京国际商务区，总销售金额达 30.15 亿元，排名第三。昆泰嘉瑞中心位于望京国际商务区，总建筑面积达 25 万平方米，紧邻华彩商业中心与望京国际商业中心，商业氛围浓厚，随着望京国际商务区的不断发展，该项目未来升值潜力大；同时，由于该区域距首都机场仅 10 公里左右，又有机场高速贯穿，该区域的发展一直较被看好，且项目紧邻 14、15 号线地铁及北五环顾家庄桥高速入口，交通便利。完善的配套以及巨大的升值潜力使之成为排名第三的热销项目。

三、商业用房：需求释放，市场整体回暖明显

2015 年，在多次降息降准的刺激下，需求得到释放，投资者对于商业用房的投资热情持续增强，市场整体全面回暖，2015 年商业用房投资额达到历史新高，销售均价、销售面积、销售金额出现不同程度上涨，但整

体来看，供应速度仍然领先于销售速度，北京市商业用房市场整体保持供大于求态势，2015 年销供比为 0.79。

1. **销售均价同比上涨，上半年均价高于下半年**

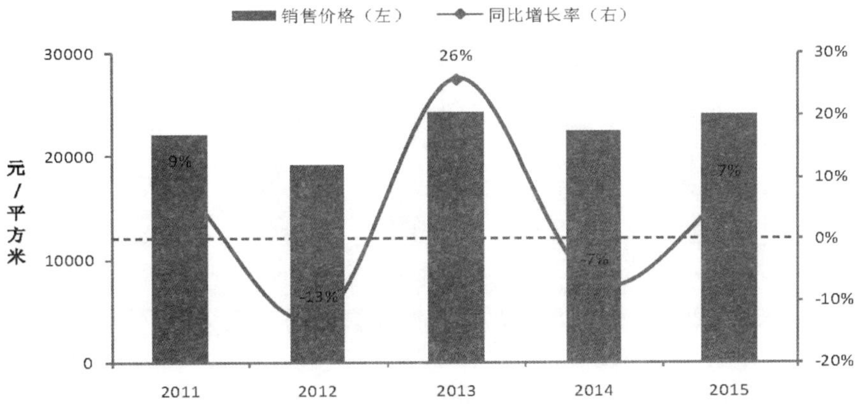

附图 1－32　2011—2015 年北京市商业用房销售均价及同比增长率

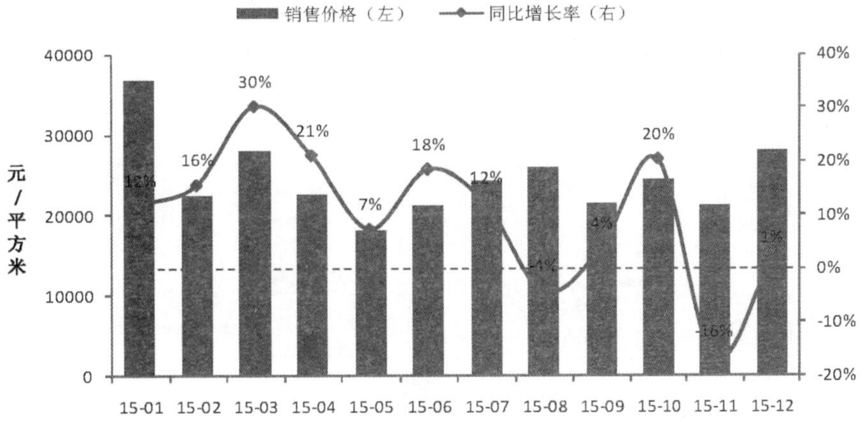

附图 1－33　2015 年各月北京市商业用房销售均价及同比增长率

数据来源：CREIS 中指数据，fdc. fang. com

商业营业用房年销售价格同比上涨，上半年均价高于下半年。在一系列房地产宽松政策的影响下，2015 年商业营业用房年销售价格为 24016 元/平方米，与 2013 年峰值相当，价格同比上升 7%。2015 年上半年销售均价高于下半年，上半年各月价格同比均上涨，其中一月为本年度最高值，后续全年整体价格保持相对平稳。从近五年的商业用房销售价格来看，在历经 2011 年 、2013 年的峰值后，中央都加紧了对房地产市场的调控，2012 年、2014 年销售均价都有所下降，2015 年房地产政策持续宽松，销售价格同比上升。

2. **开发建设：投资额达到历史新高，开工同比增长过半，竣工达近五年最高值**

➢ 开发投资：投资额达到历史新高，同比涨幅明显

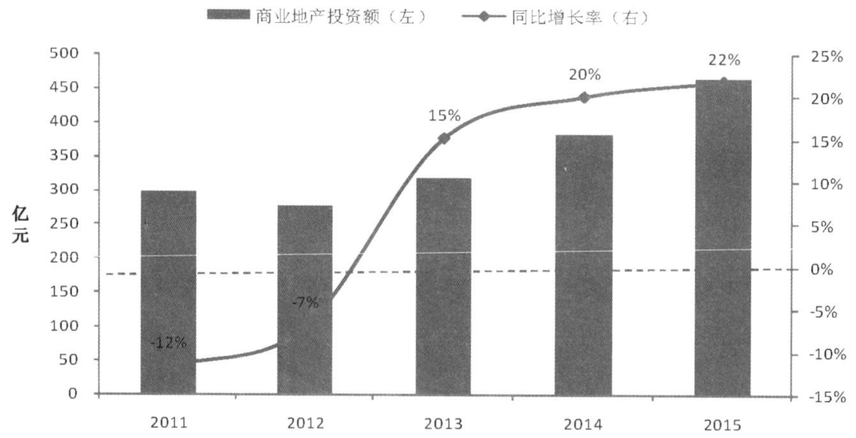

附图 1-34 2011—2015 年北京市商业营业用房投资额及同比增长率

数据来源：CREIS 中指数据，fdc. fang. com

商业营业用房开发投资额达到历史新高，涨幅明显。2015 年北京商业营业用房投资额达到近五年最高值，为 464 亿元，同比增长 22%，领跑近五年投资增长速度。2012 年中央严控房地产市场，商业营业用房投资在 2012 年出现小幅回落。2013 年中央加紧对住宅产市场的控制，更多的投资活动由住宅市场转向商业用房市场，再加上京津冀一体化和北京政府东迁的城市发展战略刺激了新区域商业用房需求，促使商业用房投资额回升，2013－2015 年的投资增速均在 15% 以上。

➢ 新开工面积：止跌回升，面积接近 13 年最高值

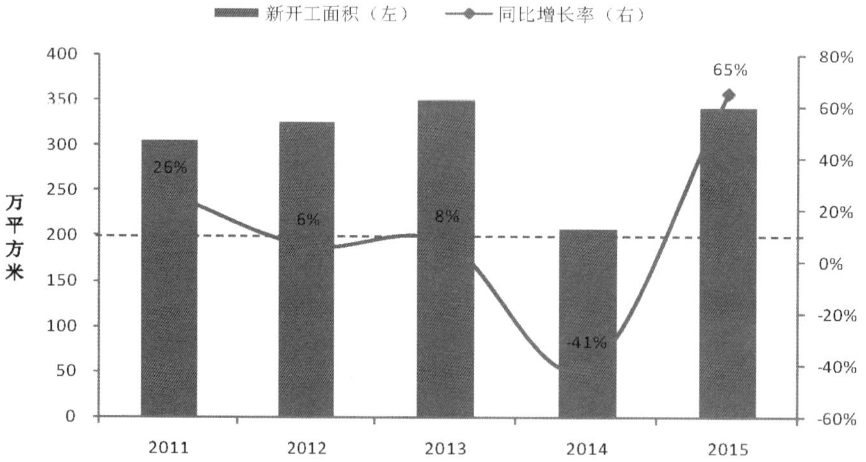

附图 1-35 2011—2015 年北京市商业营业用房新开工面积及同比增长率

数据来源：CREIS 中指数据，fdc. fang. com

商业营业用房新开工面积止跌回升，面积接近 2013 年最高值。从近五年新开工面积来看，2011 年－2013 年新开工面积持续增加，2014 年达到最低值 208 万平方米，2015

年新开工面积回升至344万平方米。2014年末起，中央放松对房地产市场控制，陆续出台的利好政策刺激开发商对商业用房市场的投资热情，再加上北京市政府东迁以及京津冀一体化的发展，促进了北京新商业商圈的发展，2015年北京商业营业用房新开工面积为344万平方米，同比增加65%。

➢ 竣工面积：止跌持续攀升，同比增加20%

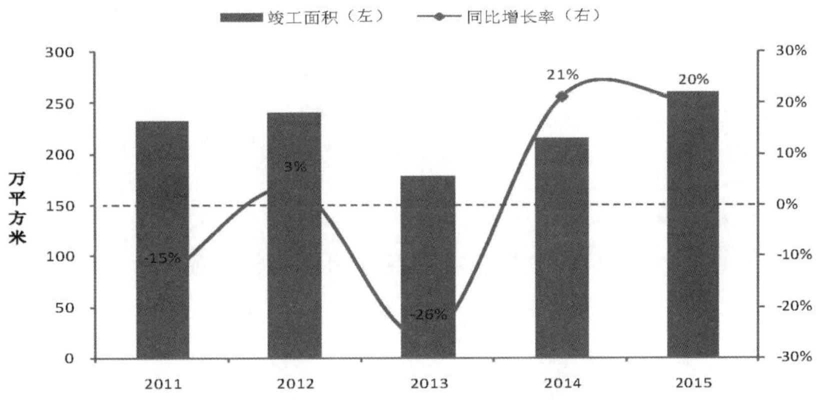

附图1-36　2011—2015年北京市商业营业用房竣工面积及同比增长率

数据来源：CREIS中指数据，fdc. fang. com

商业营业用房竣工面积持续攀升，同比增长20%。受宽松的房地产市场政策影响，以及北京市政府东迁和京津冀一体化等城市发展战略影响，投资者对商业营业用房投资增加，新开工面积同比增幅超五成，促使商业营业用房竣工面积同比上涨。2015年商业营业用房竣工面积为260万平方米，为近五年最高值，同比增加20%。

3. 需求：利好政策促进市场回暖，销售面积和销售金额同比回升

➢ 销售面积：市场小幅回暖，同比回升2%

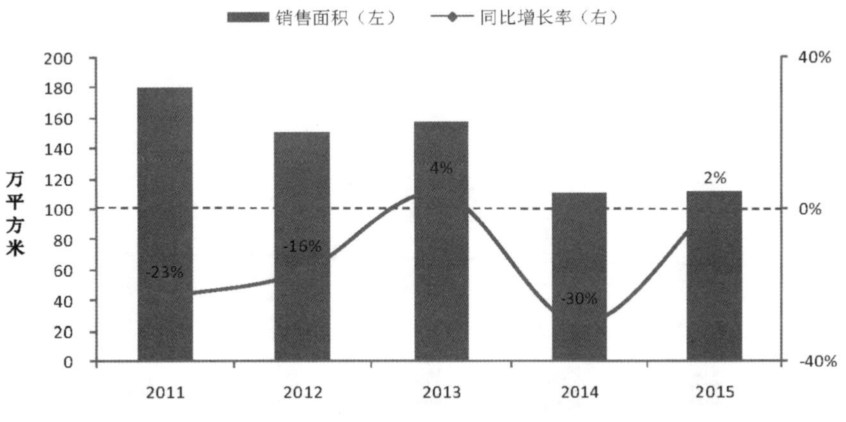

附图1-37　2011—2015年北京市商业用房销售面积及同比增长率

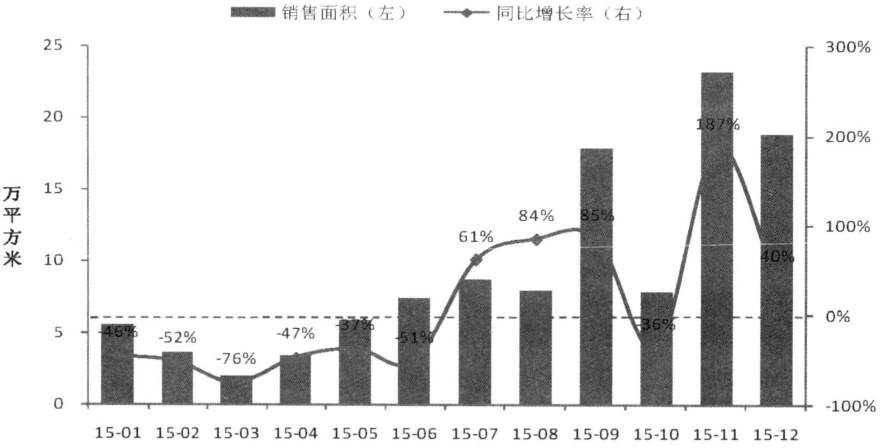

附图 1－38　2015 年各月北京市商业用房销售面积及同比增长率

数据来源：CREIS 中指数据，fdc. fang. com

2015 年商业用房市场在宽松政策刺激下有所回温，全年销售面积为 112 万平方米，同比小幅回升 2%。受利好政策滞后性影响，2015 年上半年市场较低迷，下半年市场逐步向好，成交量远远超于上半年，其中 11 月达到本年度销售峰值，销售面积达 23 万平方米。从近五年商业用房的销售面积来看，商业用房销售面积呈下降的态势，2010 年是商业用房市场最旺盛的时期，2011－2012 年随着房地产调控的不断深入，商业用房销售面积连续两年大幅下降，2011 年销售面积达 181 万平方米，为近五年最高值。2013 年，销售面积基本与前一年持平，仅增加 7 万平方米，涨幅 4%。2014 年，商业用房销售面积大幅减少至 111 万平方米，同比减少 30%，为近五年最低值，2015 年销售面积回升至 112 万平方米。

➢　销售金额：从洼值走出，同比上涨 9%

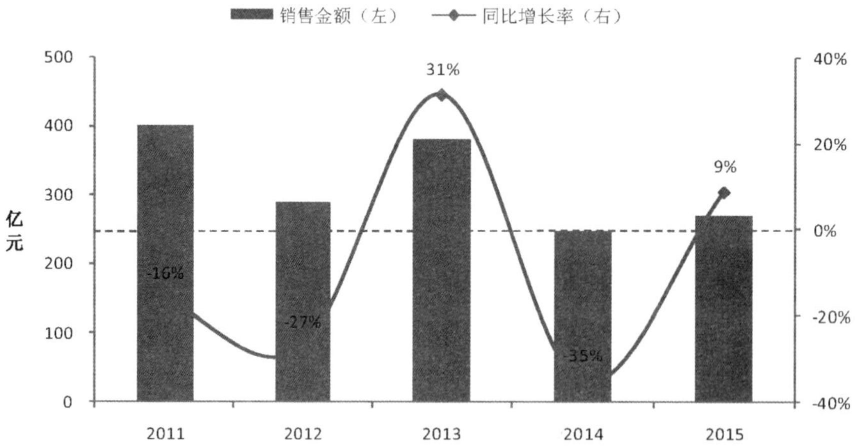

图 1－39　2011—2015 年北京市商业用房销售金额及同比增长率

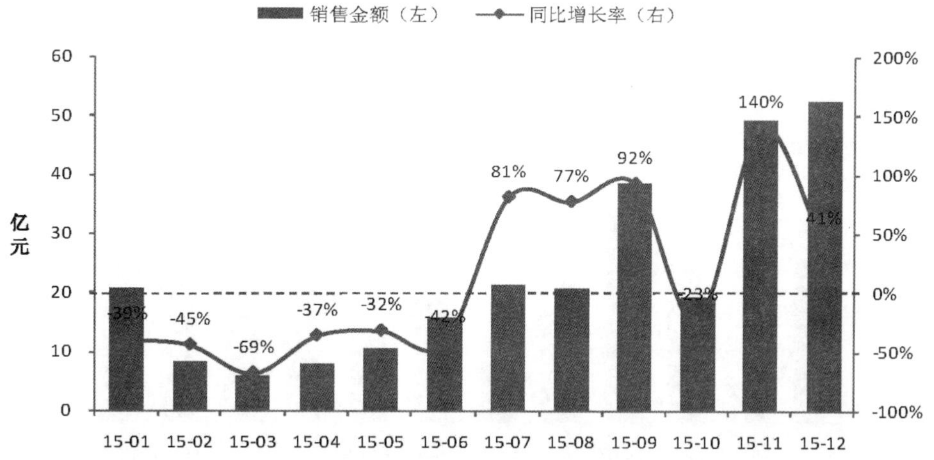

附图1－40　2015年各月北京市商业用房销售金额及同比增长率

数据来源：CREIS中指数据，fdc. fang. com

2015年商业用房销售均价和销售面积同比均有所回升，致使2015年销售金额上升为270亿元，同比上升9%。2015年上半年，销售金额同比均成负增长，下半年转好，同比增长率均为正增长，其中12月受销售价格回升的影响，成交金额达到本年最高值53亿元，同比增长41%。从近五年销售金额来看，其呈现的下滑趋势与销售价格和销售面积大体相同，2011年开始下滑，2013年回升，2014年市场转冷，销售金额达到近五年最低值，2015年销售金额从洼值走出为270亿元。

4．供应：新增供应速度放缓，供应面积为近五年最高值

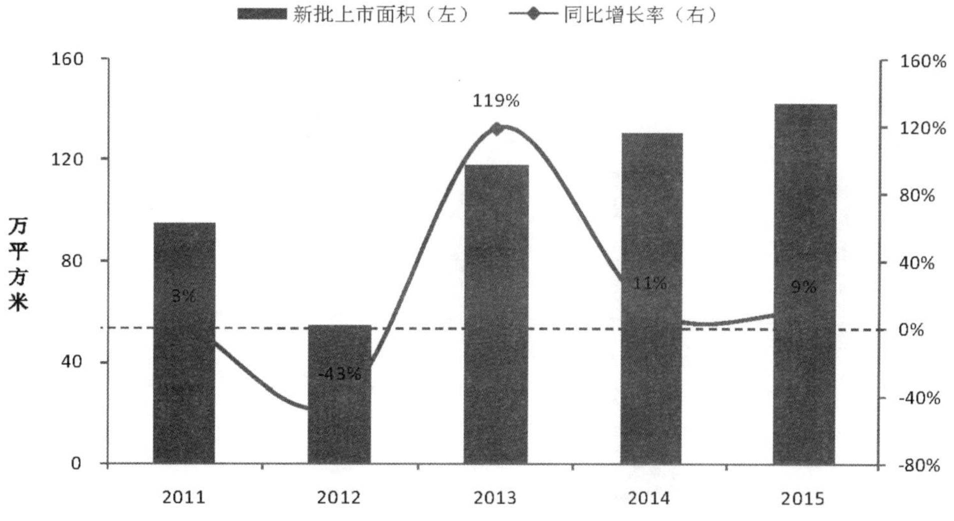

附图1－41　2011—2015年北京市商业用房新批上市面积及同比增长率

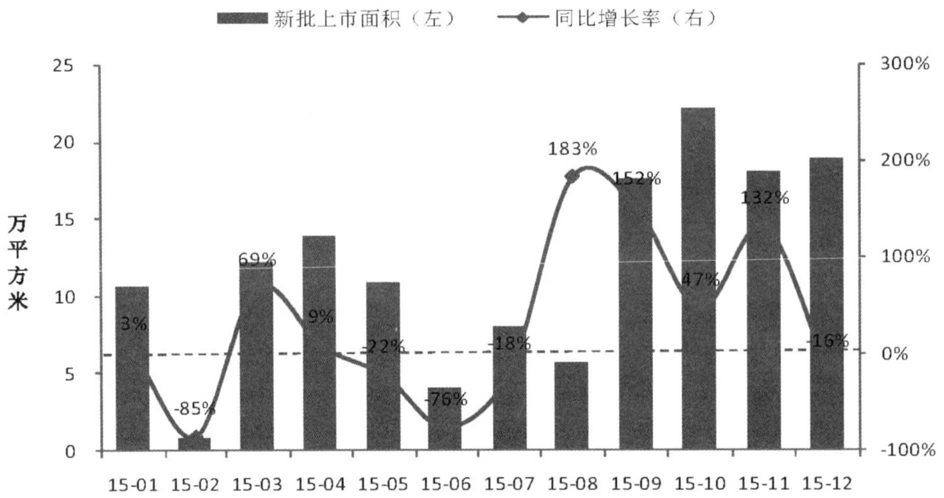

附图 1－42　2015 年各月北京市商业用房新批上市面积及同比增长率

数据来源：CREIS 中指数据，fdc. fang. com

2015 年商业用房新增供应增速放缓，新增供应面积为 143 万平方米，同比增长 9%，增速同比减少 2 个百分点。2015 年下半年商业用房推盘力度大于上半年，其中 10 月新批上市面积达 22 万平方米，为本年度最高值。从近五年商业用房整体供应来看，新增供应呈现上升态势。2012 年新批上市面积为 54 万平方米，为近五年最低值。2013 年开始，新增供面积应持续上涨，但供应增长速度放缓，2015 年较 2014 年新增供应增长率减少 2 个百分点。

5. 供求对比：销供比持续走低，商业用房市场供大于求

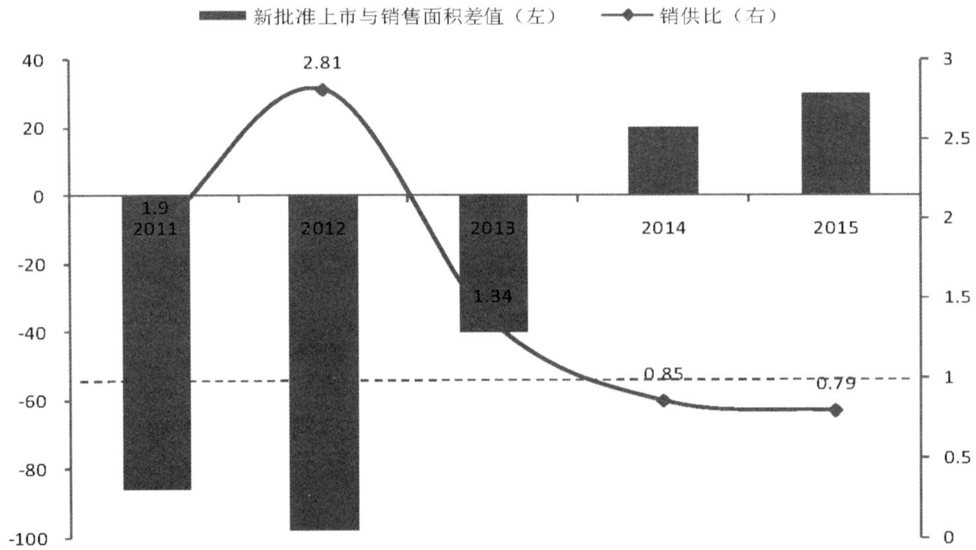

附图 1－43　2011—2015 年北京市商业用房供求对比

数据来源：CREIS 中指数据，fdc. fang. com

2015 年，北京商业用房市场供应速度仍然大于销售速度，年度销供比继续走低为 0.79，为近五年最低值，整体市场供大于求。2011 年 - 2013 年，商业用房需求旺盛，整体市场供小于求，尤其在 2012 年销供比为 2.8，为近五年最高值，2014 开始出现供过于求的态势，2015 年供销比继续走低。

6. 存量市场：空置率同比上涨，租金增长放缓

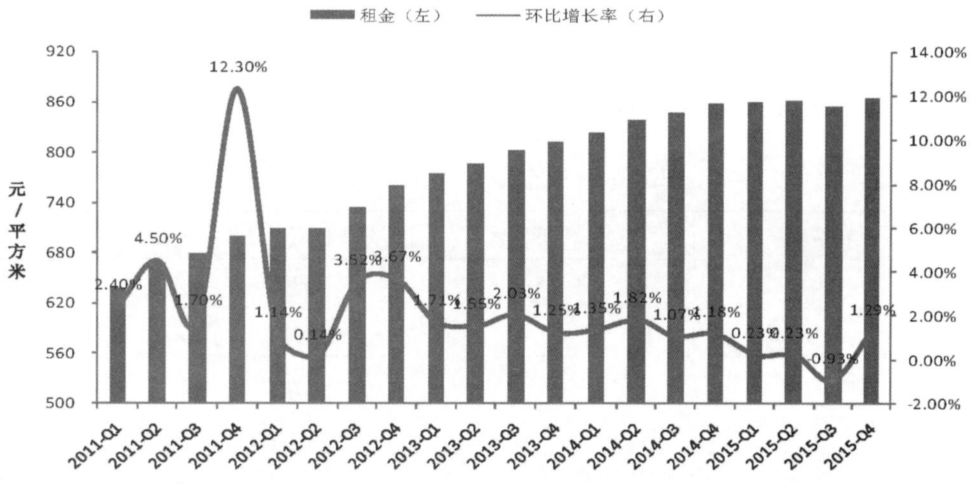

附图 1 -44　2011—2015 年北京市商业用房优质物业月租金及增长率

数据来源：仲量联行，中国指数研究院整理分析

商业用房租金增长速度放缓。来自在线购物、海外购物和奥特莱斯的压力，一些奢侈品牌也在进行店铺整合，2015 年北京商业用房租金增速缓慢。数据显示，从 2011 年 - 2015 年北京商业用房每季度月租金来看，2011 年 1 季度 - 2015 年 2 季度除了 2012 年 2 季度略有回落，其他季度整体上呈现持续上涨态势，但增长速度放缓，2015 年 3 季度下滑为每月 854 元/平米，2015 年 4 季度回升至每月 865 元/平米。从整体上看北京商业用房租金呈现上升态势，租金增速放缓。

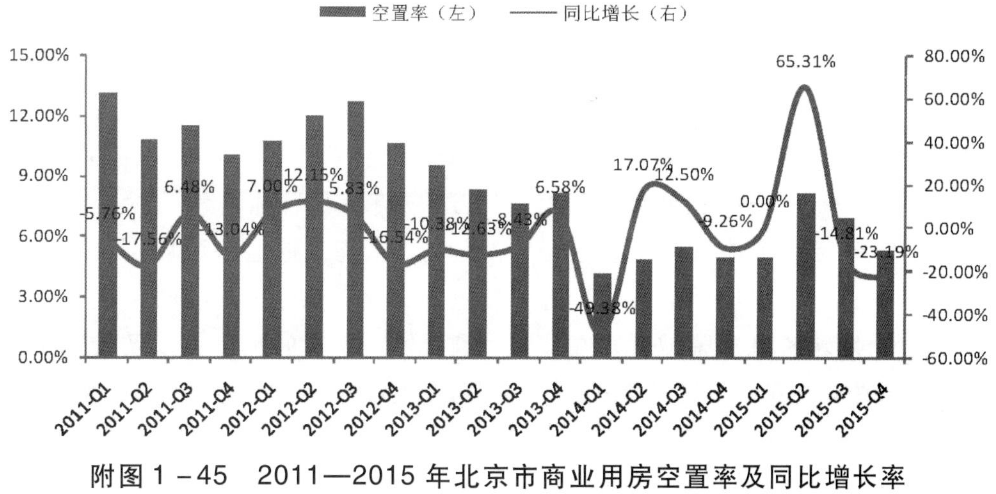

附图 1 -45　2011—2015 年北京市商业用房空置率及同比增长率

数据来源：仲量联行，中国指数研究院整理分析

2015年商业用房空置率较2014年上涨，二、三季度空置率下降。商业用房市场未能摆脱电商的冲击，同时加上供应增加，导致商业用房招商难度增加，2015年北京商业用房空置率同比增加。根据仲量联行等中介机构数据显示，2015年北京商业用房的空置率为6.3%，较2014年空置率增加1.5%。从近五年整体来看，2014年与2015年商业用房空置率明显低于2011－2013年。2015年2季度空置率为8.1%，达到近两年以来季度空置率最高值，2015年3季度和4季度空置率有所下降，分别为6.9%和5.3%。餐饮和儿童类将会是商业用房市场最活跃的业态，化妆品也正成为新的市场需求驱动力，预计将来商业用房空置率将会有所下降。

7. **商业用房热销项目分析**

附表1－4　2015北京市商业用房①销售金额TOP 10

排名	项目名称	成交金额（亿元）	成交均价（元/平方米）	商圈
1	盘古大观	11.25	69088	亚奥板块
2	丰台万达广场	9.17	74877	外丰台板块
3	北京方向	8.37	19036	丽泽板块
4	首创·禧瑞都	7.88	20861	CBD核心板块
5	鼎九大厦	6.57	11417	房山板块
6	通州万达广场	6.40	36590	新华大街板块
7	泰禾长安中心	6.26	35070	石景山板块
8	华远铭悦	5.16	35494	南通州板块
9	合景·领峰	4.80	30676	房山板块
10	新瑞大厦	4.62	21484	CBD南区板块

数据来源：CREIS中指数据，fdc.fang.com

2015年，上榜商业用房项目多位于北京核心商圈。北京四环内已经形成多个成熟的商业圈，2015年上榜项目多集中在四环以外。从成交形式上看，销售金额TOP10中有6个项目以小面积整套出售，4个项目以大面积整层销售。分版块来看，商业销售金额TOP10有三个项目位于朝阳区，通州、丰台、房山区均有2个项目，还有一个项目位于石景山区。盘古大观和丰台万达广场凭借紧邻四环的区位优势，以及版块资源的稀缺性，在成交均价和成交金额中均位第一、第二位。

盘古大观位于朝阳区亚奥板块，总销售金额达11.25亿元，排名第一。盘古大观，位于北四环中路、亚奥核心区，距离水立方仅180米，距离鸟巢500米，是奥林匹克公园中心区唯一的地标性城市综合体。总占地面积39360平方米，总建筑面积418484.70万平方米，由一幢超5A级写字楼、三幢国际公寓、一座盘古七星酒店以及全长411米的世界商业长廊——龙廊联合组成。优越的交通位置，完善的配套，以及准确的定位，让盘古大观以11.25亿元的销售额排第一。

① 此销售排行榜商业用房按销售许可证用途进行分类，因此包括了部分商业立项但实际以住宅形式散售的综合性项目。

丰台万达广场紧邻四环，位于丰台区科技园核心区，销售额为9.17亿元，排第二位。北京丰科万达广场项目是万达集团在北京开发的第四座万达广场，项目位于丰台区科技园核心区，地铁9号线丰台科技园站上盖，与地铁实现地下互通。北京丰科万达广场规划总建筑面积约24.53万平方米，业态包含国际购物中心、写字楼、金街商铺等。本项目为万达集团打造的O2O万达广场，率先引领万达广场进入互联网时代。丰台万达广场作为丰台科技园首个大型商业综合体项目，地铁9号线加之四环旁的便利交通配套，未来升值空间看好，以9.17亿元的销售额，排第二位。

四、二手房市场：市场明显回暖，价格持续走高

2015年，北京二手房市场持续升温，成交量较2014年明显增加，全年成交20.9万套，较2014年上涨67.56%，二三季度，受5改2的落地以及降息降准等利好政策刺激，市场整体持续“量价齐升”，8月达到本年度最高值。全年二手房价格稳步上升，二手房样本挂牌均价累计上涨5.77%，而2014年累计上涨20.96%。二手房均价峰谷对比值和年内涨跌幅均为8.8%。分城区来看，主城区2015年峰谷对比值均高于5%，其中东城区峰谷对比值最高，为20.6%，丰台区峰谷对比值最低，为8.7%。远郊区2015年峰谷对比值除平谷区均超过5%，其中怀柔区峰谷对比值最高，为76.8%，而平谷区峰谷对比值最低，为1.5%。

1. 全市总体：受利好政策刺激，市场持续走高，8月成交量达到年度峰值

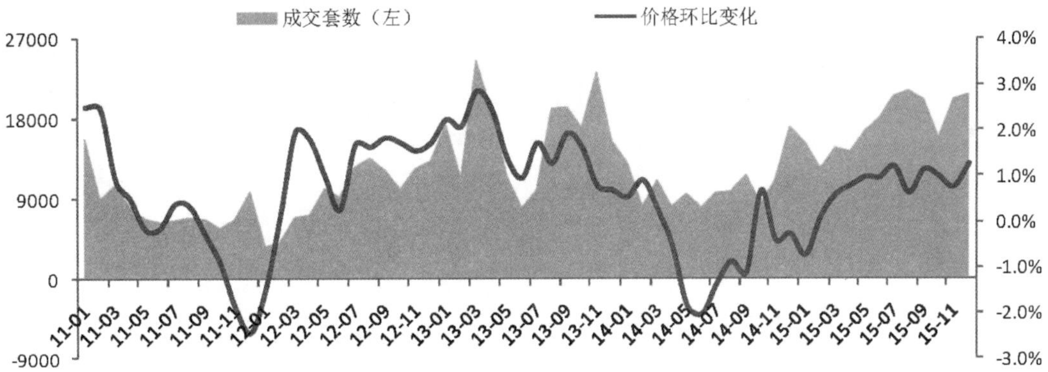

附图1-46　北京市二手房历史成交套数及价格走势

数据来源：CREIS中指数据，fdc.fang.com

2015年，受楼市一系列利好政策的影响，北京二手房市场走势逐步回暖，成交量较2014年明显增加，全年成交20.9万套，较2014年上涨67.56%，10月份通州区受限购政策的影响，成交量略微下降。从各月走势来看，1月份市场延续2014年市场行情，成交量为15242套，2月份受到春节影响，成交量继续下滑至12322套，随后在楼市各种利好政策的刺激下，4-8月份市场出现“量价齐升”，9-10月份并未体现出“金九银十”的特点，成交量再次回落，11月份央行再次降息、公积金贷款调整等多重利好因素影响，月度成交量重回两万套。价格方面，2015年全市二手房价格稳中有升，全年二手房样本挂牌均价累计上涨5.77%，而2014年为累计上涨20.96%。

2. 分区域：全市多数月份价格上涨

附表 1－5　北京市部分城区二手房价格环比涨跌幅

城区	海淀	朝阳	西城	东城	通州	顺义	昌平	房山
2015 年 1 月	0.2%	0.3%	0.4%	0.4%	0.9%	0.5%	0.0%	0.8%
2015 年 2 月	-0.9%	1.9%	-0.9%	-0.6%	-1.5%	3.4%	-2.6%	-7.0%
2015 年 3 月	3.0%	2.7%	2.3%	2.1%	1.2%	1.1%	0.8%	0.0%
2015 年 4 月	-1.3%	-5.4%	-0.6%	1.2%	0.0%	-4.9%	3.1%	18.4%
2015 年 5 月	0.0%	0.4%	0.6%	2.0%	9.0%	2.8%	-1.5%	-7.3%
2015 年 6 月	6.9%	6.2%	3.9%	0.8%	-4.6%	0.5%	2.3%	10.2%
2015 年 7 月	-0.4%	-1.8%	0.4%	2.9%	3.5%	-0.2%	0.1%	5.4%
2015 年 8 月	0.4%	1.3%	2.9%	3.0%	0.3%	2.5%	2.1%	0.6%
2015 年 9 月	0.0%	-0.4%	0.5%	-0.2%	1.9%	-1.3%	3.1%	8.1%
2015 年 10 月	2.0%	-0.9%	-1.1%	-1.7%	6.9%	2.0%	-3.8%	-3.8%
2015 年 11 月	-7.2%	1.5%	1.4%	8.5%	-5.9%	-2.8%	4.1%	6.1%
2015 年 12 月	0.8%	5.0%	-0.1%	0.6%	0.0%	-0.3%	6.8%	5.5%

数据来源：CREIS 中指数据，fdc. fang. com

分城区来看，2015 年年初部分城区成交价格略微下降，但受市场逐渐回暖的影响，二手房价格环比呈现逐渐上升的态势，成交均价稳步增长，6 月份全市均价环比涨幅达到年度峰值，其中，房山区 4 月份环比涨幅达到峰值，为 18.4%，5 月份环比降幅达到谷值，为 -7.3%，环比变化幅度达到 49 个百分点。9－10 月份全市成交均价略微下滑，随着年底各项利好政策的出台，市场成交均价逐渐回暖。

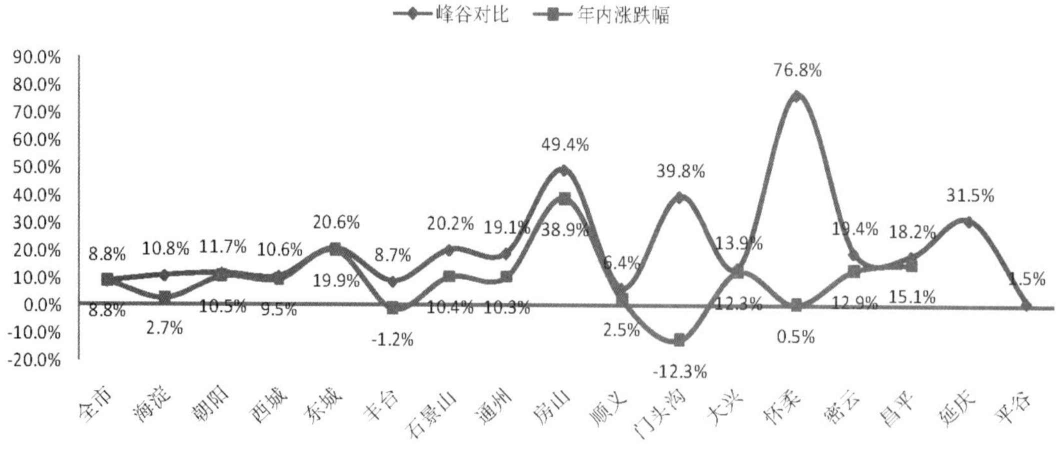

附图 1－47　2015 年北京市分城区二手房均价峰谷与年内涨跌幅对比

注：峰谷对比为年内最高值与最低值变化幅度；年内涨跌幅为 12 月份与 1 月份变化幅度。延庆和平谷无年内涨跌幅

数据来源：CREIS 中指数据，fdc. fang. com

2015年主城区（海淀区、朝阳区、西城区、东城区、丰台区、石景山区）峰谷对比值均高于5%。2015年，全市二手房均价峰谷对比值（年内最高价与最低价变化幅度）为8.8%，年内涨跌幅（12月份价格与1月份价格对比变化幅度）同样为8.8%，变化幅度均小于2014年，2014年两项指标分别为12.1%和9.7%。从重点城区看，主城区2015年峰谷对比值均高于5%，其中东城区峰谷对比值最高，为20.6%，其次是石景山区，峰谷对比值为20.2%；丰台区峰谷对比值最低，为8.7%。年内变化幅度方面，2015年东城区变化幅度最高，达到19.9%，而丰台区最低，为下降1.2%。

从郊区看，2015年峰谷对比值除平谷区外均超过5%，其中怀柔区峰谷对比值最高，为76.8%，而平谷区峰谷对比值最低，为1.5%。年内变化幅度方面，2015年房山区变化幅度最高，达38.9%，而门头沟区最低，为下降12.3%。

2015 年度北京市房地产市场分析报告

首佳地产顾问机构研究中心

一、2015 年北京市发展现状分析

（一）经济指标

2015 年，面对错综复杂的外部环境和改革发展的艰巨任务，北京市积极适应经济发展新常态，加快转变发展方式，大力统筹稳增长、促改革、调结构、惠民生、防风险等各项工作，首都经济保持了平稳健康发展的良好态势，完成了全年主要目标任务，为“十三五”顺利开局奠定了坚实基础。

1. 经济运行总体平稳

据统计，2015 年北京市实现地区生产总值 22968.6 亿元，按可比价格计算，同比增长 6.9%，增速比上年回落 0.4 个百分点。分产业看，第一产业增加值 140.2 亿元，下降 9.6%；第二产业增加值 4526.4 亿元，增长 3.3%，增速比上年回落 3.6 个百分点；第三产业增加值 18302 亿元，增长 8.1%，增速提高 0.6 个百分点。

2. 经济结构不断优化

（1）工业生产缓中趋稳，第三产业发展向好

工业方面，2015 年全市规模以上工业增加值按可比价格计算，同比增长 1%，增速比上年回落 5.2 个百分点。规模以上高技术制造业增加值同比增长 6.7%，占规模以上工业增加值的比重达到 21.3%，比上年提高 0.5 个百分点。重点行业中，汽车制造业增加值增长 8.3%，计算机、通信和其他电子设备制造业增加值增长 7.3%，医药制造业增加值增长 7.2%。

服务业方面，金融、信息、科技服务业等优势行业增长较快。金融业实现增加值 3926.3 亿元，增长 18.1%；信息传输、软件和信息技术服务业实现增加值 2372.7 亿元，增长 12%；科学研究和技术服务业实现增加值 1820.6 亿元，增长 14.1%。

（2）投资、消费结构持续改善

2015 年，全市投资低位开局，随着部分项目逐步开工建设，投资增速有所回升。全市完成全社会固定资产投资 7990.9 亿元，同比增长 5.7%。其中民间投资完成 3296.2 亿元，同比增长 25.8%。全市实现社会消费品零售总额 1.86 万亿元，同比增长 8.7%。其中服务性消费额 8308 亿元，增长 10.5%，比上年全年提高 1 个百分点。

附表 1－6　北京市 2015 年主要经济指标

指　　标	2015 年数值	同比增幅
人口（万人）	2170.5	0.9%
生产总值（亿元）	22968.6	6.9%

续附表 1-6

指　　标	2015 年数值	同比增幅
外贸出口总额（亿美元）	546.7	-12.3%
固定资产投资额（亿元）	7990.9	5.7%
社会消费品零售总额（亿元）	10338	7.3%
居民人均可支配收入（元）	48458	8.9%
居民消费价格指数（上年为100）	101.8%（预计）	1.8%

（二）城市建设

1. 轨道交通建设成效显著

2015 年 9 月，国家发改委批复北京市 2015—2021 年建设规划，共有 12 个项目，总长度约 263 公里的轨道交通线路得到批复。

14 号线中段、昌平线二期建成试运营，全市轨道交通经营里程达 554 公里；新机场线、17 号线、19 号线一期、房山线北延、8 号线三期南延、12 号线、机场线西延和 7 号线东延共 8 条新建线路开工建设。在建 6 号线西延、燕房线、西郊线、S1 线、16 号线、8 号线三期有序推进。轨道交通建设的持续快速发展，为缓解城市交通拥堵压力，疏解非首都功能，打造便捷、舒适的城市公共交通体系发挥了重要作用。

2. 北京新机场开建，周边建 600 平方公里新航城

北京新机场航站楼基础已开始施工，计划 2019 年建成投入使用。新机场地基深达 40 米，为五指廊放射状“凤凰”，本期工程站坪机位数为 150 个。围绕新机场还将打造 600 平方公里的新航城。北京新机场定位为“大型国际枢纽机场”，与首都机场相对独立运行，配合各自的基地航空公司构筑中枢航线网络，形成北京地区“双枢纽”。新航城周边还将进行“十”字形高铁及城际铁路规划。“一纵”是京九客专（丰台—霸州—衡水），“一横”是廊涿城际（涿州—廊坊—密云）。公路方面拟建南十路、河堤路以及十崔路。

附图 1-48　首都新机场区位图

3. 棚户区改造取得突破性进展

2015 年，是北京市棚户区改造工作的关键之年，首次圆满完成了年度棚改工作任务。累计完成 137 个项目，签订改造协议、搬迁腾退及修缮加固共计 60668 户，超额完成全年计划完成 57377 户的工作目标，并提前完成了 2013 年提出的到 2015 年底累计完成 8 万户的总体要求。

2015 年，棚户区改造和环境整治、老旧小区综合整治累计完成投资约 405 亿元，其中棚户区改造和环境整治完成投资 310 亿元，棚户区改造安置房完成投资 30 亿元，其中老旧小区综合整治完成投资 65 亿元。超额完成全年投资 400 亿元的工作目标。累计签订国开行棚改专项贷款合同 560 亿元，实际发放贷款 392 亿元。

（三）发展格局

1. 北京城市总体规划正在修改

北京市规划委副主任、新闻发言人王飞介绍，目前正在对北京城市总体规划进行修改，完成后将适时公布，但基本确定未来北京将打造为“一主、一副、两轴、多点”的城镇空间结构：“一主”是中心城区，将着力保障和服务首都核心功能的优化发展，大力疏解非首都功能，积极推进功能重组；“一副”则是行政副中心（通州），重点承接北京市属行政事业单位及相关服务部门的疏解转移，带动城市东部区域协同发展；“两轴”为中轴线、长安街及其延长线，重点优化完善国家重要的政治、文化和外交职能布局，形成首都空间秩序的统领与功能组织的骨架；“多点”则是顺义、亦庄、大兴、昌平、房山、怀柔、密云、平谷、延庆、门头沟 10 个新城和海淀山后、丰台河西、北京新机场地区 3 个重要城镇组团，有序承接中心城区人口和适宜功能的疏解，完善公共服务和基础设施，带动所在区域城市化和城乡一体化发展。

2. 环北京交通圈逐步打造

交通部对京津冀地区的轨道规划明确，将主要以京津塘、京保石、京唐秦为主轴，同时以北京、天津、石家庄这三个城市为核心，构建一个纵横交织的环北京的骨干城际轨道交通网，共同覆盖京津冀的至少 13 个地级以上的城市、重要的城镇及主要的产业园区。

二、2015 年北京市房地产市场分析

（一）2015 年北京房地产运行环境与政策回顾

2015 年全国房地产调控政策以“稳增量，去库存”为主，通过多轮护市政策促进房地产市场回暖。而北京作为坚持限购的一线城市，积极响应中央的号召，通过分类调控、积极落地宏观利好政策等措施促使北京房地产市场健康平稳地发展。

附表 1－7　2015 年北京市房地产政策

时间	政策/事件	要点
1 月 24 日	北京将不再建设经适房，转向限价房、自住房	2014、2015 年已经备案的轮候家庭居住问题解决后，今后将不再建设经济适用房，而转向限价房、自住型商品房建设。

续附表 1－7

时间	政策/事件	要点
3 月 1 日	央行降息 0.25 个百分点	央行自 2015 年 3 月 1 日起下调金融机构人民币贷款和存款基准利率。金融机构一年期贷款基准利率下调 0.25 个百分点至 5.35%；一年期存款基准利率下调 0.25 个百分点至 2.5%，其他各档次存贷款基准利率及个人住房公积金存贷款利率相应调整。
3 月 6 日	北京市住房公积金管理中心支持居民购买首套自住型商品房	北京住房公积金网发文表示优先满足购买首套自住住房的贷款需求，重点支持缴存职工购买首套自住型商品房。主要体现在：一是在贷款额度上给予支持，缴存职工购买首套自住型商品房，最高可以申请 120 万元贷款；二是在住房公积金缴存时间上给予支持，缴存职工购买首套自住型商品房，需满足政策性住房贷款的缴存要求，即建立住房公积金账户 12 个月（含）以上、申请贷款前 6 个月应足额连续缴存住房公积金、且申请贷款时处于缴存状态。
4 月 7 日	北京市国土资源局公布 2015 年供地计划	国有建设用地供应计划总量 4600 公顷。在 2015 年供地计划中，公共管理与公共服务用地 800 公顷，并继续单列养老设施用地 60 公顷；住宅用地 1200 公顷，其中保障性安居工程 450 公顷、商品住宅 750 公顷；商服用地 400 公顷。
5 月 11 日	央行降息 0.25 个百分点并调整金融机构存款利率浮动区间	央行宣布自 2015 年 5 月 11 日起金融机构人民币一年期贷款基准利率下调 0.25 个百分点至 5.1%；一年期存款基准利率下调 0.25 个百分点至 2.25%，同时，将金融机构存款利率浮动区间的上限由存款基准利率的 1.3 倍调整为 1.5 倍。
5 月 29 日	北京住房公积金管理中心发布《北京住房公积金管理中心关于住房公积金个人贷款政策有关问题的通知》	自 6 月 1 日起，首套自住住房贷款最低首付款比例为 20%，贷款最高额度为 120 万元，已有 1 套住房并已结清相应住房公积金个人贷款（含住房公积金政策性贴息贷款），购买二套房的，最低首付款比例为 30%，贷款最高额度为 80 万元。 购买第二套普通自住住房贷款的发放对象，不再限于现有人均住房建筑面积低于北京市统计局最新公布的城镇居民人均住宅建筑面积的缴存职工家庭。
6 月 9 日	北京市编制《社区养老服务设施规划设计标准》	北京市规划委消息显示，正在编制的《社区养老服务设施规划设计标准》要求，社区级养老服务设施要配建不少于 800 平方米的社区养老服务用房和不少于 150 平方米的室外活动场地，拟利用部分国有企业闲置土地建设 32 个养老设施、建立 80 处养老日间照料中心。
6 月 28 日	央行降息降准	央行宣布降息 0.25 个百分点，同时定向降准 0.5 个百分点。

续附表 1-7

时间	政策/事件	要点
8月5日	北京将建农村产权流转交易市场，8类产权可流转交易	北京市政府办公厅下发《关于引导农村产权流转交易市场健康发展的若干意见》。根据意见，北京将建立农村产权流转交易市场，为各类农村产权依法流转交易提供服务，主要包括北京农村产权交易所、市和区两级农村土地流转信息平台等。产权种类方面，通过市场流转交易的农村产权品种共8类。
8月26日	央行再次降息0.25个百分点	金融机构一年期贷款基准利率下调0.25个百分点至4.6%；一年期存款基准利率下调0.25个百分点至1.75%。9月6日起，存款准备金率下调0.5个百分点，额外降低县域农村商业银行、农村合作银行、农村信用社和村镇银行等农村金融机构准备金率0.5个百分点。额外下调金融租赁公司和汽车金融公司准备金率3个百分点
9月11日	北京公积金二套房贷款最低首付由30%降至20%	北京住房公积金管理中心发布《关于调整住房公积金个人贷款最低首付款比例的通知》。《通知》明确，对于在北京市住房和城乡建设委员会房屋交易权属信息查询系统中显示有1套住房并已结清相应住房公积金个人贷款（含住房公积金政策性贴息贷款）购买第二套住房的借款申请人，执行第二套住房贷款政策，最低首付款比例由30%降低至20%。
9月11日	北京发布《关于完善公共租赁住房租金补贴政策的通知》	为进一步减轻公共租赁住房承租家庭的租金负担，促进公租房租金补贴制度更加合理，北京市住房和城乡建设委员会北京市财政局联合发布《关于完善公共租赁住房租金补贴政策的通知》。《通知》统一了公租房租金补贴申请条件，并对公租房租金补贴标准进行调整。通知自2015年11月1日起实施。
9月18日	北京公积金异地贷款可开证明	北京住房公积金管理中心下发通知，北京缴存职工于外地购房，如需出具公积金缴存证明，可前往北京公积金部门开具。
10月7日	北京市各行政区域正式统一实行个人二手房交易办税事项“区域通办”	北京市地税局发布通知，北京市各行政区域正式统一实行个人二手房交易办税事项“区域通办”。纳税人可以自行选择房产所在行政区域的地税税务所、设有地税办税点的政府行政服务大厅等办税场所，办理个人二手房交易涉税业务。
10月24日	央行年内第五度下调存贷款利率	下调金融机构人民币贷款和存款基准利率0.25个百分点，个人住房公积金贷款利率不变。下调金融机构人民币存款准备金率0.5个百分点，为加大金融支持三农和小微企业正向激励，对符合标准金融机构额外降低存款准备金率0.5个百分点。
12月1日	北京市住建委发布《关于加强本市商品房预售资金使用管理的通知》(征求意见稿)	开发商在项目网上签约面积不足预售许可证面积的1/2时，就可以自行支取专用账户内的资金用于工程建设，这也就意味着开发商提取预售金的时间提前，同时对于资质好、诚信高的房企，将可以凭借非监管银行的现金保函免除等额监管金。

续附表 1-7

时间	政策/事件	要点
12 月 10 日	北京政府就《北京市居住证管理办法（草案送审稿）》和《北京市积分落户管理办法（征求意见稿）》公开征求意见	办法规定来京人员办理暂住登记已满半年，并符合在京有稳定就业、稳定住所、连续就读条件之一的，可以向居住地公安派出所或者受公安机关委托的社区（村）服务机构申请办理《北京市居住证》。从北京积分落户管理办法来看，对落户人口连续缴纳社会保险年限、稳定就业及住所均提出要求，其中对于连续缴纳社会保险年限为至少 7 年，同时指出积分落户分数线将根据年度人口调控目标每年调整，利于对北京实施人口控制。

（二）市场回暖，频创历史新高——2015 年北京市房地产市场运行情况

1. 土地市场：供求规模继续走低，成交金额创历史新高

（1）整体情况分析

2015 年全年，全市共推出 107 宗土地，建设用地总面积约 693 万平方米，较上年减少 28.4%，规划总建筑面积约 1444 万平方米；成交 108 宗，建设用地总面积约 697 万平方米，较上年下降 25.7%，规划总建筑面积约 1483 万平方米。

土地出让金总计约 1984 亿元，较上年上涨 3.5%，推出、成交楼面均价分别为 9604 元/平方米、13379 元/平方米，同比增幅分别为 -2.1% 和 16.0%。土地出让金总额及成交单价均创下历史新高。

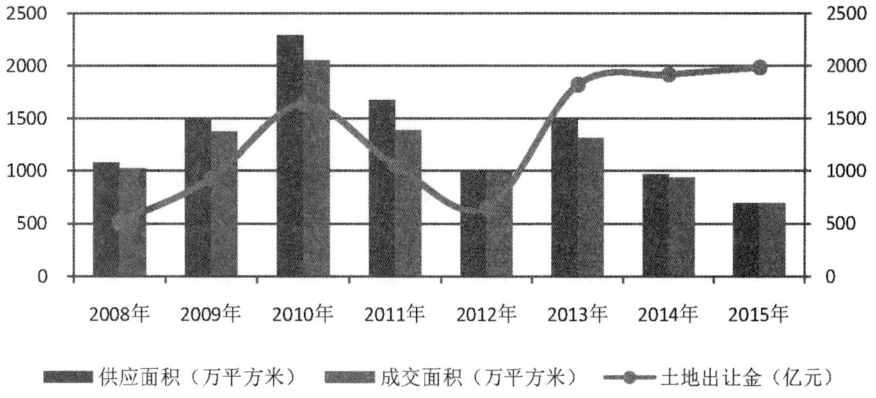

附图 1-49　2008—2015 年北京市土地市场情况

从成交结构来看，住宅用地成交仍为市场主力，总成交约 431 万平方米，占总量的 61.9%，成交金额约 1459 亿元，占全市土地成交总额的 73.6%；商办用地成交约 124 万平方米，占总量的 17.7%，成交金额约 506 亿元，占成交总额的 25.5%；工业用地成交约 142 万平方米，占总量的 20.4%，成交金额约 18 亿元，占成交总额的 0.9%。与上年相比，2015 年北京市住宅用地占比提升超过 16 个百分点，商办用地则有所下降。

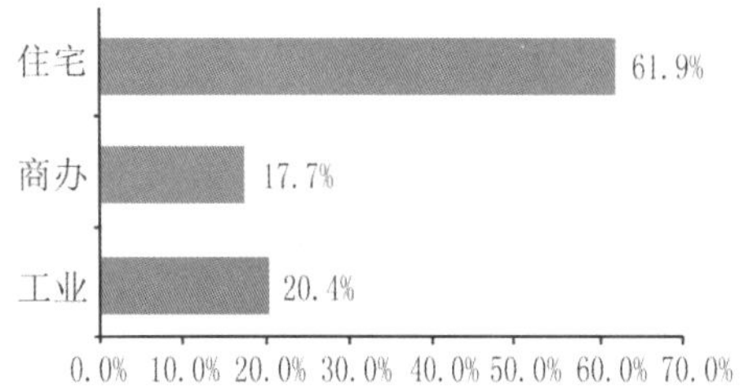

附图 1－50　2015 年北京市各用途土地成交面积占比

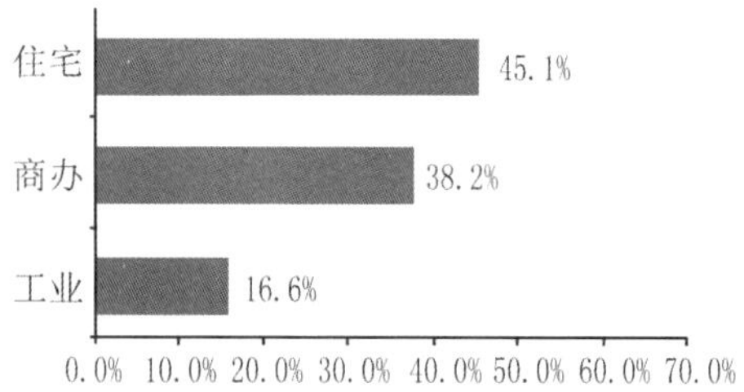

附图 1－51　2014 年北京市各用途土地成交面积占比

从成交楼面地价来看，2015 年各用途土地成交楼面地价均呈现上涨趋势，其中，住宅用地平均楼面地价为 16670 元/平方米，同比上升 14.5%；商业办公用地平均楼面地价为 12460 元/平方米，同比上涨 19.5%；工业用地楼面地价为 917 元/平方米，同比上涨 2.5%。

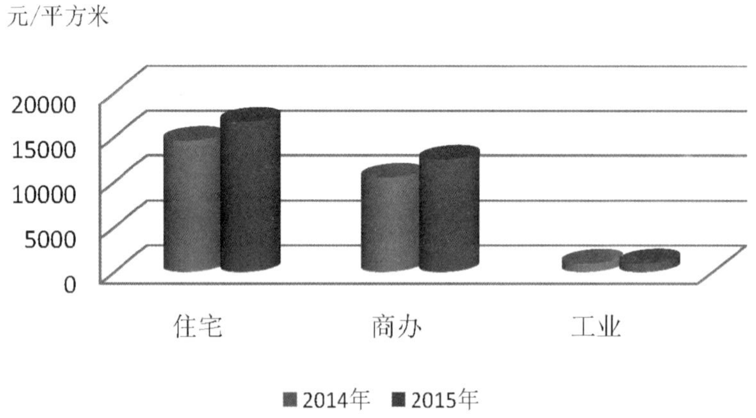

附图 1－52　2014—2015 年北京市各用途土地成交楼面地价

2. 商品住宅市场：供应回落，成交量价齐升

（1）市场供应

2015 年北京市新增商品住宅 68338 套，总建筑面积约 832.46 万平方米，与上年相比下降 27.8%。

单月来看，2 月新增供应量最小，仅为 11.87 万平方米，6 月达到全年新增供应峰值，新增面积 125.64 万平方米。在下半年，新增供应量较上半年大幅增加，其中，8 月、9 月以及 11 月月供应均超过 100 万平方米。

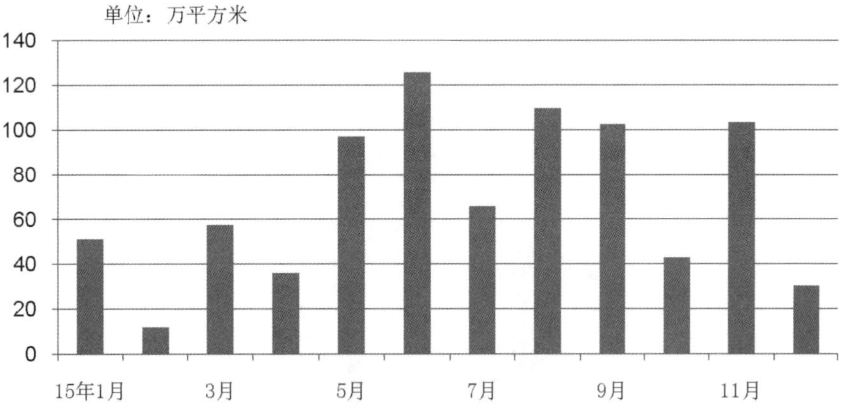

附图 1－53 2015 年北京市新建商品住宅新增供应情况

（2）整体成交走势

2015 年北京市新建商品住宅共成交 84419 套，销售面积约 967.71 万平方米，与 2014 年相比增加 30.9%；成交均价自 2012 年起，持续攀升，2015 年也维持此态势，上涨 8.1%，达 27114 元/平方米。

单月来看，受春节影响，市场进入传统淡季，成交处于低谷期，5 月以后市场回暖明显。一方面是市场在多重利好政策推动下，需求和预期都有明显改善，另一方面大量新增项目入市，拉动整体成交规模的增长。7 月份以成交 130.58 万平方米达到全年成交量的峰值。

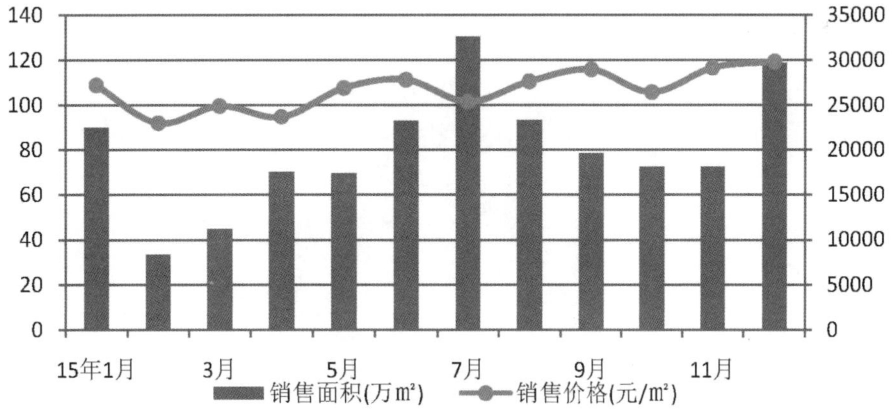

附图 1－54 2015 年北京市新建商品住宅成交走势

（3）成交结构分析

➢ 面积段

由于货币信贷政策在 2015 年持续宽松，对房地产需求的支持力度明显加大，有效需求购买力也随之增强，全年 140 平方米以上的大户型成交占比较上年相比提升近 4 个百分点，成交均价也显著高于其他面积段。

2015 年全市 90 平方米以下新建商品住宅成交 44214 套，总面积约 363.81 万平方米，占全市总成交量的 37.6%，成交均价为 20244

元/平方米；90－140平方米区间内共成交26885套，总面积约293.85万平方米，占全市总成交量的30.4%，成交均价为23782元/平方米；140平方米以上大户型成交13320套，总面积约310.05万平方米，占全市总成交量的32.0%，成交均价为38333元/平方米。

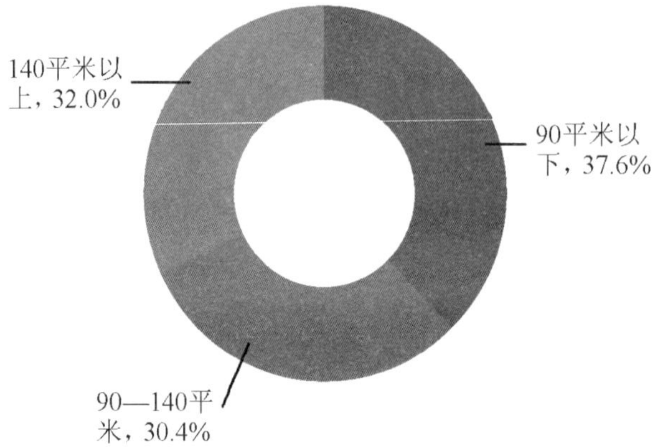

附图1－55　2015年北京市新建商品住宅成交面积段分布

➢　户型

2015年，北京市新建商品住宅仍以两室、三室户型成交为主，两种户型的成交总面积占全市总成交面积的62.9%。其中，两室户型成交套数最多、成交面积最大，共成交34328套、306.88万平方米，占全市总成交量的31.7%，成交均价为20478元/平方米；三室户型共成交25981套，成交面积301.81万平方米，占全市总成交量的31.2%，成交均价为25387元/平方米。

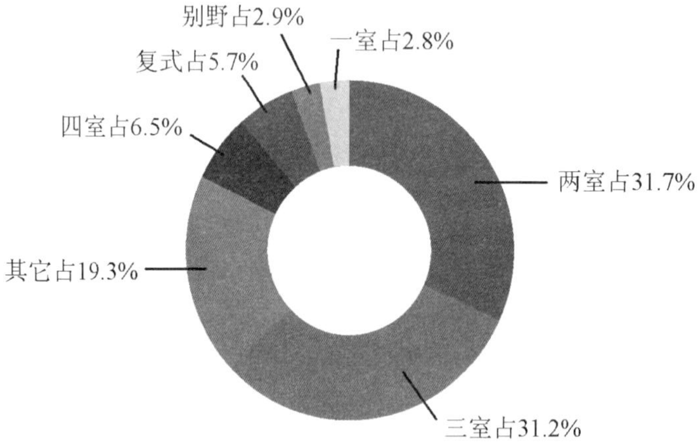

附图1－56　2015年北京市新建商品住宅成交户型段分布

➢　价格段

2015年北京市新建商品住宅成交单价以10000（含）－30000元/平方米为主，该价格段的房屋成交面积占全市总成交量的68.2%。其中成交价在10000（含）－20000元/平方米以及20000（含）－30000元/平方米各占全市成交总量的34.1%，两种户型的成交套数分别为33204套和30126套，成交面积分别为

329.73 万平方米和 329.76 万平方米。

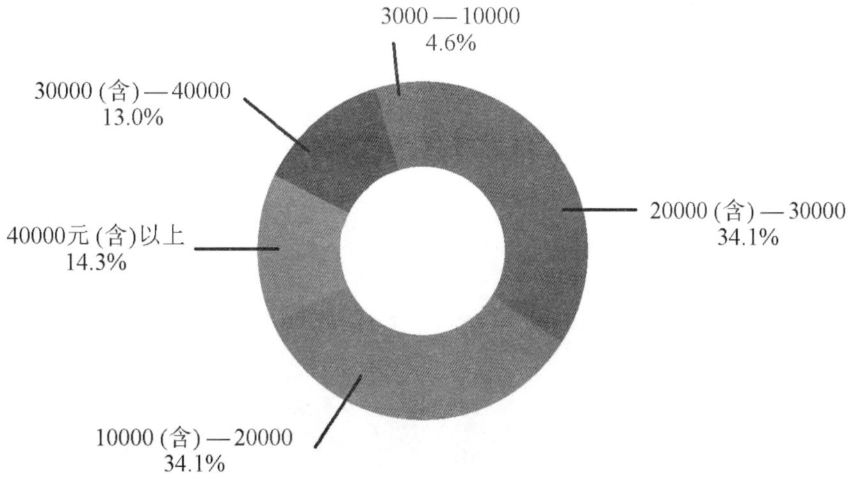

附图 1-57　2015 年北京市新建商品住宅成交价格段分布

(4) 区域分析

从新建商品住宅成交区域分布来看，朝阳、昌平、通州和大兴四区成交量合计超过全市总量的半数，是 2015 年购房需求相对集中的各区，其中 TOP3 各区成交量均超过 100 万平方米。其中朝阳区成交量居全市首位，成交面积约 135.01 万平方米，占比为 14.0%。昌平区、通州区分居二、三位，成交面积分别为 130.53 和 128.2 万平方米，占比分别为 13.5% 和 13.2%。

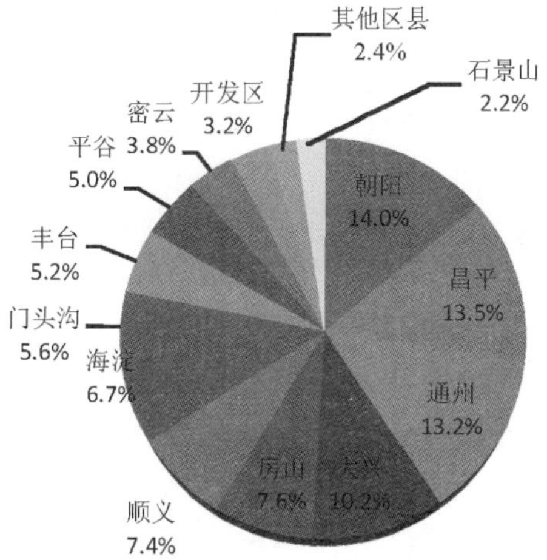

附图 1-58　2015 年北京市新建商品住宅成交区域分布

从各区成交价格来看，2015 年东城区成交均价达 69907 元/平方米，居全市首位。西城区、朝阳区紧随其后，成交均价分别为 50625 元/平方米和 42879 元/平方米。其他各区中石景山区、丰台区、海淀区成交均价亦在 30000 元/平方米以上。

3. 商业营业用房市场：供应连涨，成交均价回升

2015 年全市商业用房新增供应面积约 142.71 万平方米，与上年相比增加 8.9%；总成交面积约 112.49 万平方米，与上年相比微增 1.6%。进入 2012 年以来，北京市商业

用房新增供应持续增加，2015 年新增供应量已达近五年来的最高点。

价格方面，2015 年北京市商业用房成交均价达 24016 元/平方米，与上年相比上涨 7.1%，商业用房成交均价回升，直逼 2013 年历史高点。

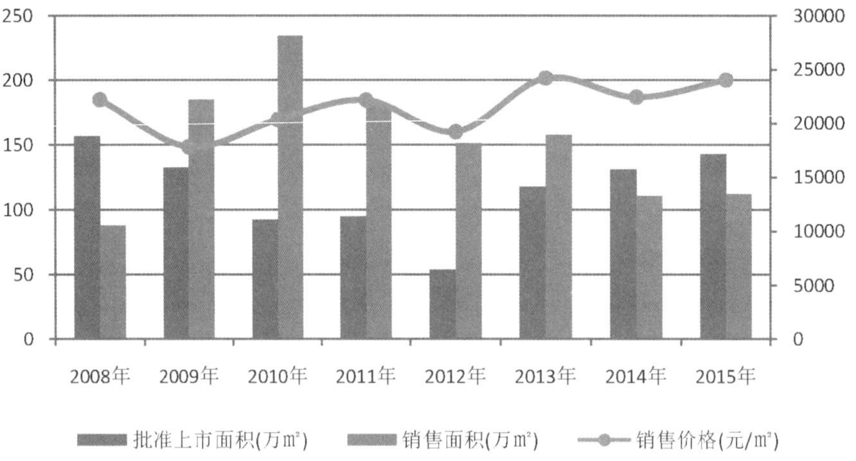

附图 1－59　2008—2015 年北京市商业用房市场状况

从位置分布来看，通州区成交 23.85 万平方米，占全市总量的 21.2%，居全市首位，朝阳区、房山区则以 18.11 万平方米、13.88 万平方米成交面积分居二、三位，分别占 16.1%、12.3%。

从各区成交价格来看，2015 年门头沟区商业用房成交均价达 37512 元/平方米，居全市首位；开发区成交均价达 33692 元/平方米，居次席；朝阳区则以 32489 元/平方米居第三位。

4. 写字楼市场：供应达近年峰值，价格创新高

2015 年，北京市写字楼供应与上年相比大幅增加 35.8%，达 354.29 万平方米，达近年写字楼供应峰值；成交量也有所增加，总成交面积约为 238.45 万平方米，与上年相比增加 39.4%；成交均价则创下历史新高，全年成交价格高达 28461 元/平方米。

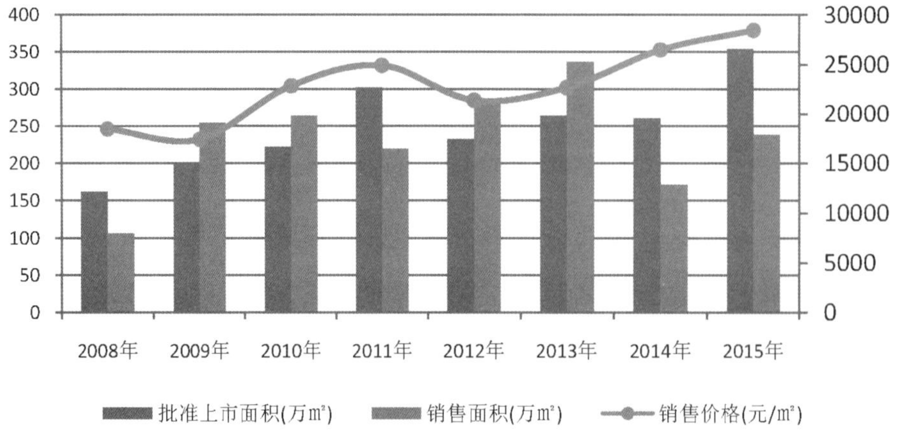

附图 1－60　2008—2015 年北京市写字楼市场状况

从位置分布来看，2015 年全市写字楼成交以远郊区为主，其中通州区以成交 30.58 万平方米居首位，占全市总成交量的 12.8%，丰台区、大兴区紧随其后，成交面积分别为 28.63 万平方米和 26.4 万平方米，占比分别为 12.0%、11.1%。

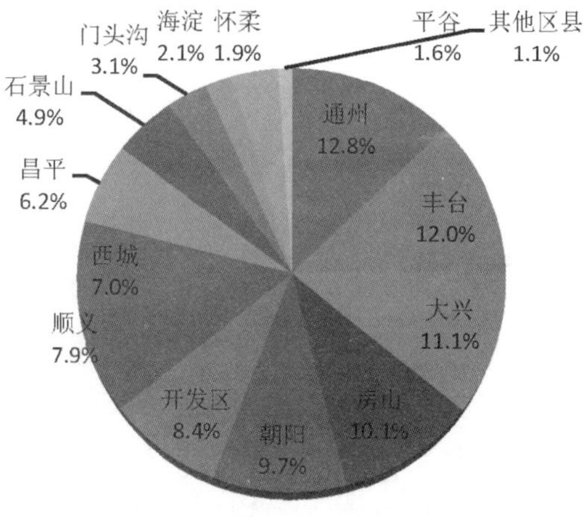

附图 1－61　2015 年北京市写字楼成交面积区域分布

从各区成交价格来看，全年西城区成交均价达 51763 元/平方米，居全市首位。朝阳区、海淀区紧随其后，成交均价分别为 42163 元/平方米和 41707 元/平方米。其他区中，东城区及、丰台区、石景山区和门头沟区四个区成交均价也超过了 30000 元/平方米。

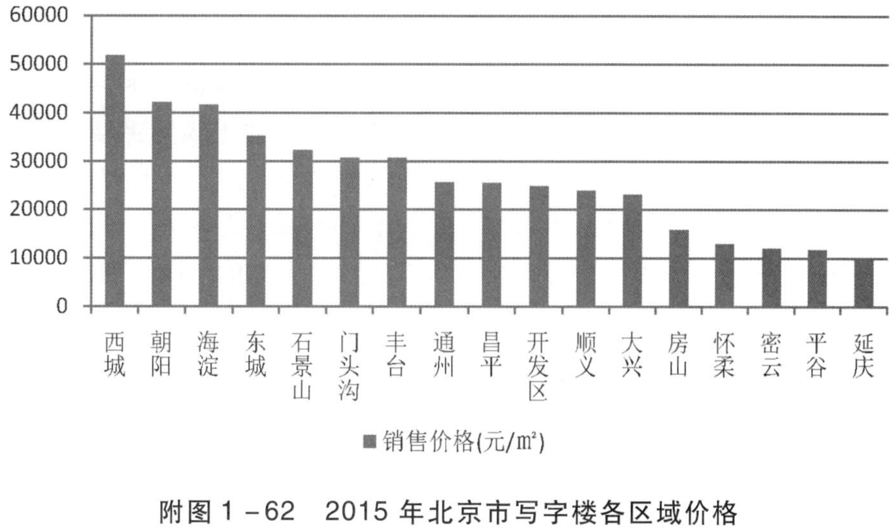

附图 1－62　2015 年北京市写字楼各区域价格

2015 年北京市写字楼市场回顾与展望

盈石集团研究中心

一、2015 年北京写字楼市场回顾

1. 2015 北京写字楼市场喜迎新增供应小高峰

盈石集团研究中心根据北京市写字楼市场特征，将北京市写字楼市场划分为中央商务区商圈（CBD）、东二环商圈、长安街商圈、金融街商圈、中关村商圈、亮马河商圈、望京及酒仙桥商圈和亚奥商圈八大核心商圈，另外还有上地、丰台总部基地、亦庄经济开发区、崇广大街、传媒大道和通州运河核心区六大新兴商圈。盈石集团研究中心通过盈石写字楼评分系统，将北京主要写字楼项目分为顶级、甲级和乙级。

截至 2015 年末，北京写字楼市场顶级和甲级写字楼（统称优质写字楼）存量接近 890 万平方米，乙级写字楼存量超过 1940 万平方米。其中，106 万平方米顶级写字楼全部集中在核心商圈，甲级写字楼也有约 95% 即超过 740 万平方米集聚在核心商圈。由于近几年优质写字楼入市量大幅下降，需求持续上升，传统核心商圈优质写字楼市场空置率持续走低，租金不断攀升，导致企业选址边缘化逐步加剧，从而极大促进了非核心商圈的发展，进而对北京写字楼市场格局产生影响，大批高端租户的迁入和大量新建高品质写字楼使位于非核心区域的望京及酒仙桥商圈和亚奥商圈成功晋级为核心商圈。在经过长达 4 年的优质写字楼供应低潮后，2015 年北京写字楼市场迎来了包括位于中关村商圈的顶级写字楼项目——融科资讯中心 B 座在内的接近 65 万平方米优质写字楼供应小高峰，分别位于 5 个核心商圈和 2 个非核心商圈。其中中关村商圈和望京及酒仙桥商圈 2015 年入市的甲级写字楼分别达到 20 万和 19 万平方米，占核心商圈新增入市优质项目总体量（52.5 万平方米）的四分之三；非核心商圈新增入市的 12 万平方米甲级写字楼分别是位于亦庄经济技术开发区的中航技广场和位于传媒大道的紫檀大厦。

附图 1－63　2015 年北京市新增写字楼供应分布情况

数据来源：盈石集团研究中心

2. **低空置略有缓解，核心商圈租金依然坚挺**

得益于新增供应小高峰，2015 年末北京市场优质写字楼总体空置率达到 8.3%，比上一年同期回升了 3.6 个百分点，整体平均租金同比小幅回落 1.37%，为每月每建筑平方米人民币 368 元。其中顶级写字楼空置率为 3.4%，比 2014 年同期下降 3 个百分点，租金同比上涨 5%，达到每月每建筑平方米人民币 477 元；2015 年末北京甲级写字楼平均租金为 343 元每月每建筑平方米，同比下降 2.19%；空置率比上一年同期回升了 3 个百分点为 9.4%。虽然供应小高峰在一定程度上缓解了北京写字楼整体市场持续多年的低空置，但核心商圈甲级写字楼的空置率仍然维持在 4.7% 的较低水平，租金小幅上涨 2.8% 达到每月每建筑平方米人民币 365 元，持续高位。

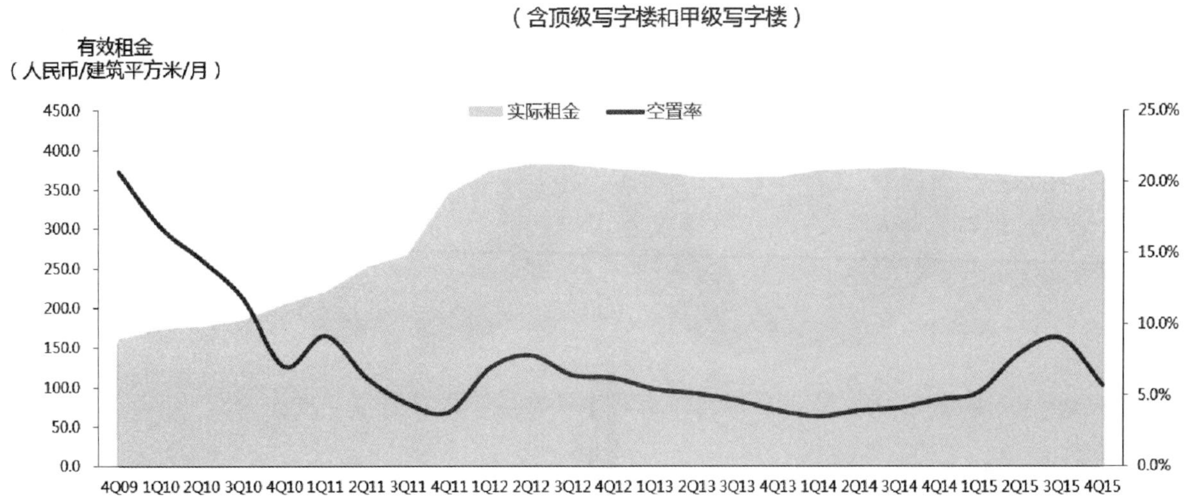

附图 1－64　2009—2015 年北京市优质写字楼租金及空置率历年变化

数据来源：盈石集团研究中心

在核心商圈中，金融街商圈继续以平均租金571元（含甲级和顶级）领跑北京写字楼市场，虽然有甲级写字楼项目锦什坊街35号入市，但其不足5万平方米的可出租面积并不能满足该区域对优质写字楼的巨大需求，商圈年末空置率仅为1%。作为北京写字楼市场最大也是最具代表性的中央商务区（CBD）商圈2015年没有新增优质写字楼入市，年末总体空置率为4%，同比下降了4.5个百分点，商圈平均月租金同比涨幅4%，达到每月每建筑平方米391元；其中顶级写字楼平均月租金420元，空置率只有2.8%。而近年来成交比较活跃的望京及酒仙桥商圈2015年入市的甲级写字楼项目达到19万平方米，大幅拉高了年末空置率至15.4%，租金小幅下滑到272元，是空置率最高，租金最低的核心商圈。

非核心商圈甲级写字楼主要分布在亦庄经济技术开发区和传媒大道，其中紧邻中央商务区的传媒大道商圈拥有甲级写字楼约17万平方米，主要承接中央商务区外溢的需求及受政策鼓励的现代传媒产业需求，2015年末空置率不足15%，平均租金接近260元。而已有20万平方米甲级写字楼存量的亦庄经济技术开发区虽然形成时间更长，但该区域企业租户以制造业为主，承租能力相对偏低，对优质写字楼需求相对有限，2015年末该区域空置率达到47%，商圈平均租金163元，不足北京市甲级写字楼平均租金的一半。

3. 全年成交活跃，金融业与科技媒体通信业（TMT）继续成为主导

2015年北京写字楼租赁市场较过去两年更加活跃。据盈石集团研究中心数据显示，在2015年北京写字楼市场租赁成交的近600宗交易中八成以上为新租约，成交面积接近100万平方米，占总成交面积的78%。其中42%的成交数量和41%的成交面积集中在甲级写字楼，40%成交量和38%成交面积集中在乙级写字楼，虽然在含产业园区在内的丙级写字楼的成交宗数只占总量的4%，成交面积却占到13%，充分体现了丙级写字楼租金低、可租赁面积大的优势；顶级写字楼与丙级写字楼形成鲜明对比，成交量占比总量14%，成交面积占比却不足8%，这不仅与顶级写字楼租金高、空置低有关，也显示了楼宇业主对租户组合也有一定要求。

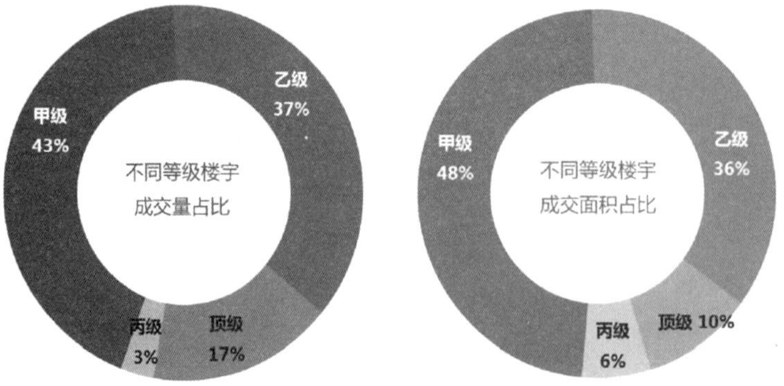

附图1-65　2015年北京市写字楼市场不同等级楼宇成交分析

数据来源：盈石集团研究中心

中央商务区和望京及酒仙桥分别为2015年成交宗数和成交面积占比最高的商圈。中央商务区作为最活跃的传统商圈，2015年签订的200宗成交中，新签租约接近四分之三。

望京及酒仙桥商圈成交面积位列各商圈之首，成交租赁面积超过26万平方米，83%为新签租约。而新签租约中超过三分之一的成交面积位于2015年入市的甲级写字楼。

政策导向对企业租户活跃程度也有明显影响。2015年签约的企业租户主要来自受政府支持和鼓励力度较大的行业——金融业和科技媒体通信业（TMT），分别占到租赁成交宗数的37%和30%，以及租赁成交面积的32%和42%。从成交宗数和成交面积看，三分之二的金融业租赁成交位于甲级和顶级写字楼，而TMT行业56%的成交宗数和65%的成交面积则位于乙级和丙级写字楼，这也在一定程度上反映了不同行业的承租能力。从成交租金看，23%的租赁成交租金位于每月每建筑平方米351－400元之间，22%租赁成交位于301－350元之间，而在200元以下和500元以上成交租金的交易分别占比4%和11%。其中200元租金以下成交53%，集中在TMT行业，而500元以上租金则以金融业为主，占比超过85%。

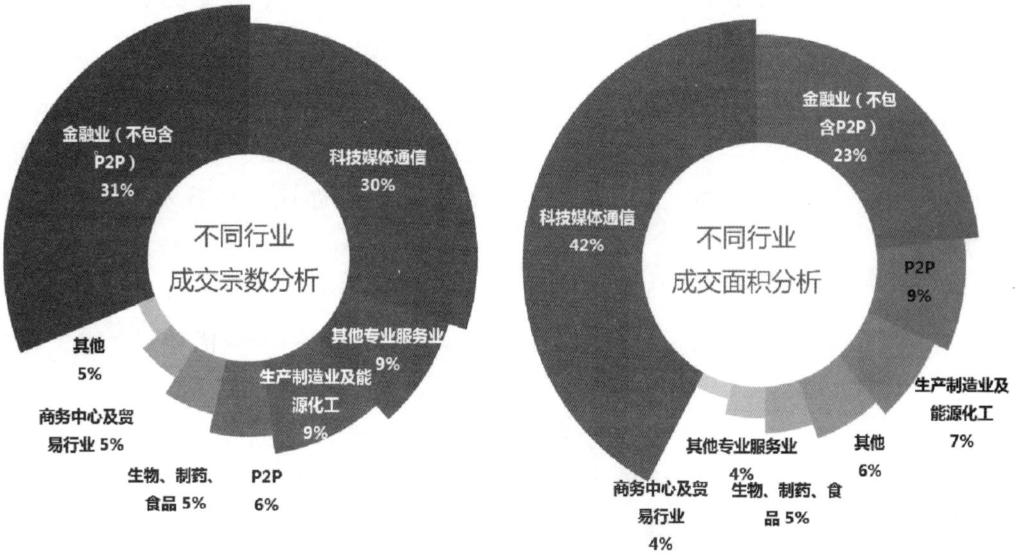

附图1－66　2015年北京市写字楼市场不同行业成交分析

数据来源：盈石集团研究中心

签约面积在3000平方米以下的租约数量为租赁成交主力，占所有成交面积的85%，其中超过50%的租赁成交面积在1000平方米以下，约35%的成交面积在1000平方米至3000平方米之间，1万平方米以上的大宗成交宗数仅占3%，但租约总面积高达全年签约总面积的30%，其中来自TMT行业的成交最为显著，乐视体育与汽车签约电通时代广场、美团网签约恒电大厦BC座和猎豹移动签约惠通时代广场新址三个成交总面积超过13万平方米。而1000平方米以下租赁成交企业租户来自多个行业，其中占比最高的为金融业，约占37%。

二、北京写字楼市供需指数

2015盈石中国城市写字楼需求指数排名显示，凭借较高的经济系数、从业人口系数、吸纳系数及城市竞争力系数等综合实力，北京写字楼需求指数位居中国20大城市之首。除了较大的就业人口基数和人才储备力量，北京经济规模总量大且第三产业占比常年领跑全国，显示北京较高的高附加值的现代服务业水平，同时北京城市资源相对更加集中、优惠政策执行力强，市场比较成熟。而众多全球500强企业总部、大型国企总部、大型民企总部及各种国内外机构也为北京提供了相对充足而理想的写字楼租户源。

而北京写字楼供应指数在2015盈石中国20大城市写字楼供给指数排名位置较低，位于第16位。显示北京写字楼市场供应强度和去化压力都相对较小，供应结构较为合理，结合北京写字楼未来供应分布情况看，近几年内不会出现供过于求的现象。这也再次表明北京写字楼市场的成熟度和投资潜力，是国内少有的写字楼市场蓝海城市。

三、北京写字楼市场展望

1. 顶级写字楼未来供应集中CBD，2016将成供应最高峰

预计未来五年（截至到2020年）北京写字楼市场将有接近630万平方米优质项目入市，其中包括170万平方米顶级写字楼和约460万平方米甲级写字楼。顶级写字楼主要集中在中央商务区，其中140万平方米位于中服地块，预计超过100万平方米将于2019年以后入市。截至到2018年，预计将有70万平方米顶级写字楼和约370万平方米甲级写字楼进入市场。

其中，中央商务区商圈未来三年将入市的106万平方米优质写字楼中，63万平方米为顶级写字楼，近43万平方米为甲级写字楼；望京及酒仙桥商圈、亚奥商圈和东二环商圈将分别有85万平方米、55万平方米和41万平方米甲级写字楼入市，列未来供应量的第二至四位；亮马河、金融街、长安街商圈分别以26万至34万平方米供应量紧随其后；之后是亦庄经济技术开发区、中关村和丽泽商务区，供应量为12万至18万平方米，除了上述商圈，通州也将在2018年迎来位于运河核心区的第一栋甲级写字楼项目。

附图1-67　北京市未来五年写字楼供应分布情况

数据来源：盈石集团研究中心

2016年将迎来北京写字楼历史上最大优质写字楼供应高峰，预计将有192万平方米甲级写字楼竣工进入市场，接近170万平方米将位于核心商圈。其中国贸三期B座、以太广场B栋、英皇大厦、启皓中心、利星行广场2期及开元国际广场都受到市场极大关注。2015年末部分未完工项目预租的租金水平已经高于整体市场优质写字楼平均租金水平，这在北京写字楼历史上并不多见。

2. 政策利好拉动市场需求，通州有望形成新兴商圈

虽然未来2－3年内供应高峰的来临将拉高整体空置率，进而影响到一直高位盘整的租金水平，但金融街、中央商务区、长安街及中关村等需求大于供应的传统核心商圈租金明显下浮的可能性并不太大，甚至有微升的几率。面积需求较大、承租能力相对较弱的行业企业将可能转向产业园区或工业园区，形成产业聚集，从而促进相关区域基础设施及配套的不断提升与完善，有助于形成更多新兴商圈。而被定位为首都行政副中心的通州区其运河核心区众多在建项目未来三年内将陆续入市，随着北京市政府于2017年底完全迁入通州，以及新轨交线路投入使用和广渠路等联络线的完工，预计将有众多企业到通州选址办公，逐渐加强的商务氛围也将促使通州形成真正的新兴商圈，承接东部核心商圈外溢的企业选址需求。其“京津冀一体化”节点城市、新旧机场中心的区位优势也将对不少计划进京选址的企业形成独特吸引力。

随着政府负面清单逐渐缩短，更多领域将向非公有制企业及外资企业放开。行政审批手续不断简化，将给企业提供更多市场机会和空间。而随着国家对专业服务业、现代金融业、文化创意产业及高科技制造业等行业持续不断的大力支持，以及中国市场巨大潜力对海外投资者的吸引，预计北京写字楼市场对优质写字楼的需求将持续走高。而写字楼租金收益稳定、管理难度相对较低等优势也将促使更多酒店、购物中心项目被改造为写字楼或享受政策优惠的众创空间等新型办公业态，从而为大众创业提供便利。

2015 年北京市房地产市场回顾与总结

伟业我爱我家市场研究院

一、2015 北京宅地市场“量稳价涨”，土地出让金创历史新高

2015 年，北京土地市场整体表现出量稳价涨的市场特征。伴随着楼市成交量的火爆复苏，房企拿地意愿强烈，住宅用地平均楼面价不断走高，土地出让金总额进一步攀升，双双达到历史新高点。

据伟业我爱我家市场研究院统计，2015 年北京市共成交各类土地 109 宗，比去年同期下滑 23%；建设用地面积 706.77 万平，比上年同期下滑 24.6%；规划建筑面积 1511.53 万平，比上年同期下滑 10%；土地成交总金额 2032.1 亿，比上年同期增长 6%，创历史新高。

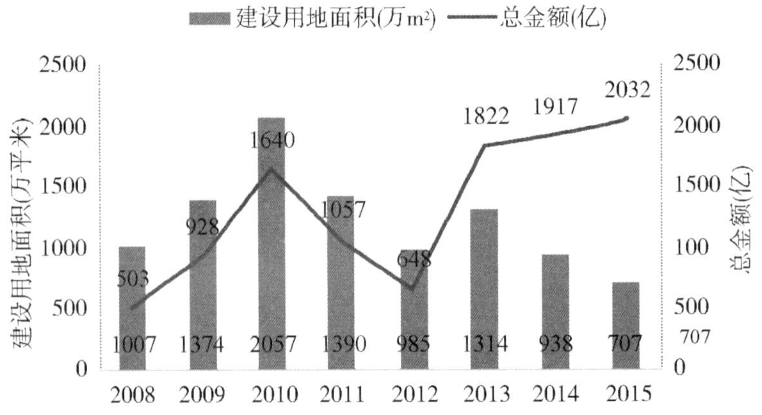

附图 1-68　2008—2015 年北京市历年土地成交量价情况

（数据为工业、商业金融、住宅等各类土地数据）

制图：伟业我爱我家市场研究院

在宅地方面，北京市共成交宅地 50 宗，比上年同期减少 3.8%；建设用地面积 431.47 万平，比上年同期小幅下滑 1.92%；规划建筑面积 875.2 万平，比上年同期小幅下滑 2.8%；成交总金额达 1458.9 亿，比上年同期增长 11.3%；平均楼面价 16670 元/平，比上年增长 14.5%。

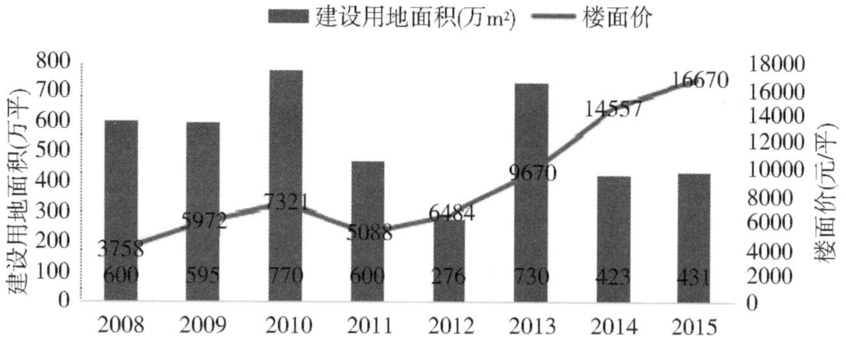

附图 1－69　2008—2015 年北京市历年宅地成交量价情况

制图：伟业我爱我家市场研究院

2015 年，伴随着联合拿地、配建保障房，北京地价畸高已是无可争论的事实。但凡位置稍好的住宅用地，均以高溢价高楼面价成交。分环线来看，三四环之间以及四五环之间楼面价上涨最为突出，分别上涨 42.1%、43.3%；五环以内楼面均价已突破 25000 元/平方米。

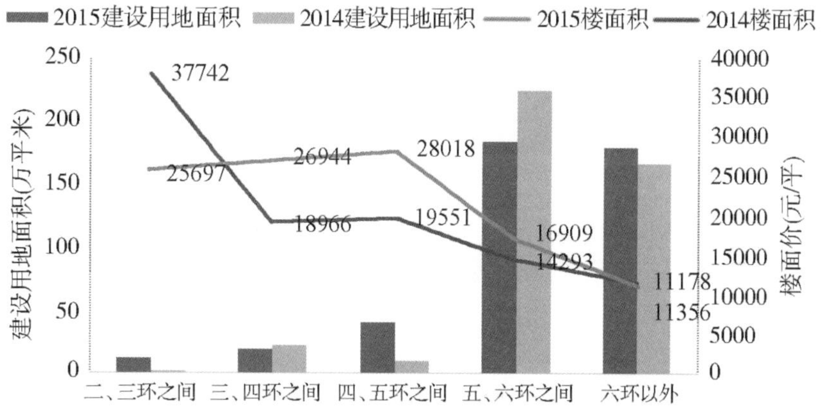

附图 1－70　2014—2015 北京市土地市场各环线成交量价情况

制图：伟业我爱我家市场研究院

1. 住宅用地成交价格大幅上涨原因多重

一是 2015 年北京楼市复苏，受楼市成交热影响，土地供应量从 6 月份开始逐步升温，在前五个月住宅用地整体供应缺乏的情况下，北京土地市场“僧多粥少”的矛盾逐渐凸显，土地的稀缺性是楼面价提升的根本原因。

二是 2015 年货币环境宽松，企业融资成本降低，开发商特别是手握重金的大型国企现金流充裕，再加上对楼市未来预期看好，拿地热情高涨，一旦有住宅用地推出，但凡区位稍好，就会引起众多房企角逐，从统计结构上提升了全年住宅用地楼面价格。

三是随着北京市城市规划建设、轨道交通和公共交通等方面的日渐成熟，北京市土地资源在日渐稀缺的同时也实现了自身的增值。土地增值是土地市场价格走高的基础性原因。例如，随着大兴第二机场的规划建设，周边配套资源势必将逐步完善，区域未来预期价值的提升传导在土地市场上也将提高土地成本。

2. 楼面价走高将影响北京住宅市场及房企运营

2015 年，北京市宅地楼面价不断攀升，给未来楼市带来几方面影响。

一是五环内住宅泛豪宅化，高端住宅去化压力增大。2015 年五环内住宅用地地价全线走高，未来伴随着这些高楼面价住宅开盘入市，北京新建商品住宅项目在价格上将普遍高端化。事实上，这种放量供应与市场上真实的偏向紧凑型、中低价的改善型需求并不匹配，因此，未来豪宅销售压力将会增大。

二是拿地成本不断走高，京城中小房企将举步维艰，联合拿地是唯一出路。随着地价的走高，中小房企在京拿地将会越来越困难。就目前拿地情况来看，大型房企尚且联合拿地，中小企业只有抱团取暖，合纵连横，在短期内才不会被挤出北京市场。

三是土地成本显著上涨，将增加开发商运营难度。土地成本愈加高企，土地建设条件愈加复杂，将愈会考验开发商的整体经营能力。未来，不仅项目规划和定位等方面的专业策划能力需接受考验，如何提升项目的软性价值也将成为项目运营成败的关键。

二、2015 年北京新房交易量大涨近四成，房价上涨 9.9%

2015 年，在楼市利好政策不断刺激下，北京市住宅新房市场表现出量价齐涨的市场特征。

据伟业我爱我家市场研究院统计，2015 年（截止 12 月 26 日），北京全市住宅新房网签量（不含保障房）为 102581 套，比 2014 年同期大幅上涨 36.7%，市场企稳回升已是定局。

价格方面，2015 年（截止 12 月 26 日），北京全市新建商品住宅（不含保障房）成交均价为 27162 元/平米，比 2014 年同期上涨 9.9%。

2015 年可谓是豪宅入市高峰年，如果剔除 2015 年新入市的高端豪宅对房价的影响，如万柳书院、北京壹号院、使馆壹号院、西宸原著、中粮瑞府等统计结构上的影响，2015 年新房成交均价为 26830 元/平米，同比上涨 8.6%。

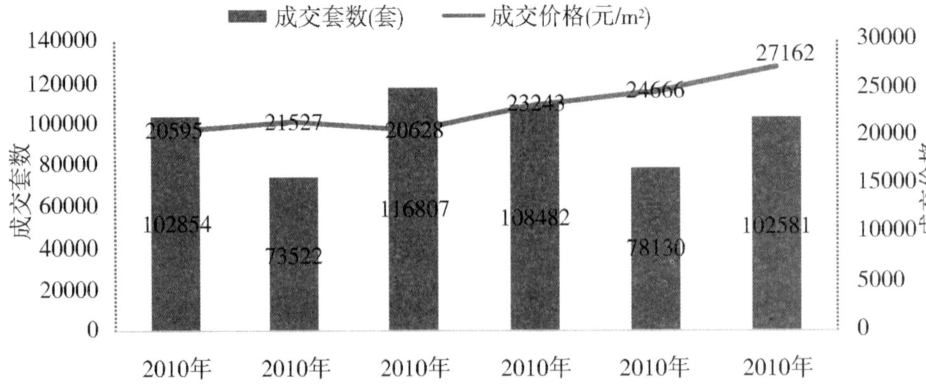

附图 1-71　2010—2015 年北京市新建商品住宅成交量价情况

制图：伟业我爱我家市场研究院

分环线来看，北京各环线新建商品住宅市场表现出明显的差异。成交量方面，北京五环外已是新建商品住宅成交绝对主战场，2015 年五环外成交面积占比达 90%。成交均价方面，受供需不均衡以及五环内住宅趋高端化影响，五环内价格涨势较大，2015 年三四环之间以及四五环之间成交均价涨幅最大，分别上涨 37.6%、46.4%。

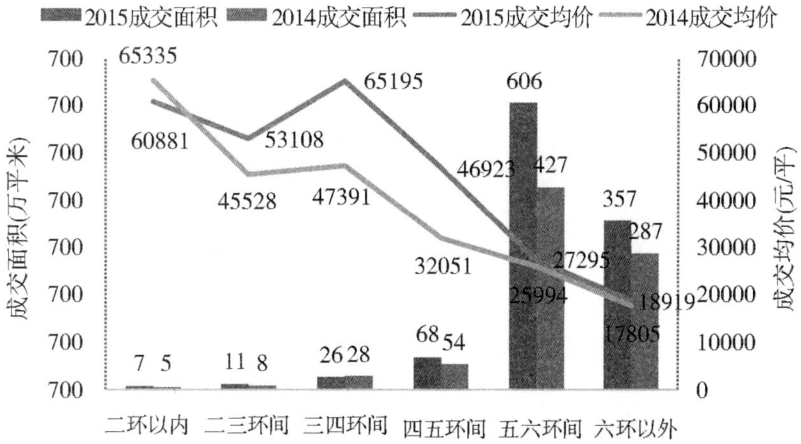

附图 1－72　2014—2015 北京市新建住宅各环线成交量价情况

制图：伟业我爱我家市场研究院

对于北京市住宅新房市场量价齐涨的情况，伟业我爱我家集团副总裁胡景晖表示，2015 年房地产市场正式进入政策宽松期，有效刺激了市场需求释放。

1. **胡景晖认为，“量涨”的原因主要有以下几个方面：**

一是金融货币政策稳健趋宽松化，直接利好短期楼市成交。

胡景晖表示，自 2014 年 11 月份下调存贷款基准利率以来，2015 年央行五次降准、五次降息。对于按揭客户，目前银行五年以上贷款基准利率下降到 4.9%，贷款成本已下降至历史最低点，极大地降低了购房者贷款成本，有利于刺激需求入市。

二是出台 3.30 政策个人住房转让营业税“5 改 2”，直接利好二手房成交的同时，也刺激了改善型需求入市，间接提升了新房成交量。

胡景晖指出，该项政策对于购买不满 5 年的房屋减少了再入市交易成本，能有效地刺激存量房屋入市流转。相应地，在直接利好二手房交易的同时，也刺激了“以旧换新”、“以小换大”等引起的新房成交量的提升。

三是 3.30 政策降低二套房首付款比例，刺激刚改入市。

胡景晖表示，二套房首付贷由原来的七成首付比例降低为四成，实际上是降低了客户购买二套房的入市门槛，鼓励改善型客户入市，能够有效刺激支付能力稍差的一批准意向客户果断出手。

四是北京公积金政策贷款门槛降低，有利于稳定客户信心。

胡景晖指出，2015 年以来，伴随着央行五次降息，住房公积金贷款利率随之下调，目前公积金5年期以上贷款利率已下调至3.25%。另外，北京住房公积金自6月1日起全面调整为“认房不认贷“。无房客户最低首付款比例为20%，贷款最高额度为120万元；已还清住房贷款的“1套住房客户”最低首付款比例为30%，贷款最高额度为80万元。公积金贷款利好主要体现在250万以下刚需客户，但对于稳定购房者未来预期、稳定住房消费有一定刺激作用。

2. 胡景晖认为，“价涨”的原因主要有以下几点：

一是随着2015年北京新房成交量的提升，开发商对市场未来信心提升，定价的主动权增强，收回或减少降价促销策略。

二是2015年大量高价盘入市，在统计结构上显著拉高了住宅均价。2015年入市的高价盘比比皆是，均价高于8万元/平方米的新盘如万柳书院、北京壹号院、使馆壹号院、西宸原著、中粮瑞府等相继开盘成交，拉升北京整体成交均价。

三是2015年土地供地减少，僧多粥少，优质地块高价成交，影响周边新房定价并且提升客户对未来的预期。2015年丰台、大兴、昌平、门头沟等住宅用地楼面价全面提升，面粉高过面包带动开发商提升新房定价水平。

3. 胡景晖预测：2016年“量增价涨”或将继续主导新房楼市，但豪宅销售压力加大，房价涨幅有限

从政策基调来看，去库存仍将是2016年楼市重要调控方向。2015年12月中央政治局会议明确指出，“要化解房地产库存，扩大有效需求，稳定房地产市场。”北京市国民经济和社会发展十三五规划建议也指出：将住房作为促消费的重要领域。

就北京住宅库存来看，在2015年市场供需基本平稳态势下，市场库存基本保持2014年高位，去库存压力尚大。因此，楼市政策将持续2015年利好需求释放方向，成交量上涨仍将是大概率事件。同时，受2015年成交高价地影响，五环内泛豪宅化基本形成，也将从统计结构上提升北京整体住宅价格水平。

但胡景晖同时指出，前几年的政策限制致使豪宅的原有库存压力较大，如今政策放开、供给释放，2016年豪宅将集中入市，供应量巨大；而目前的改善型需求偏向紧凑型、中低价，与豪宅并不匹配，市场的消化能力有限。因此，2016年豪宅的销售压力会加大，在楼市整体库存较大的背景下，房价涨幅也将有限。

三、2015年北京二手房成交量创五年来新高，房价涨幅仅5.5%

经过了一年的调整，2015年的北京二手楼市即将收官。从年度市场成交情况来看，“量增价稳”的特征已板上钉钉。

据伟业我爱我家市场研究院统计，2015年，北京全市二手住宅网签总量为197407套，与上年相比大幅上涨88%，创近五年来新高；成交均价为38147元/平米，同比上涨5.5%，涨幅平稳。

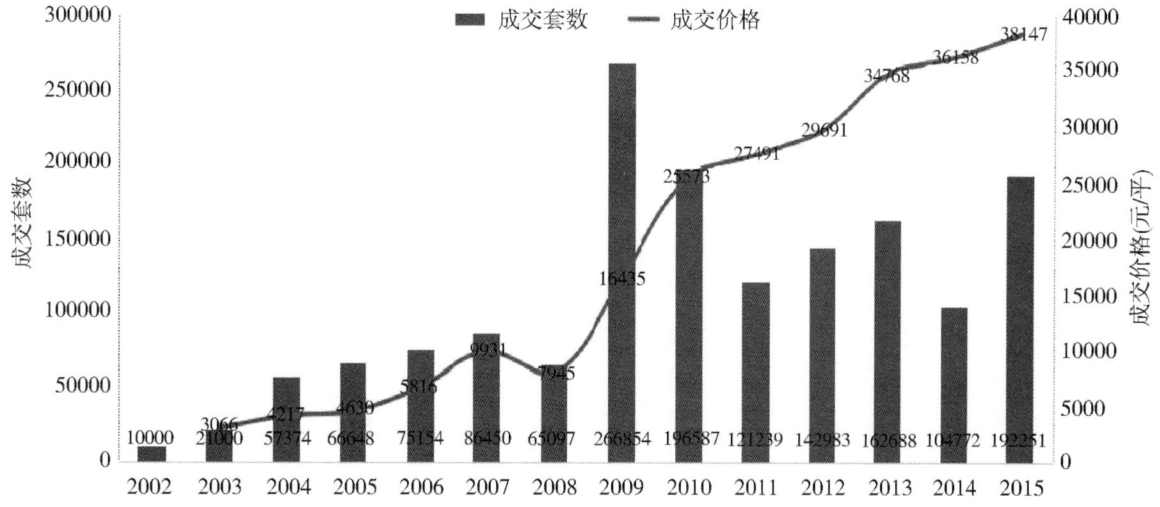

附图 1-73　2002 年以来北京市二手住宅成交量价情况

制图：伟业我爱我家市场研究院

1. 区域量价变化：显著反应区域差异

分区域来看，受教育、医疗等配套资源集中等方面的影响，北京各区域二手住宅市场表现出明显的差异。成交均价方面，涨幅最高的区域依次为顺义区、西城区、朝阳区、东城区、海淀区，涨幅均在5%及以上。

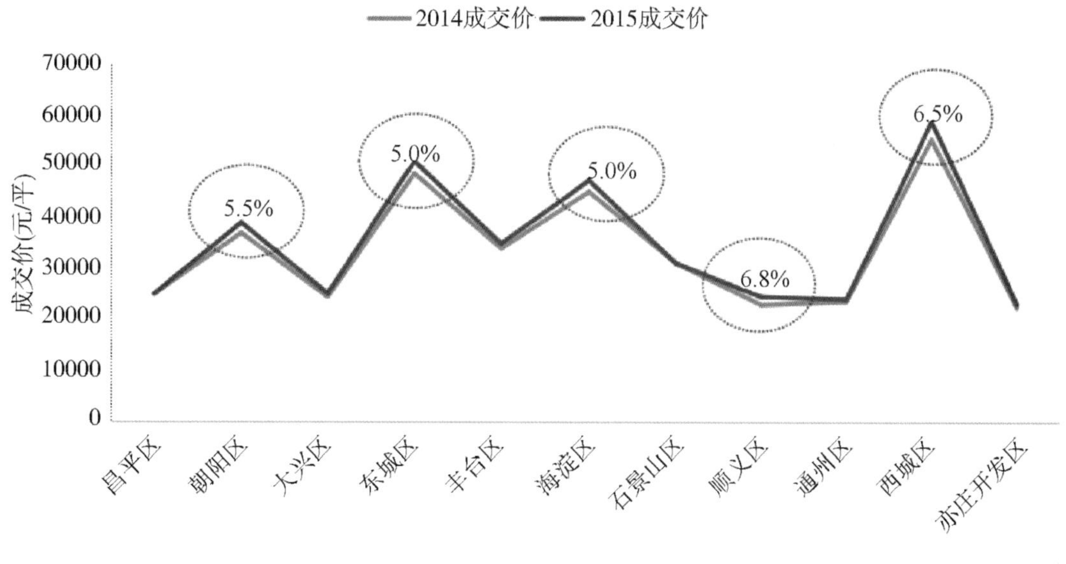

附图 1-74　2014—2015 北京市二手住宅各区域成交价情况

制图：伟业我爱我家市场研究院

对此，伟业我爱我家集团副总裁胡景晖表示，受多项政策利好影响，2015年北京二手住宅市场全面复苏。从全年市场均价和总量情况来看，"量增价稳"的特征十分明显。

2. 伟业我爱我家集团副总裁胡景晖表示，"330新政"以来，一系列利好政策效应的叠加，是刺激2015年成交量上涨的主要原因：

一是北京二手房市场在经过了2014年10.5万套的大幅缩水成交之后，被压制的需求在利好刺激下于2015年全面释放。

二是银行信贷放松，2015年央行连续5次降息，目前银行五年以上贷款基准利率下降到4.9%，贷款成本已下降至历史最低点；与此同时，"3.30新政"降低二套房首付款比例为四成。利息和首付贷降低政策二者叠加，无论对于首置还是置业升级的按揭客户，都有较好地刺激作用。

三是出台"3.30新政"个人住房转让营业税"5改2"，该项政策对于购买不满5年的房屋减少了再入市交易成本，缓解了部分经济能力有限的刚需客户的购房压力，直接利好二手房屋入市流转，同时，对于"卖一买一"的改善型自住需求的购房者而言也是极大的利好信号。

四是北京住房公积金自6月1日起全面调整为"认房不认贷"。"无房客户"最低首付款比例为20%，贷款最高额度为120万元；已还清住房贷款的"1套住房客户"最低首付款比例为30%，贷款最高额度为80万元。公积金贷款额度提高及首付款比例的降低对于购买低总价房屋的客户起到了极大地刺激作用。

3. 胡景晖认为，2015北京二手房价"稳中有涨"的原因主要有以下几点：

一是在利好刺激下，面对2015年成交量大幅上涨以及"地王"频现，二手房业主提升未来市场预期，进而提高挂牌价格，市场议价空间减小。

二是政策性因素驱动区域价值提升，二手房业主提高版块内楼盘价格水平，从统计结构上带动北京整体价格水平提升。大兴受第二机场、通州受行政副中心等规划利好影响，区域二手房价格涨幅较大。

但从整体来看，2015年北京二手房成交价格涨势较小，这与频繁的"一卖一买"市场交易有较大关系。对于换房的客户心理纠结会比较多，买房的时候希望以低价买进，卖房的时候希望以高价卖出，在来回的价格谈判中相互妥协导致价格涨幅不大。

4. 胡景晖认为，2016年"量价齐稳"或将主导北京二手房市场

对于未来一年北京市二手房市场的走向，胡景晖认为，根据刚刚闭幕的中央经济工作会议精神，化解房地产库存为2016年经济工作的五大任务之一，未来，为"化解房地产库存"，实施积极的财政政策和稳健趋宽松的货币政策仍是大的政策基调。

宽松化的市场环境利于楼市成交，但是在经过了2015年全年的市场复苏需求全面释放之后，明年市场将趋于稳定，成交量或将小幅回调。与此同时，随着房地产投资增值的预期产生了一定的变化，购房置业也趋于更加理性，成交价格仍将小幅上涨，但涨幅有限，因此，"量价齐稳"或将主导2016年北京二手房市场。

四、2015年北京住宅租金上涨7.2%，5年来租金涨幅首次回升

就北京住宅租赁市场总体来看，2015年北京市住宅租赁市场表现出租金价格上扬的市场特征。

1. 2015 年全年租赁交易量涨幅收窄，租金涨幅明显提升

据伟业我爱我家市场研究院统计，2015 年北京市住宅租赁交易量同比上涨 5.2%，涨幅再次收窄，已降至 2009 年以来的最低点。

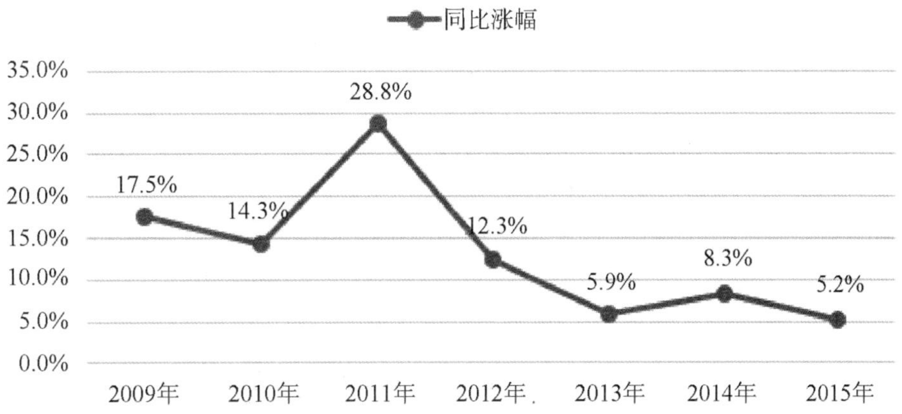

附图 1－75　2009 年以来北京市住宅租赁交易量涨幅变化

制图：伟业我爱我家市场研究院

2015 年北京市住宅租赁平均价格为 4453 元/套，同比上涨 7.2%，相比 2014 年高出 4 个百分点，租金涨幅 5 年来首次回升。

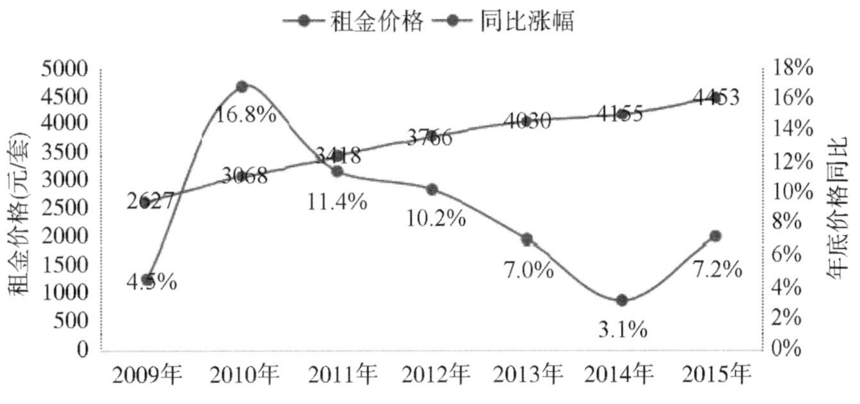

附图 1－76　2009 年以来北京市住宅租赁市场年度租金变化情况

制图：伟业我爱我家市场研究院

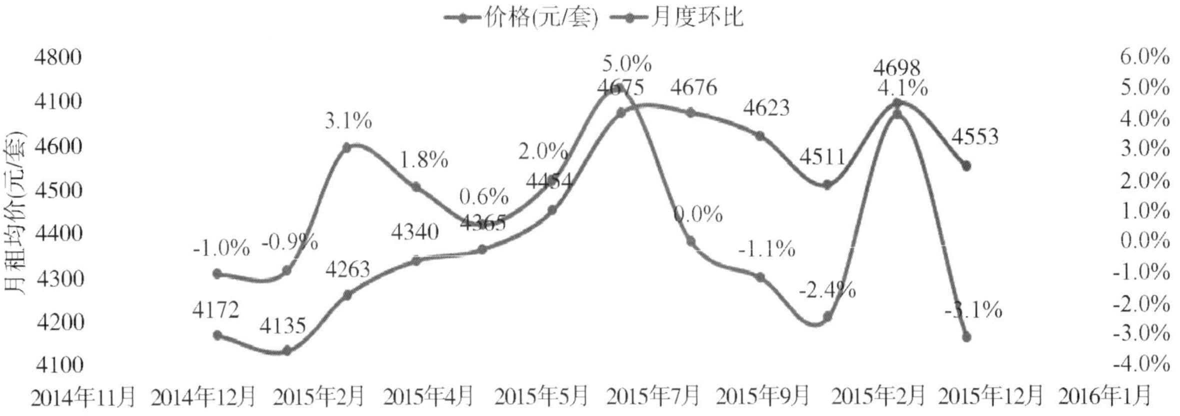

附图1－77　2015年北京市房屋租赁价格状况

制图：伟业我爱我家市场研究院

就单月数据来看，上半年租金均价涨幅扩张较为明显，自3月份至7月份，租金持续上涨（租金环比分别上涨3.1%、1.8%、0.6%、2%、5%）；下半年随着毕业季和开学季落下帷幕，租金有所回落。就环比数据来看，全年振幅扩大（最高月和最低月变动相差7.4%，比2014年扩张0.5个百分点），反映了市场供需失衡有所加剧。

对此，伟业我爱我家集团副总裁胡景晖表示，2015年住宅租赁市场租金价格结构性上涨，出现这一特征的原因主要有以下几个方面：

一是2015年楼市出台930、330新政，再加上一系列降准降息减税的利好消息使得北京住宅交易市场火爆。部分房源选择由租转售，促使租赁市场房源供给量进一步减少，租房市场供求失衡加剧，导致租金上涨幅度增大。

二是北京市常住人口逐年增加，相应地增加了北京住宅租赁市场的需求量。2014年底北京常住人口约2150万，比上年增加了约37万，庞大的人口增量在需求端加剧了租赁市场供求不平衡的状态，促使北京住房租金不断上涨。

2. 旺季均价涨幅扩张，淡季均价跌幅收窄

对于2016年北京住宅租赁市场的走势，伟业我爱我家集团副总裁胡景晖认为，在去库存政策基调主导下，2016年北京市房地产交易利好政策将持续，进而推动房屋交易量维持较高水平，换房交易占据主导市场，受此影响预计住宅租赁市场租金价格还将出现结构性上涨。

与此同时，刚闭幕的中央经济工作会议明确了2016年国民经济的五大关键任务，并在化解房地产库存的关键问题上明确提出了发展租赁市场的思路：鼓励自然人和各类机构投资者购买库存商品房，成为租赁市场的房源提供者，鼓励发展以住房租赁为主营业务的专业化企业。未来，随着更多专业化公司介入租赁市场，租赁房屋的品质会有一定程度的提升，相应地，租赁成本也会有所增加。

附录二
附　表

北京市房地产年鉴 2016

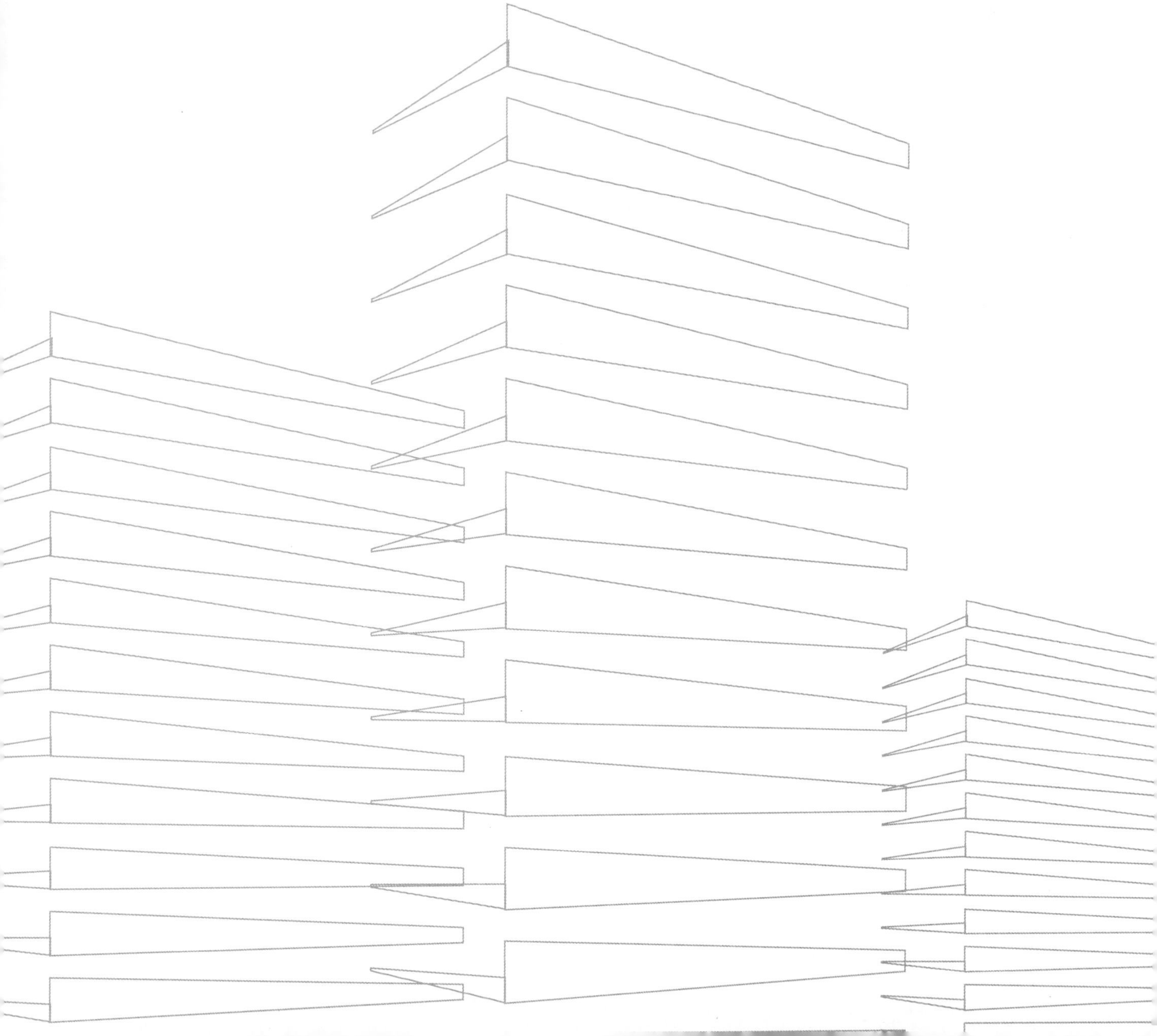

附表 2-1 2015 年北京市发放预售许可证工程

序号	项目名称	销售证号	开发商	地址
1	蓝河湾	京房售证字(2014)309 号 *	北京首都机场太扬置业有限公司	水源九厂路北
2	长安丽景家园	京房售证字(2014)310 号 *	北京住总骏洋置业有限公司	永定镇居住项目
3	洳苑嘉园	京房售证字(2014)311 号 *	北京旭辉当代置业有限公司	大兴庄镇 A02-01、A02-02 地块 R2 二类居住用地、R53 托幼用地项目(配建限价商品住房)
4	畅悦家园	京房售证字(2014)限 30 号 *	北京世纪鸿城置业有限公司	北七家镇
5	智盈商业中心	京房售证字(2015)1 号	绿地集团北京京永置业有限公司	拱辰街道办事处及长阳镇 09-05-03 地块
6	西山艺境嘉园	京房售证字(2015)2 号	北京金水房地产开发有限公司	门头沟新城 MC10-060
7	南宫嘉园	京房售证字(2015)3 号	北京金石融景房地产开发有限公司	南宫住宅小区(B 地块)R2 二类居住项目用地(保障性住房)
8	润景茗苑	京房售证字(2015)4 号	北京春光置地房地产开发有限公司	来广营乡清河营村住宅及配套(2 号地 2-1 地块)
9	铭品嘉苑	京房售证字(2015)5 号	北京金阳置业有限公司	长阳镇 18-02-05、18-02-09 地块
10	金科嘉苑	京房售证字(2015)6 号	北京金科展昊置业有限公司	生物医药基地
11	兴融中心	京房售证字(2015)7 号	北京城建兴华地产有限公司	魏善庄镇北区、西区 AA-25 地块 F3 其它类多功能用地项目
12	兴融中心	京房售证字(2015)8 号	北京城建兴华地产有限公司	魏善庄镇北区、西区 AA-29 地块 F3 其它类多功能用地项目
13	慧谷嘉园	京房售证字(2015)9 号	北京新华联伟业房地产有限公司	马坊镇
14	温泉花园	京房售证字(2015)10 号	北京中源凯佳房地产开发有限公司	妫水北街 2 号
15	燕西华府家园	京房售证字(2015)11 号	北京西海龙湖置业有限公司	王佐镇(怪村村北 C-3 地块)
16	影人四季酒店	京房售证字(2015)12 号	北京亿来置业有限公司	杨宋镇杨雁路东侧 0810-01、02 地块
17	领秀慧谷小区	京房售证字(2015)13 号	北京科技园建设(集团)股份有限公司	回龙观镇朱辛庄村

续附表 2－1

序号	项目名称	销售证号	开发商	地址
18	西山阅家园	京房售证字(2015)14 号	北京新都致远房地产开发有限公司	门头沟新城 MC08－014/015 地块
19	首开常青藤家园	京房售证字(2015)15 号	北京首开天成房地产开发有限公司	东坝乡单店住宅二期 B 地块
20	悦府家园	京房售证字(2015)16 号	北京京投银泰尚德置业有限公司	东小口镇
21	宇达创意中心	京房售证字(2015)17 号	北京宇达房地产开发有限公司	豆各庄乡(豆各庄商品交易中心)
22	汇龙湾家园	京房售证字(2015)18 号	北京牛栏山房地产开发有限责任公司	牛栏山镇半壁店住宅
23	建工动力苑	京房售证字(2015)19 号	北京建工置地有限责任公司	百子湾路 14 号住宅混合公建用地项目
24	昆泰嘉瑞中心	京房售证字(2015)20 号	北京乾景房地产开发有限公司	崔各庄乡大望京村环境整治土地储备项目 2 号地(618 地块)
25	温欣嘉苑	京房售证字(2015)21 号	中铁房地产集团北京海丰置业有限公司	环保科技园 3－3－230 地块 F1 住宅混合公建用地项目、环保科技园 3－3－260 地块 F1 住宅混合公建用地项目、环保科技园 3－3－277 地块 F1 住宅混合公建用地项目
26	海悦嘉园	京房售证字(2015)22 号	北京星华蓝光置业有限公司	西潞街道良乡组团 06 街区 06－23－01、06－23－05 地块
27	伊林东苑	京房售证字(2015)23 号	北京安顺园房地产开发有限公司	良乡地区黄辛庄村黄辛庄小区二期
28	领峰商业中心	京房售证字(2015)24 号	北京创誉房地产开发有限公司	长阳镇 01－11－04 地块用地项目
29	华夏幸福中心	京房售证字(2015)25 号	北京丰科建房地产开发有限公司	花乡四合庄 1516－25 地块
30	泇苑嘉园	京房售证字(2015)26 号	北京旭辉当代置业有限公司	大兴庄镇 A02－01、A02－02 地块 R2 二类居住用地、R53 托幼用地项目(配建限价商品住房)
31	南宫嘉园	京房售证字(2015)27 号	北京金石融景房地产开发有限公司	南宫住宅小区(A 地块)R2 二类居住项目用地(保障性住房)
32	宏远航诚中心	京房售证字(2015)28 号	海航(北京)物流有限公司	南法信镇顺平路北侧

续附表2-1

序号	项目名称	销售证号	开发商	地址
33	美唐小区	京房售证字(2015)29号	北京城市开发集团有限责任公司	回龙观镇F05住宅项目(南区)
34	紫云家园	京房售证字(2015)30号	北京中粮万科房地产开发有限公司	长阳镇起步区5号地
35	新瑞大厦	京房售证字(2015)31号	北京昆泰房地产开发集团有限公司	关东店
36	泰禾中心	京房售证字(2015)32号	北京泰禾嘉盈房地产开发有限公司	鲁谷路银河商务区K地块C2商业金融用地
37	中建港汇大厦	京房售证字(2015)33号	北京中建兴华房地产开发有限公司	黄村镇
38	中建港悦大厦	京房售证字(2015)34号	北京中建兴华房地产开发有限公司	黄村镇
39	西山艺境嘉园	京房售证字(2015)35号	北京金水房地产开发有限公司	门头沟新城MC10-033
40	麓鸣花园	京房售证字(2015)36号	北京兴昌达博房地产开发有限公司	南邵镇金家坟村麓鸣花园一期工程、南邵镇金家坟村麓鸣花园二期工程(住宅及配套用地)
41	富松小区	京房售证字(2015)37号	北京市昌平房地产开发有限责任公司	城东富松住宅小区
42	东亚鼎园	京房售证字(2015)38号	北京世纪泰丰国际会展中心有限公司	台湖镇H3-03地块F3其他类多功能用地项目
43	西悦中心	京房售证字(2015)39号	北京住总众邦地产有限公司	门头沟新城MC16-075地块
44	荷塘嘉苑	京房售证字(2015)40号	北京创展房地产开发有限公司	长沟镇镇区改造一期B地块
45	望京茂家园	京房售证字(2015)41号	北京方兴融创房地产开发有限公司	来广营乡土地储备项目B3地块(二类居住用地、商业金融用地)
46	泷悦长安嘉园	京房售证字(2015)42号	中电建西元(北京)房地产开发有限公司	永定镇MC00-0020-0048
47	悦佳苑	京房售证字(2015)43号	北京创瑞华安置业有限公司	良乡高教园区17-02-06地块
48	映月台嘉园	京房售证字(2015)44号	北京富愉房地产开发有限公司	东升乡(清河盒子房厂土地一级开发项目)R2类居住用地项目(配建公共租赁房)(出让部分)

续附表2-1

序号	项目名称	销售证号	开发商	地址
49	荷塘嘉苑	京房售证字(2015)45号	北京创展房地产开发有限公司	长沟镇镇区改造一期B地块
50	中建港怡嘉园	京房售证字(2015)46号	北京中建兴华房地产开发有限公司	黄村镇
51	云创中心	京房售证字(2015)47号	北京绿地京源房地产开发有限公司	天竺综合保税区内
52	瑞湾家园	京房售证字(2015)48号	北京正德兴合房地产开发有限公司	孙河乡西甸村HIJ地块
53	冠华苑小区	京房售证字(2015)49号	北京龙冠房地产开发有限责任公司	北七家镇R2二类居住、C2商业金融、U21公共交通、R54中小学合校、R53托幼等用地
54	丽湾西园	京房售证字(2015)50号	北京昊泰房地产开发有限公司	黑山地区居住用地(26-306)
55	滟澜小区	京房售证字(2015)51号	北京锦昊万华置业有限公司	沙河镇C-X06、C-X07、C-X10地块二类居住、公建混合住宅、托幼用地项目(配建“人才公共租赁住房”)
56	中信逸海园	京房售证字(2015)52号	北京中信新城逸海房地产开发有限公司	亦庄镇
57	西悦中心	京房售证字(2015)53号	北京住总众邦地产有限公司	门头沟新城MC16-077地块
58	云栖雅苑	京房售证字(2015)54号	北京融创嘉业房地产开发有限公司	亦庄镇亦庄新城Ⅱ-1街区B02R1等地块
59	金科纳帕庄园	京房售证字(2015)55号	北京金科纳帕置业有限公司	常兴庄组团北部地区B地块居住项目
60	紫玉时代中心	京房售证字(2015)56号	新能(北京)国际房地产开发有限公司	鲁谷路C2商业金融用地项目
61	昆玉嘉园	京房售证字(2015)57号	北京京投兴业置业有限公司	玉渊潭乡(落地区B-2)(落地区B-3)(落地区B-1)(上盖区A)
62	“东山嘉园”(一期)	京房售证字(2015)58号	北京太合嘉园房地产开发有限责任公司	东四环北路7号太合嘉园宗地四
63	熙悦诚苑	京房售证字(2015)59号	北京首开保利仁泰置业有限公司	旧宫镇绿隔地区旧村改造二期A2-1地块居住项目用地

续附表 2 - 1

序号	项目名称	销售证号	开发商	地址
64	京西嘉苑	京房售证字(2015)60 号	北京中铁东兴房地产开发有限公司	永定镇 MC00 - 0020 - 0031、MC00 - 0020 - 0049 地块
65	中海金玉苑	京房售证字(2015)61 号	北京中海金石房地产开发有限公司	老古城 C 地块
66	中海金玉苑	京房售证字(2015)62 号	北京中海金石房地产开发有限公司	老古城 F 地块
67	玉璞家园	京房售证字(2015)63 号	北京葛洲坝龙湖置业有限公司	城乡一体化卢沟桥乡西局村旧村改造项目一期 XJ - 03 - 02 地块
68	永丰嘉园	京房售证字(2015)64 号	北京德成兴业房地产开发有限公司	永丰乡永丰产业基地 V - 1 号地永丰嘉园 7、8 组团住宅
69	上林湾家园	京房售证字(2015)65 号	北京京投阳光房地产开发有限公司	长阳镇(长阳西站 3 号地)居住项目
70	首开溪园	京房售证字(2015)66 号	北京首都开发股份有限公司	宋庄镇 C - 02 地块居住用地
71	建材城翡丽铂庭	京房售证字(2015)67 号	北京金隅程远房地产开发有限公司	西三旗建材城危改项目二期用地(配套"公共租赁房")E12 地块
72	智汇雅苑	京房售证字(2015)68 号	北京房开韩建置业有限公司	拱辰街道高教园区 09 - 03 - 09F1 地块
73	协信嘉行中心	京房售证字(2015)69 号	北京天鸿铭基房地产开发有限公司	苹果园交通枢纽商务区 I 地块商业金融项目用地
74	西悦中心	京房售证字(2015)70 号	北京住总众邦地产有限公司	门头沟新城 MC16 - 077 地块
75	保利罗谷小区	京房售证字(2015)71 号	北京润诚嘉信置业有限公司	沙河镇
76	恒大名都嘉园	京房售证字(2015)72 号	北京恒龙置业有限公司	来广营乡 LGY - 04 地块
77	西贵园	京房售证字(2015)73 号	北京京投银泰置业有限公司	郭公庄车辆段项目五期 1518 - 632 地块
78	金地世家雅苑	京房售证字(2015)74 号	北京金地惠远房地产开发有限公司	后沙峪镇后沙峪村双裕路南侧
79	首开琅樾家园	京房售证字(2015)75 号	北京首都开发股份有限公司	孙河乡西甸村 G 地块
80	领秀慧谷小区	京房售证字(2015)76 号	北京科技园建设(集团)股份有限公司	回龙观镇朱辛庄村
81	海悦嘉园	京房售证字(2015)77 号	北京星华蓝光置业有限公司	西潞街道良乡组团 06 街区 06 - 23 - 01、06 - 23 - 05 地块

续附表 2－1

序号	项目名称	销售证号	开发商	地址
82	熙悦广场	京房售证字(2015)78 号	北京首开荣泰置业有限公司	长阳镇起步区 2 号地 03－2－04 地块、长阳镇起步区 2 号地 03－2－13 地块
83	远洋天著景园	京房售证字(2015)79 号	北京远盛置业有限公司	亦庄新城Ⅲ－1 街区 F 地块
84	恒大水岸嘉园	京房售证字(2015)80 号	北京恒兴盛房地产开发有限公司	东坝南区 1105－654、656 地块
85	玉璞家园	京房售证字(2015)81 号	北京葛洲坝龙湖置业有限公司	城乡一体化卢沟桥乡西局村旧村改造项目一期 XJ－03－02 地块
86	紫南华苑	京房售证字(2015)82 号	北京中冶名弘置业有限公司	旧宫镇绿隔地区建设旧村改造二期 A1 地块二类居住用地、商业金融用地项目
87	泛海国际居住区	京房售证字(2015)83 号	北京星火房地产开发有限责任公司	东风乡绿隔地区第六宗地东风家园五区
88	乐活家园	京房售证字(2015)84 号	北京天恒房地产股份有限公司	阎村中心镇 D 地块
89	文创商业中心	京房售证字(2015)85 号	绿地集团北京京永置业有限公司	拱辰街道办事处及长阳镇 09－03－12 地块
90	万和四季家园	京房售证字(2015)86 号	远洋地产有限公司	来广营乡 A3 地块居住项目
91	紫峰九院嘉园	京房售证字(2015)87 号	北京紫峰房地产开发有限公司	于家务乡 A－06 等地块居住用地、A－11 地块托幼用地、A－27 地块社会停车场库用地、A－28 地块商业金融用地(配建经济适用住房)
92	利锦新苑	京房售证字(2015)88 号	北京市利锦荣房地产开发有限公司	东坝中路红松园住宅混合公建项目用地
93	国韵村	京房售证字(2015)89 号	国奥韵兴置地有限公司	旧宫镇绿隔地区建设旧村改造二期 1 号 B 地块二类居住用地、中学用地、托幼用地项目
94	荷塘嘉苑	京房售证字(2015)90 号	北京创展房地产开发有限公司	长沟镇镇区改造一期 B 地块
95	悦景居	京房售证字(2015)91 号	华润置地禄源(北京)房地产开发有限公司	新城 MC00－0017－6007 地块

续附表 2－1

序号	项目名称	销售证号	开发商	地址
96	原香汇商业中心	京房售证字(2015)92 号	中铁嘉业(北京)投资有限公司	城关街道燕房片区 FS00－YF05－0010、FS00－YF05－0013 地块
97	通州富力中心	京房售证字(2015)93 号	北京富力通达房地产开发有限公司	运河核心区 IX－10 地块 F3 其它类多功能用地项目
98	润西山苑	京房售证字(2015)94 号	华润置地发展(北京)有限公司	永定镇冯村(新城地区一期居住项目)
99	橡树苑	京房售证字(2015)95 号	华润置地弘景(北京)房地产开发有限公司	水源路南侧
100	恒大拾翠园	京房售证字(2015)96 号	北京正浩置业有限公司	黄村镇 DX00－0101－0201 等地块 F2 公建混合住宅用地项目(配建限价商品住房)
101	东洲家园	京房售证字(2015)97 号	北京东洲房地产开发有限公司	崔各庄乡来广营北路二类居住用地项目
102	拾景名苑	京房售证字(2015)98 号	北京京汉邦信置业有限公司	八角第二水泥管厂 1612－034 地块
103	芳锦园	京房售证字(2015)99 号	北京首城置业有限公司	马坊镇 B10－01 地块
104	富水良嘉园	京房售证字(2015)100 号	北京韩建房地产开发有限公司	拱辰街道良乡中路南侧
105	石坊院	京房售证字(2015)101 号	北京天元广建房地产开发有限公司	昌平一街(旧改 1 号楼)
106	攀云中心	京房售证字(2015)102 号	北京福泉投资有限公司	温泉镇辛庄村工业用地(北地块)
107	派尚青年花园	京房售证字(2015)103 号	北京益凯优置业有限公司	赵全营镇板桥村
108	易郡山庄	京房售证字(2015)104 号	北京摩林房地产开发有限公司	李遂镇(摩林绿色广场一期工程)
109	金地世家雅苑	京房售证字(2015)105 号	北京金地惠远房地产开发有限公司	后沙峪镇后沙峪村双裕路南侧
110	艾迪中心	京房售证字(2015)106 号	北京中航油置业有限公司	天竺空港工业区 B 区
111	紫麟佳园	京房售证字(2015)107 号	北京香园大道实业有限公司	香河园 3 号居住及商业金融用地项目
112	万和家园	京房售证字(2015)108 号	北京五和万科房地产开发有限公司	长阳镇 01－09－09、01－09－02 等地块
113	锦悦嘉苑	京房售证字(2015)109 号	中铁房地产集团北京浩达置业有限公司	仁和镇陶家坟村北

续附表 2－1

序号	项目名称	销售证号	开发商	地址
114	远洋都会中心	京房售证字(2015)110 号	北京远创置业有限公司	门头沟新城 MC00－0017－6013 等地块
115	星光创意中心	京房售证字(2015)111 号	北京星光拓诚投资有限公司	新城北区 0302－008 地块项目
116	花溪语家园	京房售证字(2015)112 号	北京升和房地产开发有限公司	兴寿镇半壁店村
117	西山艺境嘉园	京房售证字(2015)113 号	北京金水房地产开发有限公司	龙泉镇 MC10－040 地块、MC10－041 地块
118	文锦苑	京房售证字(2015)114 号	中铁房地产集团北京金郡兴盛置业有限公司	旧宫镇 DX－07－0201－0040 等地块 R2 二类居住、R53 托幼用地项目(配建限价商品住房和定向安置房)
119	臻园	京房售证字(2015)115 号	北京广盈房地产开发有限公司	来广营乡土地储备项目 A4 地块
120	领秀翠骊家园	京房售证字(2015)116 号	北京科技园置地有限公司	王佐镇佃起村
121	洳河嘉园	京房售证字(2015)117 号	北京天润福源房地产开发有限公司	平谷镇(平谷 1 号地)居住项目
122	紫云家园	京房售证字(2015)118 号	北京中粮万科房地产开发有限公司	长阳镇起步区 5 号地
123	燕西华府家园	京房售证字(2015)119 号	北京西海龙湖置业有限公司	王佐镇(怪村村北 B 地块)
124	点石中心	京房售证字(2015)120 号	北京华清安平置业有限公司	苹果园 1606－613 地块高新技术产业用地
125	京西商务中心	京房售证字(2015)121 号	北京金石融景房地产开发有限公司	京西商务中心(西区)商业金融项目用地－1
126	麗新湾花园	京房售证字(2015)122 号	北京新世界华美房地产开发有限公司	高丽营镇于庄村
127	汇龙湾家园	京房售证字(2015)123 号	北京牛栏山房地产开发有限责任公司	牛栏山镇半壁店住宅项目
128	首城东郡家园	京房售证字(2015)124 号	北京首城置业有限公司	东坝南区 1105－657 号地
129	乐活雅苑	京房售证字(2015)125 号	北京天恒乐活城置业有限公司	阎村镇 04－0084 地块内西侧
130	东亚鼎园	京房售证字(2015)126 号	北京世纪泰丰国际会展中心有限公司	台湖镇 H3－03 地块 F3 其他类多功能用地项目
131	鸿堂苑	京房售证字(2015)127 号	北京贵佳茂置业有限公司	赵全营镇镇中心区
132	圣水嘉苑	京房售证字(2015)128 号	中铁嘉业(北京)投资有限公司	城关街道圣水嘉名小区

续附表 2－1

序号	项目名称	销售证号	开发商	地址
133	泰禾欣悦中心	京房售证字(2015)129 号	北京泰禾嘉华房地产开发有限公司	黄村镇 0101－016a 等地块 F3 其它类多功能用地
134	学府树家园	京房售证字(2015)130 号	北京华润新镇置业有限责任公司	清河镇住宅及配套 H－10 号
135	阳光水岸家园	京房售证字(2015)131 号	北京悦居绿洲房地产开发有限公司	密云镇白云街南侧
136	悦佳苑	京房售证字(2015)132 号	北京创瑞华安置业有限公司	良乡高教园区 17－02－06 地块
137	泷悦长安嘉园	京房售证字(2015)133 号	中电建西元(北京)房地产开发有限公司	永定镇 MC00－0020－0030
138	蓝城家园	京房售证字(2015)134 号	北京中冶京诚置业有限公司	城关街道饶乐府村(兴东园小区)居住项目
139	通瑞嘉苑	京房售证字(2015)135 号	北京通瑞兴盛置业有限公司	永顺镇 0204－A 地块 R2 二类居住用地和 0204－B 地块 R53 托幼用地(配建公共租赁住房、限价商品住房、安置用房和自住型商品住房)
140	青秀尚园小区	京房售证字(2015)136 号	中铁房地产集团北京金达世纪房地产开发有限公司	中关村科技园昌平园东区二期 0303－04 地块住宅混合公建用地项目
141	金丰能源中心	京房售证字(2015)137 号	北京金丰科华房地产开发有限公司	花乡四合庄 1516－15 地块
142	新地国际家园	京房售证字(2015)138 号	北京中鑫源房地产开发集团有限公司	新城西侧北端温榆河畔
143	瑞湾家园	京房售证字(2015)139 号	北京正德兴合房地产开发有限公司	孙河乡西甸村 HIJ 地块
144	永丰嘉园	京房售证字(2015)140 号	北京德成兴业房地产开发有限公司	永丰乡永丰产业基地 V－1 号地永丰嘉园 7、8 组团住宅
145	双悦大楼	京房售证字(2015)141 号	国利土地整理(北京)有限公司	高丽营镇张喜庄村南
146	悦君家园	京房售证字(2015)142 号	北京北辰当代置业有限公司	仁和镇顺沙路南侧
147	滟澜小区	京房售证字(2015)143 号	北京锦昊万华置业有限公司	沙河镇 C－X06、C－X07、C－X10 地块二类居住、公建混合住宅、托幼用地项目(配建“人才公共租赁住房”)

续附表 2－1

序号	项目名称	销售证号	开发商	地址
148	盛达嘉园	京房售证字(2015)144 号	北京首开万科房地产开发有限公司	台湖镇 4－1－017、4－1－010 地块居住、医疗卫生项目
149	丽来花园	京房售证字(2015)145 号	北京宝苑房地产开发有限公司	天竺镇薛大人庄村、朝阳区孙河乡北甸村
150	古北度假家园	京房售证字(2015)146 号	北京古北水镇房地产开发有限公司	古北口镇司马台村
151	榴景沁苑大厦	京房售证字(2015)147 号	北京顺义新城建设开发有限公司	南苑乡石榴庄村旧村改造 S－24 地块
152	海悦嘉园	京房售证字(2015)148 号	北京星华蓝光置业有限公司	西潞街道良乡组团 06 街区 06－23－01、06－23－05 地块
153	国韵村	京房售证字(2015)149 号	国奥韵兴置地有限公司	旧宫镇绿隔地区建设旧村改造二期 1 号 B 地块二类居住用地、中学用地、托幼用地项目
154	昆玉嘉园	京房售证字(2015)150 号	北京京投兴业置业有限公司	玉渊潭乡(落地区 B－2)(落地区 B－3)(落地区 B－1)(上盖区 A)
155	金隅嘉和园	京房售证字(2015)151 号	北京金隅嘉业房地产开发有限公司	东沙河中区(A－08)
156	恒大拾翠园	京房售证字(2015)152 号	北京正浩置业有限公司	黄村镇 DX00－0101－0201 等地块 F2 公建混合住宅用地项目(配建限价商品房)
157	鹭廷中心	京房售证字(2015)153 号	北京新丰泰博奥商贸有限责任公司	汽车生产基地
158	恒大名都嘉园	京房售证字(2015)154 号	北京恒龙置业有限公司	来广营乡 LGY－04 地块
159	宏邦名苑	京房售证字(2015)155 号	北京京发置业有限公司	六里屯丽水园公建(B 地块)
160	悦澜水岸家园	京房售证字(2015)156 号	北京房地鑫洋房地产开发有限公司	永顺镇 TZ00－0104－0031 地块 R2 二类居住用地(配建限价商品住房)
161	观承顺园	京房售证字(2015)157 号	北京万科东方置业有限公司	高丽营镇于庄村西
162	云璟雅园	京房售证字(2015)158 号	北京懋源房屋开发有限公司	花乡樊家村危改 9 号地
163	公园懿府小区	京房售证字(2015)159 号	北京金天恒置业有限公司	南苑乡南苑村 1404－621 地块
164	富力惠兰美居	京房售证字(2015)160 号	北京东方长安房地产开发有限公司	永顺镇居住、托幼及小学项目

续附表 2－1

序号	项目名称	销售证号	开发商	地址
165	远洋和苑	京房售证字(2015)161 号	北京远豪置业有限公司	崔各庄乡大望京村环境整治土地储备项目 1 号地(615 地块)
166	泰禾欣悦中心	京房售证字(2015)162 号	北京泰禾嘉华房地产开发有限公司	黄村镇 0101－016a 等地块 F3 其它类多功能用地
167	金隅香溪家园	京房售证字(2015)163 号	北京金隅嘉业房地产开发有限公司	梨园镇其他多功能用地与居住用地地块
168	鼎顺嘉园	京房售证字(2015)164 号	北京东泽房地产投资有限公司	仁和镇顺通路东侧
169	泷悦长安嘉园	京房售证字(2015)165 号	中电建西元(北京)房地产开发有限公司	永定镇 MC00－0020－0048
170	融亦商务中心	京房售证字(2015)166 号	北京金融街奕兴置业有限公司	亦庄镇三羊居住区三至五期居住、商业项目
171	京西商务中心	京房售证字(2015)167 号	北京金石融景房地产开发有限公司	京西商务中心(西区)商业金融项目用地－2
172	泛海国际居住区	京房售证字(2015)168 号	北京泛海东风置业有限公司	东风乡绿隔地区第五宗地 3－2－3 地块
173	金地世家雅苑	京房售证字(2015)169 号	北京金地惠远房地产开发有限公司	后沙峪镇后沙峪村双裕路南侧
174	创投商务中心	京房售证字(2015)170 号	北京龙熙房地产开发有限责任公司	庞各庄镇镇区改造 6 号地 PGZ01－11 地块商业金融用地项目
175	华远和煦里	京房售证字(2015)171 号	北京尚居置业有限公司	孙村组团居住区 B－17 地块 R2 二类居住用地项目(配建限价商品住房)
176	鲁美嘉苑	京房售证字(2015)172 号	北京顺义新城建设开发有限公司	后沙峪镇古城村南
177	住总祥苑	京房售证字(2015)173 号	北京祥业房地产有限公司	西大望路 24 号
178	文龙家园四里	京房售证字(2015)174 号	北京城建兴华地产有限公司	小营(C8 地块)
179	兴创中心	京房售证字(2015)175 号	北京兴创置地房地产开发有限公司	西红门商业综合区三期商业金融项目
180	如缘居北里	京房售证字(2015)176 号	北京万湖房地产开发有限公司	西北旺镇
181	紫南华苑	京房售证字(2015)177 号	北京中冶名弘置业有限公司	旧宫镇绿隔地区建设旧村改造二期 A1 地块二类居住用地、商业金融用地项目

续附表2－1

序号	项目名称	销售证号	开发商	地址
182	东方贝弗利花园	京房售证字(2015)178号	北京森润房地产开发有限公司	南皋乡(北京影视城一期住宅、综合)
183	艾迪中心	京房售证字(2015)179号	北京中航油置业有限公司	天竺空港工业区B区
184	橡树苑	京房售证字(2015)180号	华润置地弘景(北京)房地产开发有限公司	水源路南侧
185	万通新新家园	京房售证字(2015)181号	北京万通正远置业有限公司	迎宾路西侧HR－0002－54地块
186	荣锦园	京房售证字(2015)182号	北京正华永达房地产开发有限公司	生物医药基地0505－069、075地块F1住宅混合公建用地、R51中学用地(配建公共租赁住房)
187	远大美域庄园	京房售证字(2015)183号	北京黄金实业有限公司	溪翁庄镇立新村北
188	大都汇中心	京房售证字(2015)184号	保利(北京)房地产开发有限公司	运河核心区IV－11地块F3其它类多功能用地项目
189	大都汇中心	京房售证字(2015)185号	保利(北京)房地产开发有限公司	运河核心区IV－10地块F3其它类多功能用地项目
190	棠颂雅苑	京房售证字(2015)186号	北京住总首开置业有限公司	亦庄新城II－1街区B01R1－2地块二类居住用地项目(配建限价商品住房)
191	通州富力中心	京房售证字(2015)187号	北京富力通达房地产开发有限公司	运河核心区IX－09、08、13－A地块F3其它类多功能用地项目
192	首开琅樾家园	京房售证字(2015)188号	北京首都开发股份有限公司	孙河乡西甸村G地块
193	畅和商厦	京房售证字(2015)189号	北京金隅长阳嘉业房地产开发有限公司	拱辰街道房山新城良乡组团10－01－10地块
194	首开常青藤家园	京房售证字(2015)190号	北京首开天成房地产开发有限公司	东坝乡单店住宅二期A地块
195	远洋傲北嘉园	京房售证字(2015)191号	北京远联置地房地产开发有限公司	小汤山镇马坊村东南
196	天恒别墅山小区	京房售证字(2015)192号	北京山天置业有限公司	怀柔镇红螺镇村南
197	恒大水岸嘉园	京房售证字(2015)193号	北京恒兴盛房地产开发有限公司	东坝南区1105－654、656地块
198	长河花园	京房售证字(2015)194号	北京天成天房地产开发有限公司	小汤山镇马坊村农业高科技示范园住宅小区专家公寓

续附表 2 - 1

序号	项目名称	销售证号	开发商	地址
199	天璞家园	京房售证字(2015)195 号	北京锦泰房地产开发有限公司	东坝南区 1106 - 692 地块二类居住用地
200	昆玉嘉园	京房售证字(2015)196 号	北京京投兴业置业有限公司	玉渊潭乡(落地区 B - 2)(落地区 B - 3)(落地区 B - 1)(上盖区 A)
201	恒大水岸嘉园	京房售证字(2015)197 号	北京恒兴盛房地产开发有限公司	东坝南区 1105 - 654、656 地块
202	创融中心	京房售证字(2015)198 号	北京京西景荣置业有限公司	京西商务中心(东区)商业金融项目用地
203	悠悠悦城中心	京房售证字(2015)199 号	北京新华联悦谷商业地产有限公司	马坊镇 B07 - 02 地块
204	新燕都家园	京房售证字(2015)200 号	北京新京润房地产有限公司	霄云路京润水上花园二期 A 区(I 地块)
205	祥云东方苑	京房售证字(2015)201 号	中粮地产投资(北京)有限公司	空港工业区 B 区安祥大街北侧
206	云墅中心	京房售证字(2015)202 号	北京华恒兴业房地产开发有限公司	运河核心区 IV - 08 号多功能用地
207	远洋春秋嘉园	京房售证字(2015)203 号	北京远奥置业有限公司	刘娘府 1604 - 671 地块
208	畅和园	京房售证字(2015)204 号	北京金隅长阳嘉业房地产开发有限公司	拱辰街道房山新城良乡组团
209	丰台万达中心	京房售证字(2015)205 号	北京丰科万达广场有限公司	花乡四合庄(中关村科技园丰台园东区三期)1516 - 21 地块
210	四季怡园	京房售证字(2015)206 号	北京屹泰房地产开发有限公司	永定镇 MC00 - 0015 - 0068
211	泷悦长安嘉园	京房售证字(2015)207 号	中电建西元(北京)房地产开发有限公司	永定镇 MC00 - 0020 - 0030
212	花香东苑	京房售证字(2015)208 号	北京万信房地产开发有限公司	花乡白盆窑村 1516 - 0665 等地块
213	花香东苑	京房售证字(2015)209 号	北京万信房地产开发有限公司	花乡白盆窑村 1516 - 0665 等地块
214	上悦嘉园	京房售证字(2015)210 号	北京城建兴云房地产有限公司	永定镇 MC00 - 0015 - 0059 地块、门头沟区永定镇 MC00 - 0015 - 0062 地块

续附表2-1

序号	项目名称	销售证号	开发商	地址
215	西山湖佳苑	京房售证字(2015)211号	北京青龙湖腾实房地产开发有限公司	王佐镇魏各庄村A02地块
216	欣悦都商业楼	京房售证字(2015)212号	北京兴泰吉成置业有限公司	长阳镇长阳西站4号地
217	东坝名居	京房售证字(2015)213号	北京朗泰房地产开发有限公司	东坝南区,五环路七棵树以东、坝河以南
218	侨商中心	京房售证字(2015)214号	北京富华长城房地产开发有限公司	运河核心区(III-02、III-06地块F3其他类多功能用地项目)
219	侨商中心	京房售证字(2015)215号	北京富华乌兰房地产开发有限公司	运河核心区III-10地块F3其他类多功能用地项目
220	华远汇中心	京房售证字(2015)216号	北京上和致远房地产开发有限公司	西红门镇
221	绿地朗山产业园	京房售证字(2015)217号	绿地集团北京京纬置业有限公司	水源路南侧
222	澜茵山庄	京房售证字(2015)218号	北京新博城房地产开发有限公司	溪翁庄镇东智东村南
223	凌云名苑	京房售证字(2015)219号	北京市凌云宇阳房地产开发有限公司	华严北里46号
224	天璞家园	京房售证字(2015)220号	北京锦泰房地产开发有限公司	东坝南区1106-692地块二类居住用地
225	珑原奥森中心	京房售证字(2015)221号	招商局嘉铭(北京)房地产开发有限公司	东小口镇CY-10地块
226	榴景绮苑大厦	京房售证字(2015)222号	北京顺义新城建设开发有限公司	南苑乡石榴庄村旧村改造S-17地块
227	洳苑嘉园	京房售证字(2015)223号	北京旭辉当代置业有限公司	大兴庄镇A02-01、A02-02地块R2二类居住用地、R53托幼用地项目(配建限价商品住房)
228	丰台万达中心	京房售证字(2015)224号	北京丰科万达广场有限公司	花乡四合庄(中关村科技园丰台园东区三期)1516-21地块
229	首创金融中心	京房售证字(2015)225号	北京天城永泰置业有限公司	卢沟桥乡丽泽金融商务区F-02地块
230	广安金融街中心	京房售证字(2015)226号	金融街(北京)置地有限公司	菜市口东南角大吉片危改小区C、D
231	云墅中心	京房售证字(2015)227号	北京华恒兴业房地产开发有限公司	运河核心区IV-08多功能用地

续附表 2－1

序号	项目名称	销售证号	开发商	地址
232	伊林东苑	京房售证字(2015)228 号	北京安顺园房地产开发有限公司	拱辰街道黄辛庄南里 2 号,3 号
233	芳锦园	京房售证字(2015)229 号	北京首城置业有限公司	马坊镇 B09－01 地块
234	中海金泰中心	京房售证字(2015)230 号	北京中海金石房地产开发有限公司	老古城 H 地块
235	通州富力中心	京房售证字(2015)231 号	北京富力通达房地产开发有限公司	运河核心区 IX－09、08、13－A 地块 F3 其它类多功能用地项目
236	绿地蓝岸中心	京房售证字(2015)232 号	北京绿地京驰置业有限公司	运河核心区 IV－07 地块 F3 其它类多功能用地
237	尚湖嘉园	京房售证字(2015)233 号	北京华垣盛兴置业有限公司	赵全营镇镇中心区
238	盛佳尚苑	京房售证字(2015)234 号	北京万科东地房地产开发有限公司	台湖镇 4－1－007 地块商务金融用地
239	悦然馨苑	京房售证字(2015)235 号	中铁房地产集团北京正达置业有限公司	长阳镇房山线长阳西站 5 号地 01－05－08、01－05－07 地块
240	盛德大厦	285 号	北京杰宝房地产开发有限责任公司	蒋宅口 3#地区
241	海梓嘉园	京房售证字(2015)开 1 号	北京城建兴华地产有限公司	河西区 X83 街区
242	金茂逸家园	京房售证字(2015)开 2 号	北京方兴葛洲坝房地产开发有限公司	河西区 X87 街区
243	金茂逸家园	京房售证字(2015)开 3 号	北京方兴葛洲坝房地产开发有限公司	河西区 X87 街区
244	金域东郡	京房售证字(2015)开 4 号	北京万瑞房地产开发有限公司	河西区 X86 街区
245	通泰文园	京房售证字(2015)开 5 号	天通泰文化数码科技园有限公司	路东区 D2 街区
246	金域东郡	京房售证字(2015)开 6 号	北京万瑞房地产开发有限公司	河西区 X86 街区
247	金茂悦家园	京房售证字(2015)开 7 号	北京方兴亦城置业有限公司	河西区 X85 街区
248	北京经开·壹中心	京房售证字(2015)开 8 号	北京经开工大投资管理有限公司	路东区 D1 街区
249	金茂悦家园	京房售证字(2015)开 9 号	北京方兴亦城置业有限公司	河西区 X85 街区
250	金茂逸家园	京房售证字(2015)开 10 号	北京方兴葛洲坝房地产开发有限公司	河西区 X87 街区

续附表 2－1

序号	项目名称	销售证号	开发商	地址
251	中奥嘉园	京房售证字(2015)经1号	中奥(北京)房地产开发有限公司	长兴路
252	伟创嘉园	京房售证字(2015)经2号	北京韩建伟业房地产开发有限公司	拱辰街道东关村
253	晓月景园	京房售证字(2015)经3号	北京云城华腾房地产开发有限责任公司	卢沟桥南里
254	西山阅家园	京房售证字(2015)经4号	北京新都致远房地产开发有限公司	龙泉镇MC08－014/015地块
255	京西嘉苑	京房售证字(2015)经8号	北京中铁东兴房地产开发有限公司	永定镇MC00－0020－0031(经适房)
256	中奥嘉园	京房售证字(2015)经20号	中奥(北京)房地产开发有限公司	长兴路
257	紫峰九院嘉园	京房售证字(2015)经32号	北京紫峰房地产开发有限公司	于家务乡A06等地块居住用地、A－11地块托幼用地、A－27地块社会停车场库用地、A－28地块商业金融用地(配建经济适用房住房)
258	天成家园	京房售证字(2015)经36号	北京城建万科天运置业有限公司	沈家营镇东王化营村西侧
259	康泽佳苑	京房售证字(2015)限5号	北京天恒康都房地产开发有限责任公司	长阳站7号地(北区)西城区旧城保护定向安置房转限价商品房项目
260	天成家园	京房售证字(2015)限6号	北京城建万科天运置业有限公司	沈家营镇东王化营村西侧
261	中海金玉苑	京房售证字(2015)限7号	北京中海金石房地产开发有限公司	老古城C地块
262	枫泉花园	京房售证字(2015)限9号	北京京奥港置业有限公司	后沙峪镇吉祥庄村东
263	东坝名居	京房售证字(2015)限10号	北京朗泰房地产开发有限公司	东坝南区,五环路七棵树以东、坝河以南
264	文锦苑	京房售证字(2015)限11号	中铁房地产集团北京金郡兴盛置业有限公司	旧宫镇DX－07－0201－0040等地块R2二类居住、R53托幼用地项目(配建限价商品住房和定向安置房)
265	鼎顺嘉园	京房售证字(2015)限12号	北京东泽房地产投资有限公司	仁和镇顺通路东侧

续附表 2 - 1

序号	项目名称	销售证号	开发商	地址
266	拾景名苑	京房售证字(2015)限 13 号	北京京汉邦信置业有限公司	八角第二水泥管厂 1612 - 034 地块
267	通瑞嘉苑	京房售证字(2015)限 14 号	北京通瑞兴盛置业有限公司	永顺镇 0204 - A 地块 R2 二类居住用地和 0204 - B 地块 R53 托幼用地(配建公共租赁住房、限价商品住房、安置用房和自住型商品住房)
268	恒大名都嘉园	京房售证字(2015)限 15 号	北京恒龙置业有限公司	来广营乡 LGY - 04 地块
269	恒大拾翠园	京房售证字(2015)限 16 号	北京正浩置业有限公司	黄村镇 DX00 - 0101 - 0201 等地块 F2 公建混合住宅用地项目(配建限价商品住房)
270	恒大水岸嘉园	京房售证字(2015)限 17 号	北京恒兴盛房地产开发有限公司	东坝南区 1105 - 654、656 地块
271	联港嘉园	京房售证字(2015)限 18 号	北京联港置业有限公司	北臧村居住及配套用地项目
272	青春天著佳苑	京房售证字(2015)限 19 号	北京远山置业有限公司	拱辰街道及长阳镇(良乡高教园区 4 号地)09 - 05 - 10 地块
273	首城东郡家园	京房售证字(2015)限 21 号	北京首城置业有限公司	东坝南区 1105 - 657 号地
274	洳苑嘉园	京房售证字(2015)限 22 号	北京旭辉当代置业有限公司	大兴庄镇 A02 - 01、A02 - 02 地块 R2 二类居住用地、R53 托幼用地项目(配建限价商品住房)
275	悦澜水岸家园	京房售证字(2015)限 23 号	北京房地鑫洋房地产开发有限公司	永顺镇 TZ00 - 0104 - 0031 地块 R2 二类居住用地(配建限价商品住房)
276	悦君家园	京房售证字(2015)限 24 号	北京北辰当代置业有限公司	仁和镇顺沙路南侧
277	悦佳苑	京房售证字(2015)限 25 号	北京创瑞华安置业有限公司	良乡高教园区 17 - 02 - 03、17 - 02 - 06 地块
278	公园懿府小区	京房售证字(2015)限 26 号	北京金天恒置业有限公司	南苑乡南苑村 1404 - 621 地块
279	京西景园	京房售证字(2015)限 27 号	北京京西景荣置业有限公司	五里坨建设组团 02 号地 B 地块保障性住房用地
280	泰禾西府玉苑	京房售证字(2015)限 28 号	北京中维房地产开发有限公司	城乡一体化卢沟桥乡西局村旧村改造项目二期 XJ - 03 - 1 地块
281	尚湖嘉园	京房售证字(2015)限 29 号	北京华垣盛兴置业有限公司	赵全营镇中心区

续附表 2－1

序号	项目名称	销售证号	开发商	地址
282	花香西苑	京房售证字(2015)限30号	北京万信房地产开发有限公司	花乡白盆窑村1516－0665等地块
283	花香东苑	京房售证字(2015)限31号	北京万信房地产开发有限公司	花乡白盆窑村1516－0665等地块
284	辋川北园、辋川南园	京房售证字(2015)限33号	北京金隅房地置业有限公司	长辛店张郭庄地区(原丰台长辛店生态城一期)(北区)A地块)二类居住及文化娱乐用地(配建"限价商品住房")、长辛店张郭庄地区(原丰台长辛店生态城一期)(北区)B地块)二类居住、托幼及商业金融用地(配建"限价商品住房")
285	棠颂雅苑	京房售证字(2015)限34号	北京住总首开置业有限公司	亦庄新城II－1街区B01R1－2地块二类居住用地项目(配建限价商品住房)
286	亚林溪苑	京房售证字(2015)限35号	北京亚林西房地产开发有限公司	亚林西居住区一期(0501－613地块)二类居住用地(配建"限价商品住房")

* 本表预售证发放时间以确认时间为依据

附表2－2 2015年度北京市新建商品住房分区域成交均价

第一季度：

区	监测区域	套数	均价（万元/平方米）
西城区	大栅栏、广内	17	8.23
朝阳区	来广营、清河营	70	5.30
	姚家园	13	7.85
	东八里庄、青年路	71	4.34
	定福庄、管庄	12	2.89
	东南四至五环沿线	12	2.84
	豆各庄、黑庄户	428	2.20
海淀区	清河	31	5.98
	定慧寺	26	7.13
丰台区	方庄	11	3.66
	京石高速三四环沿线	21	6.34
	世界公园、宛平	29	3.98
昌平区	昌平城区	102	2.22
	回龙观镇	1233	1.68
	东小口镇	72	2.90
	温榆河周边地区	491	2.23
	昌平城区南侧	147	2.19
大兴区	西红门	3	4.88
	旧宫	139	3.90
	大兴东部	33	1.60
	大兴南部	1422	1.63
通州区	新华、中仓、永顺	615	1.86
	通州北苑、玉桥、梨园	444	2.47
	马驹桥、台湖	389	2.22
	通州东南部	153	1.25
	宋庄、潞城	58	2.27
顺义区	顺义城区	403	2.00
	后沙峪、天竺	466	2.14
	马坡、牛栏山、高丽营	36	2.68
	赵全营、北石槽	93	1.40
	顺义东北部	3	1.40
房山区	良乡	118	2.17
	长阳	228	2.26
	房山东南部	2	1.60

续附表2－2

区	监测区域	套数	均价(万元/平方米)
	门头沟城区周边	722	2.00
平谷区	平谷南部	36	1.36
密云区	密云城区	295	1.45
	密云城区周边	49	1.44
延庆区	延庆城区	1	1.03

第二季度：

区	监测区域	套数	均价(万元/平方米)
东城区	安定门外	66	6.03
	东北二环内	8	10.58
	花市、前门	35	6.46
	大栅栏、广内	13	8.02
朝阳区	孙河	36	6.35
	来广营、清河营	188	5.22
	机场高速五环外沿线	3	8.63
	北苑	33	4.38
	亚运村	3	3.57
	CBD	38	6.43
	朝阳公园	1	6.88
	姚家园	31	8.23
	东八里庄、青年路	46	4.50
	东坝	220	3.70
	定福庄、管庄	22	3.15
	东南四至五环沿线	4	3.84
	豆各庄、黑庄户	56	2.90
海淀区	温泉	12	3.23
	西三旗	11	4.32
	清河	200	5.45
	马连洼	67	4.88
	西北旺	72	3.69
	学院路	25	8.92
	定慧寺	13	7.13
丰台区	京石高速三四环沿线	47	7.58
	世界公园、宛平	54	4.24
	长辛店、王佐	130	2.56

续附表 2-2

区	监测区域	套数	均价(万元/平方米)
石景山区	苹果园、八角、金顶街	211	3.63
昌平区	昌平城区	306	2.27
	回龙观镇	317	2.97
	东小口镇	694	3.13
	温榆河周边地区	245	2.96
	昌平城区南侧	146	2.12
大兴区	西红门	6	5.13
	旧宫	179	3.65
	大兴城区	215	2.39
	大兴东部	605	3.07
	大兴南部	206	2.16
通州区	新华、中仓、永顺	186	2.83
	通州北苑、玉桥、梨园	961	2.47
	马驹桥、台湖	232	2.71
	通州东南部	179	1.40
	宋庄、潞城	126	2.59
顺义区	顺义城区	204	2.01
	后沙峪、天竺	384	1.89
	马坡、牛栏山、高丽营	40	2.99
	顺义东北部	1	1.55
房山区	良乡	671	1.92
	长阳	740	2.55
	京周路周边	263	1.40
	房山西部	4	2.01
门头沟区	大峪、龙泉、城子	203	3.59
	门头沟城区周边	91	3.03
平谷区	平谷城区	98	2.57
	平谷南部	140	1.28
	平谷城北部	124	1.48
密云区	密云城区	232	1.43
	密云城区周边	47	1.67
	密云北部	122	1.75
北京经济技术开发区	亦庄	238	3.98

续附表 2－2

第三季度：

区	监测区域	套数	均价（万元/平方米）
东城区	安定门外	69	6.88
	东直门外	4	6.75
	东北二环内	16	9.55
	花市、前门	29	6.16
西城区	金融街	1	6.20
	展览路、月坛	6	7.60
	大栅栏、广内	15	6.15
	陶然亭、白纸坊	97	5.15
朝阳区	孙河	64	5.34
	来广营、清河营	327	5.26
	机场高速五环外沿线	4	8.24
	北苑	44	5.31
	奥运场馆周边	14	5.62
	亚运村	3	6.22
	望京、酒仙桥	114	5.45
	太阳宫	45	8.70
	柳芳、左家庄	1	6.93
	CBD	52	5.91
	朝阳公园	2	7.06
	姚家园	72	8.66
	东八里庄、青年路	70	4.64
	四惠、甘露园	2	4.32
	东坝	88	4.79
	定福庄、管庄	71	3.32
	双桥农场	3	4.47
	双井	7	9.28
	东南三至四环	7	5.07
	松榆、磨房	9	5.58
	东南四至五环沿线	41	3.86
海淀区	温泉	10	2.60
	西三旗	136	4.47
	清河	100	6.23
	马连洼	84	5.23
	西北旺	45	4.07
	圆明园、颐和园	1	3.71

续附表 2-2

区	监测区域	套数	均价(万元/平方米)
海淀区	学院路	19	8.97
	万柳	15	13.40
	定慧寺	59	6.45
丰台区	京石高速三四环沿线	60	7.41
	马家堡、西马场	89	3.89
	刘家窑、大红门	25	4.00
	世界公园、宛平	397	4.22
	长辛店、王佐	173	2.61
石景山区	苹果园、八角、金顶街	374	3.85
昌平区	昌平城区	286	2.26
	回龙观镇	328	3.06
	东小口镇	799	3.00
	温榆河周边地区	484	2.86
	昌平城区南侧	341	2.03
大兴区	西红门	22	5.09
	旧宫	663	3.68
	大兴城区	335	3.35
	大兴东部	112	1.90
	大兴南部	298	2.34
通州区	新华、中仓、永顺	235	3.07
	通州北苑、玉桥、梨园	1232	2.61
	马驹桥、台湖	581	2.50
	通州东南部	189	1.61
	宋庄、潞城	479	2.72
顺义区	顺义城区	268	2.17
	后沙峪、天竺	152	2.93
	马坡、牛栏山、高丽营	311	2.32
	顺义东南部	14	2.43
	顺义东北部	24	2.14
房山区	良乡	423	2.11
	长阳	1176	2.47
	京周路周边	354	1.47
	房山东南部	145	1.54
	房山西部	21	1.82

续附表2-2

区	监测区域	套数	均价(万元/平方米)
门头沟区	大峪、龙泉、城子	273	3.56
	门头沟城区周边	93	3.42
怀柔区	怀柔城区	70	2.24
	怀柔城区周边	5	1.19
平谷区	平谷城区	67	2.30
	平谷南部	385	1.28
	平谷城北部	223	1.65
密云区	密云城区	766	1.56
	密云城区周边	84	1.71
	密云北部	175	1.60
延庆区	延庆城区	167	1.36
	京包铁路沿线	2	2.36
北京经济技术开发区	亦庄	849	3.19

第四季度：

区	监测区域	套数	均价(万元/平方米)
东城区	安定门外	43	6.94
	东直门外	32	9.85
朝阳区	孙河	107	4.36
	来广营、清河营	61	5.26
	机场高速五环外沿线	3	7.27
	北苑	7	4.43
	CBD	21	6.58
	朝阳公园	8	16.81
	姚家园	50	8.75
	东八里庄、青年路	55	4.71
	东坝	59	5.52
	定福庄、管庄	3	2.63
	松榆、磨房	9	7.32
	东南四至五环沿线	11	3.67
海地区	西三旗	19	4.43
	清河	124	6.27
	马连洼	43	5.86
	西北旺	205	3.68

续附表 2－2

区	监测区域	套数	均价(万元/平方米)
海地区	学院路	9	9.21
	定慧寺	62	8.92
丰台区	京石高速三四环沿线	64	7.50
	丰台镇	4	7.48
	刘家窑、大红门	10	5.38
	新发地	229	4.09
	世界公园、宛平	31	4.21
	长辛店、王佐	257	2.83
石景山区	苹果园、八角、金顶街	244	4.98
昌平区	昌平城区	124	2.54
	回龙观镇	68	3.14
	东小口镇	124	3.09
	温榆河周边地区	572	2.59
	昌平城区南侧	43	1.95
	昌平东北部	8	2.12
大兴区	西红门	2	4.55
	旧宫	601	4.35
	大兴城区	98	3.09
	大兴东部	6	2.26
	大兴南部	23	2.26
通州区	新华、中仓、永顺	12	2.95
	通州北苑、玉桥、梨园	362	2.67
	马驹桥、台湖	258	3.30
	通州东南部	124	1.63
	宋庄、潞城	111	2.99
顺义区	顺义城区	35	2.12
	后沙峪、天竺	125	3.15
	马坡、牛栏山、高丽营	99	3.04
	赵全营、北石槽	11	3.48
	顺义东南部	7	3.05
	顺义东北部	36	1.44
房山区	良乡	299	2.21
	长阳	754	2.37
	京周路周边	427	1.54
	房山东南部	68	1.56
	房山西部	37	1.68

续附表 2 - 2

区	监测区域	套数	均价(万元/平方米)
门头沟区	大峪、龙泉、城子	394	3.31
	门头沟城区周边	168	3.54
怀柔区	怀柔城区	25	2.72
平谷区	平谷城区	40	3.46
	平谷南部	272	1.25
	平谷城北部	312	1.79
密云区	密云城区	523	1.55
	密云城区周边	119	1.74
	密云北部	266	1.61
延庆区	延庆城区	25	1.28
北京经济技术开发区	亦庄	747	3.31

附表2－3 2015年北京市二手住房分区域成交均价

单位:元/平方米

区	区域	1季度	2季度	3季度	4季度
东城区	安定门外	51300	52900	55600	56700
	东直门外	49100	52800	52300	56700
	东北二环内	56700	58400	60500	61000
	花市、前门	48500	50300	51900	54200
	天坛、龙潭、体育馆路	44100	46000	47300	49200
	永定门外	37700	40600	42000	43700
西城区	新街口、什刹海	60900	61200	64700	64200
	金融街	71000	74000	77700	82200
	德胜门外	62800	67800	71700	75400
	展览路、月坛	59300	61500	64100	65600
	大栅栏、广内	54500	56900	59300	58200
	陶然亭、白纸坊	49100	52300	53500	54000
	广外	42600	45000	47200	49800
朝阳区	孙河				
	来广营、清河营	37300	41100	42600	45300
	机场高速五环外沿线	22000	21600	23000	22300
	北苑	35400	36200	37400	38300
	奥运场馆周边	42200	44000	45200	46000
	亚运村	41800	42300	44200	45600
	望京、酒仙桥	38200	39700	40500	42200
	太阳宫	48400	51700	51300	52300
	柳芳、左家庄	40200	42400	42800	44600
	CBD	44600	44500	46000	46600
	朝阳公园	40100	41000	43700	43400
	姚家园	58400	50400	52300	57900
	东八里庄、青年路	36500	37700	38100	38300
	四惠、甘露园	33900	35800	36900	37600
	东坝	30900	32600	33400	35000
	定福庄、管庄	26600	27100	27600	29100
	双桥农场	21900	24300	22700	23700
	双井	43700	49200	50100	49500
	劲松	33200	34100	35500	35200
	东南三至四环	31500	32900	33500	32400
	松榆、磨房	38800	40400	41000	42400

续附表2-3

区	区域	1季度	2季度	3季度	4季度
朝阳区	东南四至五环沿线	30500	32000	31300	31900
	豆各庄、黑庄户	25100	25900	26600	28000
海淀区	上庄、苏家坨				
	温泉	32400	30900	31100	32900
	西三旗	36000	37800	38600	40300
	清河	37800	39200	39400	41500
	上地	49200	52000	52300	56000
	马连洼	43700	47200	49100	51200
	西北旺	33000	33400	33000	36300
	圆明园、颐和园	43000	51800	45000	51200
	香山			39100	47500
	杏石口路	46200	48200	51800	50800
	学清路	43600	46300	44800	45900
	学院路	47800	50300	52200	53600
	万柳	56400	58700	61200	65200
	中关村	51400	54200	56400	56600
	北太平庄	47800	50400	51900	53800
	紫竹院、甘家口	53300	53900	56800	57100
	羊坊店、五棵松	48000	50500	51800	53800
	定慧寺	46100	48100	49700	51200
	永定路	42500	46000	46400	47800
丰台区	方庄	34800	37000	36900	38900
	菜户营、西罗园	33500	35000	35100	35600
	六里桥	37500	38400	41100	41700
	京石高速三四环沿线	32700	34500	35900	35200
	梅市口路	33600	35500	33900	34500
	丰台镇	31500	32700	33300	33900
	马家堡、西马场	33100	34000	34400	34200
	刘家窑、大红门	30300	31400	31600	32500
	南苑	25800	26200	26900	27300
	新发地	25300	27100	26800	27800
	世界公园、宛平	27500	29100	29600	28700
	长辛店、王佐				
石景山区	鲁谷、八宝山、老山	33600	35500	35700	36200
	苹果园、八角、金顶街	28500	28800	29700	29900
	五里坨				22100

续附表 2-3

区	区域	1 季度	2 季度	3 季度	4 季度
昌平区	昌平城区	20700	21800	21500	22100
	回龙观镇	25200	26200	26900	27000
	东小口镇	22100	22500	22600	23000
	温榆河周边地区	20600	21200	21700	22200
	昌平城区南侧				20700
	昌平西北部				
	昌平东北部				
大兴区	西红门	23700	25400	26300	26100
	旧宫	23700	24900	24800	25700
	大兴城区	24000	25100	25300	25900
	大兴东部			11500	16800
	大兴南部	16700	18300	20400	21400
通州区	新华、中仓、永顺	20400	21200	22800	25100
	通州北苑、玉桥、梨园	21700	22500	24300	26400
	马驹桥、台湖	17300	18000	17100	18600
	通州东南部				
	宋庄、潞城	18300	19500	21300	25100
顺义区	顺义城区	20500	21500	21400	22500
	后沙峪、天竺	23300	24400	23000	24000
	马坡、牛栏山、高丽营	17800	18500	19900	20400
	赵全营、北石槽				
	顺义东南部	16400	15900	15800	16700
	顺义东北部				15300
房山区	良乡	13900	14800	15700	16300
	长阳	17500	19500	20400	21700
	京周路周边	11300	12200	12700	13600
	房山东南部	9000	10600	10400	10600
	房山西部				
门头沟区	大峪、龙泉、城子	20800	22600	20500	21500
	门头沟城区周边			20300	22700
	门头沟西部				
怀柔区	怀柔城区	18100	18600	18200	18100
	怀柔城区周边	15900	16200	16200	9900
	怀柔北部				

续附表 2－3

区	区域	1 季度	2 季度	3 季度	4 季度
平谷区	平谷城区				
	平谷南部				
	平谷城北部				
密云区	密云城区	14300	14100	14600	15200
	密云城区周边				11400
	密云北部				
延庆区	延庆城区				
	京包铁路沿线				
	延庆东北部				
北京经济技术开发区	亦庄	27100	27300	28800	25900

附表2-4　2015年北京市住房租赁分区域成交均价

单位:元/(平方米·月)

区	区域	1季度	2季度	3季度	4季度
东城区	安定门外	76.04	79.00	85.14	86.26
	东直门外	92.04	92.00	100.95	100.35
	东北二环内	85.96	88.00	96.20	95.80
	花市、前门	80.37	84.00	85.34	87.92
	天坛、龙潭、体育馆路	69.55	72.00	74.72	77.49
	永定门外	56.56	57.00	61.66	64.86
西城区	新街口、什刹海	85.02	89.00	98.51	94.15
	金融街	108.38	110.00	118.27	123.09
	德胜门外	79.00	82.00	90.15	90.78
	展览路、月坛	83.72	87.00	93.01	92.41
	大栅栏、广内	76.73	79.00	86.96	88.51
	陶然亭、白纸坊	67.66	71.00	75.57	76.36
	广外	63.52	65.00	68.91	71.07
朝阳区	孙河				
	来广营、清河营	61.50	66.00	68.97	70.45
	机场高速五环外沿线	44.96	42.00	46.26	49.00
	北苑	59.23	62.00	66.24	67.30
	奥运场馆周边	71.50	75.00	77.50	78.27
	亚运村	73.05	76.00	81.42	82.77
	望京、酒仙桥	70.08	74.00	78.56	80.86
	太阳宫	89.12	92.00	97.58	97.44
	柳芳、左家庄	73.76	75.00	82.83	82.58
	CBD	86.67	85.00	93.04	92.10
	朝阳公园	78.63	77.00	84.65	84.54
	姚家园	89.94	84.00	89.92	91.22
	东八里庄、青年路	65.55	71.00	72.29	74.80
	四惠、甘露园	65.66	69.00	71.40	72.43
	东坝	41.64	47.00	49.14	49.19
	定福庄、管庄	45.93	49.00	50.27	53.06
	双桥农场	38.14	35.00	39.81	37.55
	双井	84.94	92.00	91.14	93.31
	劲松	61.38	61.00	67.41	68.77
	东南三至四环	58.00	58.00	62.18	63.68
	松榆、磨房	68.12	69.00	74.21	75.77

续附表 2－4

区	区域	1 季度	2 季度	3 季度	4 季度
朝阳区	东南四至五环沿线	45.58	48.00	49.01	51.10
	豆各庄、黑庄户	37.61	41.00	39.90	42.68
海淀区	上庄、苏家坨				30.73
	温泉	38.00	42.00	40.63	45.15
	西三旗	54.84	56.00	59.65	60.94
	清河	58.75	60.00	64.06	66.28
	上地	63.87	68.00	75.97	76.10
	马连洼	57.50	60.00	66.08	65.84
	西北旺	38.67	45.00	47.42	48.97
	圆明园、颐和园	78.89	85.00	91.57	84.01
	香山			54.11	59.57
	杏石口路	60.75	63.00	63.23	63.31
	学清路	69.21	73.00	78.31	79.34
	学院路	80.68	83.00	90.04	91.07
	万柳	81.88	88.00	92.42	93.45
	中关村	87.12	92.00	101.28	100.61
	北太平庄	77.02	81.00	88.07	87.34
	紫竹院、甘家口	82.13	86.00	89.81	91.88
	羊坊店、五棵松	72.96	74.00	76.18	77.88
	定慧寺	71.62	73.00	76.79	77.63
	永定路	61.78	62.00	64.42	65.95
丰台区	方庄	60.00	63.00	66.16	68.07
	菜户营、西罗园	53.88	54.00	58.42	59.18
	六里桥	57.47	60.00	61.37	62.99
	京石高速三四环沿线	48.82	51.00	54.11	53.89
	梅市口路	45.40	49.00	49.16	51.89
	丰台镇	49.60	51.00	52.97	54.09
	马家堡、西马场	55.41	58.00	61.25	61.87
	刘家窑、大红门	52.17	56.00	56.75	58.39
	南苑	42.74	44.00	43.42	46.46
	新发地	42.02	46.00	45.42	46.35
	世界公园、宛平	47.05	47.00	49.52	51.81
	长辛店、王佐				43.49
石景山区	鲁谷、八宝山、老山	52.01	55.00	57.71	57.42
	苹果园、八角、金顶街	44.25	45.00	47.00	49.13
	五里坨		32.00	30.89	31.81

续附表 2－4

区	区域	1 季度	2 季度	3 季度	4 季度
昌平区	昌平城区				31.96
	回龙观镇	43.03	47.00	50.63	49.95
	东小口镇	40.13	44.00	45.58	44.67
	温榆河周边地区	31.81	32.00	31.95	32.74
	昌平城区南侧				
	昌平西北部				
	昌平东北部				
大兴区	西红门	40.31	41.00	42.28	42.55
	旧宫	37.14	37.00	38.09	39.85
	大兴城区	36.46	38.00	37.32	38.70
	大兴东部		31.00	28.03	28.40
	大兴南部	28.90	33.00	33.01	34.44
通州区	新华、中仓、永顺	29.75	31.00	33.72	33.95
	通州北苑、玉桥、梨园	34.52	36.00	37.15	38.86
	马驹桥、台湖	28.55	28.00	28.30	31.40
	通州东南部				29.86
	宋庄、潞城	26.74	29.00	31.57	31.32
顺义区	顺义城区	28.20	30.00	30.19	33.01
	后沙峪、天竺	37.91	42.00	43.62	42.14
	马坡、牛栏山、高丽营	26.49	27.00	26.11	27.77
	赵全营、北石槽				
	顺义东南部	28.41	33.00	29.47	31.58
	顺义东北部				24.28
房山区	良乡	25.26	25.00	27.01	27.09
	长阳	26.49	29.00	30.34	31.53
	京周路周边	19.31	20.00	19.49	20.89
	房山东南部				
	房山西部				
门头沟区	大峪、龙泉、城子	26.22	31.00	30.09	29.97
	门头沟城区周边				34.29
	门头沟西部				
怀柔区	怀柔城区	22.66	24.00	23.74	21.94
	怀柔城区周边				
	怀柔北部				

续附表 2－4

区	区域	1 季度	2 季度	3 季度	4 季度
平谷区	平谷城区				
	平谷南部				
	平谷城北部				
密云区	密云城区	19.17	21.00	17.70	20.00
	密云城区周边				
	密云北部				
延庆区	延庆城区				
	京包铁路沿线				
	延庆东北部				
北京经济技术开发区	亦庄	43.68	44.00	46.00	45.77

附表2-5 2015年北京市房地产开发企业名录

企业名称	资质等级
北京天鸿房地产开发有限责任公司	一级
北京润泽庄苑房地产开发有限公司	一级
华通置业有限公司	一级
隆泰实业(北京)有限公司	一级
北京佰嘉置业集团有限公司	一级
北京润丰房地产开发有限公司	一级
京能置业股份有限公司	一级
北京市华远置业有限公司	一级
泛海控股股份有限公司	一级
永泰房地产(集团)有限公司	一级
中冶置业集团有限公司	一级
北京城建投资发展股份有限公司	一级
北京中联置地房地产开发有限公司	一级
中国房地产开发集团公司	一级
国奥投资发展有限公司	一级
北京经济技术投资开发总公司	一级
中国电建地产集团有限公司	一级
北京首都开发控股(集团)有限公司	一级
北京金泰房地产开发有限责任公司	一级
北京龙湖中佰置业有限公司	一级
北京君合百年房地产开发有限公司	一级
北京瑞雪春堂房地产有限公司	一级
中国葛洲坝集团房地产开发有限公司	一级
顺天通房地产开发集团有限公司	一级
北京富力城房地产开发有限公司	一级
中铁置业集团有限公司	一级
北京金源鸿大房地产有限公司	一级
北京首钢房地产开发有限公司	一级
北京和裕房地产开发有限公司	一级
北京罗顿沙河建设发展有限公司	一级
北京国瑞兴业地产股份有限公司	一级
北京金隅嘉业房地产开发有限公司	一级
中国铁建房地产集团有限公司	一级

续附表 2－5

企业名称	资质等级
中信房地产股份有限公司	一级
凤凰城房地产开发集团有限公司	一级
北京春光房地产开发有限公司	一级
北京广安置业投资公司	一级
北京市大兴城镇建设综合开发集团有限公司	一级
北京建工集团有限责任公司	一级
华润置地(北京)股份有限公司	一级
北京金隅大成开发有限公司	一级
北京住总房地产开发有限责任公司	一级
北京通州房地产开发有限责任公司	一级
北京天恒房地产股份有限公司	一级
北京城建房地产开发有限公司	一级
北京市大龙房地产开发有限公司	一级
北京市丰台区城市建设综合开发公司	一级
北京威凯建设发展有限责任公司	一级
茂华控股集团有限公司	一级
北京泰福恒投资发展有限公司	一级
北京顺鑫佳宇房地产开发有限公司	一级
北京华贸奥苑房地产开发有限公司	一级
北京科技园建设(集团)股份有限公司	一级
北京新华联置地有限公司	一级
中国新型房屋集团有限公司	一级
北京顺义新城建设开发有限公司	一级
金融街控股股份有限公司	一级
北京国锐房地产开发有限公司	一级
北京腾航房地产开发有限公司	一级
北京联东金桥置业有限责任公司	一级
北京鸿坤伟业房地产开发有限公司	一级
北京金远房地产开发集团有限公司	一级
北京万通地产股份有限公司	一级
北京城乡房屋建设开发有限责任公司	一级
北京金第房地产开发有限责任公司	一级
北京中筑置业有限公司	一级

续附表 2－5

企业名称	资质等级
京汉置业集团股份有限公司	一级
北京天润置地房地产开发(集团)有限公司	一级
北京实兴腾飞置业发展公司	一级
北京融创恒基地产有限公司	一级
北京天鸿置业有限公司	一级
北京城建兴华地产有限公司	一级
华纺房地产开发公司	一级
亚太房地产开发集团股份有限公司	一级
北京正阳恒瑞置业公司	一级
北京万科企业有限公司	一级
北京丽富房地产开发有限公司	一级
北京合生北方房地产开发有限公司	一级
当代节能置业股份有限公司	一级
北京三元嘉业房地产开发有限公司	一级
北辰正方建设集团有限公司	一级
北京京铁房地产开发公司	一级
和泓置地集团有限公司	一级
北京翔峰房地产开发有限公司	一级
北京邦达房地产开发有限公司	一级
保利(北京)房地产开发有限公司	一级
北京鸿基世业房地产开发有限公司	一级
北京国信嘉业房地产开发有限公司	一级
远洋地产有限公司	一级
北京首都开发股份有限公司	一级
北京北辰实业股份有限公司	一级
北京城市开发集团有限责任公司	一级
北京泰益德置业集团有限公司	一级
北京首城置业有限公司	一级
北方国际地产有限公司	二级
北京安宝房地产开发有限公司	二级
北京八大处房地产开发集团有限公司	二级
北京百环房地产实业有限公司	二级
北京北控城市开发有限公司	二级

续附表 2-5

企业名称	资质等级
北京北控国际会都房地产开发有限责任公司	二级
北京博大新元房地产开发有限公司	二级
北京昌信回龙园别墅有限公司	二级
北京朝林置业有限公司	二级
北京城建和泰房地产开发有限责任公司	二级
北京城建兴云房地产有限公司	二级
北京崇文·新世界房地产发展有限公司	二级
北京春光置地房地产开发有限公司	二级
北京第六大洲房地产开发有限公司	二级
北京电子城有限责任公司	二级
北京东方瑞平房地产开发有限公司	二级
北京东方依水源房地产开发有限公司	二级
北京东亚新华投资有限公司	二级
北京东亚信义国际会展中心有限公司	二级
北京房地置业发展有限公司	二级
北京福洲房地产开发有限公司	二级
北京光辉伟业房地产开发有限公司	二级
北京国际商务中心区开发建设有限公司	二级
北京海开房地产集团有限责任公司	二级
北京韩建房地产开发有限公司	二级
北京昊泰房地产开发有限公司	二级
北京昊远隆基房地产开发总公司	二级
北京合生望景房地产开发有限公司	二级
北京恒政通房地产开发管理有限责任公司	二级
北京宏远航城房地产开发有限公司	二级
北京华风腾龙房地产开发有限公司	二级
北京华融基础设施投资有限责任公司	二级
北京华融金晖置业有限公司	二级
北京华油房地产开发有限公司	二级
北京汇金房地产开发有限公司	二级
北京慧诚房地产开发有限公司	二级
北京极富房地产开发有限公司	二级
北京集达房地产开发有限公司	二级

续附表 2－5

企业名称	资质等级
北京嘉轩房地产开发有限公司	二级
北京建机房地产有限责任公司	二级
北京建升房地产开发有限公司	二级
北京匠心置业有限公司	二级
北京金兰甫房地产开发有限公司	二级
北京京奥港房地产开发有限责任公司	二级
北京京创投资有限公司	二级
北京京投置地房地产有限公司	二级
北京京西北房地产开发集团有限公司	二级
北京经开投资开发股份有限公司	二级
北京凯恒房地产有限公司	二级
北京科技园置地有限公司	二级
北京昆泰房地产开发集团有限公司	二级
北京联港置业有限公司	二级
北京林河兴业房地产开发有限公司	二级
北京龙湖庆华置业有限公司	二级
北京龙湖兴润置业有限公司	二级
北京龙湖置业有限公司	二级
北京龙庆房地产开发有限公司	二级
北京隆泰祥房地产开发有限公司	二级
北京绿宸控股集团有限公司	二级
北京绿都基础设施投资有限公司	二级
北京懋源房屋开发有限公司	二级
北京铭嘉房地产开发有限公司	二级
北京南宫恒业房地产开发有限公司	二级
北京牛栏山房地产开发有限责任公司	二级
北京轻工房地产开发有限公司	二级
北京仁和日升房地产有限公司	二级
北京润通房地产开发有限责任公司	二级
北京盛邦基业房地产开发有限公司	二级
北京盛荣房地产开发有限公司	二级
北京实创房地产开发有限责任公司	二级
北京实地房地产开发有限责任公司	二级

续附表 2－5

企业名称	资质等级
北京实力房地产开发有限公司	二级
北京世博宏业房地产开发有限公司	二级
北京世纪景房地产开发有限公司	二级
北京世纪开元房地产开发有限公司	二级
北京市保障性住房建设投资中心	二级
北京市昌平房地产开发有限责任公司	二级
北京市朝阳城市建设综合开发公司	二级
北京市丰台区鸿华房地产开发经营有限公司	二级
北京市广厦房地产开发公司	二级
北京市基础设施投资有限公司(原北京地铁集团有限责任公司)	二级
北京市天竺房地产开发公司	二级
北京市文化置业有限公司	二级
北京市永联房地产开发有限责任公司	二级
北京首都机场房地产有限公司	二级
北京首开天成房地产开发有限公司	二级
北京首开亿信置业股份有限公司	二级
北京顺华房地产开发有限公司	二级
北京硕和房地产开发有限公司	二级
北京腾龙嘉华房地产开发有限公司	二级
北京天庆房地产开发有限公司	二级
北京天旭运河房地产开发有限责任公司	二级
北京天源房地产开发有限公司	二级
北京天正华特房地产开发有限公司	二级
北京通瑞万华置业有限公司	二级
北京万年花城房地产开发有限责任公司	二级
北京西都地产发展有限公司	二级
北京西海龙湖置业有限公司	二级
北京玺萌置业有限公司	二级
北京新奥集团有限公司	二级
北京新城兴业房地产开发有限公司	二级
北京新恒基房地产集团有限公司	二级
北京新鸿基盛城置业集团有限公司	二级
北京新华联伟业房地产有限公司	二级

续附表 2－5

企业名称	资质等级
北京新京润房地产有限公司	二级
北京新兴建业房地产开发有限公司	二级
北京兴创房地产开发有限公司	二级
北京亚胜置业有限公司	二级
北京亚通房地产开发有限责任公司	二级
北京颐德房地产开发有限公司	二级
北京亦庄博润置业有限公司	二级
北京银通房地产开发有限责任公司	二级
北京永同昌房地产开发有限公司	二级
北京玉泉新城房地产开发有限公司	二级
北京裕昌置业股份有限公司	二级
北京裕发房地产开发有限公司	二级
北京正宏置业集团有限公司	二级
北京正华永恒置业有限公司	二级
北京志远伟业房地产开发有限公司	二级
北京中关村丰台园道丰科技商务园建设发展有限公司	二级
北京中恒房地产开发有限公司	二级
北京中弘投资有限公司	二级
北京中加伟业房地产开发有限公司	二级
北京中建地产有限责任公司	二级
北京中凯置业有限公司	二级
北京中实恒业房地产开发有限责任公司	二级
北京中铁诺德房地产开发有限公司	二级
北京中鑫源房地产开发集团有限公司	二级
北京中信房地产有限公司	二级
北京珠江房地产开发有限公司	二级
泛华建设集团有限公司	二级
锋创科技发展（北京）有限公司	二级
华瀚投资集团有限公司	二级
纳帕地产开发集团有限公司	二级
融科智地房地产股份有限公司	二级
山水文园凯亚房地产开发有限公司	二级
首创置业股份有限公司	二级

续附表 2-5

企业名称	资质等级
首都机场地产集团有限公司	二级
四海捷高(北京)置业有限公司	二级
通用地产有限公司	二级
招商局地产(北京)有限公司	二级
招商局嘉铭(北京)房地产开发有限公司	二级
中昂地产(集团)有限公司	二级
中奥(北京)房地产开发有限公司	二级
中国新兴置业公司	二级
中合置业有限公司	二级
中化方兴置业(北京)有限公司	二级
中建一局集团房地产开发有限公司	二级
中交地产有限公司	二级
中粮地产(北京)有限公司	二级
中粮地产投资(北京)有限公司	二级
中铁二十二局集团房地产开发有限公司	二级
中铁建设集团房地产有限公司	二级
中铁十六局集团置业投资有限公司	二级
中铁置业集团北京有限公司	二级
中信和业投资有限公司	二级
北京安地房地产开发有限责任公司	三级
北京安福房地产开发有限公司	三级
北京奥林匹克置业投资有限公司	三级
北京百顺达房地产开发有限公司	三级
北京城建远东地产投资有限公司	三级
北京达义兴业房地产开发有限公司	三级
北京德成兴业房地产开发有限公司	三级
北京东方康泰房地产开发经营有限责任公司	三级
北京东方太阳城房地产开发有限责任公司	三级
北京东隆房地产开发有限公司	三级
北京方恒置业股份有限公司	三级
北京方兴融创房地产开发有限公司	三级
北京房开置业股份有限公司	三级
北京丰台科技园建设发展有限公司	三级

续附表 2-5

企业名称	资质等级
北京丰泰新房地产开发有限责任公司	三级
北京丰裕房地产开发有限公司	三级
北京枫树置业有限公司	三级
北京福环房地产开发有限公司	三级
北京富通基业房地产有限责任公司	三级
北京富源盛达房地产开发有限公司	三级
北京古城房地产开发有限公司	三级
北京冠城新泰房地产开发有限公司	三级
北京冠城正业房地产开发有限公司	三级
北京国隆置业有限公司	三级
北京海赋兴业房地产开发有限公司	三级
北京浩洋房地产开发有限公司	三级
北京合景房地产开发有限公司	三级
北京赫华恒瑞房地产开发有限公司	三级
北京恒联房地产开发有限公司	三级
北京弘轩鼎成房地产开发有限公司	三级
北京宏城房地产开发有限公司	三级
北京泓源投资集团有限公司	三级
北京鸿安兴业房地产开发有限公司	三级
北京荟宏房地产开发有限责任公司	三级
北京建工四建房地产开发有限公司	三级
北京建工置地有限责任公司	三级
北京江南投资集团有限公司	三级
北京将台房地产开发有限公司	三级
北京金宝房地产开发有限公司	三级
北京金融街奕兴置业有限公司	三级
北京津西博远置业有限公司	三级
北京京北鑫民房地产开发有限公司	三级
北京京伯房地产开发有限公司	三级
北京京通天泰房地产开发有限公司	三级
北京京投万科房地产开发有限公司	三级
北京京投银泰尚德置业有限公司	三级
北京经开工大投资管理有限公司	三级

续附表 2－5

企业名称	资质等级
北京静水园房地产开发有限公司	三级
北京丽来房地产开发有限公司	三级
北京利山房地产开发有限公司	三级
北京龙湖天行置业有限公司	三级
北京龙源顺景房地产开发有限公司	三级
北京路劲隽御房地产开发有限公司	三级
北京潞河房地产开发有限公司	三级
北京绿地京华置业有限公司	三级
北京密狮房地产开发有限责任公司	三级
北京强佑房地产开发有限公司	三级
北京青远房地产开发有限公司	三级
北京融科景元房地产开发有限公司	三级
北京融科卓越房地产开发有限公司	三级
北京三义房地产开发有限公司	三级
北京森阳房地产开发有限责任公司	三级
北京世纪鸿房地产开发有限责任公司	三级
北京世纪中基房地产开发有限公司	三级
北京市安达房地产开发公司	三级
北京市碧桂园房地产开发有限公司	三级
北京市潮云房地产开发有限公司	三级
北京市东湖房地产有限公司	三级
北京市凯龙房地产开发有限公司	三级
北京市泰华房地产开发集团有限公司	三级
北京市新时特房地产开发有限公司	三级
北京市裕鑫房地产开发有限公司	三级
北京首创奥特莱斯房山置业有限公司	三级
北京首地兴业置业有限公司	三级
北京首开仁信置业有限公司	三级
北京顺驰置地达兴房地产开发有限公司	三级
北京顺兴广厦房地产开发有限公司	三级
北京太平洋城房地产开发有限公司	三级
北京天创世缘房地产开发有限公司	三级
北京天街集团有限公司	三级

续附表 2－5

企业名称	资质等级
北京天伦房地产有限公司	三级
北京天润诚泽房地产开发有限公司	三级
北京田家园房地产开发有限公司	三级
北京万方置业有限公司	三级
北京万年基业房地产开发有限公司	三级
北京旺晟房地产开发有限公司	三级
北京未来科技城开发建设有限公司	三级
北京西山产业投资有限公司	三级
北京象地房地产开发有限公司	三级
北京鑫丰信德房地产开发有限公司	三级
北京信远置业有限公司	三级
北京信远筑诚房地产开发有限公司	三级
北京兴集房地产开发有限公司	三级
北京星光拓诚投资有限公司	三级
北京倚基土地开发有限公司	三级
北京亿来置业有限公司	三级
北京亿天龙房地产开发有限公司	三级
北京艺苑房地产开发有限责任公司	三级
北京寅丰房地产开发有限责任公司	三级
北京银海房地产开发有限公司	三级
北京银座合智房地产开发有限公司	三级
北京永翌置业有限公司	三级
北京玉亭房地产开发有限公司	三级
北京远坤房地产开发有限公司	三级
北京运通博远房地产开发有限公司	三级
北京正光房地产开发有限公司	三级
北京中关村国际商城发展有限公司	三级
北京中关村科学城建设股份有限公司	三级
北京中关村软件园发展有限责任公司	三级
北京中基宏源房地产开发有限公司	三级
北京中天顺通房地产开发有限公司	三级
北京卓越房地产开发有限公司	三级
北京紫金长宁房地产开发有限责任公司	三级

续附表 2-5

企业名称	资质等级
泛华城市投资有限公司	三级
富力(北京)地产开发有限公司	三级
葛洲坝(北京)房地产开发有限公司	三级
和记黄埔地产(北京朝阳)有限公司	三级
恒盛合天和信(北京)房地产开发有限公司	三级
华岳原林投资(北京)有限公司	三级
首创朝阳房地产发展有限公司	三级
新能(北京)国际房地产开发有限公司	三级
中和正茂置业发展有限公司	三级
中矿宏业(北京)房地产开发有限公司	三级
中铁房地产集团北京丰昊置业有限公司	三级
中铁房地产集团北京顺捷金海置业有限公司	三级
中铁嘉业(北京)投资有限公司	三级